第3版　看護を学ぶための法と社会保障制度

正　誤　表

以下の誤表記がありましたので、お詫びして訂正します。

頁・行	誤	正
180 7行目 表の下の（注）	1日法では～	旧法では～
183 下から5行目 （表内）	要支援	要支援、要介護
189 最下行	妊産婦加算（2020年/令和2年）は廃止された。	妊産婦加算は廃止されていない。1行上に移動しⅷ) 妊産婦加算　となる。
225 12～15行目 （表内）	強制わいせつ、準強制わいせつ、強制性交、準強制性交	不同意わいせつ、準不同意わいせつ、不同意性交、準不同意性交 　（刑法改正により変更）
295 [問題18]	①　新生児死亡は生後!週未満～	①　新生児死亡は生後 1 週未満～
295 [問題18]	④　令和元年（2019年）～人口死産数よりも多い。	④　令和元年（2019年）～人工死産数よりも多い。
325 [問題14]	④　母子健康センターは彼害者の保護をする。	④　母子健康センターは被害者の保護をする。

〈#878 ふくろう出版 2023/5〉

前 島 良 弘 著

第3版
看護を学ぶための
法と社会保障制度

生活者の健康を
主体的に支援するために

ふくろう出版

第3版　はじめに

　2025年問題が2年後に迫り、病気治療後の療養にかかる人々、老齢によるフレイル化となる人々の増加が予想される。昭和22年から昭和24年生まれのいわゆる団塊の世代の約600万人（出生数は約800万人）が後期高齢者の仲間入りをする前に、令和4年度から看護基礎教育の改編が行われ「地域・在宅看護論」なる分野の学習が厚みを増している。「看護師は病院と社会の接点にいる。」とは、阪神淡路大震災の後に生まれた言葉である。健康伝道者である立場は変わらないので、今後そのフィールドは病院と地域を結ぶ蝶番の役割を果たすことになる。新カリキュラムへの移行に伴い、本著もその姿を変えることになり今回の第3版の出版となった。各部分のマイナーチェンジだけでなく、新国家試験に向けて社会保障制度に的を絞って過去およそ10年分の過去問から精選問題を採用したので学習に活用していただきたい。さらに、全体像を理解するには各処に入れた 要諦 を読み込んでいただきたい。看護学生だけでなく看護職の方にも利用していただけるよう法制度については最新・確定・予測の観点から記述した。

2023年（令和5年）3月

前島　良弘

はじめに

　この本は、主にこれから看護師国家試験を受験する看護学生及び現職の看護職（看護師、助産師、保健師）を対象に書かれたものです。

　平成7年、看護師養成校で始まった「関係法規」の講師歴も今年で25年目を迎えました。年々より閉塞感が漂う社会保障制度に対しての積極的提言を加味して、満20周年を迎える年に改訂した「看護のための法と社会保障制度」を大幅に改編・改訂し、標記のような題で世に問うてみることにしました。もちろん、時の変遷の中で横の糸である「関係法規」に連関する様々な専門基礎分野である「公衆衛生学」「社会福祉学」「医療行政論」「社会保障論」なども意識しながら、"座学から現場へ"の橋渡しの教本となることを目標にしています。

　看護に携わる方々がリテラシーを強化するのは、対象となる生活者の社会的背景ひいては様々な社会制度の積極的な理解なくしては活動ができないからであることは言うまでもありません。（（看護職が）人々が生涯を通じて、健康や障害の状態に応じて社会資源を活用できるように必要な知識と基礎的な能力を養う内容とし、保健医療福祉に関する基本概念、関係制度、関係する職種の役割の理解を含むものとする―通達「看護師等養成所の運営に関する指導要領について」）。来たる2025年頃には、病床数、病院数が大幅に減少し、医師の数も多くの増加を期待できない状況で、看護職とりわけ看護師の果たす社会的役割は大きなものとなります。人間が人間らしく健康的に暮らす社会とは何か、またどうあるべきかについて、これまでの受け身的姿勢ではなく主体的に取り組まざるを得ない医療福祉環境になると予想されます。

　さりとて現状を激変させることは不可能な故、生活者を取り巻く社会制度とりわけ社会保障制度について具体的事例を用いながらあるべき形を模索した臨場感のある教科書に仕上げました。フランスの詩人のルイ・アラゴンの詩の一節を紹介しこの本の使用方法に代えたいと思います。「教えるとはともに希望を語ること、学ぶとは心に誠実を刻むことである。」

　本書の構成は以下の通りです。①学習の端緒となる社会生活上の事故事例及び我が国を取り巻く地球規模の課題とこれから学ぶ学問との関係を知る　②看護の対象及び看護者自身の人生の営みを鳥瞰する　③「国民衛生の動向」を反面教師にしてこの国のありのままの姿を直視する　④①～③における具体的な課題を、関連する法規及び社会保障制度の概説の中で披歴する。

　より良い形を求めて追求する姿勢は変わりませんが、利用者各位の忌憚のないご意見をお待ちしております。

2019年（平成31年）3月

新版　はじめに

　約2年前、四半世紀を経た講師歴の集大成としてこの教本を書きましたが、この度、時代の変化に沿うよう改訂することになりました。

　不安定要素を抱えつつ進んでゆく資本主義経済の中で、2019年に発生したCOVID19の影響を大きく受けた医療界、とりわけ感染症患者に寄り添う看護師には敬意を超えた、畏敬すら感じざるを得ません。奇しくも2020年は看護の母であるナイチンゲール女史生誕200年を迎え、さらなる発展進化を遂げるはずの業界にあって、離職が進むという嘆かわしい現象も散見されます。看護の社会性、看護師の社会的地位の向上について、今こそ看護のパワーを発揮するときかと思っているのは私だけではないはずです。

　政府は地域包括ケアシステムを来る2025年を目途にその推進をしていますが、informal serviceを合言葉により多くの負担が国民にのしかかってくるように思います。後期高齢者の医療保険負担割合の引き上げ、一部の介護保険サービスの国から自治体への移行などがその例です。そのために同じく2025年を目途に進んでいるのは看護労働者の確保です。医療の最前線で、国民への負担の圧力を受けるのは、患者や利用者だけでなく、利他愛を旨とする職業的に看護をする人たちです。

　法や制度を学ぶ意義は、看護の対象となる人たちの権利擁護だけでなく、労働者としての国家資格者：看護師自身の身を守るためであります。この新版で今一度それを実感する時間を共有しましょう。

2021年（令和3年）3月

目　　次

はじめに

第1編　看護職に関わる規律と法 ……………………………………………… *1*

第1章　人間社会における規律と現代的課題 ………………………………… *2*

　　1-1　この本を使用するにあたっての留意点
　　　　　（講義を受けられる場合は“講義の導入”となります。）…………… *2*
　　1-2　今後の学習の指標 ………………………………………………………… *4*

第2章　看護の対象および看護者自身の人生と法律 ………………………… *6*

第3章　国家試験必出項目（近年の重要な法改正）………………………… *8*

　　3-1　医療保険に関する法律
　　　　　〔病気やけがで医療（診察、治療、投薬など）を受けるとき〕……… *8*
　　3-2　介護保険に関する法律
　　　　　〔寝たきり、認知症で介護サービス（要介護5段階、要支援2段階認定が条
　　　　　件）〕……………………………………………………………………… *9*
　　3-3　看護職に関する法律 ……………………………………………………… *10*
　　　3-3-1　保健師助産師看護師法 …………………………………………… *10*
　　　3-3-2　看護師等の人材確保の促進に関する法律 ……………………… *12*

第4章　法と倫理の狭（生命の始期と終期を考える）…………………… *13*

　　4-1　生命の始期と生殖補助医療の問題 …………………………………… *13*
　　　4-1-1　NIE：中絶胎児を「一般ごみ」を読んで考えよう ……………… *14*
　　　4-1-2　生命の始期に関する法制度 ……………………………………… *16*
　　　4-1-3　科学による生命操作 ……………………………………………… *18*
　　4-2　生命中間期との向き合い ……………………………………………… *20*
　　　4-2-1　成長過程における補助医療 ……………………………………… *20*
　　　4-2-2　インフォームドコンセントと自己決定権 ……………………… *21*
　　4-3　生命の終期と科学のできること ……………………………………… *25*
　　　4-3-1　脳死事件と法改正（臓器移植法）……………………………… *25*
　　　4-3-2　臓器移植法と関連法規 …………………………………………… *26*

　　　4－3－3　様々な死（安楽死、尊厳死、平穏死）………………………… 27

　　　4－3－4　死（生命の終期に関する法制度）………………………………… 31

第5章　看護行為（医療行為）を理解するために必要な最低限の法律知識 … 32

　　5－1　法規の成り立ちと現行法規総覧 ……………………………………… 32

　　　5－1－1　法規の成り立ち ………………………………………………… 32

　　　5－1－2　現行法規総覧 …………………………………………………… 33

　　5－2　衛生法規一覧 …………………………………………………………… 34

　　5－3　憲法の重要事項と医療キーワード

　　　　　（自己決定権、幸福追求権、自然の摂理、公序良俗）………………… 38

　　5－4　民法の重要事項と医療キーワード

　　　　　（委任契約、債務不履行責任、履行補助者、指導監督、不法行為責任、

　　　　　使用者責任）………………………………………………………………… 42

　　5－5　刑法の重要事項と医療キーワード

　　　　　（業務上過失致死傷罪、保護責任者遺棄罪、出生前診断の適・違法性）…… 47

　　5－6　行政法の重要事項と医療キーワード

　　　　　（国家免許、行政処分）………………………………………………… 53

第6章　看護行為の法的性格に関する考察と医療における法令遵守 …… 54

　　6－1　看護行為の意義と法社会学的考察 …………………………………… 54

　　　6－1－1　導入（看護職が学ぶのは生きた法律）……………………… 54

　　　6－1－2　看護行為に関係する重要な法律・条文 …………………… 56

　　　6－1－3　看護行為の定義と学説 ……………………………………… 57

　　　6－1－4　看護行為が適法とされるための条件—法社会学的考察 ………… 58

　　6－2　看護行為に関する重要な通達 ………………………………………… 60

　　6－3　医療現場を取り巻く法令遵守の構図 ………………………………… 67

第7章　医療現場の法律関係と医療過誤問題 ………………………………… 68

　　7－1　医療従事者の注意義務と責任の構図 ………………………………… 68

　　7－2　事例演習と裁判例 ……………………………………………………… 69

第8章　看護職・看護学生にとっての基本法 ………………………………… 74

　　8－1　保健師助産師看護師法 ………………………………………………… 74

　　　8－1－1　逐条要諦 ………………………………………………………… 74

　　　8－1－2　医療職における業務関係と業務分担 ………………………… 110

　　　　8－1－3　刑事処分と行政処分 ……………………………………… *112*

　　8－2　看護師等の人材確保の促進に関する法律 ……………………… *114*

第9章　保健衛生法規 ………………………………………………………… *123*

　　9－1　概要 ………………………………………………………………… *123*

　　9－2　地域保健関係 ……………………………………………………… *124*

　　9－3　健康増進関係 ……………………………………………………… *126*

　　　　9－3－1　健康診査制度 …………………………………………… *126*

　　　　9－3－2　母体保護関係 …………………………………………… *127*

　　　　9－3－3　特定疾患・がん対策関係 ……………………………… *127*

　　　　9－3－4　栄養、生活習慣病関係 ………………………………… *127*

　　9－4　母子保健関係 ……………………………………………………… *129*

　　9－5　高齢者保健関係 …………………………………………………… *130*

　　9－6　精神障碍者の保健対策 …………………………………………… *131*

　　9－7　学校保健関係 ……………………………………………………… *133*

　　9－8　環境関係、放射能汚染関係 ……………………………………… *134*

　　　　9－8－1　環境関係 ………………………………………………… *134*

　　　　9－8－2　放射能汚染関係 ………………………………………… *134*

　　9－9　その他の現代的課題（自死問題） ……………………………… *135*

第10章　予防衛生法規 ………………………………………………………… *136*

　　10－1　感染予防関係 ……………………………………………………… *136*

　　10－2　外来感染関係 ……………………………………………………… *140*

第11章　医事関係法規 ………………………………………………………… *141*

　　11－1　医療法関係 ………………………………………………………… *141*

　　　　11－1－1　医療法と医療関係法規 ……………………………… *141*

　　　　11－1－2　医療関係者一覧 ……………………………………… *143*

　　11－2　医療関連の手帳・記録 …………………………………………… *144*

第12章　薬事関係法規 ………………………………………………………… *145*

　　12－1　薬事一般 …………………………………………………………… *145*

　　12－2　医薬品副作用被害者救済 ………………………………………… *146*

　　12－3　薬事従業者 ………………………………………………………… *147*

　　12－4　取り締まり関係 …………………………………………………… *147*

第13章　環境衛生法規：保健所業務 ････････････････････････････････ *148*

13－1　環境衛生（生活環境の整備改善）･･･････････････････････ *148*

13－2　環境衛生（畜産衛生）･･･････････････････････････････････ *149*

13－3　食品衛生関係 ･･ *149*

13－4　環境衛生（墓地埋葬関係）･･･････････････････････････････ *150*

13－5　環境衛生（営業関係）･･･････････････････････････････････ *150*

13－6　予防衛生関係 ･･ *150*

13－7　自然保護関係 ･･ *150*

第14章　公害関係法規：環境省管轄 ･････････････････････････････ *151*

14－1　国内法関係 ･･･ *151*

14－1－1　環境の保護と汚染の規制 ･･････････････････････ *151*

14－1－2　公害対策関係法規 ･････････････････････････････ *152*

14－2　地球環境問題 ･･･ *153*

14－2－1　概要 ･･･ *153*

14－2－2　国際条約 ･････････････････････････････････････ *153*

第15章　労働関係法規 ･･ *154*

15－1　労働関係（労働基準法等）･･･････････････････････････････ *154*

15－2　産業保健関係（労働安全衛生法等）･････････････････････ *156*

15－3　労働環境関係（社会基盤整備関係）･････････････････････ *157*

第16章　学校関係法規 ･･･ *161*

第2編　看護職が関わる社会保障制度 ･･････････････････ *163*

第17章　概要 ･･･ *165*

17－1　社会保障の概念 ･･･････････････････････････････････････ *165*

17－2　所得保障及び公費負担による医療保障 ･････････････････ *167*

17－2－1　所得保障（所得の喪失・中断・減少にもたらされる生活不安の予防と回復）･･･ *167*

17－2－2　医療・介護保障（公的医療・介護保険制度）･･･････ *168*

17－2－3　医療保障（公費負担医療）･････････････････････ *169*

第18章　社会保険制度 ･･･ *174*

18－1　概要（社会保険制度の概要）････････････････････････････ *174*

18－2　医療保険制度 ……………………………………………………… 175

18－3　年金保険制度 ……………………………………………………… 179

18－4　労働保険制度 ……………………………………………………… 180

18－4－1　雇用保険制度 ………………………………………… 180

18－4－2　労災保険制度 ………………………………………… 181

18－5　介護保険制度 ……………………………………………………… 183

18－6　訪問看護制度（地域包括ケアシステム）……………………… 185

第19章　公的扶助制度 ……………………………………………………… 188

19－1　法制度 ……………………………………………………………… 188

19－2　NIE『「お金ない」治療を断念』を読んで考えよう ………… 191

第20章　社会福祉制度の概説 ……………………………………………… 194

20－1　制度の歴史と現状 ………………………………………………… 195

20－1－1　社会福祉制度の概要 ………………………………… 195

20－1－2　法制度 ………………………………………………… 196

20－1－3　歴史的変遷 …………………………………………… 198

20－2　児童保健福祉 ……………………………………………………… 201

20－2－1　児童福祉法 …………………………………………… 201

20－2－2　児童虐待防止法 ……………………………………… 204

20－2－3　NIE：「児童虐待　最悪2万8923人」を読んで考えよう。………… 206

　　　　　　NIE：「児童虐待　最多3万7000人（上半期）」を読んで考えよう。… 207

20－3　母子父子保健福祉 ………………………………………………… 208

20－3－1　母子の保健・福祉を対象とした法制度（母体保護法、母子保健法、
　　　　　　母子父子寡婦福祉法）……………………………… 208

20－3－2　NIE：「ママの悩み　途切れぬ支援」を読んで考えよう。………… 210

20－3－3　NIE：「妊産婦の死因　自殺が最多」を読んで考えよう。………… 212

20－3－4　ストーカー規制法、DV防止法 …………………… 214

20－4　障碍者福祉 ………………………………………………………… 217

20－4－1　障碍を持つ人を守る法制度一覧 …………………… 217

20－4－2　障害者基本法、障害者総合支援法、障害者虐待防止法 ………… 218

20－4－3　身体障害者福祉法、知的障害者福祉法、難病医療法、
　　　　　　発達障害者支援法 ………………………………… 222

20－4－4　精神保健福祉法、心神喪失者等医療観察法 ……… 224

20－5　高齢者保健福祉 …………………………………………………… 226

　　　20－5－1　現状（9－5の再説）…………………………………… *226*

　　　20－5－2　高齢者虐待問題 ……………………………………… *229*

　　　20－5－3　NIE：「報われぬ国―負担増の先に」を読んで考えよう。………… *230*

　　20－6　被災者支援（災害対策と復興支援）…………………………… *232*

　　　20－6－1　災害と災害弱者の定義 ……………………………… *232*

　　　20－6－2　法制度（準備と災害対応）………………………… *234*

　　20－7　貧困者支援 …………………………………………………… *235*

　　　20－7－1　現状と法制度 ………………………………………… *235*

　　　20－7－2　NIE：「生活困窮　なぜ救えなかった」を読んで考えよう。……… *238*

　　20－8　補遺的総括：社会的弱者に対する虐待（暴力）問題 ……… *239*

第3編　保健医療福祉を取り巻く社会の現状 …………… *241*

　第21章　「国民衛生の動向 2022／2023」より抜粋 ……………… *242*

第4編　学習に関連する資料 ……………………………… *253*

　第22章　施設等の一覧と重要書類 …………………………………… *254*

　22－1　医療福祉に関する施設等の一覧 ……………………………… *254*

　　22－1－1　介護保険関係 ………………………………………… *254*

　　22－1－2　社会福祉関係 ………………………………………… *257*

　　22－1－3　保健医療関係 ………………………………………… *259*

　22－2　重要資料 ……………………………………………………… *262*

　　22－2－1　婚姻届 ………………………………………………… *262*

　　22－2－2　離婚届 ………………………………………………… *263*

　　22－2－3　妊娠届出書 …………………………………………… *264*

　　22－2－4　死産届 ………………………………………………… *265*

　　22－2－5　死産証書（死胎検案書）…………………………… *265*

　　22－2－6　出生届 ………………………………………………… *266*

　　22－2－7　終末期医療に関する要望書 ………………………… *267*

　　22－2－8　死亡届・死亡診断書（死体検案書）……………… *268*

　　22－2－9　輸血拒否と免責に関する証明書 …………………… *269*

　　22－2－10　臓器移植記録書 ……………………………………… *270*

　　22－2－11　生活保護申請書 ……………………………………… *271*

　22－3　資格に関する重要書類 ………………………………………… *272*

22－3－1　国家試験願書（共通）……………………………………………… 272

22－3－2　看護師国家試験受験　写真用台紙 ……………………………… 273

22－3－3　看護師免許申請書 ………………………………………………… 274

22－3－4　保健師免許申請書 ………………………………………………… 275

22－3－5　助産師免許申請書 ………………………………………………… 276

22－3－6　診断書（免許申請時　共通）…………………………………… 277

22－3－7　業務従事者届 ……………………………………………………… 279

22－3－8　籍（名簿）登録抹消（消除）申請書 ………………………… 281

第５編　国家試験対策（過去問精選問題）…………… 283

第23章　過年度問題演習 ……………………………………………… 284

23－1　社会保障制度（総論：社会保険、公的扶助、社会福祉）……… 284

23－1－1　総論的内容 ………………………………………………………… 284

23－1－2　医療保険制度 ……………………………………………………… 286

23－1－3　介護保険制度関係 ………………………………………………… 287

23－1－4　年金保険関係 ……………………………………………………… 288

23－1－5　公的扶助関係 ……………………………………………………… 289

23－1－6　福祉全般関係 ……………………………………………………… 289

23－2　法と倫理（含 医療過誤・医療事故）…………………………… 291

23－2－1　法制度一般 ………………………………………………………… 291

23－2－2　Compliance ………………………………………………………… 291

23－2－3　医療過誤・医療事故関係 ………………………………………… 293

23－2－4　Biodiversity ……………………………………………………… 294

23－2－5　生命の始期 ………………………………………………………… 294

23－2－6　生命の終期 ………………………………………………………… 295

23－2－7　脳死と臓器移植 …………………………………………………… 297

23－3　保助看法等基本法関連

　　　　（保健師助産師看護師法＝保助看法、看護師等の人材確保の促進に関する

　　　　法律＝人確法）……………………………………………………… 298

23－3－1　保助看法・人確法 ………………………………………………… 298

23－3－2　災害看護関係 ……………………………………………………… 301

23－4　医療関連法規（予防、医事、環境、公害、学校）……………… 303

23－4－1　予防接種・感染症関係法 ………………………………………… 303

23－4－2　医事・薬事関係法 ………………………………………………… 305

　　23－4－3　環境衛生・公害関係法 ……………………………………… 306

　　23－4－4　学校保健関係 …………………………………………………… 309

　23－5　保健福祉法規関連Ⅰ（保健衛生総論、精神保健福祉、障碍者福祉）……… 310

　　23－5－1　保健衛生総論（健康日本21・地域保健法・健康増進法等）………… 310

　　23－5－2　精神保健福祉関係 ……………………………………………… 314

　　23－5－3　障碍者福祉関係 ………………………………………………… 319

　23－6　保健福祉法規関連Ⅱ（母子保健福祉、児童保健福祉、高齢者保健福祉）… 322

　　23－6－1　児童・母子保健福祉関係 ……………………………………… 322

　　23－6－2　高齢者保健福祉 ………………………………………………… 326

　23－7　社会保障制度：各論（介護保険制度、医療保険制度と訪問看護サービス）… 329

　　23－7－1　介護保険制度、医療保険制度 ………………………………… 329

　　23－7－2　訪問看護サービス ……………………………………………… 331

　23－8　労働法規関連 ………………………………………………………… 336

　　23－8－1　労働基準法関係 ………………………………………………… 336

　　23－8－2　労働安全衛生法関係 …………………………………………… 337

　　23－8－3　男女雇用機会均等法関係 ……………………………………… 338

　　23－8－4　労働保険関係─雇用保険　労災保険関係 …………………… 339

　　23－8－5　育児・介護休業法関係 ………………………………………… 340

　23－9　看護国際法規関連 …………………………………………………… 341

　23－10　統計（国民衛生の動向）と計算問題 ……………………………… 344

　　23－10－1　統計　人口静態関係 ………………………………………… 344

　　23－10－2　統計　人口動態関係 ………………………………………… 345

　　23－10－3　母子保健統計 ………………………………………………… 347

　　23－10－4　計算問題関係 ………………………………………………… 348

第6編　看護行為の法社会学的一考察 ………………………… 351

　索引　361

　参考文献　369

第1編　看護職に関わる規律と法

第1章
人間社会における規律と現代的課題

1－1　この本を使用するにあたっての留意点
　　　（講義を受けられる場合は"講義の導入"となります。）…………………………2

1－2　今後の学習の指標………………………………………………………………4

1－1　この本を使用するにあたっての留意点
（講義を受けられる場合は"講義の導入"となります。）

　看護師国家試験出題基準の「健康支援と社会保障制度」の分野は、日本国内にある日本国憲法第25条（☞5－3）をはじめとする法制度をその範疇としています。本来なら現代日本の成り立ちから歴史的に紐解き解説するべきところですが、特に医療界における身近な諸問題に目を向け帰納的に今の日本の法制度、日本を取り巻く国際社会の確立したルールに目を向けることも肝要と考え講義の進行を考えました。一過的な表象的変化ではなく、質的な変化を捉える力が身につくよう編集しました。

　まず始めに右の世界地図に様々な加工を施して、これから考えてゆく法と社会保障制度の根源的問題を大局的に捉えてみましょう。
　第二次世界大戦後、世界はその姿を大きく変えることになりましたが、ポイントは三つあります。①戦争によ

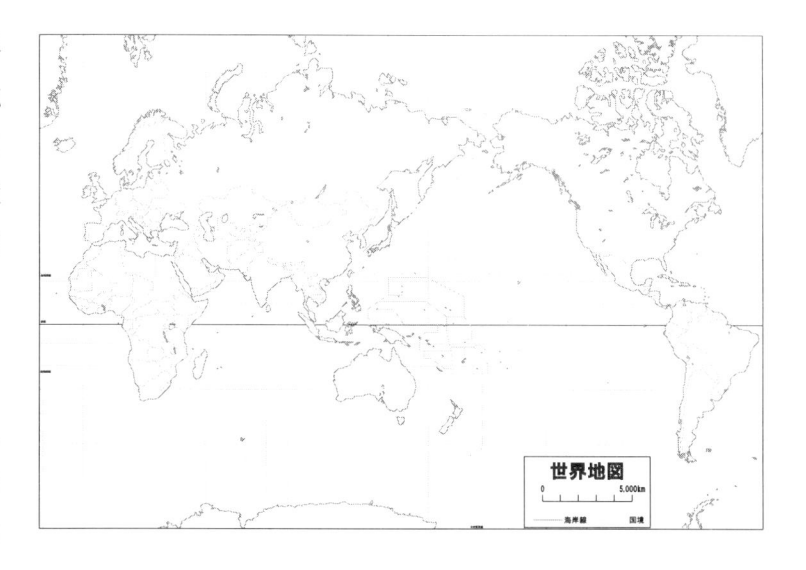

る疲弊衰退の一途にあった一部の国々が競い合うように復興を遂げる中で、戦争の原因の一つにもなった化石燃料（石炭、石油等）の大量消費による地球規模の環境破壊についてです。②復興に伴う高度経済成長は引き返す勇気を手に入れることができず、効率性だけを追い求めることで環境破壊ひいては健康破壊を生んでしまいました。③広く戦争の犠牲となった多くの生命について振り返る時、生命はその誕生時に死への階段を上ってゆく運命を与えられます。人類の歴史は、いのちとどう向き合うかを考える歴史といっても過言ではありません。核兵器をはじめとする人類の脅威となるものは一向に無くなる気配はありませんが、いのちとどう向き合ってきたかの歴史を知ることは不確定要素の多くある歴史を検証するのに有益です。

　このように環境、健康、生命を守るための地球規模的な取り組みが進み始めています。……看護職であれば国境人種を越えて活動する可能性を持つことから国家試験問題の出題が予想されます。

　我が国に焦点を当ててみると、1995年（平成 7 年）阪神淡路大震災、2011年（平成23年）東日本大震災、2016年（平成28年）熊本地震、2017～2018年（平成29年～30年）風水害など、近年想定できなかった災害が発生し多くの犠牲者を出すことになりました。また、2005年（平成17年） 4 月JR福知山線列車脱線事故で106名（運転士の方を入れると107名）の犠牲者を出すことになった事実も忘れることができません。（☞ 6 - 2 　 3 .）さらに2019年（令和元年）末のCOVID19のパンデミック（☞10-1）は人類史に残りますが、社会の様々な価値観の見直しを求めているように思います。看護師をはじめとする医療従事者が多くの命に向き合いあらためて災害医療、救急医療における医療の大切さを学ぶことになりました。

　一方で、社会の高齢化が進行し、国際社会すら想定できないレベルにまで高齢化率が上昇し、高齢者の定義を変える裏技まで登場するようになりました。被災者、高齢者だけでなく多くの社会的弱者が犠牲を強いられる社会であってはならないはずが、方向性が見えにくい資本主義経済の中ではむしろ単発的破綻の影響をいち早く受けることになるのはどこにその責めを求めればよいのでしょう。

　ともあれ看護が目を向けるのは、その多くが社会生活上の様々な事故に遭遇した社会的弱者であります。医療保険、介護保険をはじめとする社会保険や、医療・住宅・職業その他社会参加のための対人的サービスとしての社会福祉制度などの理解は治療の裏側にある見えない世界ですが、それを受ける側に立てば喫緊の課題でもあります。対処療法的解決はなしえても、根本的解決にまでは至らないのが現代社会の特徴の一つです。社会的弱者に寄り添う看護職にとって、このような社会保障システムを理解することは社会的責務の一つといえます。

1－2　今後の学習の指標

　1－1で述べた、社会保障システムと今後の国家試験の出題傾向をどのように有機的に理解するか、関連分野の指摘も含めて、次に今後の学習の指標を掲げますので共に考えてみましょう。（学習の前に⇒の該当部分に目を通してください。）

(1)　近年の社会情勢（社会保障問題）の変化について
　　①　児童保健福祉とりわけ児童虐待問題　　　　　　（☞20－2－2）
　　②　母子保健福祉とりわけDV問題、面前DV問題　　（☞20－2－3）
　　③　認知症高齢者の劇的増加とその擁護問題　　　　（☞20－5－1、2、3）
　　④　医療・介護保険制度を利用する訪問看護問題　　（☞18－6）
　　⑤　精神障碍者に必要な社会資源　　　　　　　　　（☞9－6　20－4－4）

(2)　国民生活の変化、医療における法と倫理の砠といった社会問題について
　　①　人口静態、人口動態、国民生活に必要な調査といった統計問題　　（☞21章）
　　②　経済的貧困問題、社会の未成熟から起こる社会福祉的問題
　　　　　　生活保護制度と生活困窮者救済制度　　　（☞19　20－7）
　　　　　　自死（殺）問題　　　　　　　　　　　　　（☞9－9）
　　③　医療における法と倫理の連関
　　　　　　生殖補助医療問題　　　　　　　　　　　　（☞4－1－3－1）
　　　　　　性の同一性に関する問題　　　　　　　　　（☞4－2－1）
　　　　　　脳死問題（新たな死の概念）　　　　　　　（☞4－3－1）
　　　　　　終末期医療にどう向き合うか　　　　　　　（☞4－3－3）

(3)　看護職員の身分や労働環境の変化について
　　①　身分（資格）と業務に関する規定
　　　　　　保健師助産師看護師法　　　　　　　　　　（☞8－1）
　　②　労働の質の確保と、労働力の確保に関する規定
　　　　　　看護師等の人材確保の促進に関する法律　　（☞8－2）
　　③　看護職自身の生活と人生設計の基盤である社会保険制度
　　　　　　産休→育児休暇→職場復帰に関する制度　　（☞15－3）
　　④　看護職の人としての生活と看護労働に関する規定
　　　　　　時間外労働問題、職場ハラスメント規制の規定　（☞15）

⑷　最近の法律（制度）の改正等について注目すべきものについて

①　障害（碍）者総合支援法―「難病患者」の保護が加わった　　（☞20－4－2）

②　医療保険制度―70歳～74歳の自己負担割合の増加　　　　　（☞3－1）

③　介護保険制度―第1号被保険者の自己負担割合の変更　　　　（☞3－2）

④　医療保険制度―後期高齢者の自己負担割合の変更　　　　　　（☞3－1）

　　以上で、これから学ぶ「看護を学ぶための法と社会保障制度（国家試験対策・実践版）」の概要と、看護師国家試験対策の傾向と分析の導入は終わります。

　　法律の改正に関しては、改正後1年を経過して出題される傾向があります。また、統計資料については、国家試験実施年の前々年（2023年実施の場合、2021年）8月出版の「国民衛生の動向」が出題基準になります。

　　本書の分野は、時の社会情勢に流されやすく、医療と同じく日進月歩で変化します。看護職の方は特に、リアルタイムに新聞・各種の報道などを確認するようにしてください。

第2章
看護の対象および看護者自身の人生と法律

2020年/令和2年

主な時期	出来事	根拠法等	参照章
29.6歳	平均初婚年齢（女性）		
31.2歳	平均初婚年齢（男性）		
	結婚→婚姻届	戸籍法	22－2－1
最終生理日 受精成立 着床〜	出産予定日が確定したら（病院で胎児心拍を確認：6〜10週）、妊娠届書いて、在住する市町村へ提出→母子健康手帳の交付（市町村長）	母子保健法	20－3－1
3か月：8週	胎児/妊婦・児童の保護の開始	児童福祉法	20－2－1
	胎児/権利能力の始期	民法	5－4
4か月：12週	死産の場合→「死産届出」提出義務の発生/出産育児一時金	死産の届出に関する規程	4－1－2
22週0日	周産期医療の始期/人工妊娠中絶禁止期間の開始	母体保護法	20－3－1
7か月：24週	死産児24時間経過後火葬埋葬義務開始	墓地埋葬等に関する法律	4－1－2
出産	22週0日〜36週6日：早産 37週0日〜41週6日：正常産 42週0日〜　　　　　　　：過産期	母性看護学	
産後6日満了	周産期医療の終期	医療法	11－1－1
産前6週間（42日）←出産→産後8週間（56日）：産前産後の休業期間 但、産後6週間（42日）は絶対労働禁止期間		労働基準法	15－1
0歳	出生→市町村へ出生届（出産証明書）	戸籍法	22－2－6
	私権の始期/基本的人権の獲得	民法、憲法	5－3
	各種医療保険加入年齢（自己負担は2割：医療費助成有）	医療保険制度	3－1
	臓器提供可能年齢	臓器移植法	4－3－2
	健康診査適用開始年齢	母子保健法	9－3－1
	予防接種（A類疾病）適用開始年齢：（生後12週以降）	予防接種法	10－1
6歳	就学前健康診断通知書届く（入学前約4か月）	学校保健安全法	9－3－1

7歳	児童生徒の健康診断開始	学校保健安全法	9－3－1
	義務教育の開始	学校教育法	16
	各種医療保険（自己負担は3割：医療費助成有）	医療保険制度	3－1
15歳	義務教育終了年齢	学校教育法	16
	生産年齢人口適用年齢（15歳誕生日の次の4月1日より）	労働基準法	15－1
	遺言可能年齢	民法	5－4
18歳	法的結婚可能年齢（男女とも）：2022年/令和4年4月～	民法	5－4
	選挙権取得（国会議員、地方議員、地方公共団体首長）	公職選挙法	
	国民投票権取得（憲法改正）：2018年/平成30年7月以降	国民投票法	
	特定少年（18歳以上20歳未満）：2022年4月～	少年法	
20歳	国民年金（老齢基礎年金）被保険者加入年齢	国民年金法	18－3
	飲酒可能年齢〈二十歳未満ノ者ノ飲酒ノ禁止ニ関スル法律〉		
	喫煙可能年齢〈二十歳未満ノ者ノ喫煙ノ禁止ニ関スル法律〉		
40歳	介護保険2号被保険者資格取得年齢（医療保険加入者限定）	介護保険法	18－5
	特定健診制度（義務）開始年齢	高齢者医療確保法	9－3－1
45歳		WHO	
50歳		母性看護学	
60歳	老人福祉施設利用可能年齢	老人福祉法	22－1－2
	国民年金（老齢基礎年金）被保険者資格喪失年齢：40年間	国民年金法	18－3
65歳	介護保険1号被保険者資格取得年齢（強制加入）	介護保険法	18－5
	老年人口適用年齢（前期高齢者）		
	年金支給開始標準年齢	国民年金法等	18－3
	予防接種（B類疾病）適用開始年齢	予防接種法	10－1
	医療保険：寝たきりになれば「後期高齢者医療制度」適用	高齢者医療確保法	18－2
70歳	各種医療保険窓口負担変更年齢（自己負担は原則2割）	高齢者医療確保法	18－2
75歳	医療保険：全員「後期高齢者医療制度」へ加入（自己負担は原則1割）	高齢者医療確保法	18－2
81.56歳	男性平均寿命←平均約72歳から介護開始		
87.71歳	女性平均寿命←平均約75歳から介護開始		
死	死亡届→市区町村⇒火葬埋葬許可証交付	戸籍法	22－2－8

第2章　看護者の人生と法律

第3章
国家試験必出項目（近年の重要な法改正）

3－1　医療保険に関する法律

　　　〔病気やけがで医療（診察、治療、投薬など）を受けるとき〕 ……………………8

3－2　介護保険に関する法律

　　　〔寝たきり、認知症で介護サービス（要介護5段階、要支援2段階認定が条件）〕 …9

3－3　看護職に関する法律………………………………………………………………10

　　3－3－1　保健師助産師看護師法 …………………………………………………10

　　3－3－2　看護師等の人材確保の促進に関する法律 ……………………………12

3－1　医療保険に関する法律
〔病気やけがで医療（診察、治療、投薬など）を受けるとき〕

人口数は、2021年/令和3年

種別	若年者		前期高齢者		後期高齢者
人口類別	年少人口	生産年齢人口	老年人口		
年齢	0歳 ～義務教育就学前	義務教育就学後 ～65歳未満	65歳～ 70歳未満	70歳～ 75歳未満	75歳以上
約1億2,550万人 （総人口）	約8,929万人		約3,621万人		
	約1,478万人	約7,450万人	約787万人	約967万人	約1,867万人
窓口負担割合 （年収等の基準）	2割 （市区町村の助成制度により実質負担無）	3割 （概ね中学教育終了まで、市区町村の助成制度により実質負担無）	2割 （383万円未満）		1割 （200万円未満）
					2割 （383万円未満）
			3割 （383万円以上）		3割 （383万円以上）

（注）年収等の基準：単身世帯　2022年/令和4年10月～

3－2　介護保険に関する法律

〔寝たきり、認知症で介護サービス（要介護5段階、要支援2段階認定が条件）〕

対象種別	第1号被保険者	第2号被保険者
対象年齢	65歳以上	40歳～65歳未満
対象疾病	制限なし	特定疾病（16の疾病及び疾患） ☞18－5
加入条件	無条件（強制加入）	有（医療保険加入者限定）
保険料徴収	所得段階別定額保険料/ 特別徴収・天引き	普通徴収
保険証の交付	65歳誕生日前日以前の月に交付	認定を受けた又は交付申請者
負担割合 （年収等の基準）	1割（280万円未満） 2割（280万円以上340万円未満） 3割（340万円以上）	1割
全額自己負担分	施設サービス費のうち、食費・居住費・日常生活費は全額自己負担※	

※低所得者については特定入所者介護サービス費を支給した負担軽減措置あり。

第3章　国家試験必出項目

3－3　看護職に関する法律

3－3－1　保健師助産師看護師法　☞8－1

《2006年/平成18年6月改正・追加分⇒2007年/平成19年4月1日施行》

❶免許申請要件の変更（保助看法第7条）

保健師免許申請要件	保健師国家試験合格＋看護師国家試験合格又は看護師免許
助産師免許申請要件	助産師国家試験合格＋看護師国家試験合格又は看護師免許

要諦	平成19年3月31日までに免許申請すれば、看護師国家試験に合格していなくても、保健師免許（保健師国家試験合格のみ）、助産師免許（助産師国家試験合格のみ）が取得できた。

❷行政処分（厚生労働大臣による）の種類の改定（保助看法第14条）

	改定後	改定前
行政処分の種類の改定	戒告＜3年以内の業務停止＜免許の取消し	業務停止、免取

解説	行政処分の対象は、現免許所持者で、第9条（相対的欠格事由）該当又は第14条第1項（品位損失行為者）該当する場合を指す。

❸現場復帰条件の追加（保助看法第15条）

	対象者	対象処分
現場復帰の条件	上記の行政処分を受けた者	再教育研修命令

解説	免許の取り消し処分を受けた場合は、免許取り消し事由の消滅や、再免許付与に相応しい事情があることが研修を受講する条件となる。（但し、免許取り消し処分の対象が、第9条第1号、第2号又は第14条第1項の品位損失行為に該当するときは、処分の日から起算して5年間は再免許申請自体ができない。）

❹名称独占の追加（◎：新たに追加）（保助看法第42条の3）

看護職	保健師	助産師	看護師	准看護師
名称独占	○	◎	◎	◎
業務独占	×	○	○	○

解説	保健師の行う「保健指導」（第2条）は、第29条により保健師に独占されない。他の助産師、看護師、准看護師には業務独占がある。

《2009年/平成21年7月改正・追加分⇒2010年/平成22年4月1日施行》

❻保健師国家試験、助産師国家試験の受験資格の一部変更（保助看法第19条、20条）

対象者は、大学で学ぶ者限定	改定後	改定前
保健師国家試験受験資格	1年以上修学	6か月以上
助産師国家試験受験資格	1年以上修学	6か月以上

❼看護師国家試験受験資格の一部変更（保助看法第21条）

　大学（看護師養成校）で学ぶ者は、卒業（卒業見込み）しなければ看護師国家試験の受験資格がない。

| 解説 | 改正前は、大学に「3年以上修業する」となっていた。看護基礎教育は原則3年だから。 |

❽看護職の臨床研修の義務化/看護職を取り巻く労働環境が行う研修機会の確保の義務化

義務者/法令	保健師助産師看護師法	看護師等の人材確保の促進に関する法律
看護職全て	努力義務（第28条の2）	努力義務（第6条）
国	規定なし	努力義務（第4条）
地方自治体	規定なし	努力義務（第4条）
病院等※	規定なし	努力義務（第5条）

《2014年/平成26年6月追加分⇒2015年/平成27年10月1日施行》

❾「特定行為研修」規定の新設（保助看法第37条の2〜4等）

　特定行為一覧［21区分：38行為］診療の補助として次の省令で定めたもの

　（特定行為及び特定行為研修に関する省令：2015年/平成27年3月13日厚生労働省第33号）

①呼吸器関連（気道確保に係るもの）：1	⑪創傷管理関連：19〜20
②呼吸器関連（人工呼吸療法に係るもの）：2〜5	⑫創部ドレーン関連：21
③呼吸器関連（長期呼吸療法に係るもの）：6	⑬動脈血液ガス分析関連：22〜23
④循環器関連：7〜10	⑭透析管理関連：24
⑤心嚢ドレーン管理関連：11	⑮栄養及び水分管理に係る薬剤投与関連：25〜26
⑥胸腔ドレーン管理関連：12〜13	⑯感染に係る薬剤投与関連：27
⑦腹腔ドレーン管理関連：14	⑰血糖コントロールに係る薬剤投与関連：28
⑧ろう孔管理関連：15〜16	⑱術後疼痛管理関連：29
⑨栄養に係るカテーテル管理関連（中心静脈）：17	⑲循環動態に係る薬剤投与関連：30〜34
⑩栄養に係るカテーテル管理関連（末梢留置）：18	⑳精神及び神経症状に係る薬剤投与関連：35〜37
	㉑皮膚損傷に係る薬剤投与関連：38

３−３−２　看護師等の人材確保の促進に関する法律　☞８−２

《2009年/平成21年７月改正・追加分⇒2010年/平成22年４月１日施行》

❿看護職を取り巻く労働環境が行う研修機会の確保の義務化（再説：３−３−１　❽）

看護職の臨床研修の義務化による資質の向上（第６条）

「看護師等は、…研修を受ける等自ら進んで能力の開発及び向上を図る…自信と誇りをもって…」

《2014年/平成26年６月追加分⇒2015年/平成27年10月１日施行》

⓫都道府県センター業務の追加（第15条）

「看護師等の就業促進に関する情報提供」「相談等の援助」

⓬公共職業安定所との連携（第16条）

「都道府県センターは、地方公共団体、公共職業安定所との連携の下で、無料職業紹介事業事務を行う」

⓭情報提供の求め（第16条の２）

「都道府県センターは都道府県その他の官公署に情報提供を求めることができる」

⓮看護師等の届出義務（第16条の３）

「看護師等は病院等を離職した場合その他の厚生労働省令で定める場合、届出事項に変更があった場合、都道府県センターへ届け出る（努力義務）」

⓯秘密保持義務（第16条の４）

「都道府県センターの職員及び役員の守秘義務（保助看法の守秘義務と同様の解釈）」

⓰都道府県センターの業務の委託（第16条の５）

「省令による業務委託及び委託業者の守秘義務」

第4章
法と倫理の砠
（生命の始期と終期を考える）

4－1　生命の始期と生殖補助医療の問題 ………………………………………… 13
　　4－1－1　NIE：中絶胎児を「一般ごみ」を読んで考えよう ……………… 14
　　4－1－2　生命の始期に関する法制度 ……………………………………… 16
　　4－1－3　科学による生命操作 ……………………………………………… 18

4－2　生命中間期との向き合い …………………………………………………… 20
　　4－2－1　成長過程における補助医療 ……………………………………… 20
　　4－2－2　インフォームドコンセントと自己決定権 ……………………… 21

4－3　生命の終期と科学のできること ………………………………………… 25
　　4－3－1　脳死事件と法改正（臓器移植法）……………………………… 25
　　4－3－2　臓器移植法と関連法規 …………………………………………… 26
　　4－3－3　様々な死（安楽死、尊厳死、平穏死）………………………… 27
　　4－3－4　死（生命の終期に関する法制度）……………………………… 31

4－1　生命の始期と生殖補助医療の問題

　看護職が行う看護行為は、その対象である人の生と死という現実を避けては行えないものである。およそ38億年かけて育まれてきた"いのち"の不思議を前に畏敬の念しか持ちえないのであるが、人間が意識できない瞬間である"生（生命の始期：命の誕生）"と"死（生命の終期）"について深く考えることは、医療とりわけ看護を学ぶ者にとっての責務であると意識すべきである。"いのちの尊厳性"について深く考察することは人類永遠のテーマでもある。第2章でみた、いのちの誕生の流れに沿いながら、その実態に迫ってみたい。
（キーワード：生命の萌芽　妊娠満22週未満　妊娠4か月以後の死胎　いきのみち）

第4章　法と倫理の砠

４－１－１　NIE：中絶胎児を「一般ごみ」を読んで考えよう

朝日新聞　2004年7月20日（火）　（一部改変）

横浜の病院　2年前まで

中絶胎児を「一般ごみ」　手足切断し捨てる

妊娠12週以上
違法廃棄続く

　横浜市内の病院で、妊娠12週以上の中絶胎児を一般ごみとして捨てていたことがわかった。法律で火葬・埋葬することになっているが、一般ごみに紛れ込ませるために細かく切っていたという。12週以上の中絶を受け付けなくなった2年ほど前にやめたが、12週未満の胎児や胎盤については、朝日新聞が最近指摘するまで一般ごみとして捨て続けており、廃棄物処理法違反の疑いが強い。中絶という繊細な問題の陰で胎児の扱いに関する論議は深まっておらず、同種の問題を抱えた医療機関は少なくないとみられる。

　中絶胎児を切断していたのは横浜市中区の病院。横浜市と中福祉保健センターは廃棄物処理法と医療法に違反する疑いもあるとみて、同病院に関連書類の提出を求めるなど調査を始めた。

　人工妊娠中絶は、母体保護法に基づく通知で、22週未満であれば罪に問われない。一方、人の姿をした妊娠12週以上の胎児は、墓地埋葬法で「死体」として扱い、火葬・埋葬することになっている。

　同病院の元職員や複数の関係者によると、12週以上の胎児の中絶は、月に1、2度程度で、何年も続けられたという。元職員は「院長に命じられやむを得なかった。一般ごみに入れるために、胎児とわからないようにするのだと思った」と説明した。

　この元職員が、切断の時の様子を詳細に証言した。胎児は金属の盆に載せられて流し台に運ばれる。そこではさみで体や手足を切った。ある元職員は、心の中で「ごめんね」と繰り返し、作業を続けたという。母親に「赤ちゃんを見せて」と頼まれ、「血の塊だから」と言葉を濁す一方、院長が見ていないすきに切らずに捨てた胎児も多かったという。水子を供養するお守りを白衣に忍ばせていたという別の元職員は「仕事と割り切らざるを得なかった。でも慣れることはなかった」と話した。

　15週で中絶され、同院で切断されたという胎児の小さな手足を、元職員が「いずれ世に問うときが来る」とホルマリン容器で保存していた。

　人間の姿をした胎児を切断したら死体損壊罪、捨てれば死体遺棄罪になるとの判例がある。

　同病院では2年前から12週以上の中絶手術を中止したが、未満の中絶は続け、出てくる胎児や胎盤などをポリ袋で包み、一般ごみとして捨てていたという。

　廃棄物処理法は、中絶胎児や胎盤などは、血液や体液を含んだ脱脂綿、注射針、臓器などと同じ「感染性廃棄物」として扱うよう定めている。密閉した容器に入れて許可業者に依頼し、焼却処分しなければならない。

院長は全面否定

　院長は朝日新聞の取材に「（12週未満の胎児や胎盤などは）感染性廃棄物として適正に処理している。入院施設がないので、12週以上の胎児の中絶は以前から受け付けていない」と話し、胎児の切断や違法投棄について全面的に否定している。

規制不明確、見えぬ実態
解説

　厚生労働省によると、国内の人工妊娠中絶は年間30万件（2018、平成30年：約16万件）を超えるが、中絶胎児の扱いについては明確な法制度がなく、実態はわかっていない。

　妊娠12週以上の中絶胎児は墓地埋葬法で火葬・埋葬することになる。家族が引き取らない場合は、結果として医師が葬祭業者に扱いを依頼するが、仮に捨ててしまっても同法違反に問うのは難しい。刑法には死体遺棄罪があるが、通常ごみの中身が知られることはなく、医師が立件されることはまずなかった。

　「死体」とはみなされない12週未満となると扱いはさらに不明確だ。厚労省母子保健課は「医療的な廃棄物」とするが、廃棄物処理を管轄する環境省は「倫理上の考え方もあり、直ちにごみとは言いづらい」。判断は自治体に預けられている。

　ごみとして捨てる場合は廃棄物処理法で感染性廃棄物としての処理が義務づけられ、多くの自治体がそう扱っている。

　一方、独自の条例で中絶胎児や胎盤などを感染性廃棄物とは別の専門業者に許可を与えて扱わせている自治体もある。

　朝日新聞社の調べでは、北海道、東京、神奈川、愛知、三重、京都、大阪、兵庫の全国８都道府県だ。

　それぞれの条例は元々、勝手に埋めたり売買したりすることがないよう、公衆衛生上の観点からつくられた。神奈川県では80年代、「廃棄物に統一してはどうか」と条例廃止の議論があったが、「12週に１日足りないだけで『ひと』が『ごみ』になるのはおかしい。胎児の尊厳にも配慮すべきだ」と存続が決まった。

　ただ、各地の条例も取り締まり対象を許可業者に限定しており、医師を規制するのは難しい。条例に反しても廃棄物処理法通りに処理していたら、どうなるのかもはっきりしない。

　総合科学技術会議の生命倫理専門調査会は13日、受精卵について「ひとの生命の萌芽（ほうが）」とする最終報告書をまとめた。中絶胎児は、さらに「ひと」に近いが、実際には「ひと」の扱いを受けていない実態がある。統一した法制度の必要性も含め、タブー視しない議論が必要だ。

第４章　法と倫理の硲

4－1－2　生命の始期に関する法制度

【死産の届出に関する規程（1946年/昭和21年9/30）】☞22－2－4

第1条〔目的〕

　この規程は、公衆衛生特に母子保健の向上を図るため、死産の実情を明らかにすることを目的とする。

第2条〔死産、死児の定義〕

　この規程で、死産とは妊娠第4月以後における死児の出産をいひ、死児とは出産後において心臓膊動、随意筋の運動及び呼吸のいづれをも認めないものをいふ。

【墓地、埋葬等に関する法律（1948年/昭和23年5/31）】

第2条〔定義〕

　この法律で「埋葬」とは、死体（妊娠4箇月以上の死胎を含む。）を土中に葬ることをいう。

第3条〔24時間以内の埋葬・火葬の禁止〕

　埋葬又は火葬は、他の法令に別段の定めがあるものを除く外、死亡又は死産後24時間経過した後でなければこれを行なつてはならない。但し、妊娠7箇月に満たない死産のときは、この限りではない。

【民法（1896年/明治29年4/27）】☞5－4

第3条〔権利能力の始期〕

　私権の享有は出生に始まる。

第721条〔損害賠償請求権に関する胎児の権利能力〕

　胎児は、損害賠償請求権については、既に生まれたものとみなす。

第783条〔胎児の認知〕

　父は、胎内にある子でも認知することができる。この場合においては、母の承諾を得なければならない。

第886条〔相続に関する胎児の権利能力の始期〕

　胎児は、相続については、既に生まれたものとみなす。

第965条〔第886条の遺贈の規定への準用〕

　胎児は、遺言に関して、受遺者となる。

【刑法判例（大審院判例　1919年/大正8年12/13）】（刑法第199条関係）☞5－5

　「胎児が既に母体から一部露出した以上、母体に関係なく侵害を加えることが可能であり、殺人罪の客体としての人といえる。」

課題①

　「生命の始期はいつか。」について、現行法規や制度を参考に、1,200字程度で論ぜよ。

【参考論文の抜粋】

　私の講義を受講して下さった多くの学生のレポートの中から、この課題を考察するにあたって参考になる論文の一部を抜露します。考察の一助にしてください。

「…精子と卵子が受精した瞬間、魂がどこかからやってきて、命が宿るのだ。そして、最後を迎えたとき、魂は別の世界へ行く。…」
　　　　　　　　　　　　　　　　　　　　　　　　　　　　　　（Ａさん：Ｂ看護専門学校）

「…人間は神秘から生まれてきたのに、神秘に近づくことさえできない…」
　　　　　　　　　　　　　　　　　　　　　　　　　　　　　　　　（Ｃさん：Ｄ看護短大）

「…受精卵自体に、精神は存在していなくとも、精神活動の源となる物体であり、精神活動が存在することが人間の定義だとしても受精卵が生命の起源である…」
　　　　　　　　　　　　　　　　　　　　　　　　　　　　　　（Ｅさん：Ｆ看護専門学校）

「…科学の進歩により、命に対する畏敬の念が薄れていっているのではないか…医療・科学の発達は人間を進化させているのではなく、人間を退化させている…」
　　　　　　　　　　　　　　　　　　　　　　　　　　　　　　　　（Ｇさん：Ｈ看護短大）

「…人間は自分たちでコントロールできるようにきまりを作っている。…自分の存在を地球規模でとらえる価値観を養っていかなくてはならない…。生命に時間的にここから人といった区別は必要なく、生命は永遠であるととらえて、生命の尊厳ということに重きを置いて考えて…」
　　　　　　　　　　　　　　　　　　　　　　　　　　　　　　（Ｉさん：Ｊ看護専門学校）

「12週未満の胎児は未熟だが、命は既に宿っており、…神秘的な部分を人間が勝手に乱してはならない…。…二人の遺伝子を受け継いだ命には、人間として、人類がこれからも続くことを願う本能がある…」
　　　　　　　　　　　　　　　　　　　　　　　　　　　　　　（Ｋさん：Ｌ看護専門学校）

「…地球上の生物の生命活動には…子孫を残すための本能が組み込まれている…」
　　　　　　　　　　　　　　　　　　　　　　　　　　　　　　（Ｍさん：Ｎ看護専門学校）

「…子どもが生まれることはずっと前から確定していて、…別の場所からやってくる魂が宿った瞬間が生命の始まり…。…魂は、形はないが存在を示すことができる…それが生命である…」
　　　　　　　　　　　　　　　　　　　　　　　　　　　　　　　　（Ｏさん：Ｐ看護短大）

「…命そのものにはすでに存在しており、役割をもって初めて身体に宿り生まれる…。…命の始まりと終わりはなく、身体の始まりと死だけが存在しており、この世やあの世での、命の輪廻で成り立っている…」
　　　　　　　　　　　　　　　　　　　　　　　　　　　　　　　　（Ｑさん：Ｒ看護短大）

「…受精が確立し、その細胞の核の中の遺伝子に魂が宿ったときにスタートし、…遺伝子の影響を受けながらゴールに向かって進み…身体が火葬されたときに魂は天へと昇ってゆく…」
　　　　　　　　　　　　　　　　　　　　　　　　　　　　　　（Ｓさん：Ｔ看護専門学校）

第４章　法と倫理の硲

4－1－3　科学による生命操作

1．遺伝子治療（キーワード：異常と正常）

　遺伝子治療とは、人の体細胞の中に外からの遺伝子を導入する技術を応用する疾病の治療法である。遺伝子に欠陥がある遺伝子病のほかエイズなど感染症や癌などがその対象とされる。現代医療においてこの治療が許容される理由は「生命の尊厳を侵す要素がない」からで、実施可能となるための条件のすべてがクリアーされていることである。しかし、治療の場面が生殖医療となる場合にその適法性、倫理性が問題となる。

遺伝子治療が許容される条件

　①　体細胞に限定されること　②　治療が目的であること（異常を正常に近づけること）

　③　他に治療の手段がないこと（生存の可能性、健康になる可能性を追求するのは個人の幸福追求権として認められている）

　④　治療法の安全性が確立していること　⑤　患者の同意があること

2．生殖補助医療（キーワード：いのちの始まり、自然の摂理、bio ethics、幸福追求権、中絶の肯否）

　一般的に生殖医療の問題点は、精子と卵子が受精する(1)前の段階(2)後の段階(3)成長途中で起こる性同一性障害の問題（☞4－2－1）に分けられる。

(1)　受精する前の段階では、いわゆる不妊治療が問題となる。夫婦間の普通の性交渉によって受精卵が体内受精をすれば問題はなく、この受精卵が体外受精をし、その後人工授精をすることまでわが国の法律は否定していない（正確には規制する法律はない）。

　　　ところが1950年：昭和25年頃、夫以外の男性の精子を用いた体外受精→人工授精による子の出生があって以来、①夫以外の男性の精子を用いた体外受精（AID）は許されるのか、②精子は夫のものでも卵子が妻以外のものを用いた体外受精は許されるのか、③精子は夫のもので卵子が妻のものでも体外受精によって第三者が出産することは許されるのか（いわゆる代理出産）、また、④代理出産が許されるとして、夫婦の実子としての出生届は受理されるのか（特別養子縁組制度）、といった問題が生じてきている。

《配偶者間・非配偶者間の体外・体内受精に関する論点整理》

○：適法（夫婦以外の卵子や精子を使った不妊治療で生まれた子の親子関係を認める民法の特別法案が国会で成立：2020年令和2年12月4日）

	卵子	精子	出産者（妻）	出産者（第三者）	論　　点
体外受精	妻	第三者	○		夫が同意すればよいが、遺伝的な父親との法律問題は残り、子どもが自分の出自を知る権利については、2022年以降に法律を整備する。
体外受精	第三者	夫	○		出産した女性を母親とする。
体外受精	妻	夫	○	×	最高裁判所決定（2007年3月）：「出産者が第三者の場合（代理出産）は、親子関係不認定」
体外受精	妻	夫	○		（ⅰ）冷凍保存していた夫の精子を夫死亡後受精させて生まれた子の認知請求が認められるか？ （ⅱ）受精卵移植ミスによる人工妊娠中絶の可否？
体内受精	妻	第三者	○		人工授精の可否
体内受精	妻	夫	○		なし

(2)　一方、受精した後の段階では、これまで、①人工妊娠中絶の是非が問題となっていたが、②羊水検査や絨毛検査といった出生前診断をして、障がいを持つ子を合法的に人工妊娠中絶することの是非や、③体外受精技術を用いた着床前診断による異常な受精卵の破棄の是非、④受精卵診断（14日ルール撤廃）、などが近年問題となっている。

《受精後の問題の論点整理》

①	人工妊娠中絶	人工妊娠中絶手術は、刑法第212条（堕胎罪）、同第213条（同意堕胎罪及び同致死傷罪）、同第214条（業務上堕胎及び同致死傷罪）、同215条（不同意堕胎罪）、同第216条（不同意堕胎致死傷罪）により、犯罪である。 　しかし、法の後法優越の原理（☞p.33）により、母体保護法第14条により、胎児が母体外で生命を保続できない時期に、手術によって胎児を母体外に排出することは違法性が阻却されて犯罪が不成立となる。 　堕胎罪等が不成立であっても、子（人）に対する殺人罪になるのではないか。いつを人の始まりと見るかによって諸説が分かれる。
②	狭義の出生前診断	母体保護法第14条は、出生前診断によって胎児が障がいを持つことが判明したという理由での中絶は認めていないが、経済的理由ではそれが可能になる。この法解釈でよいのか。
③	着床前診断（受精卵診断）	出生前診断に比べて母体への精神的、肉体的影響が少ないことから、1990年代以降実施されてきた。 　生殖補助医療としての可否は、治療が目的かどうかによって判断が分かれる。また、法的規制がない。 　□ 遺伝性疾患（デュシャンヌ型筋ジストロフィー）：日本産婦人科学会は承認 　□ 習慣性流産：日本産婦人科学会は承認を検討中 　□ 男女の産み分け：禁止（「致死的な病気」でない）

4－2　生命中間期との向き合い

4－2－1　成長過程における補助医療

要諦　出生前に性別は決まるものの、一般的に出産時に決まる生物学的性（sex）に対して社会文化的な性（gender）は3～4歳で確立するとされるが、成長してゆく過程で、自分の持つ解剖学的性に違和感を覚える場合に、性別を変更することが可能になった。かつては性同一性障害による性転換手術と呼んだが、現在は、性別違和による性別適合手術と呼ぶ。

　1998年/平成10年　10/16　埼玉医科大学総合医療センターにて、医療行為として公認され、性別適合手術（性転換手術）が行われた。その後、1999年/平成11年に日本精神神経学会が、性別適合手術（性転換手術）のためのガイドラインを発表、2004年/平成16年「性同一性障害特例法」が成立した。

　WHO（世界保健機関）は、2019年/令和元年　5/17（発効は、2022年/令和4年　1/1）に「国際疾病分類（ICD-11）」の「精神障害」の分類から性同一性障害を外し、「性の健康に関する状態」の中の「性別不合」に変更した。

① 性別適合手術後の戸籍変更

　当初は、「ⅰ）20歳以上　ⅱ）結婚していない　ⅲ）子供がいない　ⅳ）手術を受けた」であったが、現在は、「ⅰ）18歳以上　ⅱ）結婚していない　ⅲ）未成年の子がいない　ⅳ）手術を受けた　ⅴ）外観要件を有している。」に変更された。（2008年/平成20年6月）

② 戸籍変更後の婚姻による出生児の嫡出関係

　性同一性障害（性別不合）で女性から男性に性別を変更した夫とその妻（女性）が、第三者の精子提供による人工授精（AID：artificial insemination by donor）でもうけた子どもを夫婦の嫡出子として戸籍に記載するように求めた裁判で、最高裁判所第三小法廷はその決定で、「血のつながりがないことが明らかでも、現夫の子と推定できる」として、法律上の父子関係を認める初判断を示した（2013年/平成25年　12/11）。その後、2014年/平成26年　1/27　法務省は、「性同一性障害で性別を男性に変更した人が女性と結婚し、第三者から精子提供を受けて子どもをもうけた事例について、この戸籍の父親欄に性別を変更した男性の氏名を記載するよう」全国の法務局に通達した。なお、既に「婚外子」として戸籍に記載されている場合は「嫡出子」と訂正するよう求めている。

③　性別適合手術とホルモン療法

　2018年/平成30年４月から、同手術に公的医療保険が適用されることになったが、自由診療のホルモン療法を併用する（保険診療と保険外診療の併用）と、いわゆる混合診療となり保険が利かなくなる。

> 課題②　今後こういった生殖補助医療問題を考えるにあたって、人間が生かされているこの自然の摂理にどこまで抵抗が可能なのか。人間の限りない欲望と科学技術の後戻りできない宿命との倫理的融合は可能だろうか。いずれにしても、国民的コンセンサスをどのように醸成するか、それに基づく正しい倫理観の確立とそれを担保する法制度の整備が急がれる。　　　　に関して各自に考察せよ。

４−２−２　インフォームドコンセントと自己決定権

1. インフォームドコンセント（informed consent）（キーワード：インフォームドコンセント、裁量権と説明義務、自己決定権）

(1)　第二次世界大戦中ヒットラー率いるナチス・ドイツが行なった人体実験に対して連合国が1945年ドイツのニュルンベルグで行なった国際軍事裁判の中で承認された諸原則（「ニュルンベルグ宣言（綱領）」）の中のひとつの「人道に対する罪」の規定の中に初めて登場した。このとき人体実験において被験者の同意が絶対的条件であると認められたのである。その後、1975年世界医師会において、「ヘルシンキ宣言」として採択された。

(2)　この考え方をいち早く取り入れたアメリカにおいては、当初医療裁判における医療者側の免罪符に代用された経緯があるが、この法理は、医学的処置や治療に先立って、それを承諾し選択するのに必要な情報を医師から受ける患者の権利として、医療における人権尊重上必須な概念として各国に普及した。これまで我が国では、患者の医療者側に対する全幅の信頼を前提とした父権主義が根強くあり、この法理が定着するには時間がかかった。しかし、憲法第11条（基本的人権）の新しい権利としての「知る権利」、同第13条（個人の尊厳）（☞５−３）の「幸福追求権」に存在根拠をおく患者の自己決定権（Let me decide）を保障する重要な概念として国民的コンセンサスを得つつある。

(3)　しかし、患者の「知りたくない権利」との関係において医療者側の診療義務（説明義務）をどこまで認定するか、また自己決定権を尊重するあまり患者側に思わしくない結果が生じたときに責任を転嫁する方策に利用される危惧はないかなど、告知する側（医療者側）と承諾する側（患者側）との対峙関係の中で「裁量権」と「自己決定権」とのバランスをどう取り持つかが今後の課題として残る。6－3で扱うcomplianceのところで再考してみよう。

考察

《裁判事例　①》2003年/平成15年6月12日最高裁判所第1小法廷決定

　乳ガンの手術で、乳房を摘出された女性が、開業医に「乳房温存療法（病巣を切除によらず治療する方法）を説明すべき診療契約上の義務を怠った」として、損害賠償を求めた裁判で、最終的に最高裁判所は「乳がんの手術に当たり、当時医療水準として確立していた胸筋温存乳房切除術を採用した医師が、未確立であった乳房温存療法を実施している医療機関も少なくなく、相当数の実施例があって、乳房温存療法を実施した医師の間では積極的な評価もされていること、当該患者の乳がんについて乳房温存療法の適応可能性のあること及び当該患者が乳房温存療法の自己への適応の有無、実施可能性について強い関心を有することを知っていたなど判示の事実関係の下においては、当該医師には、当該患者に対し、その乳がんについて乳房温存療法の適応可能性のあること及び乳房温存療法を実施している医療機関の名称や所在をその知る範囲で説明すべき診療契約上の義務（乳房は女性を象徴するもので、医師は患者の精神や家庭生活の質の向上にも配慮し、本人に選択の機会を失わせないように）がある。」として医師の説明義務を認め、不法行為によって患者の自己決定権を侵害したので損害賠償義務を負うと認定した。

《裁判事例　②》2005年/平成17年9月8日最高裁判所第1小法廷判決

　骨盤位（逆子）と診断され、帝王切開術を希望したのに、医師が自然分娩を決定し、長男を出産したが仮死状態で生まれ約4時間後に死亡した。帝王切開術を強く希望していた夫婦に経腟分娩を勧めた医師の説明が、同夫婦に対して経腟分娩の場合の危険性を理解した上で経腟分娩を受け入れるか否かについて判断する機会を与えるべき義務を尽くしたものとはいえず、医師の不法行為によって自己決定権を侵害されたとして損害賠償請求訴訟を起こした事例。

　最高裁判所は、「帝王切開術を希望するという上告人らの申出には医学的知見に照らし相応の理由があったということができるから、被上告人医師は、これに配慮し、上告人らに対し、分娩誘発を開始するまでの間に、胎児のできるだけ新しい推定体重、胎位その他

の骨盤位の場合における分娩方法の選択に当たっての重要な判断要素となる事項を挙げて、経腟分娩によるとの方針が相当であるとする理由について具体的に説明するとともに、帝王切開術は移行までに一定の時間を要するから、移行することが相当でないと判断される緊急の事態も生じ得ることなどを告げ、その後、陣痛促進剤の点滴投与を始めるまでには、胎児が複殿位であることも告げて、上告人らが胎児の最新の状態を認識し、経腟分娩の場合の危険性を具体的に理解した上で、被上告人医師の下で経腟分娩を受け入れるか否かについて判断する機会を与えるべき義務があったというべきである。」と判断し、患者の請求を認めた。

2．自己決定権（L.M.D）（キーワード：宗教的輸血拒否、「輸血拒否と免責に関する証明書」、親権停止）

　前項で述べたインフォームドコンセントの法理を患者側で指示する権利のことを「自己決定権」という。ここでは、具体的な裁判事例にその法理を見る。

《裁判事例　①》2000年/平成12年２月29日最高裁判所第３小法廷判決
　宗教上の信念からいかなる場合にも輸血を受けることは拒否するとの固い意思を有している患者に対して医師が、ほかに救命手段がない事態に至った場合には輸血するとの方針を採っていることを説明しないで手術を施行して輸血をした場合において医師の不法行為責任が認められた事例。

　最高裁判所は、「医師が、患者が宗教上の信念からいかなる場合にも輸血を受けることは拒否するとの固い意思を有し、輸血を伴わないで肝臓の腫瘍を摘出する手術を受けることができるものと期待して入院したことを知っており、右手術の際に輸血を必要とする事態が生ずる可能性があることを認識したにもかかわらず、ほかに救命手段がない事態に至った場合には輸血するとの方針を採っていることを説明しないで右手術を施行し、患者に輸血をしたなどの事実関係の下においては、医師は、患者が手術を受けるか否かについて意思決定をする権利を奪われたことによって被った精神的苦痛を慰謝すべく不法行為に基づく損害賠償責任を負う。輸血する可能性のある手術を受けるか否かについて意思決定する権利を奪ったことについては、医師が患者の自己決定権を尊重するためにどんな治療を行い、それにはどんなリスクが含まれるかを説明する義務があるにもかかわらずそれを履行せず、また自己決定権は、私的な医療契約上の権利にとどまらず、憲法13条（個人の尊厳）の幸福追求権から導かれる人格権として認められるので、病院及び医師に損害賠償責任がある。」と判断し、医療者側は患者の信念（自己決定権＝意思決定権）を尊重すべきと判断した。

《裁判事例　②》1985年/昭和60年12月2日大分地方裁判所決定

　左足大腿骨の骨肉腫の転移防止のための切断手術に必要な輸血に関して、宗教（エホバの証人）上の理由により拒否する息子に代わり、その両親が手術をする病院に対して、輸血を含めた医療行為の委任の仮処分を申請した宗教上の輸血拒否者の両親からの輸血委任仮処分申請事案に対して、大分地方裁判所は、「真摯な輸血拒否は、患者の意思として尊重されるべきものである。」として、両親からの仮処分申請を却下した。

　課題　上記2件の裁判例はいずれもエホバの証人の輸血拒否事案であるが、輸血拒否とその結果に関する医療者側の責任免除に関して問題点を指摘しておく。

　（ⅰ）輸血拒否の意思あるいは判断能力の基準年齢を何歳におくか。

　（ⅱ）信仰上の輸血拒否を患者の意思として認めることができるのか。

　（ⅲ）本人が意識不明又は幼少である時、親が自己の信仰に基づいて、本人への輸血を拒否できるか。

　（ⅳ）本人が意識不明になる前に、輸血拒否の意思表示をしている場合その意思表示は有効か。

　（ⅴ）輸血拒否の意思表示に反して治療をした場合の医師の責任はどうなるのか。

　（ⅵ）輸血拒否の意思表示に従った治療をした場合の医師に責任はどうなるのか。

　参考　さらに学習を深めたい場合は、「宗教的輸血拒否に関する合同委員会報告」（2008年2月28日）で示された宗教的輸血拒否に関するガイドライン及び"輸血拒否と免責に関する証明書"（☞22-2-9）を参考にして下さい。

４－３　生命の終期と科学のできること

４－３－１　脳死事件と法改正（臓器移植法）

〈脳死事件〉1996年/平成８年10月、大阪府立千里救命センターで脳死判定後、心停止の後に臓器を摘出した件で、市民グループは「脳死後、臓器保存のための保存液注入によって心停止したので、刑法第199条（殺人罪）に該当し、心停止後の臓器摘出は同第190条（死体損壊罪）に該当する」として大阪府警に告発した。警察は、事故死の場合の検死は"心臓死後"（警察庁の通達）に行うことになるから、本件を死体損壊容疑として立件はしなかった。また、その後公訴時効にかかった。（刑事訴訟法第250条第５項２）なお、"殺人容疑"の公訴時効は30年である。

> 要諦1 　脳死とは「脳幹を含めた脳全体の全ての機能が非〈不〉可逆的に停止した状態」だが、これまでに脳死を確実に診断する方法と基準及び脳死を即個体の死とみなしうるか否かの意見の一致がなかった。

> 要諦2 　「臓器移植法改正案」が、2009年/平成21年６月に国会で可決成立（施行は2010年/平成22年７月）し、15歳未満の児童であっても、本人に臓器提供拒否の意思がないか、またはその意思が明瞭でない場合は、家族が同意すれば臓器（心臓）の移植が可能になった。しかし、すべて問題点が解決したわけではない。
>
> （ⅰ）法律解釈論として、「15歳未満に臓器提供ができなかった法的根拠である民法の趣旨（遺言能力は満15歳以上）との解釈の整合性」をどう解決するか。
>
> （ⅱ）新法が、脳死判定拒否権、臓器提供拒否権を認めたことで、長期脳死患者の権利の扱いに解決の道筋ができた。
>
> （ⅲ）脳死判定方法に関して、年齢区分による明確な判定基準の確立が急務である。
>
> > 課題 　［脳死判定基準］と［死の３兆候］について調べてみよう。

（ⅳ）臓器移植に関して、提供の対象外とする判断基準の確立が急務である。

　　　　報道　　「６歳未満の子の脳死について、小児科医の40％は否定的である。」（2011年/平成23年　２/15　朝日新聞）

　　① 児童虐待を受けた児
　　② 〈ガイドライン〉
　　③ 〈ガイドライン〉

４−３−２　臓器移植法と関連法規

【臓器の移植に関する法律（1997年/平成９年）】

１）法改正の経緯

　　1997年/平成９年 10/16成立・施行

　　1999年改正→2009年改正、2010年施行

２）法の基本理念

　　① 提供意思の尊重、提供の任意性　② 移植の適切性

　　③ 移植を受ける機会の公平性

３）臓器の定義

　　人の、腎臓、心臓、肺、肝臓、内臓（省令：膵臓、小腸）、眼球

４）脳死の定義（☞４−３−１ 要諦１ ）

５）臓器摘出条件（法第６条）

　　① 死亡した者の書面による臓器提供の意思表示がある場合

　　　遺族（家族）が拒否しない。遺族（家族）がいない。⇒摘出可

　　② 死亡した者が臓器を提供する意思がないことを表示している場合

　　　⇒摘出不可

　　③ 死亡した者の提供意思が不明な場合

　　　遺族（家族）が拒否せず、書面による承諾をした。⇒摘出可

　　④ 提供を受ける者が提供者の脳死状態での臓器提供が可能な施設に入院し治療を受けていること。

　　⑤ donorとrecipientの年齢の制限はない。

　　　　要諦　　改正法施行まで、厚生労働省は同法運用指針で、「民法を参考に15歳以上の意思表示を有効なものとして扱う」と通知していた。

　　⑥ 親族に優先的に提供する旨の意思表示ができる。（法律上の、配偶者・子・父母）

⑦　提供意思確認手段：提供意思カード、運転免許証の裏面、各種医療保険証の裏面に記載

⑧　脳死とは別に、臓器が提供できるのは、「心臓が停止した死後」＋「家族の書面による承諾」で、臓器（腎臓、膵臓、眼球、組織：皮膚、血管、心臓弁、骨など）の提供ができる。

6）意思表示に関する注意点

①　書面による方法であれば形式は不問

②　記入後の意思が変わった場合はその都度更新

③　家族にその旨を伝えること

7）記録の保存：臓器移植記録：5年（☞11-2）

8）移植臓器の売買の禁止（対価としての利益供与を含む）

| 解説 | 交通・通信費用、臓器の摘出・保存・移送の費用、移植手術費用は含まれない。 |

9）臓器提供に係る斡旋の対価としての利益供与の禁止

4-3-3　様々な死（安楽死、尊厳死、平穏死）

　人の命の終わりの期間を敢えて終末期と呼ぶなら、様々な医療現場（病院、介護施設など）や自宅で迎える終末期に関して、看護職が患者のQOLをどのように臨床の現場で実現するかは大切な係わりの一つである。特に、ホスピスで迎える尊厳死などは、緩和ケアなどターミナルケアの在り方を考えるうえで重要な課題である。その後迎える臨終までにどのような経過をたどるかは個人差があるが、その様態を敢えて分類すれば、表題のごとくに表せるのではないだろうか。

| 課題 | ①　キューブラー＝ロスの「死の受容プロセス」とは |
| | ②　〔参考〕看護現場のフィンクの危機モデルとは |

1．安楽死

　定義：激烈な肉体的苦痛のある末期患者に対して、肉体的苦痛を除去・緩和することによって安らかに死にいたす行為

| 参考 | 2019年6月2日NHK放送「彼女は安楽死を選んだ」について考えてみよう。 |

《安楽死の分類と論点》

分　類	定　義　及　び　論　点	評　価
純粋な安楽死	医学的な苦痛除去処置が生命の短縮を伴わない場合	適法
不作為による安楽死	積極的な治療・延命処置をせずに生命を短縮させる場合	適法 但、患者が治療処置について、明示的に拒絶している場合、医師に診療契約上の治療義務はない。
間接的安楽死 （狭義の安楽死）	医学的な苦痛除去処置の副作用として、生命が短縮される場合	原則適法 医師の治療行為が適法であれば合法 但、麻酔剤によって生命短縮の危険性が加速する場合は違法の可能性あり。
積極的安楽死	医学的な苦痛除去処置が直接的に生命を絶つ場合 　（例えば致死量の塩化カリウムの静脈注射、致死量の青酸カリの投与）	違法 殺人罪（刑法第199条）自殺教唆罪、自殺幇助罪、嘱託殺人罪、承諾殺人罪（刑法第202条）

☞積極的安楽死が適法と解釈されるための要件

東海大学付属病院事件（横浜地裁1995年/平成7年3月28日執行猶予付有罪判決確定）

① 　患者が耐え難い激しい肉体的苦痛に苦しんでいること

② 　患者の死が避けられず、かつその死期が迫っていること

③ 　医師により苦痛の除去・緩和のために容認される医療上の他の治療手段が尽くされ、他に代替手段がない事態に至っていること

④ 　生命の短縮を承諾する明示の意思表示があること

2．尊厳死（☞22-2-7：終末期医療に関する要望書）

　　定義：患者の意思（治療処置の拒否）を前提に、植物状態を含む人格性を損失した状態に対して、死期をいたずらに引き延ばすに過ぎない医療的干渉を差し控える行為

3．平穏死（NIE：「胃瘻やめ平穏死―石飛幸三さんに聞く」2011年/平成23年６月30日
　　読売新聞夕刊）

胃ろうやめ平穏死
―石飛幸三さんに聞く―

『「平穏死」のすすめ（講談社）』を昨年２月に出版した、特別養護老人ホーム常勤医の石飛
幸三さんは、終末期の高齢者には過剰な水分や栄養補給を控え、穏やかな最期をと訴え続けて
いる。（藤田　勝）

――本は４万5000部も売れたそうですね。

　予想外です。出版社は「2000部いけばいい」と言っていましたが、出版後、全国から講演に
呼ばれて、もう100回近くやりました。来年１月まで予定が入っています。

――反響の理由は？

　40年以上も外科医として働いた人間が、自身も高齢になり、人の最期を考えようと老人ホー
ムで働いた。そして延命と正反対のことを書いた。それが興味を持たれたのかなとも思いまし
たが、実は、みんなが感じていたことを書いたからだと思います。出版後、「よく言ってくれ
た」というメールがいっぱい来ました。

――老衰で食べられなくなったら、人工的な水分や栄養の補給は控えて、枯れるような最期を
　　迎えることを勧めていますが、「年寄りの命を粗末にするな」との批判はなかったです
　　か。

　覚悟していましたが、全くありません。口から食べられないというのは老衰の終点、生物体
の最期です。そうなった時に胃ろう（腹部に穴を開けて管で栄養剤を直接入れる方法）を望む
か、と聞けば大抵の人は嫌がります。胃ろうをよく知る医療関係者も大半が「ノー」です。

　ところが、口で食べられなくなると、胃ろうが当たり前のように行われています。自分が嫌
なことを、人にするのは倫理にもとります。医師は医療放棄を訴えられるのが怖くて、責任を
先送りしています。

――水分や栄養の補給をしないことは、餓死させることではないですか。

　食べられないから死ぬのではないんです。人生の終焉（しゅうえん）を迎えようとしている
のに、食べさせないといけないと思うのが間違いです。水分も栄養も要らない人に与え過ぎれ

ば、体の中がおぼれたような状態になり、逆に本人を苦しめます。

　もちろん、リハビリ時に一時的に使うなど、意味のある胃ろうもあります。でも胃ろう患者の7割以上は、食べる力が回復することはありません。

——1日でも長生きして欲しいと願うのは、家族なら当然ではないですか。

　胃ろうで長く生き延びたとして、どれだけ意味のある延命になるのか、が問題です。「息をしているだけでいい」という気持ちは分かりますが、自分が寂しいから頑張らせている面はないでしょうか。本人はどうしたかったのでしょう。

——人の死期は見極められるのですか。

　人の死期は、こちらが決められません。素直に自然な経過を見守ればいいのです。食べなくなり、何も与えなければ、ずっと眠り続けるうちに、余計な水分はなくなり、いつの間にか、枯れるように穏やかに亡くなります。それが平穏死です。それを、医師が我が身かわいさで水分を与えたら、全く穏やかではない「不穏死」になってしまいます。

課題③

　4−1で生命の始期がいつであるか考えたプロセスを参考に、「生命の終期がいつであるか。」、様々な死の実態を通して考えよう。死の兆候、心臓死、脳死、自然死、病死、不慮の事故死、自死といったキーワードを用いて、1200字程度で論ぜよ。

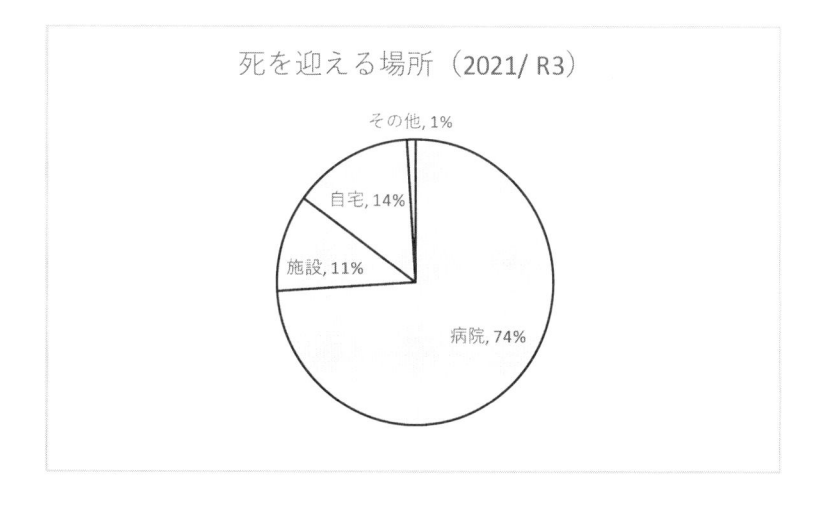

死を迎える場所（2021/ R3）

その他, 1%
自宅, 14%
施設, 11%
病院, 74%

４－３－４　死（生命の終期に関する法制度）

　人の生命の終期はいつかについては諸説あるが、医療現場では医師による死亡判定が端緒となる。４－３－１の脳死と異なる判定基準で、死と判定されれば、医師は直ちに「死亡診断書（死体検案書）」を交付し、交付後７日以内に遺族等が「死亡届」を市区町村へ提出することになる。同時に市区町村から「火葬埋葬許可書」が交付され、告別式等の終了後、ご遺体は荼毘に付されることになる。

　病院、施設等で身体的（医学的）「死」を迎えても、看護職のdeath careは始まりを迎えただけで、亡くなられた方及びその家族の方々への配慮を忘れてはならない。（☞６－３）

　以下には死及び死後参考になる法令を列挙する。

【死産の届出に関する規程（昭和21年）】（☞４－１－２）

１）目的

　　「公衆衛生特に母子保健の向上を図るため、死産の実情を明らかにすることを目的とする」（第１条）

２）死産の定義：「妊娠４か月（12週）以後における死児の出産」（第２条）

３）死児の定義：「出産後心臓拍動、随意筋の運動及び呼吸を認めないもの」（第２条）

４）死産の届出（☞22－２－４）

　　主な記載事項　①　父母の氏名

　　　　　　　　　②　父母の婚姻届出直前の本籍（届出なきときは死産時）

　　　　　　　　　③　死産時の男女の別及び嫡出子又は非嫡出子の別

　　　　　　　　　④　死産の年月日時分及び場所

５）届出人（届出義務者）：父→母→同居人→医師→助産師→その他の立会人

６）死産証書又は死胎検案書の添付：医師又は助産師が記名捺印

【死産届出、死産証書及び死胎検案書に関する省令（昭和27年）】

【死体解剖保存法（昭和24年）】

【医学及び歯学の教育のための献体に関する法律（昭和58年）】

【墓地、埋葬等に関する法律（昭和23年）】（☞４－１－２）

【医師法第20条ただし書きの適切な運用について（平成24年８月31日厚生労働省医政局医事課長発）】

第4章　法と倫理の礎

第5章
看護行為（医療行為）を理解するために
必要な最低限の法律知識

5－1　法規の成り立ちと現行法規総覧 ………………………………………… 32

　　5－1－1　法規の成り立ち ……………………………………………… 32

　　5－1－2　現行法規総覧 …………………………………………………… 33

5－2　衛生法規一覧 …………………………………………………………… 34

5－3　憲法の重要事項と医療キーワード

　　　（自己決定権、幸福追求権、自然の摂理、公序良俗）………………… 38

5－4　民法の重要事項と医療キーワード

　　　（委任契約、債務不履行責任、履行補助者、指導監督、不法行為責任、

　　　使用者責任）…………………………………………………………… 42

5－5　刑法の重要事項と医療キーワード

　　　（業務上過失致死傷罪、保護責任者遺棄罪、出生前診断の適・違法性）……… 47

5－6　行政法の重要事項と医療キーワード

　　　（国家免許、行政処分）………………………………………………… 53

5－1　法規の成り立ちと現行法規総覧

5－1－1　法規の成り立ち

⑴　物事の条理を秩序といい、秩序には一般に、万有引力などの自然界に存在する<u>自然の法則</u>と、人間界における秩序としての<u>社会生活上の規範</u>（注1）とよばれるものが存在する。

⑵　社会生活上の規範には、様々な概念があり、<u>法</u>、<u>道徳</u>、<u>宗教</u>、<u>風習</u>、<u>しきたり</u>がある。中でも法が一般に最も強力な影響力を持つと考えられている。なぜなら、法の中に正義（注2）を実現しやすいからである。

⑶　法の形式には、制定法である日本国憲法（以下「憲法」という。）、法律、政令、省令といった<u>成文法</u>と、慣習法、裁判所の判決（判例法）、行政庁（厚生労働省など）

から出される通達・通知（行政解釈）といった<u>不文法</u>がある。

(4)　日本のような成文法国家における法規は、法律上の争いを裁く作用としての司法の作用や国家統治の作用のうち立法・司法以外の作用としての行政の作用によるのでなく、法律の制定をその根本作用とする立法の作用によってのみ作り出される。

(5)　法規には、憲法、法律、命令などの国の法規と、条例（注3）、規則といった地方公共団体の法規がある。

(6)　法にはその優劣があって、後法優越の原理、特別法優先の原理がはたらく。

　①　後法優越の原理の例

　　（ア）高齢者医療確保法（旧老人保健法）、老人福祉法と介護保険法の関係

　　（イ）刑法の堕胎罪と母体保護法の関係

　②　特別法優先の原理の例

　　医師法第17条と保助看法第3条の関係

　（注1）規範とは、判断評価又は行為などの拠るべき基準

　（注2）正義とは、社会全体の幸福を保障する秩序を実現維持すること

　（注3）千代田区歩行喫煙禁止条例、各都道府県の青少年育成条例、迷惑防止条例、ごみぽい捨て禁止条例

課題④

①静脈注射が保助看法第5条の診療の補助行為の範疇、とする通達の法的意味を考察しよう。

②知的障害者の持つ「療育手帳」について調べてみよう。

③合法的な人工妊娠中絶と生命の尊厳について考察してみよう。

5－1－2　現行法規総覧

看護に関係する法規は「厚生労働」分野だけでなく、以下の各区分に亘る。

編区分	編別名	章・節区分	節名	法規名・法規分類
1	憲法			憲法
6	民事法			民法
7	刑事法			刑法
9	教育・文化	Ⅰ Ⅱ Ⅲ Ⅳ	学校教育 学校保健・安全・給食 教職員 教育財政	教育基本法、学校教育法、教職員免許法 学校保健安全法

10	厚生労働	I	行政組織	厚生労働省設置法
		II	社会福祉	生活保護、災害救助、児童福祉 母子父子・寡婦福祉、老人福祉 身体・知的障害者福祉 援護、公益質屋 消費生活協同組合 介護保険
		III	社会保険	健康保険、国民健康保険 厚生年金、通算年金通則 社会保険審査 年金福祉事業団
		IV	保健・衛生	母体保護、母子保健、高齢者医療 健康栄養 精神保健、予防衛生 検疫、環境衛生、食品衛生
		V	医事	医療施設、医療従事者
		VI	薬事	医薬品医療機器総合機構 薬剤師、毒物・劇物 麻薬・大麻・覚せい剤 採血・供血
10の2	環境保全	I	自然保護	自然公園、温泉、鳥獣保護
		II	公害対策	大気汚染、水質汚濁、土壌汚染 騒音・振動、地盤沈下、悪臭 廃棄物処理 公害防止事業、紛争処理・被害救済
		III	地域環境	

5−2　衛生法規一覧

1．基本

成立年月日

保健師助産師看護師法、同施行令、同施行規則	昭和23年 7 月30日
保健師助産師看護師学校養成所指定規則	昭和26年 8 月10日
医道審議会令	平成12年 6 月 7 日
看護師等の人材確保の促進に関する法律、同施行規則	平成 4 年 6 月26日

2．保健

学校保健安全法、同施行令、同施行規則	昭和33年 4 月10日
がん対策基本法	平成18年 6 月23日
がん登録等の推進に関する法律	平成25年12月13日

健康増進法（旧栄養改善法）	平成14年8月2日
原子爆弾被爆者に対する援護に関する法律	平成6年12月16日
高齢社会対策基本法	平成7年11月2日
高齢者の医療の確保に関する法律（旧老人保健法）	昭和57年8月17日
少子化社会対策基本法	平成15年7月30日
心神喪失等の状態で重大な他害行為を行った者の医療及び観察等に関する法律	平成15年7月16日
精神保健及び精神障害者に関する法律（精神保健福祉法）	昭和25年7月13日
地域保健法（旧保健所法）	昭和22年9月5日
母子保健法	昭和40年8月30日
母体保護法（旧優生保護法）	昭和23年7月13日

3．予防

感染症の予防及び感染症の患者に対する医療に関する法律（感染症法）	平成10年10月2日
予防接種法、同施行令、同施行規則	昭和23年6月30日
検疫法	昭和26年6月6日
狂犬病予防法	昭和25年12月6日

4．医事

安全な血液製剤の安定供給の確保に関する法律	昭和31年6月25日
医学及び歯学の教育のための献体に関する法律	昭和58年5月25日
医師法	昭和23年7月30日
医療法、同施行令、同施行規則	昭和23年7月30日
栄養士法	昭和22年12月29日
肝炎対策基本法	平成21年12月4日
救急救命士法	平成3年4月23日
死産の届出に関する規程	昭和21年9月30日
死体解剖保存法	昭和24年6月10日
社会福祉士及び介護福祉士法	昭和62年5月26日
精神保健福祉士法	平成9年12月19日
臓器の移植に関する法律、同施行規則	平成9年7月16日
毒物及び劇物取締法	昭和25年12月18日
独立行政法人医薬品医療機器総合機構法	平成14年12月20日
麻薬及び向精神薬取締法	昭和28年3月17日

薬害肝炎救済法（C型肝炎被害者救済給付金支給に関する特別措置法）	平成20年1月16日
特定B型肝炎ウイルス感染者給付金等の支給に関する特別措置法	平成24年1月13日
薬剤師法	昭和35年8月10日
医薬品、医療機器等の品質、有効性及び安全性の確保等に関する法律（旧薬事法）	昭和35年8月10日
難病の患者に対する医療等に関する法律（施行　平成27年1月1日）	平成26年5月30日
医療介護総合確保推進法	平成26年6月25日

歯科医師法、歯科衛生士法、歯科技工士法、診療放射線技師法
臨床検査衛生検査技師等に関する法律、理学療法士及び作業療法士法
視能訓練士法、言語聴覚士法、臨床工学技士法、義肢装具士法
救急救命士法、あんまマッサージ指圧師はり師きゅう師等に関する法律
柔道整復師法、調理師法、製菓衛生師法、理容師法、美容師法
公認心理師法

5．保険

介護保険法	平成9年12月17日
健康保険法	大正11年4月22日
社会保険診療報酬支払基金法	昭和23年7月10日
厚生年金保険法	昭和29年5月19日
国民健康保険法	昭和33年12月27日
国民年金法	昭和34年4月16日
国家公務員共済組合法	昭和33年5月1日
雇用保険法	昭和49年12月28日
地方公務員共済組合法	昭和37年9月8日
労働者災害補償保険法	昭和22年4月7日
被用者年金一元化法	平成27年10月1日

6．社会福祉

公害健康被害の補償等に関する法律	昭和48年10月5日
高齢者の虐待の防止、高齢者の擁護者に対する支援等に関する法律	平成17年11月9日
自殺対策基本法	平成18年6月21日
次世代育成支援対策推進法	平成15年7月16日
児童虐待の防止に関する法律	平成12年5月21日
児童手当法	昭和46年5月27日
児童福祉法	昭和22年12月12日
児童扶養手当法	昭和36年11月29日

社会福祉法	昭和26年3月29日
障害者基本法	昭和45年5月21日
障害者総合支援法（旧障害者自立支援法）	平成17年11月7日
身体障害者福祉法	昭和24年12月26日
身体障害者補助犬法	平成14年5月29日
生活保護法	昭和25年5月4日
知的障害者福祉法	昭和35年3月31日
特定非営利活動促進法	平成10年3月25日
特別児童扶養手当等に関する法律	昭和39年7月2日
配偶者からの暴力の防止及び被害者の保護に関する法律（DV防止法）	平成13年4月13日
母子・父子及び寡婦福祉法	昭和39年7月1日
民生委員法	昭和23年7月29日
老人福祉法	昭和38年7月11日

7．労働

育児休業介護休業等育児又は家族介護を行なう労働者の福祉に関する法律	平成3年5月15日
国家公務員の育児休業に関する法律	平成3年12月24日
雇用の分野における男女の均等な機会及び待遇の確保等に関する法律	昭和47年7月1日
男女共同参画社会基本法	平成11年6月23日
地方公務員の育児休業に関する法律	平成3年12月24日
労働安全衛生法	昭和47年6月8日
労働基準法	昭和22年4月7日
女性活躍・ハラスメント規制法	令和元年5月29日

8．学校

| 学校教育法 | 昭和22年3月31日 |
| 教育職員免許法 | 昭和24年5月31日 |

9．環境

| 環境基本法 | 平成5年11月19日 |
| 公害紛争処理法 | 昭和45年6月1日 |

環境影響評価法、大気汚染防止法、水質汚濁防止法、騒音規制法
振動規制法、悪臭防止法、土壌汚染対策法、都市計画法、建築基準法
温泉法、自然公園法、自然環境保全法

10. 環境衛生

食品安全基本法	平成15年5月23日
食品衛生法	昭和22年12月24日
廃棄物の処理及び清掃に関する法律	昭和45年12月25日
墓地埋葬等に関する法律	昭和23年5月31日

食鳥処理の事業の規制及び食鳥検査に関する法律、と畜場法
生活衛生関係営業の運営の適正化に関する法律
旅館業法、興行場法、公衆浴場法、クリーニング業法
化製場等に関する法律、へい獣処理場等に関する法律
水道法、下水道法
循環型社会形成推進基本法、廃棄物処理施設整備緊急措置法、浄化槽法
建築物における衛生的環境の確保に関する法律
有害物質を含有する家庭用品の規制に関する法律

5－3　憲法 の重要事項と医療キーワード
（自己決定権、幸福追求権、自然の摂理、公序良俗）

(1)　看護行為の主体たる看護師にとって、看護の対象としての患者即ち社会的存在としての人間に天賦された権利を尊重せずして看護行為は成り立たない。この天賦の人権の観念は国家以前に存在し、日本では第二次世界大戦後、憲法がその存在を追認した。

(2)　憲法の三大原理とは、その前文に示された国民主権、平和主義、基本的人権の尊重である。生命の尊厳すなわち個人の人間としての尊厳に関しては、第13条で、すべての国民が個人として尊重され、生命、自由及び幸福追求の権利は、公共の福祉に反しない限り最大に尊重されることを明示している。また、生命の尊厳を保障するための権利を、第11条で、普遍性、永久不可侵性、固有性を具有する基本的人権として保障している。

(3)　基本的人権は、平等権、自由権的基本権、社会権的基本権に分類される。なかでも個人の尊厳を確保・保障する権利としては、社会権的基本権が重要で、第25条第1項（生存権）第26条（教育を受ける権利）第28条（労働基本権）などがある。

(4)　社会権的基本権とりわけ生存権の尊重は、第25条第2項（国の社会保障的義務）によって、すべての生活部面において保障されている。で学ぶ社会保障制度と社会福祉

法規がその具現化である。またこの条項は、看護師等の資格が国家資格であることの根拠でもある。

(5)　一方、患者の守護者たる看護師の労働環境は、第27条第2項（勤労条件の基準）などによって保障されている。とはいうものの、看護師が主体性を十二分に発揮するためには、第24条（家族生活における個人の尊厳、両性の平等）も忘れてはなるまい。

(6)　基本的人権の分類

分　類	名　称	条文	内　容
平　等　権		14条	法の下の平等、平等の原則
		13条	個人の尊重、幸福追求権等と公共の福祉
		24条	家族生活における個人の尊厳・両性の平等
自由権的基本権	人身の自由	18条	奴隷的拘束、苦役からの自由
	精神の自由	19条	思想・良心の自由
		20条	信教の自由
		23条	学問の自由
	経済の自由	22条	居住・移転、職業選択の自由
		29条	財産権の保障
社会権的基本権	生存権	25条	国民の生存権と国の社会保障的義務
	労働基本権	28条	労働基本権
	教育を受ける権利	26条	教育を受ける権利、教育の義務
	新しい人権	11条	平和に生きる権利 環境権—環境基本法 知る権利—自己決定権 消費者の権利—製造物責任法 嫌煙権—健康増進法 プライバシーの権利—個人情報保護法 知的所有権

課題⑤

　幸福追求権の一例である「代理出産」について、①法的に禁止すべきかどうか②生まれた子どもの権利のひとつである"出自を知る権利"をどこまで保障すべきか、について考察しよう。

課題⑥

朝日訴訟について調べ、「人間が人間らしく生きる」とは、どのような権利を保障することか考えてみよう。

日本国憲法―抜粋（1946年/昭和21年11月3日公布、1947年/昭和22年5月3日施行）

第11条（基本的人権の普遍性、永久不可侵性、固有性）

　国民は、すべての基本的人権の享有を妨げられない。この憲法が国民に保障する基本的人権は、侵すことのできない永久の権利として、現在及び将来の国民に与へられる。

第13条（個人の尊重と公共の福祉）

　すべて国民は、個人として尊重される。生命、自由及び幸福追求に対する国民の権利については、公共の福祉に反しない限り、立法その他の国政の上で、最大の尊重を必要とする。

重要判例　ハンセン病訴訟（熊本地方裁判所判決：2001年/平成13年5月11日）

　　　　「ハンセン病患者の隔離等を規定するらい予防法（平成8年廃止）は、憲法22条の居住・移転の自由を制限するとともに、ハンセン病患者の人生の発展可能性を大きく損なうものであり、人権制限は人としての社会生活全般にわたるものであるので、広く本条に根拠を有する人格権そのものに対するものととらえるのが相当である。」

第14条（法の下の平等）

①　すべて国民は、法の下に平等であって、人種、信条、性別、社会的身分又は門地により、政治的、経済的又は社会的関係において、差別されない。

第18条（奴隷的拘束・苦役からの自由）

　何人も、いかなる奴隷的拘束も受けない。又、犯罪に因る処罰の場合を除いては、その意に反する苦役に服させられない。

第19条（思想・良心の自由）

　思想及び良心の自由は、これを侵してはならない。

第20条（信教の自由、政教分離）

① 信教の自由は、何人に対してもこれを保障する。いかなる宗教団体も、国から特権を受け、又は政治上の権力を行使してはならない。

② 何人も、宗教上の行為、祝典、儀式又は行事に参加することを強制されない。

③ 国及びその機関は、宗教教育その他いかなる宗教的活動もしてはならない。

第21条（集会結社表現の自由、通信の秘密）

① 集会、結社及び言論、出版その他一切の表現の自由は、これを保障する。

② 検閲は、これをしてはならない。通信の秘密は、これを侵してはならない。

第22条（居住・移転・職業選択の自由、外国移住・国籍離脱の自由）

① 何人も、公共の福祉に反しない限り、居住、移転及び職業選択の自由を有する。

② 何人も、外国に移住し、又は、国籍を離脱する自由を有する。

第23条（学問の自由）

学問の自由はこれを保障する。

第24条（家族生活における個人の尊厳・両性の平等）

① 婚姻は、両性の合意のみに基づいて成立し、夫婦が同等の権利を有することを基本として、相互の協力により、維持されなければならない。

② 配偶者の選択、財産権、相続、住居の選定、離婚並びに婚姻及び家族に関するその他の事項に関しては、法律は、個人の尊厳と両性の本質的平等に立脚して、制定されなければならない。

第25条（国民の生存権、国の社会保障的義務）

① すべて国民は、健康で文化的な最低限度の生活を営む権利を有する。

② 国は、すべての生活部面について、社会福祉、社会保障及び公衆衛生の向上及び増進に努めなければならない。

重要判例　朝日訴訟（最高裁判決：昭和42年5月24日）

「本条の規定は、すべての国民が健康で文化的な最低限度の生活を営み得るように国政を運営すべきことを国の責務として宣言したにとどまり、直接個々の国民に対して具体的権利を賦与したものではなく、具体的権利は、憲法の趣旨を実現するために制定された生活保護法によって、初めて与えられる。」

第26条（教育を受ける権利・教育の義務）

① すべて国民は、法律の定めるところにより、その能力に応じて、ひとしく教育を受ける権利を有する。

② すべて国民は、法律の定めるところにより、その保護する子女に普通教育を受けさせる義務を負う。義務教育はこれを無償とする。

第27条（勤労の権利義務、勤労条件の基準、児童酷使の禁止）

① すべて国民は、勤労の権利を有し、義務を負ふ。

② 賃金、就業時間、休息その他の勤労条件に関する基準は、法律でこれを定める。

③ 児童は、これを酷使してはならない。

第28条（労働基本権）

勤労者の団結する権利及び団体交渉その他の団体行動をする権利は、これを保障する。

第30条（納税の義務）

国民は、法律の定めるところにより、納税の義務を負う。

5－4　民法 の重要事項と医療キーワード
（委任契約、債務不履行責任、履行補助者、指導監督、不法行為責任、使用者責任）

(1) 医療現場には様々な人間関係が存在し、その数だけ法律関係が存在するといっても過言ではない。なかでも、個人と個人との財産関係や身分関係など市民相互の関係を調整するのが民法である。

(2) 医療機関や福祉関係施設などで行なわれる様々な医療サービス、福祉サービスに関しても契約関係がベースにあり、この民法によって規定され以下の諸原則に従うことになる。

① 私的自治の原則（民法第1条第1項）
　　個人の私法関係は原則として各人の意思を尊重して規律し、国家が干渉しないとする原則。

② 権利行使における信義誠実の原則（民法第1条第2項）
　　私法上、権利の行使や義務の履行にあたり、社会生活を営む者として、相手方の信頼や期待を裏切らないように誠意を持って行動しなければならないとする原則。

③　権利濫用の禁止（民法第1条第3項）

　　権利の行使にあたり正当な範囲を逸脱した状態を認めない考えで、正当な範囲とは社会的に妥当とされるものを指す。権利の濫用が認定された場合は、濫用者側に損害賠償義務が生じたり、濫用者自身の元々の権利を喪失したりすることになる。

④　事情変更の原則

　　契約の締結の前提とされた事情が後に大きく変化した場合に、当事者の一方に契約の内容の変更を求めたり、契約を解除したりする権利を認めるという考え。

(3)　医療事故における民事責任の理論構成は次のようになる。

　　医療機関で行われる診療契約は、民法第656条の準委任契約（同第643条委任契約）である。したがって、受任者である医療機関は、委任者すなわち患者に対して、同第644条の善良なる管理者としての注意義務をもって診療行為をしなければならない。もし、患者に対して権利侵害が生じた場合には、被害者たる患者は、診療契約に基づく債務不履行責任（同第415条）か、不法行為責任（同第709条）・使用者責任（同第715条）を加害者たる医療機関側に追及することになる。

民法 ―抜粋（1896年/明治29年4月27日公布、1898年/明治31年7月16日施行）
　　―一部抜粋（看護関係法規関連分）

第1条（基本原則）

①　私権は、公共の福祉に適合しなければならない。

②　権利の行使及び義務の履行は、信義に従い誠実に行わなければならない。

③　権利の濫用は、これを許さない。

第2条（解釈の基準）

　この法律は、個人の尊厳と両性の本質的平等を旨として、解釈しなければならない。

第3条（権利能力の始期）

①　私権の共有は、出生に始まる。

第3条の2（意思能力）

　法律行為の当事者が意思表示をした時に意思能力を有しなかったときは、その法律行為は、無効とする。

第4条（成年）

　年齢18歳をもって、成年とする。

第30条（失踪の宣告）

　①　不在者の生死が7年間明らかでないときは、家庭裁判所は、利害関係人の請求により、失踪の宣告をすることができる。

　②　…死亡の原因となるべき危難に遭遇した者の生死が、…危難が去った後1年間明らかでないときも、前項と同様とする。

第31条（失踪宣告の効力）

　…失踪の宣告を受けた者は…期間が満了した時に、…死亡したものとみなす。

第415条（債務不履行による損害賠償）

　債務者がその債務の本旨に従った履行をしないときは、債権者は、これによって生じた損害の賠償を請求することができる。債務者の責めに帰すべき事由によって履行することができなくなったときも、同様とする。

第643条（委任）

　委任は、当事者の一方が法律行為をすることを相手方に委託し、相手方がこれを承諾することによって、その効力を生ずる。

第644条（受任者の注意義務）

　受任者は、委任の本旨に従い、善良な管理者の注意をもって、委任事務を処理する義務を負う。

第656条（準委任）

　この節の規定は、法律行為でない事務の委託について準用する。

第709条（不法行為による損害賠償）

　故意又は過失によって他人の権利又は法律上保護される利益を侵害した者は、これによって生じた損害を賠償する責任を負う。

第715条（使用者の責任）

①　ある事業のために他人を使用する者は、被用者がその事業の執行について第三者に加えた損害を賠償する責任を負う。但し、使用者が被用者の選任及びその事務の監督について相当の注意をしたとき、又は相当の注意をしても損害が生ずべきであったときは、この限りでない。

②　使用者に代わって事業を監督する者も、前項の責任を負う。

③　前二項の規定は、使用者又は監督者から被用者に対する求償権の行使を妨げない。

第725条（親族の範囲）

次に掲げる者は、親族とする。

一　6親等内の血族　　　二　配偶者　　　三　3親等内の姻族

第730条（親族間の扶け合い）

直系血族及び同居の親族は、互いに扶け合わなければならない。

第731条（婚姻適齢）

婚姻は、18歳にならなければ、することができない。

第733条（再婚禁止期間）

①　女は、前婚の解消又は取消しの日から起算して百日を経過した後でなければ、再婚をすることができない。

②　前項の規定は、次に掲げる場合には、適用しない。

一　女が前婚の解消又は取消しの時に懐胎していなかった場合

二　女が前婚の解消又は取消しの後に出産した場合

第750条（夫婦の氏）

夫婦は、婚姻の際に定めるところに従い、夫又は妻の氏を称する。

第752条（同居、協力及び扶助の義務）

夫婦は同居し、互いに協力し扶助しなければならない。

第753条（婚姻による成年擬制）

　未成年者が婚姻をしたときは、これによって成年に達したものとみなす。

第818条（親権者）

　①　成年に達しない子は、父母の親権に服する。☞第818条～第824条は、20－2－1で
　　再説

第820条（監護及び教育の権利義務）

　親権を行う者は、子の利益のために子の監護及び教育をする権利を有し、義務を負う。

第821条（居所の指定）

　子は、親権を行う者が指定した場所に、その居所を定めなければならない。

第822条（懲戒）☞改定予定

　親権を行う者は、第820条の規定による監護及び教育に必要な範囲内でその子を懲戒す
ることができる。

第823条（職業の許可）

　①　子は、親権を行う者の許可を得なければ、職業を営むことができない。

第824条（財産の管理及び代表）

　親権を行う者は、子の財産を管理し、かつ、その財産に関する法律行為についてその子
を代表する。…

第877条（扶養義務者）☞19－1

　①　直系血族及び兄弟姉妹は、互いに扶養をする義務がある。
　②　家庭裁判所は、特別の事情があるときは、前項に規定する場合のほか、3親等内の
　　親族間において扶養の義務を負わせることができる。
　③　前項の規定による審判があった後事情に変更を生じたときは、家庭裁判所は、その
　　審判を取り消すことができる。

第882条（相続開始の原因）

　相続は、死亡によって開始する。

第886条（相続に関する胎児の権利能力）

①　胎児は、相続については、既に生まれたものとみなす。

②　前項の規定は、胎児が死体で生まれたときは、適用しない。

第960条（遺言能力）

15歳に達した者は、遺言をすることができる。

5－5　刑法の重要事項と医療キーワード
（業務上過失致死傷罪、保護責任者遺棄罪、出生前診断の適・違法性）

(1)　医療現場等で刑事法規が適用される典型的場面は、医療事故事例である。看護師が業務上の注意義務を怠り、被害者たる患者を傷つけたり、命を失わせたりした場合、刑法第211条（業務上過失致死等の刑罰規定）により刑罰を受けることがある。これは、法によって保護される社会生活上の利益である人の身体や人の命が侵害を受けたと考えるからである。

(2)　また、看護師が、助産師にしか行なえない内診行為を行なった場合、保助看法第30条（助産師の業務独占規定）に違反して、刑罰法規である同第43条によって刑罰を受けることになる。これも法によって保護される社会生活上の利益としての国家資格所持者である看護師に対する市民の信頼が失われたと考える。

(3)　この他、医療福祉関係で刑事法規が適用される場面で、生命の誕生からその終末に深く関わる看護師にとって避けて通ることのできない諸問題がある。

(4)　ともあれ看護師が、刑事法を学ぶ意義は、身体・生命という社会生活上の法益の重要性を知るだけにとどまらず、治療という限られた空間の中でいかに患者に自由を保障するかを探究することにある。

(5)　刑事法の理論構成は次のようになる。
　　罪刑法定主義に基づき、犯罪が成立するためには、刑罰法規に規定された構成要件に該当し違法性があること、犯罪行為と結果との間に因果関係があること、加えて非難可能性としての責任が追及できることを必要とする。看護行為たる医療行為は、刑法第35

条（正当行為）の正当業務行為として罰せられない。しかし、業務上必要な注意を怠って人を死傷させた場合は先述したように同第211条（業務上過失致死傷罪）によって罰せられる。

⑹　刑の種類

　　刑法には刑の種類として、主刑として、死刑（斬首、絞首、火刑、銃殺などがあるが、現行法では監獄内で絞首を執行）・懲役（刑務所に拘置して一定の労役に服させる無期、有期は1月以上15年以内、20年まで加重できる）・禁錮（刑務所に拘置するだけで定役には服させない刑、無期と有期は1月以上15年以内、20年まで加重・1月以下にまで減刑できる）・罰金（1万円以上）・拘留（1日以上30日未満）・及び科料（軽微な犯罪に課する財産刑千円以上1万円未満）と、付加刑としての没収（犯罪に関連するものの所有権を剥奪して国庫に移す刑罰）がある。

　　行政法には、行政罰としての秩序罰と行政刑罰の二種類がある。前者の秩序罰は、行政上の違反者に制裁として国または地方公共団体が過料を科する。後者の行政刑罰は行政法的性格も有する保助看法にも規定されている。

論点

① 　合法的な中絶が刑法の堕胎罪を構成しないことの是非とその論証　☞4－1－3

② 　積極的安楽死が殺人罪を構成することの理論構成における問題点

③ 　赤ちゃんポスト設置が保護責任者遺棄罪とどう関わるか

④ 　遺伝子治療の一環とし実施される出生前診断とりわけ着床前診断（受精卵診断）が生命の誕生を何時とするかに関して整合性のある明文規定のない日本において果たして許されるのか　☞4－1－3

刑法—抜粋（1907年/明治40年4月24日公布、施行）

罪刑法定主義

　1　法律主義

　2　事後法の禁止

　3　類推解釈の禁止

　4　刑罰法規の明確性

第9条（刑の種類）

死刑、懲役、禁錮、罰金、拘留及び科料を主刑とし、没収を付加刑とする。

第12条（懲役）

①　懲役は、無期及び有期とし、有期懲役は、1月以上20年以下とする。

②　懲役は、刑事施設に拘禁して所定の作業を行なわせる。

第13条（禁錮）

①　禁錮は、無期及び有期とし、有期禁錮は、1月以上20年以下とする。

②　禁錮は、刑事施設に拘禁する。

第15条（罰金）

罰金は1万円以上とする。但し、これを減軽する場合においては、1万円未満に下げることができる。

第25条（執行猶予）

……3年以下の懲役若しくは禁錮又は50万円以下の罰金の言い渡しを受けたときは、情状により、裁判が確定した日から1年以上5年以下の期間、その執行を猶予することができる。…

第25条の2（保護観察）

①　…猶予の期間中保護観察に付することができ…

参考　保護観察処分については、更生保護法に規定されている。

第35条（正当行為）

法令又は正当な業務による行為は、罰しない。

適用例　①親権者の懲戒権（民法第822条）☞改定予定

②教員の懲戒権（学校教育法第11条）

③不妊手術（母体保護法第3条）、人工妊娠中絶（同第14条）

④診療の補助行為等（保助看法第5条）

第37条（緊急避難）

① 自己又は他人の生命、身体、自由又は財産に対する現在の危難を避けるため、やむを得ずにした行為は、これによって生じた害が避けようとした害の程度を超えなかった場合に限り、罰しない。ただし、その程度を超えた行為は、情状により、その刑を減軽し、又は免除することができる。

② 前項の規定は、業務上特別の義務がある者には、適用しない。

第39条（心神喪失及び心神耗弱）

① 心神喪失者の行為は、罰しない。

② 心神耗弱者の行為は、その刑を減軽する。

第41条（刑事責任年齢）

14歳に満たない者の行為は、罰しない。

> **参考**　14歳未満で刑罰法令に触れる行為をした少年は、少年法（20歳未満を対象）により処分を受ける。2022年/令和4年4月1日以降民法上成人年齢が18歳となった場合にあっても、少年法は「少年」を20歳未満と規定する。ただし、18－19歳は「特定少年」として、17歳以下の少年（「未成年」）とは異なる特例扱いとなる。
>
> 　処分例としては、都道府県知事による児童又は保護者に対する訓戒や、都道府県知事又は児童相談所長による家庭裁判所への送致（少年審判手続き後の処分例：保護観察、児童自立施設・児童養護施設への送致、少年院への送致）などがある。

第60条（共同正犯）

2人以上共同して犯罪を実行した者は、すべて正犯とする。

第61条（教唆）

① 人を教唆して犯罪を実行させた者には、正犯の刑を科する。

② 教唆者を教唆した者についても、前項と同様とする。

第62条（幇助）

① 正犯を幇助した者は、従犯とする。

② 従犯を教唆した者には、従犯の刑を科する。

> **参考**　「赤ちゃんポスト」の事案で、設置許可をした市が、保護責任者遺棄罪の幇助犯に当たるのではないかが問題となった。

第63条（従犯減軽）

　従犯の刑は、正犯の刑を減軽する。

第66条（酌量減軽）

　犯罪の情状に酌量すべきものがあるときは、その刑を減軽することができる。

第133条（信書開封）

　正当な理由がないのに封をしてある信書を開けた者は、１年以下の懲役又は20万円以下の罰金に処する。

第134条（秘密漏示）

① 　医師、薬剤師、医薬品販売業者、助産師、弁護士、弁護人、公証人又はこれらの職にあった者が、正当な理由がないのに、その業務上取り扱ったことについて知り得た人の秘密を漏らしたときは、６月以下の懲役又は10万円以下の罰金に処する。

　参考　保健師、看護師、准看護師の守秘義務については、保助看法第42条の２に規定され、量刑は同じである。（☞８－１－１）

第135条（親告罪）

　この章（第133条、第134条）の罪は、告訴がなければ公訴を提起することができない。

第199条（殺人）

　人を殺した者は、死刑又は無期若しくは５年以上の懲役に処する。

　重要判例　（大審院判例：大正８年12月13日）

　　「胎児が既に母体から一部露出した以上、母体に関係なく傷害を加えることが可能であり、殺人の客体としての人といえる。」

　重要判例　（大審院判例：大正11年11月28日）

　　「堕胎した後で、嬰児を殺したときには、堕胎罪と殺人罪の併合罪となる。」

第202条（自殺関与及び同意殺人）

　人を教唆し若しくは幇助して自殺させ、又は人をその嘱託を受け若しくはその承諾を得て殺した者は、６月以上７年以下の懲役又は禁錮に処する。

第204条（傷害）

人の身体を傷害した者は、15年以下の懲役又は50万円以下の罰金に処する。

重要判例　（大審院判決：明治45年6月20日）

「傷害とは、他人身体に対する暴行により生活機能の毀損すなわち健康状態の不良な変更を惹起することをいい、毛髪の切断・剃去は傷害に当たらない。」

第208条（暴行）

暴行を加えた者が人を傷害するに至らなかったときは、2年以下の懲役若しくは30万円以下の罰金又は拘留若しくは科料に処する。

重要判例　（大審院判決：昭和8年4月15日）

「暴行とは、人の身体に対する不法な攻撃の一切をいい、その性質上傷害の結果を惹起すべきものであることを要せず、着衣をつかみ引っ張るなどは暴行に当たる。」

第211条（業務上過失致死等）

業務上必要な注意を怠り、よって人を死傷させた者は、5年以下の懲役若しくは禁錮又は50万円以下の罰金に処する。重大な過失により人を死傷させた者も、同様とする。

☞【自動車の運転により人を死傷させる行為等の処罰に関する法律（2014年/平成26.5.20）】

重要判例　熊本水俣病事件第1審（熊本地方裁判所判決：昭和54年3月22日）

「実行行為の際に『人』が存在することは必要なく、致死の結果発生の時点で『人』が存在すれば足り、塩化メチル水銀を含有する排水を流出させたことにより、胎児であった被害者の『人』の機能の萌芽に障害を生じさせて胎児性水俣病の疾患を持った先天性障害児として出生させ、それに起因する栄養失調・脱水症により死亡させたときは、業務上過失致死罪が成立する。」

第214条（業務上堕胎及び同致死傷）

医師、助産師、薬剤師又は医薬品販売業者が女子の嘱託を受け、又はその承諾を得て堕胎させたときは、3月以上5年以下の懲役に処する。よって女子を死傷させたときは、6月以上7年以下の懲役に処する。

第218条（保護責任者遺棄等）

老年者、幼年者、身体障害者又は病者を保護する責任のある者がこれらの者を遺棄し、又はその生存に必要な保護をしなかったときは、3月以上5年以下の懲役に処する。

第263条（信書隠匿）

　他人の信書を隠匿した者は、6月以下の懲役若しくは禁錮又は10万円以下の罰金若しくは科料に処する。

5－6 　行政法の重要事項と医療キーワード
（国家免許、行政処分）

⑴　行政法は、行政権の主体となる国や地方公共団体の組織、作用や、その所属する人民（国民、県民、市民、町民、村民など）との関係を規定する法律の総称である。

⑵　保健師助産師看護師法は、看護職者の定義、免許に関する事柄、資格取得のための試験、業務内容、法律違反の場合の罰則について規定していて、行政法の性格を持っているといえる。☞次章

⑶　行政法の存在理由は、国民の信託に基づいて行なわれる国政権の行使を公正に保つための基準の確保にある。

⑷　行政作用の一例
　①　これから免許を申請する場合（新規又は再免許）に、保助看法第9条（相対的欠格事由）によって免許が付与されない場合
　②　現免許所持者が法に違背する行為（罰金以上の刑、業務に関する犯罪行為、品位損失行為）を行なった場合に、保助看法第14条によって下される行政処分（戒告、3年以内の業務停止、免許の取消し）の例

第6章
看護行為の法的性格に関する考察と
医療における法令遵守

6−1　看護行為の意義と法社会学的考察 ……………………………………54

　6−1−1　導入（看護職が学ぶのは生きた法律）……………………………54
　6−1−2　看護行為に関係する重要な法律・条文 ……………………………56
　6−1−3　看護行為の定義と学説 ………………………………………………57
　6−1−4　看護行為が適法とされるための条件―法社会学的考察 ………58

6−2　看護行為に関する重要な通達 ………………………………………60

6−3　医療現場を取り巻く法令遵守の構図 ………………………………67

6−1　看護行為の意義と法社会学的考察

6−1−1　導入（看護職が学ぶのは生きた法律）（キーワード：静脈注射、内診行為、スキルミクス、アドボカシー）

(1)　看護学生が法規に触れる場面は、法学系の科目だけでなく、基礎看護学、小児看護学、母性看護学、成人看護学、老年看護学、精神看護学、在宅看護学、看護管理学、倫理学、総合医療論など枚挙に暇がないほど多い。各科目が縦の糸であるとすれば、「法規と社会保障制度」は横の糸の役割を果たすといっても過言ではない。「生活者の健康と社会保障制度」の分野の看護師国家試験問題の多くが専門科目と強く繋がっていることから明らかであろう。

(2)　「法」を語る前に、その背後に存在する社会に、さらにまたその社会に存在基盤を与えている規律に、さらにまたその規律を生み出す倫理に目を向けることからはじめよう。看護師が医療現場で直面する数多くの問題点の根底には、網の目のように張り巡らされた法律関係・社会関係があり、さらにそれを形成している社会的人間関係が存在する。生活支援能力だけでなく、問題解決能力も求められる看護師にとって、社会を構成する倫理を抜きにして法は学べないといえる。

(3)　看護師の行う所謂看護行為の意義とそれを取り巻く様々な社会的法律的関連を学習してゆく中で、本書の目的は、看護行為の対象となる患者に対していかにすれば最適な医療サービスができるかと、人間としての看護師の成長・進化（主体性の確立）を追求することに置く。もちろんその根底には成育史に裏付けられた基本的生活習慣から醸成される価値観が存在し、それこそが倫理であるともいえる。

(4)　生命はなぜ尊いのかについて学び、看護師が患者の人間としての「生」から「死」に至るまでの人生にかかわる上での最低限わきまえておくべき規範意識および看護行為の前提となる道徳規範・行為規範についての理解を深めてきた。明快な答えのないまま、社会は動き、政治は変化してゆく中で、生命の尊厳という不変な真理を追究することも、医療人としての看護師に課せられた責務といえる。

(5)　「看護」、「看護行為」、「看護をとりまく環境」の法律的な裏付けをおこなってゆくが、現存する法や制度は決して無欠陥ではないし、論理的に完結しているものでもないという前提に立って現行法や社会諸制度を考察する。

(6)　例えば、看護師の行う「静脈注射」が適法とする厚生労働省医政局長通達や、看護師が内診行為を行なうことは許されないとする厚生労働省医政局長通達などは、医療現場と机上の法律との間隙を埋める現象であり、その典型例である。また、昨今規制緩和の流れの中で議論されている「看護師の業務拡大―医師業務の一部解禁」についてもNIE等を通してその内容を検証してゆく。

(7)　看護師及び看護学生が、「看護」の社会的意味、「看護行為」の法的意味を十分理解し、法的センスを身につければ、様々な医療上の問題点を、患者の権利擁護者としての「看護者」として主体的に円滑に解決することができるし、医療界での「看護の自立」を実現できることになる。また、昨今問題視されている医療従事者の倫理観欠落や法令違背についても、医療行為としての看護行為における業務上の注意義務とは何かを解明することで大方の批判は免れ、むしろあるべき看護者像を実感するのも、「法と社会保障制度」を学ぶ達成目標の一つである。

参考課題　看護師の活動フィールドについて、「看護師をどのように養成するか」「看護師の主体性をどう確立するか」「看護師のパワーをどう結集するか」の観点から考察しよう。

６－１－２　看護行為に関係する重要な法律・条文

　国家資格である看護師の法的存在根拠は保健師助産師看護師法（以下「保助看法」という。）にある。看護行為を法律的に評価するに当たって参考となる法令は、保助看法だけでなく医師法や薬剤師法にも存在する。以下に重要な法令や条文を列挙する。その解釈の整合性を検証してみよう。

保助看法第５条　（看護師の定義）この法律において、「看護師」とは、厚生労働大臣の免許を受けて、傷病者もしくはじょく（褥）婦に対する療養上の世話又は診療の補助を行うことを業とする者をいう。

保助看法第７条　（保健師免許・助産師免許・看護師免許の積極的要件）①保健師になろうとする者は、保健師国家試験及び看護師国家試験に合格し、厚生労働大臣の免許を受けなければならない。

②助産師になろうとする者は、助産師国家試験及び看護師国家試験に合格し、厚生労働大臣の免許を受けなければならない。

③看護師になろうとする者は、看護師国家試験に合格し、厚生労働大臣の免許を受けなければならない。

保助看法第31条　（看護師業務の制限）①看護師でない者は、第５条に規定する業をしてはならない。ただし、医師法又は歯科医師法の規定に基づいて行う場合は、この限りでない。

②保健師及び助産師は、前項の規定にかかわらず、第５条に規定する業を行うことができる。

保助看法第37条　（特定行為の制限）保健師、助産師、看護師又は准看護師は、主治の医師又は歯科医師の指示があった場合を除くほか、診療機械を使用し、医薬品を授与し、医薬品について指示をしその他医師又は歯科医師が行うのでなければ衛生上危害を生ずるおそれがある行為をしてはならない。ただし、臨時応急の手当てをし、又は助産師がへその緒を切り、浣腸を施し、その他助産師の業務に当然附随する行為をする場合は、この限りでない。

保助看法第37条の２　（特定行為研修）

医師法第17条　（医師でない者の医業禁止）医師でなければ、医業をしてはならない。

薬剤師法第24条　（処方せん中の疑義）薬剤師は、処方せん中に疑わしい点があるときは、その処方せんを交付した医師、歯科医師又は獣医師に問い合わせて、その疑わしい点を確かめた後でなければ、これによって調剤してはならない。

論点	（ⅰ）保助看法第5条と同第37条の解釈の整合性について考察してみよう。
	（ⅱ）保助看法第7条と同第31条第2項但書との解釈の整合性について、平成18年の制度改正を踏まえて考察してみよう。

6－1－3　看護行為の定義と学説

(1) 医療行為には、医業類似行為と、広義の医療行為が含まれている。後者はさらに、医療行為と看護行為に分けられ、現行法による分類は以下の通りとなる。

```
              ┌ 絶対的医行為（＝診療行為）          ：医師法§17　保助看法§3
        医行為 ┤
        ┌     └ 相対的医行為（＝診療の補助的行為）   ：保助看法§37、§37の2
  医療行為┤
        │      ┌ 診療の補助                      ：保助看法§5    §31
        └ 看護行為┤                  ┌ 附随する相対的医行為：保助看法§5    §31
                └ 療養上の世話 ┤
                                └ 完全独立行為       ：保助看法§5    §31
```

(2) 論点提示（キーワード：医原性自殺防止義務、包括的指示）

看護師は絶対的医行為である診療行為を行なえないが、相対的医行為に関しては医師の指示があればできると解釈できることから、「診療の補助」と「診療の補助的行為」の境界事例が、医療現場と机上の法律の乖離を生んでいる。

論点	「看護師の行なう看護行為について、どの程度まで医師の指示を必要とするか。」を考察してみよう。〔保助看法第5条と同第37条との関係における学説の整理〕

① 学説の整理

	A説 主体性 完全否定説	B説（通説） 主体性 一部否定説	C説 主体性 一部認容説	D説(医行為代行説) 主体性 完全認容説
相対的医行為	必要	必要	必要	条件付必要
診療の補助	必要	必要	必要	不要
附随する相対的医行為	必要	★条件付必要	不要	不要
完全独立行為	必要	不要	不要	不要

② 　★B説にいう条件【医学技術水準、看護技術水準の変動や環境によっては多少の差異が生じ得る】

Drの指示を必要とする場合	Drの指示を必要としない場合
医学的判断が必要とされる項目	医学的判断が必要とされない項目
1．入浴の許可 2．運動量の決定（歩行開始時期） 3．特別食、水分摂取量の指示 4．全身清拭 5．洗髪の許可	1．患者の物理的・精神的環境の調整 2．安全安楽に対する配慮 　【注目】「療養上の世話」で注意すべき 　　　義務

【注目】患者の自殺に関する義務

(1)病室の安全確保義務　(2)危険物管理義務　(3)医原性自殺防止義務【注】

【注】治療者の言動や治療態度により患者の自殺の危険性を高めることがないようにする義務

③ 　解釈上の指針

　これまでの通説的解釈を変遷させるには、1．患者の病態構造の変化　2．病院外診療行為の増加　3．高度医療化　などの医療の置かれている現実的な課題の解決も不可欠な要素となる。

【課題―番外】

　「医師の指示には絶対服従しなければならないか。そうでないとするとその法的根拠は何か。」についてこれまでの考察に基づいて論ぜよ。

〔ヒント〕

　医師の指示に疑念がある場合にも、看護行為を行なうべきかは現場でのジレンマのひとつである。先の論点に関する学説に従ってその解決策を考察してみると…

　D説によれば、看護行為を主体的独立行為と見るので、医師の指示は一部の相対的医行為を除いて必要なく、結果に関して看護師が責任を負わねばならない可能性は高くなる。

　一方、A説によれば、看護行為を補助的行為と見るので、医師の指示は常に必要なので、看護師はほとんどの場合結果に関して責任を負うことはない。

6－1－4　看護行為が適法とされるための条件―法社会学的考察
（キーワード：成育史に影響される生命倫理観、パターナリズム、マターナリズム）

　看護行為が、医療事故（本書では特に看護事故を指すが）を回避したことは、それが適法に実施された証左でもある。看護行為の医療的評価（問題解決能力、生活支援能力、看

護診断能力）は、基礎看護学をはじめとする看護基礎科目の諸論に譲るとして、ここでは、看護行為に内在する人間性の倫理的適合性、法的適合性及び社会的適合性について考察してみる。

１．倫理的適合性

　看護行為に表象化された意思・能力は、その行為者の人格形成にその基礎におくといえる。人格形成すなわち成育史における様々な体験を通して価値の多様性を学び、何が真理で、その真理によってより多くの人が幸せになれるかを実感してくることが、ひいては看護行為の倫理性を向上させることにも繋がる。生命の尊さを感謝できるということは、表象化された看護行為の倫理的意思決定のプロセスの正当性が証明されたことでもある。ただ、普遍的であるべき倫理的適合性は、様々な社会的要因（文化、政治、宗教など）によって揺らぐ可能性を秘めていることも事実である。

　　　法的適合性へ変化する倫理的適合性の醸成過程

　　　　看護師として意思決定に用いる基準——個々の業務基準、看護者の倫理綱領

　　　　↑　　この過程で、深化された適性＋知・技・心が醸成される

　　　人格形成（成育史）の基盤—体験、実感、実験

２．法的適合性（法社会学的看護行為論）

　法的適合性は、いうまでもなく順法意識を指すが、全ての法が論理的に完結しているわけではないことを考えると、杓子定規に法律を解釈するだけでは得られないといえる。法社会学的観点から、対象となる法律の是々非々を問うた上で、個々の看護行為の法的適合性を判断すべきである。なお、現行の保助看法は、患者の守護者としての看護職者のための法規としては大幅に改正されるべき未解決要素を孕んでいるといえる。

３．社会的適合性

　医療の最終目標は、全ての人が人間らしく健康に生き抜く（生を全うする）ことができる社会を構築することであり、それは社会の最終目標でもある。倫理的にも法的にも適合した看護行為が一般社会に受け容れられるためには、看護に主体性（市民権）が認められることが必要である。そのための課題は、父権主義（パターナリズム paternalism）か

らの脱却であり、母権主義（マターナリズム maternalism）への依存の危険性の認識であり、論理的思考能力を用いた「看護」の科学的なアプローチであり、そして看護エラー撲滅へ向けた闘いである。こういった看護の主体性を発揮できる職場環境の構築こそが、看護行為の社会的適合性を生み出すのである。

6－2　看護行為に関する重要な通達

1. 看護師等による静脈注射の実施 について　☞8－1－1

〔 平成一四年九月三〇日　医政発第〇九三〇〇〇二号
厚生労働省医政局長発各都道府県知事宛 〕

　標記については、これまで、厚生省医務局長通知（昭和二六年九月一五日付け医収第五一七号）により、静脈注射は、医師又は歯科医師が自ら行うべき業務であって、保健師助産師看護師法（昭和二三年法律第二〇三号）第五条に規定する看護師の業務の範囲を超えるものであるとしてきたところであるが、今般、平成一四年九月六日に取りまとめられた「新たな看護のあり方に関する検討会」中間まとめの趣旨を踏まえ、下記のとおり取り扱うこととしたので、貴職におかれては、貴管下保健所設置市、特別区、医療機関、関係団体等に対して周知方お願いいたしたい。

　なお、これに伴い、厚生省医務局長通知（昭和二六年九月一五日付け医収第五一七号）及び同通知（昭和二六年一一月五日付け医収第六一六号）は、廃止する。

記

1　医師又は歯科医師の指示の下に保健師、助産師、看護師及び准看護師（以下「看護師等」という。）が行う静脈注射は、保健師助産師看護師法第五条に規定する診療の補助行為の範疇として取り扱うものとする。
2　ただし、薬剤の血管注入による身体への影響が大きいことに変わりはないため、医師又は歯科医師の指示に基づいて、看護師等が静脈注射を安全に実施できるよう、医療機関及び看護師等学校養成所に対して、次のような対応について周知方お願いいたしたい。
⑴　医療機関においては、看護師等を対象にした研修を実施するとともに、静脈注射の実施等に関して、施設内基準や看護手順の作成・見直しを行い、また個々の看護師等の能力を踏まえた適切な業務分担を行うこと。
⑵　看護師等学校養成所においては、薬理作用、静脈注射に関する知識・技術、感染・安全対策などの教育を見直し、必要に応じて強化すること。

2. 産婦に対する看護師業務 について　☞8−1−1

〔平成一六年九月一三日　医政看発第〇九一三〇〇二号〕
〔厚生労働省医政局看護課長から愛媛県保健福祉部長宛〕

照　会

　下記の行為については、保健師助産師看護師法（昭和二三年法律第二〇三号）第五条に規定する診療の補助には該当せず、同法第三条に規定する助産に該当すると解するが、貴職の意見をお伺いしたい。

記

　産婦に対して、子宮口の開大、児頭の下降度等の確認及び分娩進行の状況把握を目的として内診を行うこと。

　但し、その際の正常範囲からの逸脱の有無を判断することは行わない。

回　答

　貴見のとおりと解する。

3. 医師及び医療関係職と事務職員等との間等での役割分担の推進 について

〔平成一九年一二月二八日　医政発第一二二八〇〇一号〕
〔各都道府県知事殿　厚生労働省医政局長〕

　近年、医師の業務については、病院に勤務する若年・中堅層の医師を中心に極めて厳しい勤務環境に置かれているが、その要因の一つとして、医師でなくても対応可能な業務までも医師が行っている現状があるとの指摘がなされているところである。また、看護師等の医療関係職については、その専門性を発揮できていないとの指摘もなされている。

　良質な医療を継続的に提供していくためには、各医療機関に勤務する医師、看護師等の医療関係職、事務職員等が互いに過重な負担がかからないよう、医師法（昭和二三年法律第二〇一号）等の医療関係法令により各職種に認められている業務範囲の中で、各医療機関の実情に応じて、関係職種間で適切に役割分担を図り、業務を行っていくことが重要である。

　このため、今般、医師等でなくても対応可能な業務等について下記のとおり整理したので、貴職におかれては、その内容について御了知の上、各医療機関において効率的な業務運営がなされるよう、貴管内の保健所設置市、特別区、医療機関、関係団体等に周知方願いたい。

　なお、今後も、各医療機関からの要望や実態を踏まえ、医師、看護師等の医療関係職、事務職員等の間での役割分担の具体例について、適宜検討を行う予定であることを申し添

える。

記

1．基本的考え方

　　各医療機関においては、良質な医療を継続的に提供するという基本的考え方の下、医師、看護師等の医療関係職の医療の専門職種が専門性を必要とする業務に専念することにより、効率的な業務運営がなされるよう、適切な人員配置の在り方や、医師、看護師等の医療関係職、事務職員等の間での適切な役割分担がなされるべきである。

　　以下では、関係職種間の役割分担の一例を示しているが、実際に各医療機関において適切な役割分担の検討を進めるに当たっては、まずは当該医療機関における実情（医師、看護師等の医療関係職、事務職員等の役割分担の現状や業務量、知識・技能等）を十分に把握し、各業務における管理者及び担当者間においての責任の所在を明確化した上で、安全・安心な医療を提供するために必要な医師の事前の指示、直接指示のあり方を含め具体的な連携・協力方法を決定し、関係職種間での役割分担を進めることにより、良質な医療の提供はもとより、快適な職場環境の形成や効率的な業務運営の実施に努められたい。

2．役割分担の具体例

⑴　医師、看護師等の医療関係職と事務職員等との役割分担

1）書類作成等

　　　書類作成等に係る事務については、例えば、診断書や診療録のように医師の診察等を経た上で作成される書類は、基本的に医師が記載することが想定されている。しかしながら、①から③に示すとおり、一定の条件の下で、医師に代わって事務職員が記載等を代行することも可能である。

　　　ただし、医師や看護師等の医療関係職については、法律において、守秘義務が規定されていることを踏まえ、書類作成における記載等を代行する事務職員については、雇用契約において同趣旨の規定を設けるなど個人情報の取り扱いについては十分留意するとともに、医療の質の低下を招かないためにも、関係する業務について一定の知識を有した者が行うことが望ましい。

　　　他方、各医療機関内で行われる各種会議等の用に供するための資料の作成など、必ずしも医師や看護師等の医療関係職の判断を必要としない書類作成等に係る事務についても、医師や看護師等の医療関係職が行っていることが医療現場における効率的な運用を妨げているという指摘がなされている。これらの事務について、事務職員の積極的な活用を図り、医師や看護師等の医療関係職を本来の業務に集中させることで医師や看護師等の医療関係職の負担の軽減が可能となる。

① 診断書、診療録及び処方せんの作成

　診断書、診療録及び処方せんは、診察した医師が作成する書類であり、作成責任は医師が負うこととされているが、医師が最終的に確認し署名することを条件に、事務職員が医師の補助者として記載を代行することも可能である。また、電磁的記録により作成する場合は、電子署名及び認証業務に関する法律（平成一二年法律第一〇二号）第二条第一項に規定する電子署名をもって当該署名に代えることができるが、作成者の識別や認証が確実に行えるよう、その運用においては「医療情報システムの安全管理に関するガイドライン」を遵守されたい。

② 主治医意見書の作成

　介護保険法（平成九年法律第一二三号）第二七条第三項及び第三二条第三項に基づき、市町村等は要介護認定及び要支援認定の申請があった場合には、申請者に係る主治の医師に対して主治医意見書の作成を求めることとしている。

　医師が最終的に確認し署名することを条件に、事務職員が医師の補助者として主治医意見書の記載を代行することも可能である。また、電磁的記録により作成する場合は、電子署名及び認証業務に関する法律（平成一二年法律第一〇二号）第二条第一項に規定する電子署名をもって当該署名に代えることができるが、作成者の識別や認証が確実に行えるよう、その運用においては「医療情報システムの安全管理に関するガイドライン」を遵守されたい。

③ 診察や検査の予約

　近年、診察や検査の予約等の管理に、いわゆるオーダリングシステムの導入を進めている医療機関が多く見られるが、その入力に係る作業は、医師の正確な判断・指示に基づいているものであれば、医師との協力・連携の下、事務職員が医師の補助者としてオーダリングシステムへの入力を代行することも可能である。

２）ベッドメイキング

　保健師助産師看護師法（昭和二三年法律第二〇三号）第五条に規定する療養上の世話の範疇に属さない退院後の患者の空きのベッド及び離床可能な患者のベッドに係るベッドメイキングについては、「ベッドメイキングの業務委託について（回答）」（平成一二年一一月七日付け医政看発第三七号・医政経発第七七号。以下「業務委託通知」という。）において示しているとおり、看護師及び准看護師（以下「看護職員」という。）以外が行うことができるものであり、業者等に業務委託することも可能である。

　ただし、入院患者の状態は常に変化しているので、業務委託でベッドメイキングを行う場合は、業務委託通知において示しているとおり、病院の管理体制の中で、

看護師等が関与して委託するベッドの選定を行うなど、病棟管理上遺漏のないよう十分留意されたい。

3）院内の物品の運搬・補充、患者の検査室等への移送

　滅菌器財、衛生材料、書類、検体の運搬・補充については、専門性を要する業務に携わるべき医師や看護師等の医療関係職が調達に動くことは、医療の質や量の低下を招き、特に夜間については、病棟等の管理が手薄になるため、その運搬・補充については、看護補助者等の活用や院内の物品運搬のシステムを整備することで、看護師等の医療関係職の業務負担の軽減に資することが可能となる。その際には、院内で手順書等を作成し、業務が円滑に行えるよう徹底する等留意が必要である。

　また、患者の検査室等への移送についても同様、医師や看護師等の医療関係職が行っている場合も指摘されているが、患者の状態を踏まえ総合的に判断した上で事務職員や看護補助者を活用することは可能である。

4）その他

　診療報酬請求書の作成、書類や伝票類の整理、医療上の判断が必要でない電話対応、各種検査の予約等に係る事務や検査結果の伝票、画像診断フィルム等の整理、検査室等への患者の案内、入院時の案内（オリエンテーション）、入院患者に対する食事の配膳、受付や診療録の準備等についても、医師や看護師等の医療関係職が行っている場合があるという指摘がなされている。事務職員や看護補助者の積極的な活用を図り、専門性の高い業務に医師や看護師等の医療関係職を集中させることが、医師や看護師等の医療関係職の負担を軽減する観点からも望ましいと考えられる。

　また、個人情報の保護に関する法律（平成一五年法律第五七号）の遵守等、事務職員の適切な個人情報の取り扱いについて十分留意されたい。

⑵　医師と助産師との役割分担

　保健師助産師看護師法において、助産師は助産及びじょく婦及び新生児の保健指導を担っているものである。医師との緊密な連携・協力関係の下で、正常の経過をたどる妊婦や母子の健康管理や分娩の管理について助産師を積極的に活用することで、産科医療機関における医師の業務負担を軽減させることが可能となる。こうした産科医療機関における医師の業務負担の軽減は、医師が医師でなければ対応できない事案により専念できることにより、医師の専門性がより発揮されることを可能とするとともに、地域のより高次の救急医療を担う医療機関における産科医師の負担の軽減にも資することとなる。

　特に医療機関においては、安全・安心な分娩の確保と効率的な病院内運用を図るた

め、妊産婦健診や相談及び院内における正常分娩の取扱い等について、病院内で医師・助産師が連携する仕組みの導入も含め、個々の医療機関の事情に応じ、助産師がその専門性を発揮しやすい環境を整えることは、こうした業務分担の導入に際し有効なものである。

　医師と助産師の間で連携する際には、十分な情報の共有と相互理解を構築するとともに、業務に際しては母子の安全の確保に細心の注意を払う必要があることは当然の前提である。

⑶　医師と看護師等の医療関係職との役割分担　☞８－１－１

　医師と看護師等の医療関係職との間の役割分担についても、以下のような役割分担を進めることで、医師が医師でなければ対応できない業務により集中することが可能となる。また、医師の事前指示やクリティカルパスの活用は、医師の負担を軽減することが可能となる。

　その際には、医療安全の確保の観点から、個々の医療機関等毎の状況に応じ、個別の看護師等の医療関係職の能力を踏まえた適切な業務分担を行うことはもとより、適宜医療機関内外での研修等の機会を通じ、看護師等が能力の研鑽に励むことが望ましい。

１）薬剤の投与量の調節　☞保助看法第37条の２

　患者に起こりうる病態の変化に応じた医師の事前の指示に基づき、患者の病態の変化に応じた適切な看護を行うことが可能な場合がある。例えば、在宅等で看護にあたる看護職員が行う、処方された薬剤の定期的、常態的な投与及び管理について、患者の病態を観察した上で、事前の指示に基づきその範囲内で投与量を調整することは、医師の指示の下で行う看護に含まれるものである。

２）静脈注射　☞保助看法第５条

　医師又は歯科医師の指示の下に行う看護職員が行う静脈注射及び、留置針によるルート確保については、診療の補助の範疇に属するものとして取り扱うことが可能であることを踏まえ、看護職員の積極的な活用を図り、医師を専門性の高い業務に集中させ、患者中心の効率的な運用に努められたい。

　なお、薬剤の血管注入による身体への影響は大きいことから、「看護師等による静脈注射の実施について」（平成一四年九月三〇日医政発第〇九三〇〇二号）において示しているとおり、医師又は歯科医師の指示に基づいて、看護職員が静脈注射を安全にできるよう、各医療機関においては、看護職員を対象とした研修を実施するとともに、静脈注射の実施等に関して、施設内基準や看護手順の作成・見直しを行い、また、個々の看護職員の能力を踏まえた適切な業務分担を行うことが重要

第６章　看護行為の法的性格

である。

3）救急医療等における診療の優先順位の決定

　　夜間・休日救急において、医師の過重労働が指摘されている現状を鑑み、より効率的運用が行われ、患者への迅速な対応を確保するため、休日や夜間に診療を求めて救急に来院した場合、事前に、院内において具体的な対応方針を整備していれば、専門的な知識および技術をもつ看護職員が、診療の優先順位の判断を行うことで、より適切な医療の提供や、医師の負担を軽減した効率的な診療を行うことが可能となる。

4）入院中の療養生活に関する対応

　　入院中の患者について、例えば病棟内歩行可能等の活動に関する安静度、食事の変更、入浴や清拭といった清潔保持方法等の療養生活全般について、現在行われている治療との関係に配慮し、看護職員が医師の治療方針や患者の状態を踏まえて積極的に対応することで、効率的な病棟運営や患者サービスの質の向上、医師の負担の軽減に資することが可能となる。

5）患者・家族への説明

　　医師の治療方針の決定や病状の説明等の前後に、看護師等の医療関係職が、患者との診察前の事前の面談による情報収集や補足的な説明を行うとともに、患者、家族等の要望を傾聴し、医師と患者、家族等が十分な意思疎通をとれるよう調整を行うことで、医師、看護師等の医療関係職と患者、家族等との信頼関係を深めることが可能となるとともに、医師の負担の軽減が可能となる。

　　また、高血圧性疾患、糖尿病、脳血管疾患、うつ病（気分障害）のような慢性疾患患者においては、看護職員による療養生活の説明が必要な場合が想定される。このような場合に、医師の治療方針に基づき看護職員が療養生活の説明を行うことは可能であり、これにより医師の負担を軽減し、効率的な外来運営が行えるとともに、患者のニーズに合わせた療養生活の援助に寄与できるものと考える。

6）採血、検査についての説明

　　採血、検査説明については、保健師助産師看護師法及び臨床検査技師等に関する法律（昭和三三年法律第七六号）に基づき、医師等の指示の下に看護職員及び臨床検査技師が行うことができることとされているが、医師や看護職員のみで行っている実態があると指摘されている。

　　医師と看護職員及び臨床検査技師との適切な業務分担を導入することで、医師等の負担を軽減することが可能となる。

7）薬剤の管理

病棟等における薬剤の在庫管理、ミキシングあるいは与薬等の準備を含む薬剤管理について、医師や看護職員が行っている場合もあると指摘されているが、ミキシングを行った点滴薬剤等のセッティング等を含め、薬剤師の積極的な活用を図り、医師や看護職員の業務を見直すことで、医療安全の確保及び医師等の負担の軽減が可能となる。

8）医療機器の管理

生命に影響を与える機器や精密で複雑な操作を伴う機器のメンテナンスを含む医療機器の管理については、臨床工学技士法（昭和六二年法律第六〇号）に基づき、医師の指示の下、臨床工学技士が行うことができるとされているところであるが、医師や看護職員のみで行っている実態も指摘されている。臨床工学技士の積極的な活用を図り、医師や看護職員の業務を見直すことで、医療安全の確保及び医師等の負担の軽減が可能となる。

6－3　医療現場を取り巻く法令遵守の構図

課題⑦

以下の用語を使って、医療現場における繋がりを図示してみよう。

ACP　L.M.D　SDM　アドバンスディレクティブ　アドヒアランス　アドボカシー
アドボケーター　アンビバレンス　アンビバレンス　インフォームドコンセント
エンバーミング　キュア　グリーフケア　ケア　コンプライアンス　スキルミクス
セカンドオピニオン　デスケア　ノンバーバルコミュニケーション
バーバルコミュニケーション　ラポール　リビングウィル　レスパイトケア　ワークシェア

—— ❀過去問にチャレンジしてみよう❀ ——

【第102回　午前　52】

Aさんは、特定の相手に対して「とても尊敬しています」と過度に好意を示すこともあれば「あなたは最低だ。嫌い」と嫌悪感を同時に訴えることもある。

Aさんに現れている現象はどれか。

①　否　認　　③　アンビバレンス〈両価性〉

②　逆転移　　④　エディプスコンプレックス

第6章　看護行為の法的性格

第7章
医療現場の法律関係と医療過誤問題

7－1　医療従事者の注意義務と責任の構図 …………………………………… 68

7－2　事例演習と裁判例 …………………………………………………………… 69

7－1　医療従事者の注意義務と責任の構図

課題⑧

　以下の用語を使って、法律関係を図示してみよう。

「委任契約　診療契約　債権者　債務者　支払義務　治療義務　履行補助者

善良な管理者の注意義務　過失　指導監督　法的責任　倫理責任　民事責任

債務不履行責任　不法行為責任　使用者責任　刑事責任　業務上過失致死（傷）罪

行政上の責任（event incident accident disaster）」

7－2　事例演習と裁判例

1．《事例１》「新人看護師の起こした事故」

　新人看護師Aは、P病院に就職し希望の小児科でプリセプター看護師Bの指導の下、筋ジストロフィーで人工呼吸器を装着していた４才の男の子C君を、病棟の医師の指示に従い看護師Bと２人で入浴させることになった。医師の指示は、看護師２名による入浴実施であった。

　人工呼吸器には身体からはずれた場合にこれを知らせるアラームがついていたが、入浴に際してアラームをオフにしてから人工呼吸器をはずし、入浴中はBが手動で酸素を吸入させている間にAがC君の体を洗い、入浴終了後、Bが人工呼吸器を装着させ、Aが再度アラームをオンにするという作業手順と役割分担が指示されていた。

　ところが、Aは、入浴終了後アラームのスイッチをオンにするのを忘れてしまい、２時間後BがC君の様子を見たところ、人工呼吸器がはずれていてC君はすでに呼吸困難の状態にあり、まもなく死亡した。

　P病院は、C君の両親から裁判を提起され、C君の両親に対して5000万円の損害賠償金を支払うことで和解し、P病院はその支払いを完了した。P病院は、支払った5000万円はAの不注意によるものだから弁償を請求するといっている。

| 問1 | 新人看護師Aに支払い義務はあるか。 |

| 問2 | その他起こりうる法的問題について考えてみよ。 |

《事例1》医療事故演習導入レジュメ

1）医療にかかわるトラブルの態様

2）発生する損害の種類と責任の類型

　　　・物質的損害　　　・精神的損害　　　・社会的損害

3）医療紛争の行方

　　① 民事事件の場合

　　　　☆ 過失のレベルについて

　　　　　　Ａ：医療者側の過失が無いか軽微な場合

　　　　　　Ｂ：医療者側の過失がある場合

　　　　　　　患者側：訴えの提起　　　医療者側：医事紛争処理依頼

　　　　☆ 訴えの提起後

　　　　☆ 訴訟提起のデメリット

　　　　　　①密室性　　　②専門性　　　③封建性

　　② 刑事事件の場合

　　　　　　警察による捜査　　☞事情聴取　　☞送検

　　　　　　送検後　　ⅰ　不起訴

　　　　　　　　　　　ⅱ　起訴　　　　無罪、有罪（実刑、執行猶予刑）

　　　　　　　　　　　ⅲ　略式手続　　略式命令

4）過失認定された場合の民事責任の類型及び成立要件

　　　　　　行為者と患者の間に契約関係　有り→　　（ァ）債務不履行責任

　　　　　　　　　　　　　　　　　　　　無し→　　（ィ）不法行為責任

　　（ァ）民法第415条　　　（ィ）民法第709条、民法第715条

5）有罪となる場合の刑事責任の発生要件

　　　　　・刑事処罰の根拠

　　　　　・成立要件　　　：刑法第211条

　　　　　　①構成要件該当性　　　②違法性

　　　　　　③因果関係　　　④責任能力

6）行政上の責任　　　法第9条、14条、15条、15条の2

7）道義的責任（倫理的責任）

２．《事例２》「看護師の過失」

　ある私立病院で、胃潰瘍の術前処置で主治医から高圧浣腸の指示がなされた。看護師Ｍは不注意から、浣腸液と逆性石鹸を取り違えて、300cc注入してしまった。患者Ｐは下痢と嘔吐を繰り返し、急性腎不全の状態から３日後死亡した。ちなみに、Ｍは資産家の夫を亡くし、相続を受けたばかりである。

　この事案の場合、看護師に過失はあるか。あるとすればどのような責任を負うことになるか。事実の概容、民事上の責任、刑事上の責任、行政上の責任、倫理的責任に分けてそれぞれを考察せよ。

　　模　範　解　答（「看護師の過失」）

　事実の概容　Ｍは、不注意から胃潰瘍の術前処置を必要とする患者Ｐに、逆性石鹸を高圧浣腸し、急性腎不全により死亡させた。Ｍには業務上必要とされる注意義務違反が認められる。また、Ｍの過失と患者の死亡の間には客観的に相当な因果関係も認められる。患者の遺族は受けた損害、侵害に対してＭやその雇用者である病院に対してその法的責任を追及することになる。

　民事責任　Ｍと患者の間には、医療契約（診療契約）は存在しないので、遺族は、民法第709条の不法行為責任を追及することになる。また、Ｍの使用者である病院に対しても、民法第715条の使用者責任を追及できる。一方、患者と病院の間には、医療契約が存在するので、履行補助者に対する指導監督を怠り契約の本旨に従った履行をしなかったので、病院に対して民法第415条の債務不履行責任を追及できる。この両請求権は競合するが、被害者救済の観点から、不法行為責任を認めるべきである。

　刑事責任　また、Ｍは業務上必要な注意を怠って患者を死なせたのであるから、刑法第211条の業務上過失致死罪の刑罰を負うことになる。なお、Ｍが初犯の場合、刑法第25条に基づき情状酌量によって、執行猶予付の刑罰を受けることもある。

　行政上の責任　Ｍは、刑法により罰金以上の刑罰に処せられた場合、法第９条、第14条により、戒告、３年以内の業務停止、免許の取消しの行政処分を受けることがある。なお、この処分を受けても同条により再免許取得の道は残されているが、法第15条の２により、いずれも再教育研修を受けなければならない。

　道義的責任　以上の民事責任、刑事責任及び行政上の責任を受けることで、Ｍは十分に社会的制裁を受けることになるが、患者及び遺族に対して、月命日に墓参をする、新たな気持ちで職責を完遂する、病院内の事故防止に努めるといった誠意ある態度で道義的責任を果たすことが求められる。

３．《事例３》「末期医療における看護の役割」

　主治医Aは、多発性骨髄腫で入院治療中の患者の妻と息子から「患者がすでに末期状態で意識がなく、死が迫っており、呼吸不全のため耐え難い苦しそうな状態から解放してやりたい、すぐに息を引きとらせて欲しい」と強く要請された。そこでAは看護師Bに対し持続導尿カテーテル及びエアウェイを除去し、一過性心停止等の副作用のある不整脈治療剤ワソランを通常使用量の２倍分静脈注射するよう指示し、Bは指示通り静脈注射した。

　しかし患者の脈拍等に変化が見られなかったところから、Aは続いて希釈しないで使用すれば心停止を引き起こす作用のある塩化カリウムを希釈することなく静脈注射するようBに指示した。

　BはAからの各指示につき不審を感じたが、「まあしょうがない」と思い、そのまま指示に従った。まもなく患者は急性高カリウム血症にもとづく心停止により死亡した。

　Aは殺人罪で起訴され有罪判決を受けた。

| 問1 | この場合、看護師Bに生じる責任はあるか。 |

| 問2 | あるとすればどのような責任が考えられるか。 |

《事例3》「末期医療における看護の役割」レジュメ

問1　看護師Bに責任はあるか？

法律上の責任　　　　対社会的　　　→　　<u>刑事</u>　責任　　　　<u>行政上の</u>　責任

☆責任　　　　　　　　　　　　　　対個人的　　　→　　<u>民事</u>　責任

道徳上の責任　　　　　　　　　　→　　<u>倫理</u>　責任

☆責任成立のための要件　※事故発生防止義務違反

刑事責任　　　①　<u>構成要件該当性</u>　②　<u>違法性</u>　③　<u>因果関係</u>　④　<u>責任能力</u>

民事責任　　　①　不法行為の場合　　<u>法益侵害行為</u>

　　　　　　　　　　債務不履行の場合　　<u>不完全履行</u>

　　　　　　　②　<u>過失（注意義務違反）</u>③　<u>違法性</u>　④　<u>結果発生</u>　⑤　<u>因果関係</u>

★ 刑事責任　（看護師Bの行為の違法性について）

（ⅰ）医師Aの医療行為の評価について

　　　<u>積極的安楽死</u>　の適法要件を満たしていない　→　　<u>違法</u>

（ⅱ）看護行為に関する学説による評価

　　　D説（NS主体性認容説）

　　　NSは、Drとは　<u>独立主体</u>　である。

　　　　→静注は　<u>適法</u>　であるが、Drの違法行為を阻止する義務がある。

　　　　　よって、NSの行為は　<u>違法</u>　性があり、　<u>有責</u>　である。

　　　B説（NS主体性一部否定説）

　　　NSは、Drの指示で行動する。

　　　　→Drの指示が適法　　　NSの行為は　<u>無責</u>　である。

　　　　→Drの指示が違法

行為の刑法的評価	Dr	NS
間接正犯	有	無
教唆犯	有	有
共犯	有	有

問2　責任の類型

★民事責任　　　　　　　　　　　　　有り：○　無し：×

Drの指示	NSの行為過失の評価	Drの責任	NSの責任
適法	適法	×	×
適法	違法	×	○
違法	違法性の認識：あり	○	○
違法	違法性の認識：なし	○	×
不明瞭不十分	D説	○	○
不明瞭不十分	B説	○	×

★行政上の責任：保助看法第<u>9</u>条、第<u>14</u>条により、<u>戒告</u>　<u>3年以内の業務停止</u>　<u>免許の取消</u>

第8章
看護職・看護学生にとっての基本法

8－1　保健師助産師看護師法……………………………………………74
　8－1－1　逐条要諦………………………………………………74
　8－1－2　医療職における業務関係と業務分担……………………110
　8－1－3　刑事処分と行政処分……………………………………112
8－2　看護師等の人材確保の促進に関する法律…………………………114

8－1　保健師助産師看護師法
［制定：1948年/昭和23年7月30日、最終改正：2018年/平成30年6月27日］

8－1－1　逐条要諦

| 第1章　総　　則 |

第1条〔法律の目的〕

この法律は、保健師、助産師及び看護師の資質を向上し、もって医療及び公衆衛生の普及向上を図ることを目的とする。

要諦　（ⅰ）「資質の向上」の部分は、医師法や他の医療従事者に関する法律に規定がない。なぜ「資質の向上」を看護職に求めるのか改めて考えてみよう。

　　　なお、「資質の向上」を図るための方策として、2009年（平成21年）の改正（2010年（平成22年）4月施行）によって、全看護職に免許取得後の臨床研修努力義務（第28条の2）を追加した。

（ⅱ）本条に看護職のうち准看護師の記述がない理由ははっきりしていない。

参考　医師法第1条（医師の任務）、保助看法第28条の2、看護師等の人材確保の促進に関する法律第3条

第2条〔保健師の定義〕

　この法律において「保健師」とは、厚生労働大臣の免許を受けて、保健師の名称を用いて、保健指導に従事することを業とする者をいう。

| 要諦 | （ⅰ）いわゆる保健指導は医療現場のみならず様々な場面で、保健師以外の医療従事者や医療に関わる人によって行なわれている。他の看護職（第3条：助産師、第5条：看護師、第6条：准看護師）に関する条文と比べてその意味を考えてみよう。 |

　　　　　（ⅱ）保健師になるには性別を問われない。

| 参考 | 第29条（保健師業務の制限）　第42条の3（全看護職の名称独占） |

第3条〔助産師の定義〕

　この法律において「助産師」とは、厚生労働大臣の免許を受けて、助産又は妊婦、じょく婦若しくは新生児の保健指導を行うことを業とする女子をいう。

| 要諦 | （ⅰ）絶対的医行為である「助産」行為に関して、医師法第17条（医師以外の者の医業禁止）との関係をどのように理解するか。 |

　　　　　（ⅱ）助産師になるには女性であることが条件。その合理的理由について考えてみよう。（☞22-3-5）

　　　　　（ⅲ）新生児に関する保健指導は助産師を予定している。

| 通達 | 「産婦に対する看護師業務について」（H16.9.13厚生労働省医政局長通達）（☞6-2） |

第4条　削除

第5条〔看護師の定義〕

　この法律において「看護師」とは、厚生労働大臣の免許を受けて、傷病者若しくはじょく婦に対する療養上の世話又は診療の補助を行なうことを業とする者をいう。

| 要諦 | （ⅰ）看護行為は、「療養上の世話」と「診療の補助」を指し、具体的な態様については医療慣習に従う。 |

　　　　　（ⅱ）第37条、第37条の2との解釈の整合性は？

| 参考 | じょく婦の定義：労働基準法第65条（産前産後の休業）　（☞15-1） |

| 通達 | 「看護師等による静脈注射の実施について」（H14.9.30厚生労働省医政局長通達）（☞6-2） |

第6条〔准看護師の定義〕

　この法律において「准看護師」とは、都道府県知事の免許を受けて、医師、歯科医師又は看護師の指示を受けて、前条に規定することを業とする者をいう。

| 要諦 | 1951年（昭和26年）に始まった准看護師養成制度は、2020年（令和2年）現在業務従事者届を出している看護師・准看護師の総数の約五分の一に達する准看護師を世に送り出してきた。今後、看護基礎教育、看護師養成制度改革の重要課題となる。 |

◇◇

第2章　免　　許

第7条〔保健師免許・助産師免許・看護師免許の積極的要件〕

① 保健師になろうとする者は、保健師国家試験及び看護師国家試験に合格し、厚生労働大臣の免許を受けなければならない。

② 助産師になろうとする者は、助産師国家試験及び看護師国家試験に合格し、厚生労働大臣の免許を受けなければならない。

③ 看護師になろうとする者は、看護師国家試験に合格し、厚生労働大臣の免許を受けなければならない。

| 要諦 | （ⅰ）2006年（平成18年）6月の改正で、2007年（平成19年）4月1日施行以降、保健師免許及び助産師免許を申請するには、看護師国家試験に合格していることが最低条件となった。（保健師国家試験や助産師国家試験に合格していれば）2007年（平成19年）3月31日までに免許申請すると、看護師国家試験に合格していなくても、保健師や助産師の免許が取得できた。（保健師国家試験合格の効力に有効期限はない）

（ⅱ）2007年（平成19年）3月31日以前に免許を取得した看護師資格のない（看護師国家試験に合格していない場合を含む）保健師・助産師が、第31条第2項により、看護師業務を行なうことの是非については第31条 **要諦** （ⅱ）を参照のこと。一方、2007年（平成19年）3月31日以前に免許を取得した保健師・助産師 |

（看護師国家試験に合格しているが免許申請していない場合）が、第31条第2項により、看護師業務を行なうときは、国家試験合格の効力に有効期限はないので改めて看護師免許を申請すればよい。

(ⅲ) 保健師や助産師は2007年（平成19年）4月1日以降、積み上げ資格となり、今後看護基礎教育がどうあるべきかや、看護職養成制度の抜本的改革に一石を投じたことになる。

(ⅳ) 免許申請時に必要となる書類（保助看法施行規則第1条の3）（☞22-3、4、5）

保健師免許：保健師国家試験合格証書（写）＋戸籍謄本（又は戸籍抄本）＋医師の診断書＋申請書　看護師国家試験合格証書（写）

助産師免許：助産師国家試験合格証書（写）＋戸籍謄本（又は戸籍抄本）＋医師の診断書＋申請書　看護師国家試験合格証書（写）

看護師免許：看護師国家試験合格証書（写）＋戸籍謄本（又は戸籍抄本）＋医師の診断書＋申請書

| 参考 | 第12条（免許申請、免許付与、免許証の交付）、第31条第2項（看護師の業務独占規定）

第8条〔准看護師免許の積極的要件〕

准看護師になろうとする者は、准看護師試験に合格し、都道府県知事の免許を受けなければならない。

第9条〔看護職免許の消極的要件─相対的欠格事由〕

次の各号のいずれかに該当する者には、前二条の規定による免許（以下「免許」という。）を与えないことがある。

一　罰金以上の刑に処せられた者

二　前号に該当する者を除くほか、保健師、助産師、看護師又は准看護師の業務に関し犯罪又は不正の行為があつた者

三　心身の障害により保健師、助産師、看護師又は准看護師の業務を適正に行うことができない者として厚生労働省令で定めるもの

四　麻薬、大麻又はあへんの中毒者

| 要諦 | (ⅰ) 看護職の免許を持たない者（看護職養成校を卒業見込みか卒業してこれから免許申請する者、免許取消の行政処分を受けて免許証を返納して再免許申請しようとする者）に対する欠格事由で、各号に該当する場合には免許を与えられな

第8章　看護職・学生の基本法

　　　　　い場合がある。

（ⅱ）現に看護職の免許を持っていて、各号に該当する行いをした者に対して、戒告、
　　　　3年以内の業務停止、免許取消のいずれかの行政処分を行なうことができる。

（ⅲ）第1号関係：刑には執行猶予付きの刑の言い渡しがあった場合も含まれる。

　　　　第2号関係：保助看法や他の法規に違反して、業務に関する犯罪や不正行為を
　　　　　　　　　　行なった場合

　　　　第3号関係：厚生労働省令：保助看法施行規則第1条は「視覚、聴覚、音声機
　　　　　　　　　　能若しくは精神の機能の障害により、保健師、助産師、看護師又
　　　　　　　　　　は准看護師の業務を適正に行うに当たつて必要な認知、判断及び
　　　　　　　　　　意思疎通を適切に行なうことができない者」と規定し、同第1条
　　　　　　　　　　の2は、厚生労働大臣が免許を与えるかどうかを決定するときに
　　　　　　　　　　は「当該者が現に利用している障害を補う手段又は当該者が現に
　　　　　　　　　　受けている治療等により障害が補われ、又は障害の程度が軽減し
　　　　　　　　　　ている状況を考慮しなければならない」と規定する。（准看護師
　　　　　　　　　　にも準用される。）

　　　　第4号関係：ナイチンゲール精神に照らしてみれば、「相対的」でない欠格事
　　　　　　　　　　由ではないか。

> **参考**　第14条（免許所持者に対する厚生労働大臣による行政処分）、刑法第25条（刑の執
> 　　　　行猶予）

第10条〔保健師籍・助産師籍・看護師籍〕

　厚生労働省に保健師籍、助産師籍及び看護師籍を備え、登録年月日、第14条第1項の規
定による処分に関する事項その他の保健師免許、助産師免許及び看護師免許に関する事項
を登録する。

> **要諦**　（ⅰ）登録事項：①登録番号、登録年月日　②本籍地都道府県、氏名、生年月日　③性
> 　　　　　別（保健師、看護師）　④各国家試験合格年月日　⑤行政処分の内容（第14条第
> 　　　　　1項）　⑥行政処分を受けた者に対する再教育研修（第15条の2）の修了の旨
> 　　　　　登録事項の変更申請：保助看法施行令第3条（30日以内）
> 　　　（ⅱ）籍に登録しているが、業務従事者届（第33条）を提出していない看護職（保健
> 　　　　　師、助産師、看護師）の実数を把握しておこう。
> 　　　（ⅲ）看護師等の人材確保の促進に関する法律第16条の3（看護師等の届出等）の規
> 　　　　　定により離職した看護職の把握が進むことになる。

（ⅳ）登録事項の変更申請は30日以内にすること。（保助看法施行令第3条）

参考　第12条、第14条、第15条の2、第33条（業務従事者届）

第11条〔准看護師籍〕

　都道府県に准看護師籍を備え、登録年月日、第14条第2項の規定による処分に関する事項その他の准看護師免許に関する事項を登録する。

要諦　（ⅰ）登録事項：①登録番号、登録年月日　②本籍地都道府県、氏名、生年月日、性別　③資格試験合格年月、試験施行地都道府県　④行政処分の内容（第14条第2項）　⑤行政処分を受けた者に対する再教育研修（第15条の2）の修了の旨

　　　（ⅱ）籍に登録しているが、業務従事者届（第33条）を提出していない看護職（准看護師）の実数を把握しておこう。

参考　第12条、第14条、第15条の2、第33条（業務従事者届）

第12条〔免許の付与及び免許証の交付―業務開始時期〕

①　保健師免許は、保健師国家試験及び看護師国家試験に合格した者の申請により、保健師籍に登録することによつて行う。

②　助産師免許は、助産師国家試験及び看護師国家試験に合格した者の申請により、助産師籍に登録することによつて行う。

③　看護師免許は、看護師国家試験に合格した者の申請により、看護師籍に登録することによつて行う。

④　准看護師免許は、准看護師試験に合格した者の申請により、准看護師籍に登録することによつて行う。

⑤　厚生労働大臣又は都道府県知事は、免許を与えたときは、それぞれ保健師免許証、助産師免許証若しくは看護師免許証又は准看護師免許証を交付する。

要諦　保健師免許、助産師免許、看護師免許又は准看護師免許は、第7条又は第8条の条件を満たし、各籍に登録することによって有効となる。各免許が付与されれば、同時に免許証が交付される。免許が有効となった時点で各業務開始可能となる。

参考　第7条、第8条、第33条（業務従事者届）

第13条〔第9条第3号相対的欠格事由該当による免許不付与に当たっての意見の聴取〕

①　厚生労働大臣は、保健師免許、助産師免許又は看護師免許を申請した者について、第9条

第3号に掲げる者に該当すると認め、同条の規定により当該申請に係る免許を与えないこととするときは、あらかじめ、当該申請者にその旨を通知し、その求めがあつたときは、厚生労働大臣の指定する職員にその意見を聴取させなければならない。

② 都道府県知事は、准看護師免許を申請した者について、第9条第3号に掲げる者に該当すると認め、同条の規定により准看護師免許を与えないこととするときは、あらかじめ、当該申請者にその旨を通知し、その求めがあつたときは、当該都道府県知事の指定する職員にその意見を聴取させなければならない。

| 要諦 | 厚生労働大臣又は都道府県知事によって行政処分（免許不付与）がなされる場合の手続きの保障を定めたもので、保助看法施行規則第1条の2（保助看法第9条第3号の障害を補う手段等の考慮）に該当するか否かの判断はより慎重にする必要がある。 |

| 参考 | 第9条第3号 |

第14条〔免許所持者に対する行政処分、取消処分後の再免許申請要件〕

① 保健師、助産師若しくは看護師が第9条各号のいずれかに該当するに至つたとき、又は保健師、助産師若しくは看護師としての品位を損するような行為のあつたときは、厚生労働大臣は、次に掲げる処分をすることができる。

一　戒告

二　3年以内の業務の停止

三　免許の取消し

② 准看護師が第9条各号のいずれかに該当するに至つたとき、又は准看護師としての品位を損するような行為のあつたときは、都道府県知事は、次に掲げる処分をすることができる。

一　戒告

二　3年以内の業務の停止

三　免許の取消し

③ 前二項の規定による取消処分を受けた者（第9条第1号若しくは第2号に該当し、又は保健師、助産師、看護師若しくは准看護師としての品位を損するような行為のあつた者として前二項の規定による取消処分を受けた者にあつては、その処分の日から起算して5年を経過しない者を除く。）であつても、その者がその取消しの理由となつた事項に該当しなくなつたとき、その他その後の事情により再び免許を与えるのが適当であると認められるに至つたときは、再免許を与えることができる。この場合においては、第12条の規定を準用する。

| 要諦 | （ⅰ）現免許所持者に対する行政処分の規定で、その対象となる行為は、第9条各号と品位損失行為である。品位損失行為とは、看護職として相応しい感じや印象を失う行為を指す。この行政処分を受ける場合、他に法的責任として民事責任や刑事責任を負うこともある。 |

（ⅱ）2006年（平成18年）に改正されるまで、行政処分は業務停止と免許取消の二種類であった。

（ⅲ）この行政処分を受けた場合、第15条の2に定める命令に従って「保健師等再教育研修」「准看護師再教育研修」を受けなければならない。

（ⅴ）免許取消処分を受けた場合でも、取消処分を受けた理由が消失しているか、再免許付与に相応しい事情があれば、再免許申請できる。

（ⅵ）但し、第9条第1号、第2号、品位損失行為を理由に、免許取消処分を受けた場合は、5年間は再免許申請できない。

| 参考 | 第9条、第15条の2、第44条の2（業務停止命令違反に対する罰則）、第45条（再教育研修命令違反に対する罰則） |

第15条〔免許の取消又は業務停止の処分の手続〕

① 厚生労働大臣は、前条第1項又は第3項に規定する処分をしようとするときは、あらかじめ医道審議会の意見を聴かなければならない。

② 都道府県知事は、前条第2項又は第3項に規定する処分をしようとするときは、あらかじめ准看護師試験委員の意見を聴かなければならない。

③ 厚生労働大臣は、前条第1項の規定による免許の取消処分をしようとするときは、都道府県知事に対し、当該処分に係る者に対する意見の聴取を行うことを求め、当該意見の聴取をもつて、厚生労働大臣による聴聞に代えることができる。

④ 行政手続法（平成5年法律第88号）第3章第2節（第25条、第26条及び第28条を除く。）の規定は、都道府県知事が前項の規定により意見の聴取を行う場合について準用する。この場合において、同節中「聴聞」とあるのは「意見の聴取」と、同法第15条第1項中「行政庁」とあるのは「都道府県知事」と、同条第3項（同法第22条第3項において準用する場合を含む。）中「行政庁は」とあるのは「都道府県知事は」と、「当該行政庁が」とあるのは「当該都道府県知事が」と、「当該行政庁の」とあるのは「当該都道府県の」と、同法第16条第4項並びに第18条第1項及び第3項中「行政庁」とあるのは「都道府県知事」と、同法第19条第1項中「行政庁が指名する職員その他政令で定める者」とあるのは「都道府県知事が指名する職員」と、同法第20条第1項、第2項及び第4項中「行政庁」とあるのは「都道府県」と、同条第6項、同法第24条第3項及び第27

条第 1 項 中「行政庁」とあるのは「都道府県知事」と読み替えるものとする。

⑤　厚生労働大臣は、都道府県知事から当該処分の原因となる事実を証する書類その他意見の聴取を行う上で必要となる書類を求められた場合には、速やかにそれらを当該都道府県知事あて送付しなければならない。

⑥　都道府県知事は、第 3 項の規定により意見の聴取を行う場合において、第 4 項において読み替えて準用する行政手続法第24条第 3 項 の規定により同条第 1 項 の調書及び同条第 3 項 の報告書の提出を受けたときは、これらを保存するとともに、当該処分の決定についての意見を記載した意見書を作成し、当該調書及び報告書の写しを添えて厚生労働大臣に提出しなければならない。

⑦　厚生労働大臣は、意見の聴取の終結後に生じた事情にかんがみ必要があると認めるときは、都道府県知事に対し、前項の規定により提出された意見書を返戻して主宰者に意見の聴取の再開を命ずるよう求めることができる。行政手続法第22条第 2 項 本文及び第 3 項 の規定は、この場合について準用する。

⑧　厚生労働大臣は、当該処分の決定をするときは、第 6 項の規定により提出された意見書並びに調書及び報告書の写しの内容を十分参酌してこれをしなければならない。

⑨　厚生労働大臣は、前条第 1 項の規定による業務の停止の命令をしようとするときは、都道府県知事に対し、当該処分に係る者に対する弁明の聴取を行うことを求め、当該弁明の聴取をもつて、厚生労働大臣による弁明の機会の付与に代えることができる。

⑩　前項の規定により弁明の聴取を行う場合において、都道府県知事は、弁明の聴取を行うべき日時までに相当な期間をおいて、当該処分に係る者に対し、次に掲げる事項を書面により通知しなければならない。

　一　前条第 1 項の規定を根拠として当該処分をしようとする旨及びその内容

　二　当該処分の原因となる事実

　三　弁明の聴取の日時及び場所

⑪　厚生労働大臣は、第 9 項に規定する場合のほか、厚生労働大臣による弁明の機会の付与に代えて、医道審議会の委員に、当該処分に係る者に対する弁明の聴取を行わせることができる。この場合においては、前項中「前項」とあるのは「次項」と、「都道府県知事」とあるのは「厚生労働大臣」と読み替えて、同項の規定を適用する。

⑫　第10項（前項後段の規定により読み替えて適用する場合を含む。）の通知を受けた者は、代理人を出頭させ、かつ、証拠書類又は証拠物を提出することができる。

⑬　都道府県知事又は医道審議会の委員は、第 9 項又は第11項前段の規定により弁明の聴取を行つたときは、聴取書を作り、これを保存するとともに、当該処分の決定についての意見を記載した報告書を作成し、厚生労働大臣に提出しなければならない。

⑭　厚生労働大臣は、第3項又は第9項の規定により都道府県知事が意見の聴取又は弁明の聴取を行う場合においては、都道府県知事に対し、あらかじめ、次に掲げる事項を通知しなければならない。

一　当該処分に係る者の氏名及び住所

二　当該処分の内容及び根拠となる条項

三　当該処分の原因となる事実

⑮　第3項の規定により意見の聴取を行う場合における第4項において読み替えて準用する行政手続法第15条第1項の通知又は第9項の規定により弁明の聴取を行う場合における第10項の通知は、それぞれ、前項の規定により通知された内容に基づいたものでなければならない。

⑯　都道府県知事は、前条第2項の規定による業務の停止の命令をしようとするときは、都道府県知事による弁明の機会の付与に代えて、准看護師試験委員に、当該処分に係る者に対する弁明の聴取を行わせることができる。

⑰　第10項、第12項及び第13項の規定は、准看護師試験委員が前項の規定により弁明の聴取を行う場合について準用する。この場合において、第10項中「前項」とあるのは「第16項」と、「前条第1項」とあるのは「前条第2項」と、第12項中「第10項（前項後段の規定により読み替えて適用する場合を含む。）」とあるのは「第17項において準用する第10項」と、第13項中「都道府県知事又は医道審議会の委員」とあるのは「准看護師試験委員」と、「第9項又は第11項前段」とあるのは「第16項」と、「厚生労働大臣」とあるのは「都道府県知事」と読み替えるものとする。

⑱　第3項若しくは第9項の規定により都道府県知事が意見の聴取若しくは弁明の聴取を行う場合、第11項前段の規定により医道審議会の委員が弁明の聴取を行う場合又は第16項の規定により准看護師試験委員が弁明の聴取を行う場合における当該処分については、行政手続法第3章（第12条及び第14条を除く。）の規定は、適用しない。

> 要諦　厚生労働大臣又は都道府県知事による行政処分の手続き経過と、医道審議会又は准看護師試験委員の意見の聴取についての詳細な取り決めが定めてある。行政処分の種類（戒告、3年以内の業務停止、免許の取消し）によって若干異なるが、もっと簡素な形にまとめるべきであろう。

第8章　看護職・学生の基本法

83

第15条の2〔行政処分後の保健師等再教育研修等〕

① 厚生労働大臣は、第14条第1項第1号若しくは第2号に掲げる処分を受けた保健師、助産師若しくは看護師又は同条第3項の規定により保健師、助産師若しくは看護師に係る再免許を受けようとする者に対し、保健師、助産師若しくは看護師としての倫理の保持又は保健師、助産師若しくは看護師として必要な知識及び技能に関する研修として厚生労働省令で定めるもの（以下「保健師等再教育研修」という。）を受けるよう命ずることができる。

② 都道府県知事は、第14条第2項第1号若しくは第2号に掲げる処分を受けた准看護師又は同条第3項の規定により准看護師に係る再免許を受けようとする者に対し、准看護師としての倫理の保持又は准看護師として必要な知識及び技能に関する研修として厚生労働省令で定めるもの（以下「准看護師再教育研修」という。）を受けるよう命ずることができる。

③ 厚生労働大臣は、第1項の規定による保健師等再教育研修を修了した者について、その申請により、保健師等再教育研修を修了した旨を保健師籍、助産師籍又は看護師籍に登録する。

④ 都道府県知事は、第2項の規定による准看護師再教育研修を修了した者について、その申請により、准看護師再教育研修を修了した旨を准看護師籍に登録する。

⑤ 厚生労働大臣又は都道府県知事は、前二項の登録をしたときは、再教育研修修了登録証を交付する。

⑥ 第3項の登録を受けようとする者及び保健師、助産師又は看護師に係る再教育研修修了登録証の書換交付又は再交付を受けようとする者は、実費を勘案して政令で定める額の手数料を納めなければならない。

⑦ 前条第9項から第15項まで（第11項を除く。）及び第18項の規定は、第1項の規定による命令をしようとする場合について準用する。この場合において、必要な技術的読替えは、政令で定める。

要諦　（ⅰ）「保健師等再教育研修」「准看護師再教育研修」は、技術研修と倫理研修である。

（ⅱ）上記の再教育研修命令に従い研修を終了した者には、申請により、各「籍」に登録した上で、「再教育研修修了登録証」を交付することになる。現職復帰（業務再開）には、この登録証が必要になる。

参考　第10条、第11条、第45条（再教育研修命令違反に対する罰則）

第16条〔政令及び厚生労働省令への委任〕

　この章に規定するもののほか、免許の申請、保健師籍、助産師籍、看護師籍及び准看護師籍の登録、訂正及び抹消、免許証の交付、書換交付、再交付、返納及び提出並びに住所の届出に関して必要な事項は政令で、前条第1項の保健師等再教育研修及び同条第2項の准看護師再教育研修の実施、同条第3項の保健師籍、助産師籍及び看護師籍の登録並びに同条第4項の准看護師籍の登録並びに同条第5項の再教育研修修了登録証の交付、書換交付及び再交付に関して必要な事項は厚生労働省令で定める。

| 参考 | 政令（保助看法施行令）及び厚生労働省令（保助看法施行規則）については、必要に応じて検索すること。 |

◇◇

第3章　試　　験

第17条〔試験の内容〕

　保健師国家試験、助産師国家試験、看護師国家試験又は准看護師試験は、それぞれ保健師、助産師、看護師又は准看護師として必要な知識及び技能について、これを行う。

| 要諦 | 「知識」について各試験において行なわれているが、「技能」については、保健師助産師看護師学校養成所指定規則及び「看護師等養成所の運営に関する指導要領について（通達）」で、卒業要件（欠席日数が出席すべき日数の三分の一を超えないこと等）を厳しく規定していること等で事実上免除と考えてよいか。 |
| 参考 | 保健師助産師看護師法施行規則第20条、同第21条、同第22条
なお、同第20条は、2012年（平成24年）4月1日より、保健師国家試験科目を、①公衆衛生看護学　②疫学　③保健統計学　④保健医療福祉行政論　に改められた。 |

第18条〔試験の実施〕

　保健師国家試験、助産師国家試験及び看護師国家試験は、厚生労働大臣が、准看護師試験は、都道府県知事が、厚生労働大臣の定める基準に従い、毎年少なくとも1回これを行う。

| 要諦 | 国家試験、資格試験の合格水準の変動によっては、看護職の需要に見合わない人員しか確保できない場合が想定される。この場合は、年に2回試験を実施することになる。 |

第19条〔保健師国家試験の受験資格〕

　保健師国家試験は、次の各号のいずれかに該当する者でなければ、これを受けることができない。

　一　文部科学省令・厚生労働省令で定める基準に適合するものとして、文部科学大臣の指定した学校において1年以上保健師になるのに必要な学科を修めた者

　二　文部科学省令・厚生労働省令で定める基準に適合するものとして、厚生労働大臣の指定した保健師養成所を卒業した者

　三　外国の第二条に規定する業務に関する学校若しくは養成所を卒業し、又は外国において保健師免許に相当する免許を受けた者で、厚生労働大臣が前二号に掲げる者と同等以上の知識及び技能を有すると認めたもの

　　　　要諦　　（ⅰ）国家試験受験時に必要となる書類（保助看法施行規則第24条）

　　　　　　　　　　保健師：受験願書（☞22−3−1）＋写真＋（大学、短大専攻科：修業証明書

　　　　　　　　　　保健師養成所：卒業証明書）

　　　　　　　（ⅱ）大学等統合カリキュラムを採用している養成校では保健師養成と看護師養成を並行して行っている関係上、保健師国家試験受験時点で看護師国家試験に合格している必要はないが、保健師養成所入学資格に看護師国家試験合格を必要とするかは養成所の判断に任されるとはいえ、看護基礎教育を修了していることから入学時点で看護師国家試験に合格していることが望ましいといえる。

　　　　　　　（ⅲ）第1号の修業年限は、2010年（平成22年）4月に6ヶ月から1年以上に変更になった。

　　　　　　　（ⅳ）看護基礎教育を何年にすべきかの議論に、この条文及び第7条は有用な示唆を与えてくれている。

　　　　　　　　　つまり、大学での保健師国家試験に必要な科目の履修が、看護師国家試験に必要な科目の履修との併修を予定していることはこの条文から明らかだが、一般教養科目の履修がほぼ1年間に亘って行われることから、これまでの看護基礎教育3年を前提に考えれば、大学で保健師教育を終えるには物理的に最低5年間大学に通うことになる。二つの国家試験を控える教育に一定の相乗効果を期待する半面、大学において看護師のみのライセンスを求めて入学する志願者もいることを考えると、保健師教育と看護師教育とは峻別するべきではないだろうか。看護職養成制度がどうあるべきかを論じるときに改めて展開してみたい。

第20条〔助産師国家試験の受験資格〕

　助産師国家試験は、次の各号のいずれかに該当する者でなければ、これを受けることができない。

一　文部科学省令・厚生労働省令で定める基準に適合するものとして、文部科学大臣の指定した学校において1年以上助産に関する学科を修めた者

二　文部科学省令・厚生労働省令で定める基準に適合するものとして、厚生労働大臣の指定した助産師養成所を卒業した者

三　外国の第3条に規定する業務に関する学校若しくは養成所を卒業し、又は外国において助産師免許に相当する免許を受けた者で、厚生労働大臣が前二号に掲げる者と同等以上の知識及び技能を有すると認めたもの

要諦　（ⅰ）国家試験受験時に必要となる書類（保助看法施行規則第24条）

　　　　助産師：受験願書（☞22-3-1）＋写真＋（大学院、大学、大学校、短大専攻科：修業証明書　保健師養成所：卒業証明書）

（ⅱ）大学等統合カリキュラムを採用している養成校では助産師養成と看護師養成を並行して行っている関係上、助産師国家試験受験時点で看護師国家試験に合格している必要はないが、助産師養成所（大学院、大学専攻科を含む）入学資格に看護師国家試験合格を必要とするかは養成所の判断に任されるとはいえ、看護基礎教育を修了していることから入学時点で看護師国家試験に合格していることが望ましいと言える。

（ⅲ）第1号の修業年限は、2010年（平成22年）4月に6ヶ月から1年以上に変更になった。助産師教育を大学院（2年）で行なうようになってから、1年以上という期間の算出根拠が問われそうだ。

（ⅳ）前条で述べたように、大学での助産師国家試験に必要な科目の履修が、看護師国家試験に必要な科目の履修との併修を予定していることはこの条文から明らかだが、一般教養科目の履修がほぼ1年間に亘って行われることから、これまでの看護基礎教育3年を前提に考えれば、大学で助産師教育を終えるには物理的に最低5年間大学に通うことになる。ましてや、この間に助産師課程履修者は国家試験受験時までに正常産の分娩を10回程度取り扱う（保健師助産師看護師学校養成所指定規則第3条別表二）こととされている。助産師教育が、大学院、大学の専攻科、短期大学の専攻科で実施されていることを考慮すると、助産師教育と看護師教育とは峻別するべきではないだろうか。

第21条〔看護師国家試験の受験資格〕

　看護師国家試験は、次の各号のいずれかに該当する者でなければ、これを受けることができない。

　一　文部科学省令・厚生労働省令で定める基準に適合するものとして、文部科学大臣の指定した学校教育法（昭和22年法律第26号）に基づく大学（短期大学を除く。第4号において同じ。）において看護師になるのに必要な学科を修めて卒業した者

　二　文部科学省令・厚生労働省令で定める基準に適合するものとして、文部科学大臣の指定した学校において3年以上看護師になるのに必要な学科を修めた者

　三　文部科学省令・厚生労働省令で定める基準に適合するものとして、厚生労働大臣の指定した看護師養成所を卒業した者

　四　免許を得た後3年以上業務に従事している准看護師又は学校教育法に基づく高等学校若しくは中等教育学校を卒業している准看護師で前三号に規定する大学、学校又は養成所において2年以上修業したもの

　五　外国の第5条に規定する業務に関する学校若しくは養成所を卒業し、又は外国において看護師免許に相当する免許を受けた者で、厚生労働大臣が第1号から第3号に掲げる者と同等以上の知識及び技能を有すると認めたもの

要諦　（ⅰ）国家試験受験時に必要となる書類（保助看法施行規則第24条）

　　　　　　　看護師：受験願書（☞22-3-1）＋写真＋（大学：卒業証明書　短大専攻科：修業証明書　第3号看護師養成所：卒業証明書　第4号看護師養成所：修業証明書）

　　　　（ⅱ）2010年（平成22年）4月から、大学（4年制）で学ぶ者は卒業しなければ受験できなくなった。

　　　　（ⅲ）大学、短大、大学校、専修学校、各種学校等教育機関の違いを問わず、同じ国家試験を受験できる。

　　　　（ⅳ）看護基礎教育の修業年限についての議論に決着がついていないのは、養成制度や資格の一本化等の課題が未解決であるからである。看護師のニーズは、その高度な社会性から医療、福祉、行政の多岐に渡っている。それゆえ様々な養成過程が混在することは止むを得ないが、それを束ねる機関は一本化するべきであろう。

　　　　（ⅴ）外国の看護師養成校を卒業した場合や外国の看護師資格を取得した者の受験に関しては、その受験資格を厚生労働大臣が認定することになる。国の経済連携協定に基づく外国人看護師候補生が受験し年々合格者数が増してきている。

（ⅵ）看護師国家試験受験資格があれば、都道府県知事の実施する准看護師資格試験の受験資格がある。（第22条）

第22条〔准看護師試験の受験資格〕

　准看護師試験は、次の各号のいずれかに該当する者でなければ、これを受けることができない。

一　文部科学省令・厚生労働省令で定める基準に適合するものとして、文部科学大臣の指定した学校において2年の看護に関する学科を修めた者

二　文部科学省令・厚生労働省令で定める基準に適合するものとして、厚生労働大臣の定める基準に従い、都道府県知事の指定した准看護師養成所を卒業した者

三　前条第1号から第3号まで又は第5号に該当する者

四　外国の第5条に規定する業務に関する学校若しくは養成所を卒業し、又は外国において看護師免許に相当する免許を受けた者のうち、前条第5号に該当しない者で、厚生労働大臣の定める基準に従い、都道府県知事が適当と認めたもの

　　|要諦|　（ⅰ）准看護師試験受験時に必要となる書類（保助看法施行規則第27条）

　　　　　　受験願書＋写真＋（准看護師養成所：卒業証明書、大学短大：卒業証明書　看護師養成所：卒業証明書）

　　　　（ⅱ）第3号規定の根拠は、准看護師は看護師の指示を受けて看護行為をする（第6条）ことにあると考えられる。しかし、看護師も准看護師も同じ業務内容を行なうのにこのような階層性を設けること自体、養成制度の諸矛盾を生み出し、未解決の教育上の課題を残すことになる。

第23条〔医道審議会の意見聴取〕

①　厚生労働大臣は、保健師国家試験、助産師国家試験若しくは看護師国家試験の科目若しくは実施若しくは合格者の決定の方法又は第18条に規定する基準を定めようとするときは、あらかじめ、医道審議会の意見を聴かなければならない。

②　文部科学大臣又は厚生労働大臣は、第19条第1号若しくは第2号、第20条第1号若しくは第2号、第21条第1号から第3号まで又は前条第1号若しくは第2号に規定する基準を定めようとするときは、あらかじめ、医道審議会の意見を聴かなければならない。

第24条〔保健師助産師看護師試験委員の設置〕

①　保健師国家試験、助産師国家試験及び看護師国家試験の実施に関する事務をつかさどらせ

るため、厚生労働省に保健師助産師看護師試験委員を置く。

② 保健師助産師看護師試験委員に関し必要な事項は、政令で定める。

要諦　看護職養成の過程の仕上げ段階である国家試験に関しては厚生労働省に所管されている。しかし、実際に問題作成に当たっては、文部科学省にその存在根拠を置く大学の関係者も関与している。看護職は医療・福祉をそのフィールドとする以上、厚生労働省の外局あるいは独立行政法人の、もっと言えば時の政治とは距離を置く中立公正な「看護教育機構」なる組織の中で養成するべきであろう。「看護職養成法」なる法制度の確立も望まれるところである。

第25条〔准看護師試験委員〕

① 准看護師試験の実施に関する事務（以下「試験事務」という。）をつかさどらせるために、都道府県に准看護師試験委員を置く。

② 准看護師試験委員に関し必要な事項は、都道府県の条例で定める。

第26条〔試験事務担当者の不正行為禁止〕

保健師助産師看護師試験委員、准看護師試験委員その他保健師国家試験、助産師国家試験、看護師国家試験又は准看護師試験の実施に関する事務をつかさどる者（指定試験機関（次条第1項に規定する指定試験機関をいう。）の役員又は職員（第27条の5第1項に規定する指定試験機関准看護師試験委員を含む。第27条の6において同じ。）を含む。）は、その事務の施行に当たつては厳正を保持し、不正の行為のないようにしなければならない。

要諦　試験問題作成委員が養成校の要職にあるのは当然のことであり、立場上高潔であることを要求される。もし不正行為があったときは、厳正に処罰すべきは法の要請するところであるが、養成校の所管が異なることが統一性を阻害し結果として情報管理・統制ができないのであれば、これは看護職養成制度の問題である。

参考　第44条（試験委員の不正行為に対する罰則）

第27条〔准看護師試験の委託〕

① 都道府県知事は、厚生労働省令で定めるところにより、一般社団法人又は一般財団法人であつて、試験事務を適正かつ確実に実施することができると認められるものとして当該都道府県知事が指定する者（以下「指定試験機関」という。）に、試験事務の全部又は一部を行わせることができる。

② 都道府県知事は、前項の規定により指定試験機関に試験事務の全部又は一部を行わせることとしたときは、当該試験事務の全部又は一部を行わないものとする。

③ 都道府県は、地方自治法（昭和22年法律第67号）第227条の規定に基づき准看護師試験に係る手数料を徴収する場合においては、准看護師試験（第1項の規定により指定試験機関が試験事務を行うものに限る。）を受けようとする者に、条例で定めるところにより、当該手数料の全部又は一部を当該指定試験機関へ納めさせ、その収入とすることができる。

第27条の2〔指定試験機関の役員〕

① 試験事務に従事する指定試験機関の役員の選任及び解任は、都道府県知事の認可を受けなければ、その効力を生じない。

② 都道府県知事は、指定試験機関の役員が、この法律（この法律に基づく命令又は処分を含む。）若しくは第27条の4第1項に規定する試験事務規程に違反する行為をしたとき、又は試験事務に関し著しく不適当な行為をしたときは、当該指定試験機関に対し、当該役員の解任を命ずることができる。

第27条の3〔指定試験機関の義務〕

① 指定試験機関は、毎事業年度、事業計画及び収支予算を作成し、当該事業年度の開始前に（指定を受けた日の属する事業年度にあつては、その指定を受けた後遅滞なく）、都道府県知事の認可を受けなければならない。これを変更しようとするときも、同様とする。

② 指定試験機関は、毎事業年度の経過後3月以内に、その事業年度の事業報告書及び収支決算書を作成し、都道府県知事に提出しなければならない。

第27条の4〔試験事務規定〕

① 指定試験機関は、試験事務の開始前に、試験事務の実施に関する規程（以下この条において「試験事務規程」という。）を定め、都道府県知事の認可を受けなければならない。これを変更しようとするときも、同様とする。

② 試験事務規程で定めるべき事項は、厚生労働省令で定める。

③ 都道府県知事は、第1項の認可をした試験事務規程が試験事務の適正かつ確実な実施上不適当となつたと認めるときは、指定試験機関に対し、これを変更すべきことを命ずることができる。

第27条の5〔試験委員〕

① 指定試験機関は、試験事務を行う場合において、試験の問題の作成及び採点については、

　　　指定試験機関准看護師試験委員（以下この条において「試験委員」という。）に行わせなければならない。

② 指定試験機関は、試験委員を選任しようとするときは、厚生労働省令で定める要件を備える者のうちから選任しなければならない。

③ 第27条の2第1項の規定は試験委員の選任及び解任について、同条第2項の規定は試験委員の解任について、それぞれ準用する。

第27条の6 〔指定試験機関の役職員の守秘義務〕

① 指定試験機関の役員若しくは職員又はこれらの職にあつた者は、試験事務に関して知り得た秘密を漏らしてはならない。

② 試験事務に従事する指定試験機関の役員又は職員は、刑法（明治40年法律第45号）その他の罰則の適用については、法令により公務に従事する職員とみなす。

第27条の7 〔帳簿の保管〕

　　指定試験機関は、厚生労働省令で定めるところにより、試験事務に関する事項で厚生労働省令で定めるものを記載した帳簿を備え、これを保存しなければならない。

第27条の8 〔監督命令〕

　　都道府県知事は、試験事務の適正かつ確実な実施を確保するため必要があると認めるときは、指定試験機関に対し、試験事務に関し監督上必要な命令をすることができる。

第27条の9 〔立ち入り調査〕

① 都道府県知事は、試験事務の適正かつ確実な実施を確保するため必要があると認めるときは、その必要な限度で、指定試験機関に対し、報告を求め、又は当該職員に、関係者に対し質問させ、若しくは指定試験機関の事務所に立ち入り、その帳簿書類その他の物件を検査させることができる。

② 前項の規定による質問又は立入検査を行う場合においては、当該職員は、その身分を示す証明書を携帯し、関係者の請求があるときは、これを提示しなければならない。

③ 第1項の規定による権限は、犯罪捜査のために認められたものと解釈してはならない。

第27条の10 〔休廃止の許可〕

　　指定試験機関は、都道府県知事の許可を受けなければ、試験事務の全部又は一部を休止し、又は廃止してはならない。

第27条の11〔指定の取消〕

①　都道府県知事は、指定試験機関が一般社団法人又は一般財団法人でなくなつたときその他厚生労働省令で定める場合には、その指定を取り消さなければならない。

②　都道府県知事は、試験事務の適正かつ確実な実施を確保するため必要があると認められる場合として厚生労働省令で定める場合には、指定試験機関の指定を取り消し、又は期間を定めて、指定試験機関に対し、試験事務の全部若しくは一部の停止を命ずることができる。

第27条の12〔指定等の条件〕

①　第27条第 1 項、第27条の 2 第 1 項（第27条の 5 第 3 項において準用する場合を含む。）、第27条の 3 第 1 項、第27条の 4 第 1 項又は第27条の10の規定による指定、認可又は許可には、条件を付し、及びこれを変更することができる。

②　前項の条件は、当該指定、認可又は許可に係る事項の確実な実施を図るため必要な最小限度のものに限り、かつ、当該指定、認可又は許可を受ける者に不当な義務を課することとなるものであつてはならない。

第27条の13〔不服申立としての審査請求〕

　指定試験機関が行う試験事務に係る処分又はその不作為について不服がある者は、都道府県知事に対し、審査請求をすることができる。この場合において、都道府県知事は、行政不服審査法（平成26年法律第68号）第25条第 2 項及び第 3 項、第46条第 1 項及び第 2 項、第47条並びに第49条第 3 項の規定の適用については、指定試験機関の上級行政庁とみなす。

第27条の14〔都道府県知事による実施〕

　都道府県知事は、指定試験機関が第27条の10の規定による許可を受けて試験事務の全部若しくは一部を休止したとき、第27条の11第 2 項の規定により指定試験機関に対し試験事務の全部若しくは一部の停止を命じたとき、又は指定試験機関が天災その他の事由により試験事務の全部若しくは一部を実施することが困難となつた場合において必要があると認めるときは、当該試験事務の全部又は一部を自ら行うものとする。

第27条の15〔公示の義務〕

　都道府県知事は、次に掲げる場合には、その旨を公示しなければならない。

一　第27条第 1 項の規定による指定をしたとき。

　二　第27条の10の規定による許可をしたとき。

　三　第27条の11の規定により指定を取り消し、又は試験事務の全部若しくは一部の停止を命じたとき。

　四　前条の規定により試験事務の全部若しくは一部を自ら行うとき、又は同条の規定により自ら行つていた試験事務の全部若しくは一部を行わないこととしたとき。

第28条〔政令及び厚生労働省令への委任〕

　この章に規定するもののほか、第19条から第22条までの規定による学校の指定又は養成所に関して必要な事項は政令で、保健師国家試験、助産師国家試験、看護師国家試験又は准看護師試験の試験科目、受験手続、指定試験機関その他試験に関して必要な事項は厚生労働省令で定める。

　　| 参考 | 政令（保助看法施行令）及び厚生労働省令（保助看法施行規則）については、必要に応じて検索すること。

第28条の2〔看護職の臨床研修の努力義務〕

　保健師、助産師、看護師及び准看護師は、免許を受けた後も、臨床研修その他の研修（保健師等再教育研修及び准看護師再教育研修を除く。）を受け、その資質の向上を図るように努めなければならない。

　　| 要諦 | 2009年（平成21年）7月に追加となった重要条文である（施行は2010年（平成22年）4月）。第1条にもあるように、「資質の向上」の規定根拠は明確ではない。しかし、日進月歩の医療技術・医療水準のもとにあって、医療現場での看護師のスキル、センスといったものが無視できない状況になってきていて、自己研鑽は看護師の責務のひとつになっているといって過言ではない。なお、看護師等の置かれている労働環境等を考えるに、ひとり看護師等にだけその責務を負わせるには、あまりにも看護パワーの基盤は脆弱である。国、地方自治体、病院等の医療機関の協力があってこそ相乗効果が期待できることから、看護師等の人材確保の促進に関する法律　第4条〜第6条と連動させて理解をすることが肝要である。☞8-2

第4章　業　　務

第29条〔保健師業務の制限〕

　保健師でない者は、保健師又はこれに類似する名称を用いて、第2条に規定する業をしてはならない。

要諦　（ⅰ）「保健師でない者」とは、保健師の資格を持たない者を指し、他の看護職である助産師、看護師、准看護師のみならず広く一般人も指す。第2条のところでも述べたように、保健指導自体は社会生活の多岐に亘って行なわれていることであって法による禁止には馴染まない。しかし、国家資格者としての保健師の活動内容を保証する担保として、本条違反者に対して第43条（業務制限違反者に対する罰則）に罰則を規定している。この場合、「保健師又はこれに類似する名称を用い」ないことが要件である。公衆衛生看護師などがその例である。

　　　　（ⅱ）第4章の業務に規定されていることを考慮して、他の看護職とは異なり、"保健師は業務独占ではない"。

　　　　（ⅲ）保健師は名称独占の看護職（第42条の3－平成18年6月追加）なので、保健師でない者が、保健師又はこれに類似する名称を用いて保健指導を行なった場合は、第43条のみならず第45条の2（名称使用違反者に対する罰則）の適用も受ける。

参考　第2条（保健師の定義）第42条の3（看護職の名称独占）第43条（業務違反に対する罰則）

第30条〔助産師業務の制限―助産師業務独占〕

　助産師でない者は、第3条に規定する業をしてはならない。ただし、医師法（昭和23年法律第201号）の規定に基づいて行う場合は、この限りでない。

要諦　（ⅰ）たとえば、「助産師でない者」すなわち助産師資格を持たない看護師が、助産の知識があるからといって『内診行為』を行なうことは通達で禁止されている。「産婦に対する看護師業務について」（H16.9.3　厚生労働省医政局長通達）☞6－2　2.

　　　　（ⅱ）医師法第17条は、医師以外の者が医業をすることを禁止している。一方、「助産」は医業の一部である。法の「特別法優先の原理」により、助産師は医業の一部である「助産」行為を行なうことができる。

（ⅲ）保助看法も医師法も、1948年（昭和23年）に成立した法律であるが、（ⅱ）の解釈にあっては医師法が一般法で、保助看法が特別法となる。

| 参考 | 第3条（助産師の定義）第42条の3（看護職の名称独占）第43条（業務違反に対する罰則） |

第31条〔看護師業務の制限―看護師業務独占〕

① 看護師でない者は、第5条に規定する業をしてはならない。ただし、医師法 又は歯科医師法（昭和23年法律第202号）の規定に基づいて行う場合は、この限りでない。

② 保健師及び助産師は、前項の規定にかかわらず、第5条に規定する業を行うことができる。

| 要諦 | （ⅰ）第5条に規定する看護行為は、看護師に独占されているが、本条第1項では、医師又は歯科医師はこれを行なうことができると規定する。また、同第2項では、「保健師」及び「助産師」も第5条に規定する看護行為ができると規定する。

（ⅱ）〔第7条 　要諦　 ⅱの続き〕2007年（平成19年）3月31日以前に免許を取得した看護師資格のない（看護師国家試験に合格していない場合と受験していない場合）保健師・助産師が、本条第2項により、看護師業務を行なうことについて法解釈上は可と考えてよいが、医療安全の観点から疑念は残る。というのは、理由はどうあれ看護師国家試験の受験を回避していれば、看護業務の前提である看護師教育を国家水準で修了していると考えにくいからである。また、受けた保健師教育・助産師教育が看護基礎教育をベースに成立していたとしても、国家試験を受け合格して初めて国家が看護行為を認証・保障することができるからである。この論点に関しては諸説あるが、その分析・検証は別稿に譲る。*

（ⅲ）第52条で、「旧助産婦規則」により助産婦名簿に登録を受けた助産婦は、本条第2項の適用外であると規定してあることより、看護基礎教育を受けていない場合あるいはそれに準ずる場合には看護業務は行なうべきではないと考える。

（ⅳ）2007年（平成19年）3月31日以前に免許を取得した保健師・助産師（看護師国家試験に合格しているが免許申請していない場合）が、本条第2項により、看護師業務を行なうときは、改めて看護師免許を申請すればよい。なぜなら、看護師国家試験合格の有効期間は定められていないからである。

---

* 田村やよひ『私たちの拠りどころ保健師助産師看護師法（第2版）』111頁～112頁（日本看護協会出版会）

（ⅴ）2007年（平成19年）3月31日以前に、保健師あるいは助産師国家試験に合格していながら免許申請していない場合で看護師国家試験を受験していないか不合格の場合は、第7条の規定により、2007年（平成19年）4月1日以降改めて看護師国家試験を受験し合格しなければ、保健師あるいは助産師免許の申請ができないのはいうまでもない。

（ⅵ）2007年（平成19年）以降、本条第2項は、「看護師国家試験に合格している保健師及び助産師は看護行為ができる。」と解釈するべきであろう。

| 参考 | 第7条（看護師免許の積極的要件）第43条（業務違反に対する罰則）第54条（旧助産婦規則による登録者）

第32条〔准看護師業務の制限―准看護師業務独占〕

　准看護師でない者は、第6条に規定する業をしてはならない。ただし、医師法又は歯科医師法の規定に基づいて行う場合は、この限りでない。

| 要諦 | （ⅰ）第6条に規定する看護行為（＝第5条の看護行為）は、准看護師に独占されているが、本条では、医師又は歯科医師はこれを行なうことができると規定する。

（ⅱ）看護師も准看護師も同じ看護行為を行なえるにもかかわらず、第6条に規定する指示命令系統のみで、待遇等現場に諸矛盾をもたらしている。この諸矛盾解決のために、早急に准看護師の行なう看護行為の明確化、地位の保証等法改正を行うべきである。准看護師制度の存廃についてはそれから先の議論となろう。

| 参考 | 第43条（業務違反に対する罰則）

第33条〔氏名、住所等の業務従事者届の届出義務〕

　業務に従事する保健師、助産師、看護師又は准看護師は、厚生労働省令で定める2年ごとの年の12月31日現在における氏名、住所その他厚生労働省令で定める事項を、当該年の翌年1月15日までに、その就業地の都道府県知事に届け出なければならない。

| 要諦 | （ⅰ）1982年（昭和57年）改正で、2年毎の届出に変わった。以降平成、令和になってからは偶数年の翌年の1月15日が届け出締切日（調査基準日）となった。

☞22－3－7

（ⅱ）この調査でわかる看護職の数と籍の登録者数との差が現在社会問題化している潜在看護職者数になる。ちなみに、差の比率が一番大きいのが助産師である。

（ⅲ）この問題は、免許取得後、現場に出ないことで生じるわけで、様々な個人的事

情があるにせよ、看護職者の労働環境の問題として喫緊の課題であるといえる。

（ⅳ）看護職者教育全般から考察すると、業務従事者数と籍の登録者数との不一致すなわち潜在看護職者数の存在は、新人看護職者の離職問題、経験看護職者の労働問題、看護教育機関（大学、短大、専門学校）における入学率・退学率・国家試験合格率・留年率・卒業率といった問題にも通じるところがある。

> **参考**　第10条（保健師・助産師・看護師籍）、第11条（准看護師籍）、第45条（届出義務違反に対する罰則）

第34条　削除

第35条〔保健師に対する主治医の指示〕

　保健師は、傷病者の療養上の指導を行うに当たつて主治の医師又は歯科医師があるときは、その指示を受けなければならない。

> **要諦**　保健師の行なう保健指導の一環としての傷病者に対する療養上の指導に際して、主治医や主治歯科医師がいるときはその指示を受けることを規定する。もし指示を受ける環境にないときは独自の判断でできるのかは不明だが、第37条の解釈に従って保健指導するべきと考えられる。

> **参考**　第36条（保健師に対する保健所長の指示）、第37条、第44条の２（主治医の指示命令違反に対する罰則）

第36条〔保健師に対する保健所長の指示〕

　保健師は、その業務に関して就業地を管轄する保健所の長の指示を受けたときは、これに従わなければならない。ただし、前条の規定の適用を妨げない。

> **要諦**　保健師が保健指導を行なうにあたって、その業務を行なう就業地を管轄する保健所長の指示があるときはそれに従うことを義務付けている。ただし、前条の状況の場合は、主治医等の指示が優先する。たとえば、健康増進法に基づく特定健康診査で生活習慣病の発生リスクが高い場合に実施される特定保健指導において、対象者に主治医等がいる場合が想定される。この場合、主治医等がその対象者（傷病者）について個別具体的に状況を把握していると考えられるからである。

参考　第35条、第44条の２（保健所長の指示命令違反に対する罰則）

第37条〔特定行為の制限―衛生上危険な行為の制限〕

　保健師、助産師、看護師又は准看護師は、主治の医師又は歯科医師の指示があつた場合を除くほか、診療機械を使用し、医薬品を授与し、医薬品について指示をしその他医師又は歯科医師が行うのでなければ衛生上危害を生ずるおそれのある行為をしてはならない。ただし、臨時応急の手当をし、又は助産師がへその緒を切り、浣腸を施しその他助産師の業務に当然に付随する行為をする場合は、この限りでない。

要諦　（ⅰ）原則：全看護職は、診療機械の使用、医薬品の授与、医薬品についての指示、医師又は歯科医師が行なうのでなければ衛生上危害を生じるおそれのある行為ができない。主治医、主治歯科医の指示があればそれができる。ただ、指示があっても絶対的医行為はできない。したがって、指示は看護職ができる相対的医行為の範囲内に限定される。

　　　　　　近年の看護業務の拡大に伴って生じた特定業務の範囲の拡大傾向に応じて絶対的医行為、相対的医行為の線引きを法制化する必要があった。そこで次条第37条の２により、看護における特定行為について法制化が図られた。

　　　（ⅱ）例外：臨時応急手当、助産師のへその緒を切る行為、浣腸、業務に当然付随する行為は指示なくできる。臨時応急の手当の範囲も明確ではないため、災害医療等想定外の場面で看護師等が適法に処置できるよう法制化を急ぐべきである。

　　　（ⅲ）展望　看護職の主体性との関連で、第６条の准看護師は業務遂行にあたって医師の指示が必要と明記されているのに対して、第２条、第３条、第５条の看護職の業務遂行にあたってはそれが必要と明記されていないことで、『「衛生上危害を生じるおそれのある」行為は医師等の指示が必要だが、「療養上の世話、診療の補助（衛生上危害を生じるおそれのある行為を除く）」行為に関しては医師等の指示を必要とせず看護職の主体的判断でできる』との解釈が可能となる。それゆえ、あらゆる看護行為にすべて医師等の指示が必要との主体性否定説から相対的医行為について（衛生上危害を生じるおそれの強い行為を除く）看護職の独自の判断でできるとする主体性認容説まで、程度の差こそあれ看護行為を見極めるのに解決しなければならない論点が生じる。

参考　第２条、第３条、第５条、第６条、第37条の２、第44条の２（特定行為の制限違反に対する罰則）

第37条の2 〔特定行為研修〕

① 特定行為を手順書による行う看護師は、指定研修機関において、当該特定行為の特定行為区分に係かる特定行為研修を受けなければならない。

② この条、次条及び第42条の4において、次の各号に掲げる用語の意義は、当該各号に定めるところによる。

　一　特定行為　診療の補助であって、看護師が手順書により行う場合には、実践的な理解力、思考力及び判断力並びに高度かつ専門的な知識及び技能が特に必要とされるものとして厚生労働省令で定めるものをいう。

　二　手順書　医師又は歯科医師が看護師に診療の補助を行わせるためにその指示として厚生労働省令で定めるところにより作成する文書又は電磁的記録（電子的方式、磁気的方式その他人の知覚によっては認識することができない方式で作られる記録であって、電子計算機による情報処理の用に供されるものをいう。）であって、看護師に診療の補助を行わせる患者の病状の範囲及び診療の補助の内容その他の厚生労働省令で定める事項で定められているものをいう。

　三　特定行為区分　特定行為の区分であって、厚生労働省令で定めるものをいう。

　四　特定行為研修　看護師が手順書により特定行為を行う場合に特に必要とされる実践的な理解力、思考力及び判断力並びに高度かつ専門的な知識及び技能の向上を図るための研修であって、特定行為区分ごとに厚生労働省令で定める基準に適合するものをいう。

　五　指定研修機関　一又は二以上の特定行為区分に係る特定行為研修を行う学校、病院その他の者であって、厚生労働大臣が指定するものをいう。

③ 厚生労働大臣は、前項第一号及び第四号の厚生労働省令を定め、又はこれを変更しようとするときは、あらかじめ、医道審議会の意見を聴かなければならない。

第37条の3

① 前条第二項第五号の規定による指定（以下この条及び次条においては単に「指定」という。）は、特定行為研修を行おうとする者の申請により行う。

② 厚生労働大臣は、前項の申請が、特定行為研修の業務を適正かつ確実に実施するために必要なものとして厚生労働省令で定める基準に適合していると認めるときでなければ、指定をしてはならない。

③ 厚生労働大臣は、指定研修機関が前項の厚生労働省令で定める基準に適合しなくなったと認めるとき、その他の厚生労働省令で定める場合に該当するときは、指定を取り消すこと

ができる。

④　厚生労働大臣は、指定又は前項の規定による指定の取消しをしようとするときは、あらかじめ、医道審議会の意見を聴かなければならない。

第37条の4

前二条に規定するもののほか、指定に関して必要な事項は、厚生労働省令で定める。

第38条〔助産師による異常妊産婦等の処置禁止〕

　助産師は、妊婦、産婦、じよく婦、胎児又は新生児に異常があると認めたときは、医師の診療を求めさせることを要し、自らこれらの者に対して処置をしてはならない。ただし、臨時応急の手当については、この限りでない。

| 要諦 | 周産期の前後を含めてこの医療に関わる助産師は、あくまでも妊産婦・じよく婦と正常な発育過程を遂げる胎児・出生児・新生児をその業務の対象とする。したがって、対象に異常な状態を認識すれば速やかに医学的管理の下に置く処置をしなければならない。異常な事態の発生予防や危険な状態からの回避が助産師の経験により可能であったとしても、嘱託の産科医や病院等と連携して周産期医学管理下におくべきである。ただし、異常事態から医学管理下に至るまでの間の臨時応急処置ができるのは、助産師に課せられた義務でもある。

| 参考 | 第44条の2（異常妊産婦等の処置禁止違反に対する罰則）　医療法第19条

第39条〔助産師の応招義務、保健指導義務及び証明書等の交付義務〕

①　業務に従事する助産師は、助産又は妊婦、じよく婦若しくは新生児の保健指導の求めがあつた場合は、正当な事由がなければ、これを拒んではならない。

②　分べんの介助又は死胎の検案をした助産師は、出生証明書、死産証書又は死胎検案書の交付の求めがあつた場合は、正当な事由がなければ、これを拒んではならない。

| 要諦 | （ⅰ）本条に規定する助産師の各義務は、業務に付随する重要なものであるが、助産師特有の他の義務（第38条、第40条、第41条、第42条）と異なり、義務に反してそれを果たさなくとも刑事罰を受けることはない。その場合、義務の不履行に正当な理由がなければならない。正当な理由かどうかは、道理にかなっているかどうかで判断することになる。ちなみに、医師等にも同様の義務がある

（医師法第19条、歯科医師法第19条）。

（ⅱ）正当な理由なく義務を果たさなかった場合に何らかの咎めを受けないのは理不尽である。なぜなら、このことによって不利益を被っている人がいるからである。刑事責任こそ問えないが、民事責任としての損害賠償責任の追及や、第14条第1項により、義務不履行を「品位を損するような行為（品位損失行為）」として、厚生労働大臣による行政処分の対象にすることが可能になる。

参考　第14条

___

第40条〔助産師の証明書等の交付に関する制限〕

　助産師は、自ら分べんの介助又は死胎の検案をしないで、出生証明書、死産証書又は死胎検案書を交付してはならない。

要諦　出生や死産という事実は、人の社会性を規定するだけでなく、命のリレーを行なう者にとって重要な出来事である。この事実を見届ける国家義務者のひとりが助産師である。よって、出生証明書、死産証明書は自ら出産に立ち会ったときに作成し、死胎検案書は直接分娩に立ち会うことなく死胎を検査したときに作成することになる。

参考　第45条（証明書等の交付制限違反に対する罰則）

___

第41条〔助産師の異常死産児の届出義務〕

　助産師は、妊娠4月以上の死産児を検案して異常があると認めたときは、24時間以内に所轄警察署にその旨を届け出なければならない。

要諦　（ⅰ）死産とは、妊娠満12週（4ヶ月第1週目）以後に胎児が死んだ状態で分娩されることを指す。助産師がこの死産児（死胎）を検査して異常があると判断したときは前条の死胎検案書（☞22-2-5）に記載するとともに、所轄警察署に届け出る義務が発生する。

　　　　（ⅱ）解釈上当該月数に満たない場合にはこの義務は発生しない。しかし、近時生殖補助医療（たとえば出生前診断）の発達によって生じる様々な問題（母体保護法による人工妊娠中絶）やDVによって母体が危険にさらされる問題等に見られるように、妊娠満12週未満の胎児の権利を保護するために、本条の妊娠月数規定の合理的根拠を示すべきである。もとより命の始期を何時と考えるかについても深く考察しよう。

| 参考 | 第45条（異常死産児の届出義務違反に対する罰則）、母体保護法第14条（医師の認定による人工妊娠中絶等）

第42条〔助産師の助産録の記載及び保存義務〕

① 助産師が分べんの介助をしたときは、助産に関する事項を遅滞なく助産録に記載しなければならない。

② 前項の助産録であつて病院、診療所又は助産所に勤務する助産師が行つた助産に関するものは、その病院、診療所又は助産所の管理者において、その他の助産に関するものは、その助産師において、５年間これを保存しなければならない。

③ 第１項の規定による助産録の記載事項に関しては、厚生労働省令でこれを定める。

| 要諦 | （ⅰ）助産師であれば、開業助産師、病院勤務助産師を問わず、分娩介助に関する記録である助産録に記載する義務がある。人の出生ひいては様々な権利関係の発生に関わることなので、出産日時等を速やかに正確に記録しておく必要がある。
（ⅱ）助産録の保存及び保存期間：助産師には看護職の中で唯一開業権が与えられているので保助看法で規定されている。その他の医療関係の記録については☞11−2を参照のこと。

| 参考 | 第45条（助産録の記載、保存義務違反に対する罰則）、医師法第24条

第42条の2〔守秘義務―保健師、看護師、准看護師〕

保健師、看護師又は准看護師は、正当な理由がなく、その業務上知り得た人の秘密を漏らしてはならない。保健師、看護師又は准看護師でなくなつた後においても、同様とする。

| 要諦 | （ⅰ）看護職は業務上患者等の個人の秘密に触れることが多い。そこで、平成13年の改正でこの規定が設けられ患者等の個人のプライバシーの権利を保護するとともに、国家資格者としての責務を規定した。正当な理由なくというのは、応召義務等と同じように、道理にかなっているかどうかで判断すべきである。
なお、守秘義務違反を犯罪としてその責任を追及してゆくためには、第44条の3に規定されているように、被害者等からの告訴がなければならない。
（ⅱ）看護職のうち助産師に関しては、医師、弁護士等とともに刑法に規定がある。
☞5−5

第8章　看護職・学生の基本法

（ⅲ）この守秘義務と並んで業務上重要なのが、「通報（通告）義務」である＜児童虐待防止法☞20－2－2＞＜DV防止法☞20－3－4＞＜高齢者虐待の防止、高齢者の擁護者に対する支援等に関する法律☞20－5－2＞＜障害者虐待防止法☞20－4－2＞には、被害を受けている児童・配偶者・高齢者・障害者の命という何よりも優先すべき権利を守るために、この義務の遵守を守秘義務規定が妨げてはならないと規定されている。

（ⅳ）守秘義務遵守の期限はあるのか？：看護職でなくなった後も続くわけで、業務従事者届を出さなくなったとか、免許証を返納（看護職の籍を抹消（☞22－3－8））したとかによって義務が免除されることはなく、終生この義務の遵守は求められる。

参考　第44条の3（守秘義務違反）、刑法第134条（助産師の守秘義務規定）、児童虐待の防止等に関する法律第6条、配偶者からの暴力の防止及び被害者の保護に関する法律第6条、高齢者の虐待防止、高齢者の擁護者に対する支援等に関する法律第7条、障害者虐待防止法

第42条の3〔看護職の名称独占〕

①　保健師でない者は、保健師又はこれに紛らわしい名称を使用してはならない。

②　助産師でない者は、助産師又はこれに紛らわしい名称を使用してはならない。

③　看護師でない者は、看護師又はこれに紛らわしい名称を使用してはならない。

④　准看護師でない者は、准看護師又はこれに紛らわしい名称を使用してはならない。

要諦　（ⅰ）2006年（平成18年）の改正で新たに追加され、2007年（平成19年）4月から施行されている。

（ⅱ）看護職者はすべて国家資格あるいは知事資格者で、その職務遂行において正当業務行為としての外形的担保が必要である。そこで、国家は各看護職資格を持たない者が、その名称自体あるいはその名称と紛らわしい誤解を与えるような名称を用いて業務を侵害妨害しないように刑事罰をもって臨んでいる。

（ⅲ）保健師に関して、第29条及び本条で名称の不正使用を禁止しているが、これはその業務である保健指導が他の看護職者の業務行為とその性質を異にするからである。（第29条　**要諦**　参照）

（ⅳ）本条の名称不正使用罪と第29条～第32条の業務制限違反とでは量刑が異なる。

（ⅴ）業務遂行において名称が不正に利用されないためにも、自動車運転免許証のような証明類を常時携帯できるよう制度改正するべきである。

| 参考 | 第45条の2（名称使用違反に対する罰則）

第42条の4〔指定研修機関に対する検査〕

① 厚生労働大臣は、特定行為研修の業務の適正な実施を確保するため必要があると認めるときは、その業務の状況に関し報告させ、又は当該職員に、指定研修機関に立ち入り、帳簿書類その他の物件を検査させることができる。

② 前項の規定により立入検査をする職員は、その身分を示す証明書を携帯し、かつ、関係人にこれを提示しなければならない。

③ 第1項の規定による権限は、犯罪捜査のために認められたものと解釈してはならない。

◇◇◇

| 第4章の2　雑　　則 |

第42条の5〔業務の区分〕

　第15条第3項及び第7項前段、同条第9項及び第10項（これらの規定を第15条の2第7項において準用する場合を含む。）、第15条第4項において準用する行政手続法第15条第1項 及び第3項 （同法第22条第3項 において準用する場合を含む。）、第16条第4項、第18条第1項及び第3項、第19条第1項、第20条第6項並びに第24条第3項並びに第15条第7項後段において準用する同法第22条第3項 において準用する同法第15条第3項 の規定により都道府県が処理することとされている事務は、地方自治法 （昭和22年法律第67号）第2条第9項第1号 に規定する第1号 法定受託事務とする。

第42条の6〔権限の委任〕

① この法律に規定する厚生労働大臣の権限は、厚生労働省令で定めるところにより、地方厚生局長に委任することができる。

② 前項の規定により地方厚生局長に委任された権限は、厚生労働省令で定めるところにより、地方厚生支局長に委任することができる。

| 参考 | 地方厚生局（北海道、東北、関東信越、東海北陸、近畿、中国、九州）地方厚生支局（四国）

◇◇◇

第8章　看護職・学生の基本法

第5章　罰　　則

要諦　　この章については8−1−3で一覧にまとめた。各条項について詳細な検討が必要
であるが、本書第1編第8章保助看法をコンメンタールとして世に問うときに譲る
こととする。

第43条〔業務制限違反に対する罰則〕

① 　次の各号のいずれかに該当する者は、2年以下の懲役若しくは50万円以下の罰金に処し、
又はこれを併科する。

一　第29条から第32条までの規定に違反した者

二　虚偽又は不正の事実に基づいて免許を受けた者

② 　前項第1号の罪を犯した者が、助産師、看護師、准看護師又はこれに類似した名称を用い
たものであるときは、2年以下の懲役若しくは100万円以下の罰金に処し、又はこれを併
科する。

第44条〔試験委員の不正行為等に対する罰則〕

次の各号のいずれかに該当する者は、1年以下の懲役又は50万円以下の罰金に処する。

① 　第26条の規定に違反して故意若しくは重大な過失により事前に試験問題を漏らし、
又は故意に不正の採点をした者

② 　第27条の6第1項の規定に違反して、試験事務に関して知り得た秘密を漏らした者

第44条の2

第27条の11第2項の規定による試験事務の停止の命令に違反したときは、その違反行為をした
指定試験機関の役員又は職員は、1年以下の懲役又は50万円以下の罰金に処する。

第44条の3

次の各号のいずれかに該当する者は、6月以下の懲役若しくは50万円以下の罰金に処し、又は
これを併科する。

一　第14条第1項又は第2項の規定により業務の停止を命ぜられた者で、当該停止を命ぜられ
た期間中に、業務を行つたもの

二　第35条から第37条まで及び第38条の規定に違反した者

第44条の4〔守秘義務違反に対する罰則〕

① 第42条の2の規定に違反して、業務上知り得た人の秘密を漏らした者は、6月以下の懲役又は10万円以下の罰金に処する。

② 前項の罪は、告訴がなければ公訴を提起することができない。

第45条

次の各号のいずれかに該当する者は、50万円以下の罰金に処する。

一　第15条の2第1項又は第2項の規定による命令に違反して保健師等再教育研修又は准看護師再教育研修を受けなかつた者

二　第33条又は第40条から第42条までの規定に違反した者

第45条の2〔名称使用禁止違反等に対する罰則〕

次の各号のいずれかに該当する者は、30万円以下の罰金に処する。

一　第42条の3の規定に違反した者

二　第42条の4第1項の規定による報告をせず、若しくは虚偽の報告をし、又は同項の規定による検査を拒み、妨げ、若しくは忌避した者

第45条の3

次の各号のいずれかに該当するときは、その違反行為をした指定試験機関の役員又は職員は、30万円以下の罰金に処する。

一　第27条の7の規定に違反して帳簿を備えず、帳簿に記載せず、若しくは帳簿に虚偽の記載をし、又は帳簿を保存しなかつたとき。

二　第27条の9第1項の規定による報告をせず、若しくは虚偽の報告をし、同項の規定による質問に対して答弁をせず、若しくは虚偽の答弁をし、又は同項の規定による立入り若しくは検査を拒み、妨げ、若しくは忌避したとき。

三　第27条の10の許可を受けないで試験事務の全部又は一部を休止し、又は廃止したとき。

◇◇

附　則　抄	《平成以降の附則については、「看護六法（令和3年版）」（新日本法規）を参照のこと。》
要諦	附則は付けたしではなく、この法律がどのように変遷してきたかを知る生き証人である。また、この規定の存在如何によっては本編の各章の解釈にも支障が出る場合がある。よって、罰則の規定と同様に詳細な検討を必要とするが、本書第1編第6章保助看法をコンメンタールとして世に問うときに譲ることとする。

第46条

　この法律中、学校及び養成所の指定に関する部分並びに第47条から第50条までの規定は、医師法施行の日（昭和23年10月23日）から、看護婦に関する部分は、昭和25年9月1日から、その他の部分は、昭和26年9月1日から、これを施行する。

第47条

　保健婦助産婦看護婦令（昭和22年政令第124号）は、これを廃止する。

第48条

　保健婦助産婦看護婦令第21条から第24条までの規定によつて文部大臣又は厚生大臣の行つた指定は、それぞれこの法律の相当規定によつてなしたものとみなす。

第51条

① 　旧保健婦規則により都道府県知事の保健婦免許を受けた者は、第29条の規定にかかわらず、保健師の名称を用いて第2条に規定する業を行うことができる。

② 　前項の者については、この法律中保健師に関する規定を準用する。

③ 　第1項の者は、第7条第1項の規定にかかわらず、厚生労働大臣の免許を受けることができる。

第52条

① 　旧助産婦規則により助産婦名簿に登録を受けた者は、第30条の規定にかかわらず、第3条に規定する業をなすことができる。

② 　前項の者については、この法律中助産師に関する規定（第31条第2項の規定を除く。）を準用する。

③ 　第1項の者は、第7条第2項の規定にかかわらず、厚生労働大臣の免許を受けることができる。

④ 　前項の規定により免許を受けた者に対しては、第31条第2項の規定を適用しない。

第53条

① 旧看護婦規則により都道府県知事の看護婦免許を受けた者は、第31条及び第42条の3第3項の規定にかかわらず、看護師の名称を用いて、第5条に規定する業を行うことができる。

② 前項の者については、その従事することのできる業務の範囲以外の事項に関しては、この法律のうち准看護師に関する規定を準用する。

③ 第1項の者は、第7条第3項の規定にかかわらず、厚生労働大臣の免許を受けることができる。

④ 第1項の者で第19条各号のいずれかに該当するものは、同条の規定にかかわらず、保健師国家試験を受けることができる。

⑤ 第1項の者で第20条各号のいずれかに該当するものは、同条の規定にかかわらず、助産師国家試験を受けることができる。

第54条　削除

第55条　削除

第56条　削除

第57条

旧保健婦規則、旧助産婦規則又は旧看護婦規則によつてなした業務停止の処分は、この法律の相当規定によつてなしたものとみなす。この場合において停止の期間は、なお従前の例による。

第58条

旧助産婦規則第19条により都道府県知事の免許を受けた者については、なお従前の例による。

第59条

旧看護婦規則による准看護婦については、なお従前の例による。

第60条

旧看護婦規則による看護人については、第53条の規定を準用する。

８−１−２　医療職における業務関係と業務分担

1．保健師助産師看護師法を中心とした、他の医療職との業務関係図

医師 （医行為、医師の専門的知識または技能をもってしなければ危険な行為）	保健師助産師看護師―診療の補助業務	診療放射線技師　（放射線の照射）	
		診療放射線技師 　　　（画像診断の検査）	
		理学療法士・作業療法士 　　　（診療の補助にあたる理学療法　作業療法）	（その他の療法）
		臨床検査技師 　　　（生理学的検査、採血）	（衛生検査）
		視能訓練士 　　　（矯正訓練、視機能・眼科検査）	
		臨床工学技士 　　　（生命維持装置の操作）	（保守点検）
・助産 ・保健指導 　　（対象：妊婦、じょく婦、新生児）		義肢装具士 　　　（義肢装具の採型・適合）	（製作）
		救急救命士 　　　（救急救命処置）	（応急処置）
		言語聴覚士 　　　（嚥下訓練、人工内耳の調整等）	
保健師・助産師・看護師・准看護師 　　　　（療養上の世話）			保健師 （保健指導）

2．医療職の業務分担に関する現行法の状況

☆医療スタッフの業務独占状況

職　種	名称独占	業務独占	解除対象職種
医　師	○	○§17	
歯科医師	○	○§17	
薬剤師	○	○§19	医師、歯科医師、獣医師
保健師	○	×	医師、歯科医師、助産師、看護師、養護教諭
助産師	○	○§30	医師
看護師	○	○§31	医師、歯科医師、助産師、保健師
准看護師	○	○§32	医師、歯科医師
歯科衛生士	○	○§13	歯科医師
歯科技工士	○	○§17	歯科医師
診療放射線技師	○§25	○§24	医師、歯科医師

【注】他に業務独占がないのは、理学療法士、作業療法士、言語聴覚士である。

☆保助看法§31（看護師業務の制限）§32（准看護師業務の制限）の例外業務一覧

職　種	条　文	業務の内容	名称独占
診療放射線技師	§24の2	画像診断装置を用いた検査の業務	
歯科衛生士	§2　②	歯科診療の補助	
臨床検査技師	§20　②	採血、生理学的検査	○§20
理学療法士 作業療法士	§15　①	理学療法、作業療法	○§17
同	§15　②	理学療法としてのマッサージ あん摩マッサージ…法§1の例外	○§17
視能訓練士	§17	矯正訓練、検査、眼科検査	○§20
臨床工学技士	§37　①	生命維持管理装置	○§41
義肢装具士	§37　①	義肢及び装具の装着部位の採型並びに義肢及び装具の身体への適合	○§41
救急救命士	§43　①	救急救命処置	○§48
言語聴覚士	§42	医師、歯科医師の指示のもとに、嚥下訓練、人工内耳の調整等	○§2

第8章　看護職・学生の基本法

8－1－3　刑事処分と行政処分

1．保健師助産師看護師法上の刑事処分一覧

条　　文	対象条項	対　　象	内　　　容	罰　　則
第43条第1項第1号	第29条	保健師でない者	業務違反	2年以下の懲役若しくは50万円以下の罰金（併科）
〃	第30条	助産師でない者	業務違反	〃
〃	第31条	看護師でない者	業務違反	〃
〃	第32条	准看護師でない者	業務違反	〃
第43条第1項第2号	第29条～32条	各看護職でない者	免許不正取得	〃
第43条第2項	〃	同上	1号違反者の類似名称使用	2年以下の懲役若しくは100万円以下の罰金（併科）
第44条	第26条	試験委員事務担当の秘密漏洩	試験委員等の不正行為	1年以下の懲役又は50万円以下の罰金
第44条の3第1号	第14条1項、2項	全看護職	業務停止命令違反	6月以下の懲役若しくは50万円以下の罰金（併科）
第44条の3第2号	第35条	保健師	主治医の指示命令違反	〃
〃	第36条	保健師	保健所長の指示命令違反	〃
〃	第37条	全看護職	特定行為の制限違反	〃
〃	第38条	助産師	異常妊産婦等の処置禁止違反	〃
第44条の4第1項	第42条の2	保健師看護師准看護師	秘密漏洩（守秘義務違反）	6月以下の懲役又は10万円以下の罰金
第44条の4第2項		同上	親告罪規定	
第45条第1号	第15条の2第1項第2項	全看護職	再教育研修命令違反	50万円以下の罰金
第45条第2号	第33条	全看護職	氏名住所等の届出義務違反	〃
〃	第40条	助産師	証明書の交付制限違反	〃
〃	第41条	助産師	異常死産児の届出義務違反	〃
〃	第42条	助産師	助産録の記載、保存義務違反	〃
第45条の2第1号	第42条の3	各看護職でない者	名称使用違反	30万円以下の罰金
第45条の2第2号	第42条の4第1項	指定研修機関	特定行為研修業務の不適正な実施	30万円以下の罰金

参考　第39条（助産師：応招義務及び証明書等の交付義務）第28条の2（臨床研修義務）違反の罰則規定はない。

参考　助産師の守秘義務は、刑法第134条（☞5－5）に規定されている。

2．保健師助産師看護師法上の行政処分

該当条項	対象者	行為内容	処分内容
第14条第1項	保健師助産師看護師	☆第9条各号 　ⅰ 刑事法規違反による罰金以上の刑事処分 　ⅱ 業務上の犯罪・不正行為 　ⅲ 業務適正遂行不能（省令） 　ⅳ 麻薬、大麻、あへんの中毒者 　　　　　　　　　　　　　違反行為 ☆品位損失行為	戒告 3年以内の業務停止 免許の取消し
第14条第2項	准看護師	同上	同上

【注】看護職が公務員の場合は、別に当該公務員に関する法規によって行政処分を受けることになる。

3．行政処分後の現職復帰（業務再開）に関する事項

該当条項	対象（全看護職）	効果	条件
第14条第3項	免許取消し処分を受けた者	再免許付与	第9条1号、2号・品位損失行為違反者は、処分日から5年間は再免許申請できない 第9条3号、4号違反者は、免許取消事由に該当しなくなったとき、又は再免許付与の条件が整ったとき
第15条の2第1項、第2項	1．戒告処分を受けた者	職場復帰	再教育研修命令に従い、再教育研修を修了して、各籍に登録し、再教育研修修了登録証の交付を受ける
	2．業務停止処分を受けた者	職場復帰	業務停止期間満了後、再教育研修命令に従い、再教育研修を修了して、各籍に登録し、再教育研修修了登録証の交付を受ける
	3．免許取消し処分を受けた者	再免許付与＋職場復帰	再免許申請禁止期間（5年間）満了後又は再免許申請条件整備後に、再免許申請を希望する場合に、再教育研修命令に従い、再教育研修を修了して、各籍に登録し、再教育研修修了登録証の交付を受ける

8－2　看護師等の人材確保の促進に関する法律

〔平成４年６月26日公布、平成26年６月25日最終改正〕

第1章　総　　則

第1条〔目的〕

　この法律は、我が国における急速な高齢化の進展及び保健医療を取り巻く環境の変化等に伴い、看護師等の確保の重要性が著しく増大していることにかんがみ、看護師等の確保を促進するための措置に関する基本指針を定めるとともに、看護師等の養成、処遇の改善、資質の向上、就業の促進等を、看護に対する国民の関心と理解を深めることに配慮しつつ図るための措置を講ずることにより、病院等、看護を受ける者の居宅等看護が提供される場所に、高度な専門知識と技能を有する看護師等を確保し、もって国民の保健医療の向上に資することを目的とする。

第2条〔定義〕

①　この法律において「看護師等」とは、保健師、助産師、看護師及び准看護師をいう。

②　この法律において「病院等」とは、病院（医療法（昭和23年法律第205号）第１条の５第１項に規定する病院をいう。以下同じ。）、診療所（同条第２項に規定する診療所をいう。次項において同じ。）、助産所（同法第２条第１項に規定する助産所をいう。次項において同じ。）、介護老人保健施設（介護保険法（平成９年法律第123号）第８条第28項に規定する介護老人保健施設をいう。次項において同じ。）及び指定訪問看護事業（次に掲げる事業をいう。次項において同じ。）を行う事業所をいう。

　一　介護保険法第41条第１項本文の指定に係る同法第８条第１項に規定する居宅サービス事業（同条第４項に規定する訪問看護を行う事業に限る。）

　二　介護保険法第42条の２第１項本文の指定に係る同法第８条第14項に規定する地域密着型サービス事業（次に掲げる事業を行うものに限る。）

　　イ　介護保険法第８条第15項（第１号に係る部分に限る。）に規定する定期巡回・随時対応型訪問介護看護

　　ロ　介護保険法第８条第23項に規定する複合型サービス（同条第４項に規定する訪問看護又は同条第15項（第１号に係る部分に限る。）に規定する定期巡回・随時対応型訪問介護看護を組み合わせることにより提供されるものに限る。）

　三　介護保険法第53条第１項本文の指定に係る同法第８条の２第１項に規定する介護予防サービス事業（同条第３項に規定する介護予防訪問看護を行う事業に限る。）

③　この法律において「病院等の開設者等」とは、病院、診療所、助産所及び介護老人保健施

設の開設者並びに指定訪問看護事業を行う者をいう。

◇◇◇

第2章　看護師等の人材確保の促進

第3条〔基本指針〕

① 厚生労働大臣及び文部科学大臣（文部科学大臣にあっては、次項第二号に掲げる事項に限る。）は、看護師等の確保を促進するための措置に関する基本的な指針（以下「基本指針」という。）を定めなければならない。

② 基本指針に定める事項は、次のとおりとする。

　一　看護師等の就業の動向に関する事項

　二　看護師等の養成に関する事項

　三　病院等に勤務する看護師等の処遇の改善（国家公務員及び地方公務員である看護師等に係るものを除く。次条第1項及び第5条第1項において同じ。）に関する事項

　四　研修等による看護師等の資質の向上に関する事項

　五　看護師等の就業の促進に関する事項

　六　その他看護師等の確保の促進に関する重要事項

③ 基本指針は、看護が国民の保健医療に関し重要な役割を果たしていることにかんがみ、病院等、看護を受ける者の居宅等看護が提供される場所に、高度な専門知識と技能を有する看護師等を確保し、あわせて当該看護師等が適切な処遇の下で、自信と誇りを持って心の通う看護を提供することができるように、看護業務の専門性に配慮した適切な看護業務の在り方を考慮しつつ、高度化し、かつ、多様化する国民の保健医療サービスへの需要に対応した均衡ある看護師等の確保対策を適切に講ずることを基本理念として定めるものとする。

④ 厚生労働大臣及び文部科学大臣は、基本指針を定め、又はこれを変更しようとするときは、あらかじめ、厚生労働大臣及び文部科学大臣にあっては第2項各号に掲げる事項につき医道審議会の意見を、厚生労働大臣にあっては同項第三号に掲げる事項のうち病院等に勤務する看護師等の雇用管理に関する事項並びに同項第五号及び第六号に掲げる事項につき労働政策審議会の意見をそれぞれ聴き、及び都道府県の意見を求めるほか、総務大臣に協議しなければならない。

⑤ 厚生労働大臣及び文部科学大臣は、基本指針を定め、又はこれを変更したときは、遅滞なく、これを公表しなければならない。

第4条〔国及び地方公共団体の責務〕

①　国は、看護師等の養成、研修等による資質の向上及び就業の促進並びに病院等に勤務する看護師等の処遇の改善その他看護師等の確保の促進のために必要な財政上及び金融上の措置その他の措置を講ずるよう努めなければならない。☞3−3

②　国は、看護師等の処遇の改善に努める病院等の健全な経営が確保されるよう必要な配慮をしなければならない。

③　国は、広報活動、啓発活動等を通じて、看護の重要性に対する国民の関心と理解を深め、看護業務に対する社会的評価の向上を図るとともに、看護に親しむ活動（傷病者等に対しその日常生活において必要な援助を行うこと等を通じて、看護に親しむ活動をいう。以下同じ。）への国民の参加を促進することに努めなければならない。

④　地方公共団体は、看護に対する住民の関心と理解を深めるとともに、看護師等の確保を促進するために必要な措置を講ずるよう努めなければならない。

第5条〔病院等の開設者等の責務〕

①　病院等の開設者等は、病院等に勤務する看護師等が適切な処遇の下で、その専門知識と技能を向上させ、かつ、これを看護業務に十分に発揮できるよう、病院等に勤務する看護師等の処遇の改善、新たに業務に従事する看護師等に対する臨床研修その他の研修の実施、看護師等が自ら研修を受ける機会を確保できるようにするために必要な配慮その他の措置を講ずるよう努めなければならない。☞3−3

②　病院等の開設者等は、看護に親しむ活動への国民の参加を促進するために必要な協力を行うよう努めなければならない。

第6条〔看護師等の責務〕

　看護師等は、保健医療の重要な担い手としての自覚の下に、高度化し、かつ、多様化する国民の保健医療サービスへの需要に対応し、研修を受ける等自ら進んでその能力の開発及び向上を図るとともに、自信と誇りを持ってこれを看護業務に発揮するよう努めなければならない。☞3−3

第7条〔国民の責務〕

　国民は、看護の重要性に対する関心と理解を深め、看護に従事する者への感謝の念を持つよう心がけるとともに、看護に親しむ活動に参加するよう努めなければならない。

第8条〔指導及び助言〕

　国及び都道府県は、看護師等の確保を図るため必要があると認めるときは、病院等の開設者等に対し、基本指針に定める事項について必要な指導及び助言を行うものとする。

第9条　削除

第10条〔公共職業安定所の職業紹介等〕

　公共職業安定所は、就業を希望する看護師等の速やかな就職を促進するため、雇用情報の提供、職業指導及び就職のあっせんを行う等必要な措置を講ずるものとする。

第11条〔看護師等就業協力員〕

①　都道府県は、社会的信望があり、かつ、看護師等の業務について識見を有する者のうちから、看護師等就業協力員を委嘱することができる。

②　看護師等就業協力員は、都道府県の看護師等の就業の促進その他看護師等の確保に関する施策及び看護に対する住民の関心と理解の増進に関する施策への協力その他の活動を行う。

第12条〔看護師等確保推進者の設置等〕

①　次の各号のいずれかに該当する病院の開設者は、当該病院に看護師等確保推進者を置かなければならない。

　一　その有する看護師等の員数が、医療法第21条第1項第1号の規定に基づく都道府県の条例の規定によって定められた員数を著しく下回る病院として厚生労働省令で定めるもの

　二　その他看護師等の確保が著しく困難な状況にあると認められる病院として厚生労働省令で定めるもの

②　看護師等確保推進者は、病院の管理者を補佐し、看護師等の配置及び業務の改善に関する計画の策定その他看護師等の確保に関する事項を処理しなければならない。

③　医師、歯科医師、保健師、助産師、看護師その他看護師等の確保に関し必要な知識経験を有する者として政令で定めるものでなければ、看護師等確保推進者となることができない。

④　第1項に規定する病院の開設者は、看護師等確保推進者を置いたときは、その日から30日以内に、当該病院の所在地を管轄する都道府県知事に、その看護師等確保推進者の氏名その他厚生労働省令で定める事項を届け出なければならない。看護師等

確保推進者を変更したときも、同様とする。

⑤　都道府県知事は、看護師等確保推進者が第2項に規定する職務を怠った場合であって、当該看護師等確保推進者に引き続きその職務を行わせることが適切でないと認めるときは、第1項に規定する病院の開設者に対し、期限を定めて、その変更を命ずることができる。

第13条〔国の開設する病院についての特例〕

　国の開設する病院については、政令で、この章の規定の一部の適用を除外し、その他必要な特例を定めることができる。

◇◇◇

第3章　ナースセンター

第1節　都道府県ナースセンター

第14条〔指定等〕

①　都道府県知事は、看護師等の就業の促進その他の看護師等の確保を図るための活動を行うことにより保健医療の向上に資することを目的とする一般社団法人又は一般財団法人であって、次条に規定する業務を適正かつ確実に行うことができると認められるものを、その申請により、都道府県ごとに一個に限り、都道府県ナースセンター（以下「都道府県センター」という。）として指定することができる。

②　都道府県知事は、前項の申請をした者が職業安定法（昭和22年法律第141号）第33条第1項の許可を受けて看護師等につき無料の職業紹介事業を行う者でないときは、前項の規定による指定をしてはならない。

③　都道府県知事は、第1項の規定による指定をしたときは、当該都道府県センターの名称、住所及び事務所の所在地を公示しなければならない。

④　都道府県センターは、その名称、住所又は事務所の所在地を変更しようとするときは、あらかじめ、その旨を都道府県知事に届け出なければならない。

⑤　都道府県知事は、前項の規定による届出があったときは、当該届出に係る事項を公示しなければならない。

第15条〔業務〕

都道府県センターは、当該都道府県の区域内において、次に掲げる業務を行うものとする。

一　病院等における看護師等の確保の動向及び就業を希望する看護師等の状況に関する調査を行うこと。

二　訪問看護（傷病者等に対し、その者の居宅において看護師等が行う療養上の世話又は必要な診療の補助をいう。）その他の看護についての知識及び技能に関し、看護師等に対して研修を行うこと。

三　前号に掲げるもののほか、看護師等に対し、看護についての知識及び技能に関する情報の提供、相談その他の援助を行うこと。

四　第12条第１項に規定する病院その他の病院等の開設者、管理者、看護師等確保推進者等に対し、看護師等の確保に関する情報の提供、相談その他の援助を行うこと。

五　看護師等について、無料の職業紹介事業を行うこと。

六　看護師等に対し、その就業の促進に関する情報の提供、相談その他の援助を行うこと。

七　看護に関する啓発活動を行うこと。

八　前各号に掲げるもののほか、看護師等の確保を図るために必要な業務を行うこと。

第16条〔公共職業安定所等との連携〕

都道府県センターは、地方公共団体、公共職業安定所その他の関係機関との密接な連携の下に前条第五号及び第六号に掲げる業務を行わなければならない。

第16条の２〔情報の提供の求め〕

都道府県センターは、都道府県その他の官公署に対し、第15条第６号に掲げる業務を行うために必要な情報の提供を求めることができる。

第16条の３〔看護師等の届出等〕

①　看護師等は、病院等を離職した場合その他の厚生労働省令で定める場合には、住所、氏名その他の厚生労働省令で定める事項を、厚生労働省令で定めるところにより、都道府県センターに届け出るよう努めなければならない。

②　看護師等は、前項の規定により届け出た事項に変更が生じた場合には、厚生労働省令で定めるところにより、その旨を都道府県センターに届け出るよう努めなければならない。

③　病院等の開設者等その他厚生労働省令で定める者は、前2項の規定による届出が適切に行われるよう、必要な支援を行うよう努めるものとする。

第16条の4〔秘密保持義務〕

都道府県センターの役員若しくは職員又はこれらの者であった者は、正当な理由がなく、第15条各号に掲げる業務に関して知り得た秘密を漏らしてはならない。

第16条の5〔業務の委託〕

①　都道府県センターは、第15条各号（第五号を除く。）に掲げる業務の一部を構成労働省令で定める者に委託することができる。

②　前項の規定による委託を受けた者若しくはその役員若しくは職員又はこれらの者であった者は、正当な理由がなく、当該委託に係る業務に関して知り得た秘密を漏らしてはならない。

第17条〔事業計画等〕

①　都道府県センターは、毎事業年度、厚生労働省令で定めるところにより、事業計画書及び収支予算書を作成し、都道府県知事に提出しなければならない。これを変更しようとするときも、同様とする。

②　都道府県センターは、厚生労働省令で定めるところにより、毎事業年度終了後、事業報告書及び収支決算書を作成し、都道府県知事に提出しなければならない。

第18条〔監督命令〕

都道府県知事は、この節の規定を施行するために必要な限度において、都道府県センターに対し、監督上必要な命令をすることができる。

第19条〔指定の取消し等〕

①　都道府県知事は、都道府県センターが次の各号のいずれかに該当するときは、第14条第1項の規定による指定（以下この条において「指定」という。）を取り消さなければならない。

一　第15条第五号に掲げる業務に係る無料の職業紹介事業につき、職業安定法第33条第一項の許可を取り消されたとき。

二　職業安定法第33条第3項に規定する許可の有効期間（当該許可の有効期間について、同条第四項において準用する同法第32条の6第2項の規定による更新を受けたときにあっ

ては、当該更新を受けた許可の有効期間）の満了後、同法第33条第4項において準用する同法第32条の6第2項に規定する許可の有効期間の更新を受けていないとき。

② 都道府県知事は、都道府県センターが次の各号のいずれかに該当するときは、指定を取り消すことができる。

一　第15条各号に掲げる業務を適正かつ確実に実施することができないと認められるとき。

二　指定に関し不正の行為があったとき。

三　この節の規定又は当該規定に基づく命令若しくは処分に違反したとき。

③ 都道府県知事は、前2項の規定により指定を取り消したときは、その旨を公示しなければならない。

第2節　中央ナースセンター

第20条〔指定〕

厚生労働大臣は、都道府県センターの業務に関する連絡及び援助を行うこと等により、都道府県センターの健全な発展を図るとともに、看護師等の確保を図り、もって保健医療の向上に資することを目的とする一般社団法人又は一般財団法人であって、次条に規定する業務を適正かつ確実に行うことができると認められるものを、その申請により、全国を通じて一個に限り、中央ナースセンター（以下「中央センター」という。）として指定することができる。

第21条〔業務〕

中央センターは、次に掲げる業務を行うものとする。

一　都道府県センターの業務に関する啓発活動を行うこと。

二　都道府県センターの業務について、連絡調整を図り、及び指導その他の援助を行うこと。

三　都道府県センターの業務に関する情報及び資料を収集し、並びにこれを都道府県センターその他の関係者に対し提供すること。

四　2以上の都道府県の区域における看護に関する啓発活動を行うこと。

五　前各号に掲げるもののほか、都道府県センターの健全な発展及び看護師等の確保を図るために必要な業務を行うこと。

第22条〔準用〕

第14条第3項から第5項まで、第16条の4、第17条、第18条並びに第19条第2項及び第3項の規定は、中央センターについて準用する。この場合において、これらの規定中「都道府県知事」

とあるのは「厚生労働大臣」と、第14条第3項中「第1項」とあるのは「第20条」と、第16条の4中「第15条各号」とあるのは「第21条各号」と、第18条中「この節」とあるのは「次節」と、第19条第2項中「指定を」とあるのは「第20条の規定による指定（以下この条において「指定」という。）を」と、「第15条各号」とあるのは「第21条各号」と、「この節」とあるのは「次節」と、同条第3項中「前2項」とあるのは「前項」と読み替えるものとする。

◇◇

第4章　雑　　則

第23条〔経過措置〕

　この法律の規定に基づき命令を制定し、又は改廃する場合においては、その命令で、その制定又は改廃に伴い合理的に必要と判断される範囲内において、所要の経過措置（罰則に関する経過措置を含む。）を定めることができる。

第24条〔罰則〕

　第16条の4（第22条において準用する場合を含む。）及び第16条の5第2項の規定に違反した者は、1年以下の懲役又は50万円以下の罰金に処する。

第25条

　次の各号のいずれかに該当する者は、20万円以下の過料に処する。

　一　第12条第1項の規定に違反して看護師等確保推進者を置かなかった者

　二　第12条第5項の規定による命令に違反した者

第26条

　第12条第4項の規定による届出をせず、又は虚偽の届出をした者は、10万円以下の過料に処する。

第9章
保健衛生法規

9－1　　概要 ……………………………………………………………… 123

9－2　　地域保健関係 ……………………………………………………… 124

9－3　　健康増進関係 ……………………………………………………… 126
　　9－3－1　健康診査制度 ………………………………………………… 126
　　9－3－2　母体保護関係 ………………………………………………… 127
　　9－3－3　特定疾患・がん対策関係 …………………………………… 127
　　9－3－4　栄養、生活習慣病関係 ……………………………………… 127

9－4　　母子保健関係 ……………………………………………………… 129

9－5　　高齢者保健関係 …………………………………………………… 130

9－6　　精神障碍者の保健対策 …………………………………………… 131

9－7　　学校保健関係 ……………………………………………………… 133

9－8　　環境関係、放射能汚染関係 ……………………………………… 134
　　9－8－1　環境関係 ……………………………………………………… 134
　　9－8－2　放射能汚染関係 ……………………………………………… 134

9－9　　その他の現代的課題（自死問題）………………………………… 135

9－1　概要

【健康日本21（第二次）の主な目標】

1）健康寿命の延伸と健康格差の縮小

　①　介護保険サービス利用者の増加の抑制　②　認知機能低下ハイリスク高齢者の把握率の向上

　③　ロコモティブシンドローム（運動器症候群）を認知している国民の割合の増加

　④　低栄養傾向（BMI 20以下）の高齢者の割合の増加の抑制

　⑤　足腰に痛みのある高齢者の割合の減少　⑥　高齢者の社会参加の促進

2）生活習慣病の発症予防と重症化防止（COPD、Ⅱ型糖尿病、高血圧）

３）社会生活を営むための機能の維持向上

４）生活習慣・社会環境の改善

５）Smart life project（禁煙、運動、食生活＋健診〈検診〉）

６）予防の３つのレベル

一次予防	疾病の発生予防	生活習慣の改善＋健康増進
二次予防	疾病・障碍の進行予防	健康診断→早期発見、早期治療
三次予防	合併症、後遺症の予防改善、再発予防	適切な治療→機能維持回復

9－2　地域保健関係

【地域保健法（1947年/昭和22年）】

１）保健所の事業内容（施設利用は原則無料）

 ① 　地域保健に関する思想の普及と向上に関する事項

 ② 　人口動態統計（市町村集計）その他地域保健に係る統計に関する事項

 ③ 　栄養改善と食品衛生に関する事項

 ④ 　環境衛生（住宅、水道、下水道、廃棄物処理、清掃）に関する事項

 ⑤ 　医事・薬事に関する事項　※看護師等免許申請の受付、同免許証交付窓口

 ⑥ 　保健師に関する事項　⑦ 　公共医療事業の向上と増進に関する事項

 ⑧ 　母性、乳幼児、老人の保健に関する事項　⑨ 　歯科保健に関する事項

 ⑩ 　精神保健に関する事項　⑪ 　難病等（長期療養者）の保健に関する事項

 ⑫ 　疾病（エイズ、結核、性病、伝染病等）に関する事項

 ※その他、衛生上の試験と検査、地域住民の健康保持増進に関する事項

２）費用負担について

 ① 　保健所創設費、初年度調弁費　国：自治体＝１：１

 ② 　その他諸経費：国：自治体＝１：２

３）市町村保健センターの事業内容

 地域住民の、「健康相談」「保健指導」「健康診査」「特定健診」その他地域保健事業

４）保健所と市町村健康センターの違い（2022年/令和４年４月）

	種　別	設置場所	主な事業
保健所 468か所	行政機関	各都道府県（市、郡内の町村） 政令指定都市（人口50万人目安） 中　核　市（人口20万人以上）	不特定多数の公衆衛生
市町村保健センター 2,432か所	施　設	市区町村（任意設置）	特定多数の健康維持・増進

5）保健所の職員（資格）

医師（所長）、保健師、歯科医師、薬剤師、獣医師、診療放射線技師、管理栄養士、看護師、助産師等

公認心理師、精神保健福祉士、精神保健福祉相談員、食品衛生監視員、環境衛生監視員、医療監視員等

6）保健所設置自治体（2022年/令和4年4月）

① 市　　：政令指定都市　中核市

地方別	政令指定都市	中核市
北海道地方	札幌	旭川、函館
東北地方	仙台	青森、秋田、盛岡、郡山、いわき、八戸、福島、山形
関東地方	横浜、千葉、さいたま、川崎、相模原	宇都宮、前橋、高崎、川越、柏、横須賀、船橋、八王子、川口、越谷、水戸、甲府
中部地方	名古屋、静岡、浜松、新潟	金沢、富山、岐阜、長野、豊橋、豊田、岡崎、福井、一宮、松本
近畿地方	大阪、京都、神戸、堺	大津、奈良、和歌山、姫路、高槻、東大阪、西宮、尼崎、豊中、枚方、八尾、明石、吹田、寝屋川
中国地方	岡山、広島	倉敷、福山、下関、鳥取、松江、呉
四国地方		高松、高知、松山
九州地方	福岡、北九州、熊本	久留米、長崎、大分、宮崎、鹿児島、那覇、佐世保
計	20市	62市

（注）政令指定都市には、区政ごとに、保健所が設置されている。

（注）中核市には、自治体の行政区分により、地域ごとに保健所の支所がある。

② 各都道府県：1都1道2府43県＝47自治体

上記以外には、各地方自治体により名称は異なるが、自治体の行政区分により、保健所が設置されている。

例：健康福祉事務所、〜県○○保健所（○○市の場合）等々

③ 東京都23区

④ 政令市（地域保健法施行令指定市）

小樽（北海道）　藤沢、町田、茅ケ崎（関東）　四日市（中部）

9－3　健康増進関係

9－3－1　健康診査制度

対　象	実施主体	方法等	費　用	根拠法令
妊婦（14回分10万円上限）、乳児 幼児：勧奨対象	市町村	一般 精密健康診査	無料	母子保健法
1歳6か月 3歳	市町村	一般　精密 歯科健康診査	無料	母子保健法
就学予定者	市町村	就学時健康診査	無料	学校保健安全法
児童、生徒、学生 教職員	学校又は 学校設置者	定期 臨時健康診査	無料	学校保健安全法
40歳〜74歳以下	市町村 各医療保険組合	特定健診	無料	高齢者医療確保法
75歳以上	市町村	健康診査	無料	高齢者医療確保法
原則40歳以上	市町村	検診	有料	健康増進法

検診： がん （胃　肺　乳　大腸　前立腺　子宮：頸〔20歳から受診勧奨〕、体）

　　 歯周疾患 　 骨粗鬆症 　 肝炎ウイルスB,C 　　（注）65歳以上結核検診は無料

特定健康診査・特定保健指導の概要 　平成30年度（'18）から

特定健康診査

　特定健康診査は、メタボリックシンドローム（内臓脂肪症候群）に着目した健診で、以下の項目を実施する。

基本的な項目	○質問票（服薬歴、喫煙歴等）　○身体計測（身長、体重、BMI、腹囲）○血圧測定　○理学的検査（身体診察）　○検尿（尿糖、尿蛋白）○血液検査 ・脂質検査（中性脂肪、HDLコレステロール、LDLコレステロール、中性脂肪が400mg/dl以上または食後採血の場合、LDLコレステロールに代えてNon-HDLコレステロールの測定でも可） ・血糖検査（空腹時血糖またはHbA1c、やむを得ない場合は随時血糖） ・肝機能検査（GOT、GPT、γ-GTP）
詳細な健診の項目	※一定の基準の下、医師が必要と認めた場合に実施 ○心電図　○眼底検査　○貧血検査（赤血球、血色素量、ヘマトクリット値）　○血清クレアチニン検査

特定保健指導

　特定健康診査の結果から、生活習慣病の発症リスクが高く、生活習慣の改善による生活習慣病の予防効果が多く期待できる者に対して、生活習慣を見直すサポートをする。

　特定保健指導には、リスクの程度に応じて、動機づけ支援と積極的支援がある（よりリスクが高い者が積極的支援）。

動機づけ支援	積極的支援
初回面接：個別面接20分以上、または概ね8名以下のグループ面接で概ね80分以上専門的知識・技術を持った者（医師・保健師・管理栄養士等）が、対象者に合わせた実践的なアドバイス等を行う。	
自身で、行動目標に沿って、生活習慣改善を実践	面接・電話・メール・ファックス・手紙等を用いて、生活習慣の改善を応援する（約3カ月以上）。
実績評価：面接・電話・メール等で健康状態・生活習慣（改善状況）を確認（3カ月経過後）。	

〔出典：一般財団法人厚生労働統計協会（2022）国民衛生の動向2022/2023、p. 86〕

９－３－２　母体保護関係

【母体保護法（1948年/昭和23年）】　（☞20－3－1）

・　目的：不妊手術、人工妊娠中絶、受胎調節の実地指導

【母体保護法施行規則（1952年/昭和27年）】　（☞20－3－1）

・　母体外で生命を保続できない時期とは、妊娠満22週未満を指す。

９－３－３　特定疾患・がん対策関係

【特定健康診査及び特定保健指導の実施に関する基準】

【がん対策基本法】

• 　死因別順位（がん＞心疾患＞老衰＞脳血管疾患＞肺炎）☞21　2.

　　がん対策基本法の基本施策

１）がん予防の推進(啓発及び知識の普及)：がん対策推進基本計画(第3期)(2017年/平成29年)

２）がんの予防及び早期発見の推進（がん検診の質の向上）

３）がん医療の均てん（霑）化の推進

　　①　がん診療拠点病院の整備（ガン相談支援センター）

　　②　療養生活の質の維持向上—疼痛に対する緩和ケアの早期実施

　　③　がん医療に関する情報の収集と提供体制の整備—「がん登録」

４）研究の推進

【がん登録等の推進に関する法律（制定2013年/平成25年12月、施行2016年/平成28年1月）】

• 　がん罹患率

男性	前立腺＞胃＞大腸＞肺
女性	乳房＞大腸＞肺＞胃
総数	大腸＞胃＞肺＞乳

〔出典：2017年（平成29年）全国がん罹患者データ〕

９－３－４　栄養、生活習慣病関係

【栄養士法（1947年/昭和22年）】　【調理師法（1958年/昭和33年）】

【健康増進法（2002年/平成14年）】

・　国民健康・栄養調査の実施　　・　受動喫煙の防止等（受動喫煙防止義務—努力義務）

・　健康診査の実施（健康手帳の交付—市区町村）　　・　検診の実施

【アルコール健康障害対策基本法（2013年/平成25年12月）】

【ギャンブル等依存症対策基本法（2021年/令和 3 年 9 月 1 日）】

健康日本21のたばこ対策

1）公共の場での分煙の徹底　　　　2）健康への影響の知識普及

3）受動喫煙防止対策（通達）　　　4）未成年者喫煙対策（罰金上限50万円）

5）禁煙支援（ニコチン依存症管理料）

※　妊娠中の喫煙対策（「健康日本21」「健やか親子21」）

課題⑨

　　次の事例から以下の問題を解答してみよう。

　　A市に住むXさん（52歳）は、18歳の時から一日平均20本喫煙している。現在体重は75kg、身長170cm。特定健診時には、高血圧治療、糖尿病治療を勧められている。ある日（一日）の食事におけるナトリウム摂取量を計算したところ5.1gであった。

　　禁煙外来に通い、食事制限を実施したところ、1 年後体重は65kgになり、特定健診では特に保健指導を受けなかった。

　　問題 1　XさんのBMIはどのように変化したか。（四捨五入して小数第 1 位まで求めよ。）

　　問題 2　Xさんの52歳時のブリンクマン指数はいくらか。（カルテ作成時。）

　　問題 3　体重減少率（百分率）はいくらか。（四捨五入して小数第 1 位まで求めよ。）

　　問題 4　Xさんの食塩摂取量を計算せよ。（小数点以下を四捨五入せよ。）

　　問題 5　日本人の食塩摂取量が多い原因を考えよ。（四字熟語で）

9－4　母子保健関係

| 健やか親子21の重点項目 | → | 健やか親子21　第2次（2015年/平成27年） |

1）子どもの心の問題への取り組みの強化
2）思春期の保健対策、健康教育の推進
3）妊娠出産に関する安全性と快適さの確保［産後鬱対策（2021年/令和3年4月～）］
4）小児保健医療水準の維持、向上のための環境整備

【少子化社会対策基本法（2003年/平成15年）】（内閣府：少子化社会対策会議）
・　雇用環境の整備／保育サービス等の充実／生活環境の整備
・　地域社会における子育て支援体制の整備／経済的負担の軽減
・　母子保健医療体制の充実等

【次世代育成支援対策推進法（2003年/平成15年）】

【母子保健法（1965年/昭和40年）】 ☞20－3－1
・　母子保健の向上に関する措置

【母子保健法施行規則（1965年/昭和40年）】
・　1歳6ヶ月児、3歳児の健康診査項目（市町村）

【重要通達】
・　育児等健康支援事業の実施について（H7）　　・　未熟児養育事業の実施について（S62）
・　疾病により長期にわたり療養を必要とする児童に対する療育指導について（H9）
・　生涯を通じた女性の健康支援事業の実施について（H8）
・　母子健康手帳の作成及び取り扱い要領について（H3）
・　院内助産所・助産師外来開設促進事業の実施について（H20）

9－5　高齢者保健関係

【高齢社会対策基本法（1995年/平成7年）】

　　　就業の機会の確保／公的年金制度の保障／資産形成の支援施策

　　　保健医療サービス・福祉サービスの活用支援施策

　　　生涯学習の機会の確保／社会活動への参加促進施策／社会構成一員として尊重

　　　住宅確保・公共的施設の整備促進／地域社会の自立と連帯による形成

　　　高齢者の交通安全確保／犯罪の被害、災害からの保護体制の整備

【高齢者の医療の確保に関する法律（2008年/平成20年、旧老人保健法）】 ☞18－2

１）対象：高齢者（前期高齢者：65歳以上75歳未満、後期高齢者：75歳以上）

　　　但し、特定健康診査等は40歳以上の保険加入者

２）責務者：国、地方公共団体、保険者、医療の担い手（H18追加）

　　　※　医療の担い手：医師、看護師、医療施設提供開設者・管理者等

３）目的：医療費適正化の促進：特定健康診査、特定保健指導

４）後期高齢者医療制度（制度の抜本的見直しを検討中）

　　　対象：【75歳以上】【65歳以上75歳未満：政令で定める障害の状態】

　　　一部負担金（窓口負担）：1割（保険による給付は9割）

　　　　　　　　　　　　　　　2割（200万円以上）

　　　　　　　　　　　　　　　3割（383万円以上）

　　　保険料：医療費の10%を原則均等負担（軽減策有り）

【指定訪問看護及び指定老人訪問看護の事業の人員及び運営に関する基準（2000年/平成12年）】

指定訪問看護ステーションの定義　☞18－6

9－6　精神障碍者の保健対策

【精神保健福祉法（1950年/昭和25年　5/1）】（精神保健及び精神障害者福祉に関する法律）

1）目的

「この法律は、精神障碍者の医療及び保護を行い、障碍者総合支援法と相まってその社会復帰の促進及び自立と社会経済的活動への参加の促進のために必要な援助を行い、並びにその発生の予防その他国民の精神的健康の保持及び増進に努めることによって、精神障碍者の福祉の増進及び国民の精神保健の向上を図ることを目的とする。」

2）精神障碍者の定義

① 統合失調症

② 精神作用物質による急性中毒又はその依存症

③ 知的障碍

④ 精神病質その他の精神疾患

3）医療

① 入院の種類

	入院形態	条件（同意）		判断基準	
		本人	家族等	精保医	拘束時間/その他
①	応急入院	不可	不可	1人	72時間以内
②	任意入院	○	不要	1人	なし
③	医療保護入院	不要	○	1人	なし
④	緊急措置入院	不要	不可	1人	72時間以内/自傷他害の虞著しい 措置権者：都道府県知事等
⑤	措置入院	不要	不可	2人以上	自傷他害の虞 解除、仮退院は都道府県知事等

（注）都道府県知事等：他に政令指定都市市長、保健所長（事務委託）

② 「家族等」

：配偶者＞親権者＞扶養義務者、後見人、保佐人＞市町村長（家族等がいない等）

③ 治療に関連する行政機関、施設

①	精神保健福祉センター	支給認定申請（自立支援医療：精神通院医療）の専門的審査 手帳の申請（精神保健福祉手帳）の専門的審査
②	地方精神保健福祉審議会	精神通院医療の公費負担の決定 精神保健福祉手帳の交付決定
③	精神医療審査会	入院患者（措置、医療保護）の処遇等に関する審査
④	精神障碍者 社会復帰促進センター	社会復帰促進のための業務 （厚生労働大臣指定　2022年現在当該法人はない）
⑤	精神科病院	指定病院（都道府県知事）

④　精神保健指定医（厚生労働大臣の指定）

(1)要件：精神科３年以上を含む５年以上の臨床経験を有する＋５例のケースレポート

(2)業務：非自発的な入院の要否、入院患者の行動制限の要否の判定

(3)更新：５年毎

⑤　人権の確保

(1)入院患者の信書の発受に関する制限

(2)外部との電話・面会の制限は不可：人権擁護委員、代理人弁護士

(3)精神保健指定医が必要と認める場合

・患者の隔離（12時間超のもの）

・多動又は不穏が顕著/治療困難、生命危険の虞が切迫している場合

⑥　「精神障碍にも対応した地域包括ケアシステムの構築推進事業（2006年/平成18年通達）」

(1)実施主体：都道府県、政令指定都市、特別区、保健所設置都市（中核市等）

(2)主な事業：ピアサポートの活用、アウトリーチ支援、こころサポーター養成事業等

⑦　精神科デイケア（精神科通所型リハビリテーション）

(1)目的：再発防止、入院予防、社会復帰の促進

(2)対象：統合失調症、気分障害（躁鬱病、双極性障害）、アルコール依存症、認知症患者等

(3)場所：病院、診療所、精神保健福祉センター、保健所

(4)種別と利用時間（凡その目安）

種　別	利用時間帯	利用時間
デイケア	午前９時〜午後３時	６時間
ショートケア	午前または午後	各３時間
ナイトケア	午後４時〜夕方、夕方〜夜間	各４時間
デイナイトケア	午前９時〜朝型、昼型、夜型	各10時間

４）精神障碍者保健福祉手帳（申請主義）　☞20－4－1

①　有効期間：２年　②申請に関する添付資料：医師の診断書又は年金証書の写、写真

５）医療費の負担

措置入院、緊急措置入院に係る費用は全額公費（医療保険給付分を除く）（所得による費用徴収有）

６）障碍福祉サービス　☞20－4－2

9－7　学校保健関係

【学校保健安全法（1958年/昭和33年）】

1）対象：学校教育法第1条校（専修学校には準用規定あり：同第32条）に在学する児童
　　　　　生徒等

2）専修学校へ準用されない事項（努力義務規定）

① 保健室（健康診断、健康相談、保健指導、救急処置等）の設置

② 就学時の健康診断

③ 学校医、学校歯科医、学校薬剤師の指定

3）専修学校へ準用される事項

① 国及び地方公共団体、学校の責務

② 健康相談、保健指導、地域医療機関との連携

③ 保健指導（養護教諭等）、児童生徒の健康診断、職員の健康診断、保健所との連絡

④ 校長による出席停止（感染症対策、予防）

⑤ 学校設置者による臨時休業（感染症予防）

【学校保健安全法施行規則（1958年/昭和33年）】

９－８　環境関係、放射能汚染関係

９－８－１　環境関係

【環境基本法（1993年/平成５年）】

１）責務者：国、地方公共団体、事業者、国民

２）環境の日：６月５日

【原子爆弾被爆者に対する援護に関する法律（1994年/平成６年）】

１）「被爆者」の定義：原爆投下から約２週間内、広島又は長崎に在った者等

２）被爆者健康手帳（都道府県知事、広島市長、長崎市長へ申請）

３）各種の保健医療福祉の支援

 ① 健康診断（被爆地隣接の地域を含む）

 ② 医療給付（認定、一般）☞17－２－３

 ③ 医療特別手当、特別手当、原子爆弾小頭症手当、健康管理手当、保健手当、介護手当、葬祭料支給

 ④ 費用の負担：都道府県・当該市（国が交付金支給）

９－８－２　放射能汚染関係

１）東日本大震災による原子力発電所（東電）事故に起因する放射性物質の環境汚染に関して、【放射性物質汚染対処特別措置法（2011年/平成23年　8/30）成立】がある。

２）放射性物質の特徴

 放射線の強さ $\boxed{Bq}$　人体への影響 $\boxed{Sv}$　放射線に曝された物質が吸収した線量 $\boxed{Gy}$

9－9　その他の現代的課題（自死問題）

要諦

　自殺は自死ともいえるように、人間一人の価値を失うだけでなく残された家族にも大きな悲しみをもたらす。政府は平成18年になって漸く、自殺を社会問題として捉え様々な対策を講じるようになった。「自殺予防総合対策センター」がそれである。

①　年間自殺者数の推移

27,283人/2014年↓	21,321人/2017年↓	20,840人/2018年↓	20,169人/2019年↓
21,081人/2020年↑	21,007人/2021年↓	21,584人/2022年↑	/2023年

②　自殺原因別順位（2021年/令和3年）

　健康問題＞経済・生活問題＞家庭問題　　（女性は、健康問題＞家庭問題）

③　特徴　　男女比：　男：女＝2：1

　　　　　　年代別：　50歳代（17.2％）＞40歳代＞70歳代

④　妊産婦の自死問題　☞20－3－3

⑤　小中高生の自死問題（増加傾向）：　415人（2020年）↗499人（2021年）

【**自殺対策基本法（2006年/平成18年）**】

1）自殺総合対策大綱（国）➡自殺対策計画（都道府県、市町村）

2）「一般社団法人いのちを支える自殺対策推進センター（厚生労働省指定）」

　　　　：保健、医療、福祉、労働、教育等幅広い連携によって自殺率減少に取り組む

3）ゲートキーパー養成：対策計画の策定（都道府県）➡ゲートキーパー養成（市町村）

　　対象：かかりつけ医、教職員、保健師、看護師、ケアマネ、民生児童委員等誰でも

第10章
予防衛生法規

10－1　感染予防関係 ………………………………………………………… 136

10－2　外来感染関係 ………………………………………………………… 140

10－1　感染予防関係

【感染症の予防及び感染症の患者に対する医療に関する法律（1998年/平成10年）】

①感染症の定義等

感染症種別	個数	種　　　類
1類	7	エボラ出血熱　　クリミヤ・コンゴ出血熱 南米出血熱　　マールブルグ病　　ラッサ熱 ペスト　　痘そう
2類	7	急性灰白髄炎　結核　　ジフテリア 重症急性呼吸器症候群（SARS） 中東呼吸器症候群（MERS）　　鳥インフルエンザ(H5N1、H7N9)
3類：腸管系感染症	5	コレラ　　細菌性赤痢　　腸管出血性大腸菌感染症 腸チフス　　パラチフス
4類：人畜共通感染症	10+α	E型肝炎　　A型肝炎　　黄熱　　Q熱　　狂犬病 炭疽　　鳥インフルエンザ（H5N1、H7N9を除く） ボツリヌス症　　マラリア　　野兎病　　デング熱 重症熱性血小板減少症候群（SFTS） その他（日本脳炎、つつが虫病、エキノコックス病、ジカウイルス）
5類	8+α	インフルエンザ（鳥インフルエンザ及び新型インフルエンザ等感染症を除く） ウイルス性肝炎（E、A型除く） クリプトスポリジウム症 後天性免疫不全症候群（AIDS）　　性器クラミジア感染症 梅毒　　麻しん メチシリン耐性黄色ブドウ球菌感染症 侵襲性インフルエンザ菌感染症　侵襲性肺炎球菌感染症 感染性胃腸炎（ロタウイルス限定） その他（風しん、破傷風、百日せき、性感染症）
新型インフルエンザ等	2	新型インフルエンザ 再興型インフルエンザ
指定	0	COVID19
新感染症/新興感染症	0/0	

※　補足
　・新感染症は、既知感染症の中で、1〜3類、新型インフルエンザ等感染症に分類されない感染症で、1〜3類に準じた対応の必要が生じた感染症を指し、2020年10月現在ない。
　・新興感染症は、感染症法に規定はないが、1970年代以降に出現した感染症をさす。
　・再興感染症は、近い将来克服されると考えられていたが、再び脅威を与えている感染症で結核、マラリアなどを指す。
　・届出：1類〜4類、新型インフルエンザは直ちに、5類は原則1週間（7日）以内に
　・特定感染症予防指針（AIDS、性感染症、麻疹、結核、風疹、蚊媒介感染症）

②法に基づく措置

措置の種類	対象感染症（患者）	内容等（措置権者）
情報の収集及び公表、発生予防のための協力要請（注）	すべての感染症	（厚生労働大臣及び都道府県知事）
健康診断の勧告	1類感染症 2類感染症 3類感染症 新型インフルエンザ等感染症に罹患していると疑うに足りる正当な理由がある場合	当該本人又は保護者に対して（都道府県知事）
就業制限の通知	1類感染症患者 2類感染症患者・無症状病原体保有者 3類感染症患者・無症状病原体保有者 新型インフルエンザ等感染症患者・無症状病原体保有者	当該本人又は保護者に対して（都道府県知事）
入院勧告（72時間限度・＋10日間延長可、合計30日間可）	1類感染症患者 2類感染症患者 新型インフルエンザ等感染症患者	当該本人又は保護者に対して（都道府県知事）
消毒その他の措置	すべての感染症（消毒のみ5類を除く）	（都道府県知事）

（注）公表に当たっては、個人情報の保護に留意すること。

③関係医療機関

種別	対象感染症	指定権者
①感染症指定医療機関	（②～⑤の医療機関を指す）	厚生労働大臣
②特定感染症指定医療機関	新感染症の所見のある者、1類感染症患者、2類感染症患者、新型インフルエンザ等感染症患者	厚生労働大臣
③第1種感染症指定医療機関	1類感染症患者、2類感染症患者、新型インフルエンザ等感染症患者	都道府県知事
④第2種感染症指定医療機関	2類感染症患者、新型インフルエンザ等感染症患者	都道府県知事
⑤結核指定医療機関（薬局を含む）	結核患者	都道府県知事

④病原体等（感染症の病原体及び毒素）

種別	病原体名	規制等
1種病原体等	1類感染症のペストをのぞくすべてのウイルス等	所持禁止（例外：試験研究のための所持等） 譲渡、譲受禁止（例外：厚生労働大臣の承認ある場合等）
2種病原体等	ペスト菌、ボツリヌス菌、SARSコロナウイルス、炭疽菌、野兎病菌等	所持可（厚生労働大臣の許可） （例外：運搬の委託を受けた者等）
3種病原体等	結核菌、狂犬病ウイルス等	所持の開始日から7日以内に、厚生労働大臣に届出 （例外：運搬の委託を受けた者等）
4種病原体等	鳥インフルエンザウイルス（H5N1、H2N2、H7N7）新型インフルエンザ等感染症、腸管出血性大腸菌、ポリオウイルス、志賀毒素、赤痢菌、コレラ菌、黄熱ウイルス等	

【予防接種法（1948年/昭和23年）】

1）予防接種の類型と接種の意義：予防接種は、「義務接種」から「勧奨接種」へ変更された。

類　型	定期接種（§5①）		臨時接種（§6①②）	新たな臨時接種（§6③）
	A類疾病	B類疾病		
努力義務	○	×	○	×
接種勧奨	○	×	○▲	○

　　▲：努力義務はあるが強制はできない。費用は無料。（COVID19ワクチン）

2）予防接種による被害救済（厚生労働大臣による、「認定」又は「判定」）

　①　定期・臨時等予防接種の場合➡「予防接種法」による救済

　　〔医療費、医療手当、障碍養育年金、障害年金、死亡一時金、葬祭料、介護加算〕

　②　上記以外の予防接種の場合➡「（独）医薬品医療機器総合機構法」による救済

　　〔医療費、医療手当、障碍養育年金、障害年金、遺族年金、葬祭料、遺族一時金〕

3）【結核予防法等】➡「感染症法」へ移行（健康診断、予防接種、届出、登録、費用負担等）☞10－1

4）定期予防接種対象疾病

種類	予防接種名	対象年齢	標準的な接種年齢	接種回数	接種間隔
A類疾病	BCG（結核）　　（注1）	生後1歳に至るまで	生後5から8か月	1回	
	ヒブ（インフルエンザ菌b型）　　　　（注2）	生後2から7か月に至るまで	接種開始時期が生後2から7か月に至るまでの間	4回	・27〈20〉から56日の間隔をあけて3回 ・3回終了後7から13か月の間隔をあけて1回
		生後7から12か月に至るまで		3回	・27〈20〉から56日の間隔をあけて2回 ・2回終了後7から13か月の間隔をあけて1回
		生後12から60か月に至るまで		1回	
	小児用肺炎球菌（7価）　　（注2）	生後2から7か月に至るまで	接種開始時期が生後2から7か月に至るまでの間	4回	・27日以上の間隔をあけて3回 ・3回終了後60日以上の間隔をあけて生後12か月以降に1回
		生後7から12か月に至るまで		3回	・27日以上の間隔をあけて2回 ・2回終了後60日以上の間隔をあけて生後12か月以降に1回
		生後12から24か月に至るまで		2回	60日以上の間隔をあけて2回
		生後24から60か月に至るまで		1回	
	DPT-IPV 4種混合（ジフテリア・百日せき・破傷風・ポリオ）　（注3）	生後3から90か月に至るまで	生後3から12か月	3回	20から56日の間隔をあけて3回
			1期初回終了後12から18か月	1回	初回3回終了後6か月以上の間隔をあけて1回
	DPT 3種混合（ジフテリア・百日せき・破傷風）	生後3から90か月に至るまで	生後3から12か月	3回	20から56日の間隔をあけて3回
			1期初回終了後12から18か月	1回	初回3回終了後6か月以上の間隔をあけて1回
	DT 2種混合（ジフテリア・破傷風）	11歳以上13歳未満	小学校6年生	1回	
	ポリオ（急性灰白髄炎）　　　　（注4）	生後3から90か月に至るまで	生後3から12か月	3回	20日以上の間隔をあけて3回
			初回終了後12から18か月	1回	初回3回終了後6か月以上の間隔をあけて1回
	MR（麻しん・風しん）　　　　（注5）	生後12から24か月に至るまで	－	1回	
		5から7歳未満であって小学校就学前1年間	－	1回	
	風しん	S37.4.2～S54.4.1までの間に生まれた男性		1回	
	日本脳炎　　　（注6）	生後6から90か月に至るまで及び特例対象者	3歳	2回	6から28日の間隔をあけて2回
		生後6から90か月に至るまで及び特例対象者	4歳	1回	初回2回終了後おおむね1年以上の間隔をあけて1回
		9から13歳未満及び特例対象者	小学校4年生	1回	
	水痘	生後12から36か月	－	2回	
	子宮頸がん予防　（注7）	小学6年生から高校1年生の年齢相当	中学1年生	3回	1回目を0月として、以降1か月、6か月の間隔をあける（サーバリックス（2価））
				3回	1回目を0月として、以降2か月、6か月の間隔をあける（ガーダシル（4価））
	B型肝炎ウイルス	0歳	－	3回	2か月、3か月、7・8か月
B類疾病	インフルエンザ	65歳以上、及び60から64歳で心臓・腎臓・呼吸器等に身体障がい者1級相当の障がいがある者	－	1回	
	肺炎球菌	65歳以上	－		5歳きざみ

（注1）2013年/平成25年4月から、BCGの対象年齢・標準的な年齢が変わった。

（注2）2013年/平成25年4月から、ヒブ、小児用肺炎球菌は定期接種になった。

（注3）2012年/平成24年11月より4種混合ワクチンが開始された。

（注4）2012年/平成24年9月より不活化ポリオワクチンに変更した。

（注5）特に希望のある場合は、麻しん、風しん単抗原ワクチンの接種も可能。3期・4期は2013年/平成25年3月31日で終了した。

（注6）2005年/平成17年度から2009年/平成21年度にかけて、日本脳炎ワクチンの積極的な接種勧奨の差し控えにより接種機会を逃した方に対する接種機会の確保が図られることになった。

（注7）子宮頸がん予防ワクチンは、平成25年4月から定期接種になったが、2013年/平成25年6月14日付けの国の通知により、現在、子宮頸がんワクチンの接種を積極的には勧められていない。接種に当たっては、有効性とリスクを理解した上で受けること。接種によって副反応が発生し、多くの被害者が、製薬会社と国を相手にその法的責任の追及のために訴訟を提起しているが、2022年/令和4年4月から再開された。

（New）2020年/令和2年10月から、ロタウイルスワクチンは定期接種になった。

10－2　外来感染関係

【検疫法（1951年/昭和26年）】

1）対象となる感染症（検疫感染症）は検疫法で定められたエボラ出血熱、クリミア・コンゴ出血熱、マールブルグ病、ラッサ熱、南米出血熱、ペスト、天然痘（痘そう）、新型インフルエンザ等感染症、政令で定められたデング熱、マラリア、チクングニア熱、及び鳥インフルエンザ（H5N1）がある。

2）検疫（quarantine40日間）業務
　①　検疫感染症に対する情報の収集及び提供
　②　検疫の実施
　③　患者の隔離収容、感染のおそれのある者の停留、物件の消毒
　④　申請に基づく業務
　⑤　港湾区域の衛生管理
　⑥　海外渡航者等に対する健康相談

第11章
医事関係法規

11－1　医療法関係 ……………………………………………………………… *141*

　　11－1－1　医療法と医療関係法規 …………………………………………… *141*
　　11－1－2　医療関係者一覧 …………………………………………………… *143*

11－2　医療関連の手帳・記録 …………………………………………………… *144*

11－1　医療法関係

【医療法改正のポイント】（6年ごとに見直し）：医療提供の確保に関する基本指針
（2019年/平成31年3/25告示）

5疾病		5事業	
がん	37.8万人	救急医療	救急救命センターの整備、ドクターヘリの増機
脳卒中	10.3万人	災害医療	災害拠点病院の設置、DMAT（災害医療支援チーム）の整備
急性心筋梗塞	20.6万人	へき地医療	拠点病院による巡回診療
糖尿病	1.3万人	周産期医療	NICUの確保、三次医療圏に地域周産期医療センターの整備
精神疾患	2.3万人	小児医療	拠点病院の整備

11－1－1　医療法と医療関係法規

【医療法（1948年/昭和23年）】

①　医療提供の理念（§1の2）

　　「医療は、生命の尊重と個人の尊厳の保持を旨とし、医師、歯科医師、薬剤師、看護師その他の医療の担い手と医療を受ける者との信頼関係に基づき、及び医療を受ける者の心身の状況に応じて行われるとともに、その内容は、単に治療のみならず、疾病の予防の措置及びリハビリテーションを含む良質かつ適切なものでなければならない。」

　　「医療は、国民自らの健康の保持増進のための努力を基礎として、医療を受ける者の意向を

第11章　医事関係法規

十分に尊重し、病院、診療所、介護老人保健施設、介護医療院、調剤を実施する薬局その他医療を提供する者の居宅等において、医療提供施設の機能に応じ効率的に、かつ、福祉サービスその他の関連するサービスとの有機的な連携を図りつつ提供されなければならない。」

② 医療提供施設の定義（§1の5）☞22－1－3

③ 医療提供施設からの報告の徴収・立ち入り検査（§25①）

　「医療監視員」の任命：都道府県知事、保健所設置市市長、特別区区長

④ 医療の安全確保対策（§6の9〜27）

　ⅰ）医療安全支援センター：都道府県、保健所設置市、特別区に設置/研修は3年毎

　ⅱ）医療事故調査支援センター：厚生労働大臣による指定（各都道府県医師会）

⑤ 看護師等の人員配置基準（§21）

病院の種別	対象別	医師配置基準	看護師配置基準
一般病院（20床以上400床未満）	一般病棟	16：1	3：1
一般病院（20床以上400床未満）	療養病棟	48：1	4：1
一般病院（20床以上400床未満）	外　来	40：1	30：1
特定機能病院（400床以上）	入　院	8：1	2：1
特定機能病院（400床以上）	外　来	20：1	20：1
診療所	有床	1名	4：1

　（注）看護師には准看護師を含む。一般病院には地域医療支援病院を含む。

⑥ 病院等の構造設備基準（§23）

　ⅰ）病室の床面積：6.4m^{2}以上/1人　4.3m^{2}以上/2人以上

　ⅱ）病室の騒音：昼間50db以下　夜間40db以下

　ⅲ）病室の照明：100〜200lux

【独立行政法人国立病院機構法（2002年/平成14年）】

　職員の身分は、国家公務員（特殊職域労働者）

【健康・医療戦略推進法（2014年/平成26年）】

　「健康長寿社会」を目指す

【難病医療法（2014年/平成26年）】☞17－2－3

　「難病患者」に対して、公平かつ安定的な医療費助成の確立等

【アレルギー疾患対策基本法（2014年/平成26年）】

【精神保健福祉士法（1997年/平成9年）】

　受験資格　ⅰ）看護師＋1年以上相談援助業務＋短期養成施設6月以上

　　　　　　ⅱ）看護師（大学卒）＋短期養成施設6月以上　看護師（大学卒）＋短期養成施設1年以上

11-1-2　医療関係者一覧

【保健師助産師看護師法】☞8-1

【看護師等の人材確保の促進に関する法律】☞8-2

【医師法】☞6-1-2

医師の任務：「医師は、医療及び保健指導を掌ることによって公衆衛生の向上及び増進
に寄与し、もって国民の健康な生活を確保するものとする。」

医療関係及び周辺関係職種一覧（要免許）

職種名	免許種別	（注）	根拠法令
保健師	国家免許	◎	保健師助産師看護師法
看護師	国家免許	◎	保健師助産師看護師法
助産師	国家免許	◎	保健師助産師看護師法
准看護師	知事免許	◎	保健師助産師看護師法
医師	国家免許	◎	医師法
薬剤師	国家免許	◎	薬剤医師法
歯科医師	国家免許	◎	歯科医師法
歯科衛生士	国家免許	◎	歯科衛生士法
歯科技工士	国家免許		歯科技工士法
診療放射線技師	国家免許		診療放射線技師法
臨床検査技師	国家免許		臨床検査技師等に関する法
理学療法士	国家免許	◎	理学療法士及び作業療法士法
作業療法士	国家免許	◎	
視能訓練士	国家免許	◎	視能訓練士法
言語聴覚士	国家免許	◎	言語聴覚士法
臨床工学技士	国家免許		臨床工学技士法
義肢装具士	国家免許	◎	義肢装具士法
救急救命士	国家免許		救急救命士法
あんまマッサージ指圧師	国家免許	◎	あんまマッサージ指圧師、はり師、
はり師	国家免許	◎	きゅう師等に関する法律
きゅう師	国家免許	◎	
柔道整復師	国家免許	◎	柔道整復師法
精神保健福祉士	国家免許	◎	精神保健福祉士法
管理栄養士	国家免許	◎	栄養士法
栄養士	知事免許	◎	
社会福祉士	国家免許	◎	社会福祉士及び介護福祉士法
介護福祉士	国家免許	◎	
保育士	国家免許		児童福祉法
公認心理師	国家免許		公認心理師法（平成29年9月15日施行）

（注）◎は、実務経験5年以上で介護支援専門員（都道府県知事の認定資格）の実務研修受講
試験の受験資格を得ることができる。

（注）介護福祉士が行なう喀痰吸引は、「認定特定行為」である。

11-2　医療関連の手帳・記録

1．手帳

手帳の種類	対象者	根拠法	交付権者
精神保健福祉手帳	精神障害者	精神保健福祉法	都道府県知事
身体障害者手帳	身体障害者（児）	身体障害者福祉法	都道府県知事
療育手帳	知的障害者（児）	通達	都道府県知事
母子健康手帳	妊娠した人	母子保健法	市区町村長
健康手帳	40歳以上	健康増進法【高齢者の医療の確保に関する法律（旧老人保健法）より、2008年に移行】	市区町村長
被爆者健康手帳	被爆地域にいた人及び放射能の残存中にその地域に入った人第二次放射能受ける事情にあったか、その者の胎児	原子爆弾被爆者に対する援護に関する法律	都道府県知事
公害医療手帳	公害病の認定を受けた者	公害健康被害の補償に関する法律	都道府県知事
健康管理手帳	重度の健康障害を惹起する事業に従事していた労働者	労働安全衛生法	都道府県労働局長

2．記録の保存期間

記録の名称	記載責任者	保存責任者	保存期間	根拠法
助産録	助産師	助産師/施設管理者	5年	保助看法
診療録（カルテ）	医師	医師/施設管理者	5年	医師法
照射録	診療放射線技師	※医師、歯科医師の要署名	5年（3年）	診療放射線技師法
救急救命処置録	救急救命士	施設管理者/消防機関	5年	救急救命士法
病院日誌	事務方	施設管理者	2年（保険医療機関は3年）	医療法
各科診療日誌	各科担当者			
看護記録	看護師等			
処方箋	医師			
手術記録	医師			
検査所見記録	臨床検査技師			
エックス線写真	診療放射線技師			
紹介状	医師			
退院患者の診療経過要約	医師			
臓器移植記録	医師	施設管理者/医師	5年	臓器移植に関する法律
調剤済処方箋	薬剤師	施設管理者/薬剤師	3年	薬剤師法
結核登録票	保健所長	保健所長	内規	感染症法
訪問看護記録	看護師等	指定訪問看護事業者	2年	医療法

第12章
薬事関係法規

12－1　薬事一般 ………………………………………………………… *145*

12－2　医薬品副作用被害者救済 ……………………………………… *146*

12－3　薬事従業者 ………………………………………………………… *147*

12－4　取り締まり関係 …………………………………………………… *147*

12－1　薬事一般

【医薬品・医療機器等の品質、有効性及び安全性の確保等に関する法律（1960年/昭和35年）】

H26、薬事法が改称された

- ・　毒薬の表示（直接の容器又は直接の被包）：「毒」（黒地・白枠、白字）
- ・　劇薬の表示（直接の容器又は直接の被包）：「劇」（白地・赤枠、赤字）
- ・　毒薬の貯蔵陳列の場所にはかぎを施すこと
- ・　酸素ボンベ：黒（高圧ガス保安法等）

　　関連事項

（毒物及び劇物取締法）

- ・　毒物の表示（直接の容器又は直接の被包）：「毒物」（赤地、白字）
- ・　劇物の表示（直接の容器又は直接の被包）：「劇物」（白地、赤字）

毒薬　　　　　劇薬

毒　　　　劇

毒物　　　　　劇物

医薬用外毒物　　医薬用外劇物

12－2　医薬品副作用被害者救済

【独立行政法人医薬品医療機器総合機構法（2002年/平成14年）】
【肝炎対策基本法（2009年/平成21年12月）】

【薬害肝炎救済法〈特定フィブリノゲン製剤及び特定血液凝固第Ⅸ因子製剤によるC型肝炎感染被害者を救済するための給付金の支給に関する特別措置法〉〈2008年/平成20年1/16施行〉】

1）対象　C型肝炎ウイルスに汚染された血液製剤を使用されたことでC型肝炎になった患者で、自分が被害者であるという証明ができる人（患者・感染者は推計で約60万人）

2）給付金支給まで　国等を相手に訴訟を提起して、被害者であることを証明できた場合（①勝訴の確定判決を得た　②和解や調停といった確定判決と同じ効力を有するものを得た）に、（独）医薬品医療機器総合機構に対して給付金の請求をする。

3）給付金の金額（症状が進行すれば、訴訟提起せずに、差額の給付金を請求できる。）

対　象	金　額
（ⅰ）慢性C型肝炎の進行による、肝硬変、肝がん、又は死亡した場合	4000万円
（ⅱ）慢性C型肝炎の場合	2000万円
（ⅰ）（ⅱ）以外の無症候性キャリアの場合	1200万円

4）請求期限：2008年/平成20年1/16から5年以内⇒2028年/令和10年1/17まで延長

5）治療代　2万円上限/人・月

【特定B型肝炎ウイルス感染者給付金等の支給に関する特別措置法（2012年/平成24年1月施行）】

1）予防接種法に基づき、集団予防接種が、1948年（昭和23年）7月から1988年（昭和63年）1月までに6歳以下でなされて、B型肝炎ウイルスに感染して一定の条件を満たす人を対象に、和解金を死亡から無症状の持続感染者まで、病態に応じて3600万円〜50万円が支払われる。

2）国内のB型肝炎の患者・感染者は推計約140万人で、集団予防接種を受けた団塊の世代に多い。注射器の使い回しで、ウイルスに感染する危険性は、世界保健機関が1953年に警告し、旧厚生省は、1958年に注射針を1人ずつ交換するよう予防接種法実施規則を改正した。

3）B型肝炎訴訟和解が平成23年6月29日に成立したのをうけて法整備がなされ、国を相

手に国家賠償請求訴訟を提起し、和解すれば支給される。

4）請求期限：2027年/令和9年3月31日まで延長

【安全な血液製剤の安定供給の確保等に関する法律（1956年/昭和31年）】

12－3　薬事従業者

【薬剤師法（1960年/昭和35年）】

1）問い合わせ義務（処方箋中の疑義）

　　「薬剤師は、処方せん中に疑わしい点があるときは、その処方せんを交付した医師、歯科医師又は獣医師に問い合わせて、その疑わしい点を確かめた後でなければ、これによって調剤してはならない。」（同第24条）

| 要諦 | 医師の適法でない指示に対する看護師の拒否権の法的根拠 |

12－4　取り締まり関係

法規名	摘　要	成立
毒物及び劇物取締法		S25
麻薬及び向精神薬取締法	睡眠薬、精神安定剤等の向精神薬の成分 取締：麻薬取締官（厚生労働省）、麻薬取締員（都道府県）	S28
あへん法	医療及び学術研究用のあへんの原料のケシ 取締：あへん監視員（麻薬取締官・員より指定）	S29
大麻取締法	麻薬の原料の大麻草（所持及び使用に刑事罰） 取締：麻薬取締官（厚生労働省）、麻薬取締員（都道府県）	S23
覚せい剤取締法		S26
国際的な協力の下に規制薬物に係る不正行為を助長する行為等の防止を図るための麻薬及び向精神薬取締法等の特例に関する法律		S31

第13章
環境衛生法規：保健所業務

13－1　環境衛生（生活環境の整備改善）………………………………………… *148*

13－2　環境衛生（畜産衛生）……………………………………………………… *149*

13－3　食品衛生関係………………………………………………………………… *149*

13－4　環境衛生（墓地埋葬関係）………………………………………………… *150*

13－5　環境衛生（営業関係）……………………………………………………… *150*

13－6　予防衛生関係………………………………………………………………… *150*

13－7　自然保護関係………………………………………………………………… *150*

13－1　環境衛生（生活環境の整備改善）

【水道法】【下水道法】【浄化槽法】

【廃棄物処理法（廃棄物の処理及び清掃に関する法律）1970年/昭和45年】

〔感染性廃棄物（毒性、感染性等のある医療廃棄物）の処理について〕

① 特別管理一般廃棄物➡組織等、ガーゼ脱脂綿も焼却処分

血液等の付着した包帯・脱脂綿・ガーゼ・紙屑などに、感染性病原体が付着（虞あり）したもの

② 特別管理産業廃棄物➡注射針（滅菌処理は前後する）は容器へ入れ、溶鉱炉等にて焼却処分

凝固した（していない）血液、アルコール等、レントゲン定着液、合成樹脂製の器具等、ディスポーザブル手袋、注射針、アンプル

③ 容器の種別（赤　黄　橙）

── ❧ 過去問にチャレンジしてみよう ❧ ──

［第103回　午前　18］

感染性廃棄物の廃棄容器に表示するのはどれか。

① 　② 　③ 　④

［第103回　午後　37］

外来で患者の血液が付着したガーゼを処理する取り扱いで正しいのはどれか。

①　産業廃棄物　　③　感染性産業廃棄物

②　一般廃棄物　　④　感染性一般廃棄物

【建築物における衛生的環境の確保に関する法律（1970年/昭和45年）】

・シックハウス症候群：保険適用2004年〜

・原因物質：VOC

【有害物質を含有する家庭用品の規制に関する法律（1973年/昭和48年）】

・化学物質過敏症：保険適用2009年〜

・原因物質

13−2　環境衛生（畜産衛生）

【化製場等に関する法律、へい獣処理場に関する法律（1948年/昭和23年）】

13−3　食品衛生関係

【食品衛生法（1947年/昭和22年）】

①　残留農薬についてポジティブリストの導入

②　食品添加物の許容量の設定

③　HACCPの導入：hazard analysis critical control point

【食品安全基本法（2003年/平成15年）】

・食品安全委員会の設置

【製菓衛生師法】

【と畜場法（1953年/昭和28年）】

・BSE牛海綿状脳症対策：脊髄の除去、焼却の義務化

【食鳥の処理事業の規制及び食鳥検査に関する法律（1990年/平成2年）】

13－4　環境衛生（墓地埋葬関係）

【墓地、埋葬等に関する法律】 ☞4－1－2

13－5　環境衛生（営業関係）

【旅館業法】【興行場法】【クリーニング業法】【理容師法】
【生活衛生関係営業の適正化及び振興に関する法律（1957年/昭和32年）】

13－6　予防衛生関係

【狂犬病予防法（1950年/昭和25年）】

13－7　自然保護関係

【自然公園法（1957年/昭和32年）】【自然環境保全法（1972年/昭和47年）】【温泉法（1948年/昭和23年）】

TOPIC 野生生物生息地の畜産用農地への転換➡SARS関連のキクガシラコウモリが人と接触する確率が高くなる。

（2021年/令和3年　8/2　神戸新聞「最前線ファイル」）

第14章
公害関係法規：環境省管轄

14－1　国内法関係 ･･ *151*

　14－1－1　環境の保護と汚染の規制 ････････････････････････････ *151*

　14－1－2　公害対策関係法規 ････････････････････････････････････ *152*

14－2　地球環境問題 ･･･ *153*

　14－2－1　概要 ･･･ *153*

　14－2－2　国際条約 ･･･ *153*

14－1　国内法関係

14－1－1　環境の保護と汚染の規制

　　通　則

【環境基本法（1993年/平成 5 年）】【環境影響評価法（1997年/平成 5 年）】

2001年/平成13年：「環境省」設置

①　　大気汚染等　　【大気汚染防止法（1968年/昭和43年）】

10μm（浮遊粒子状物質）

2.5μm（微小粒子状物質）

0.1μm（　　　　　　　）

原　因	主な排出物
自動車	NO_x（窒素酸化物）
工場等	SO_x（硫黄酸化物）
廃棄物の焼却	ダイオキシン類　煤
建築物の解体等	アスベスト（石綿）

➡疾病、疾患＝眼・鼻・咽頭刺激、喘息、肺気腫、慢性呼吸器疾患、肺がん、心臓疾患等

②　　水質汚濁等　　【水質汚濁防止法（1970年/昭和45年）】

③　　土壌汚染等　　【土壌汚染対策法（2002年/平成14年）】

④　　騒音・振動　　【騒音規制法（1968年/昭和43年）】

　　　　　　　　　　【振動規制法（1976年/昭和51年）】

⑤　　悪　　臭　　　【悪臭防止法（1971年/昭和46年）】

14－1－2　公害対策関係法規

【公害紛争処理法（1970年/昭和45年）】

公害に係る紛争について、「斡旋、調停、仲裁、裁定」を行う。

（公害等調整員会（国）←都道府県公害審査会）

【公害健康被害の補償等に関する法律（1973年/昭和48年）】

1）地域指定：第一種地域（解除中　広範囲）第二種地域（水俣病、イタイイタイ病、慢性ヒ素中毒症）

2）公害病の認定：都道府県、政令指定都市（公害健康被害認定審査会）➡「公害医療手帳」の交付

3）補償の内容：療養費/障害補償費/遺族補償費/遺族補償一時金/児童補償手当/療養手当/葬祭料

4）四大公害事件

事件名	事件の概要	認定年
四日市公害事件（三重）	高濃度の硫黄酸化物等の大気汚染による気管支喘息	1972年/昭和47年
イタイイタイ病事件（富山）	神通川流域で発生した、鉱山廃水に含まれるカドミウムの体内蓄積による骨疾患	1968年/昭和43年
熊本水俣病	化学工場の廃液中に含まれる有機水銀によって汚染された魚介類の摂取による、有機水銀中毒による慢性の神経疾患（胎児水俣病疾患を含む）	1968年/昭和43年
新潟水俣病	同　上	1972年/昭和47年

【建設石綿（アスベスト）給付金法（2022年/令和4年　1/19）】

1）対象疾病

① 中皮腫　② 肺がん　③ 著しい呼吸機能障害を伴うびまん性胸膜肥厚

④ 石綿肺（じん肺管理区分が管理2～4）　⑤ 良性石綿胸水

2）給付金：550万円～1,300万円

14－2　地球環境問題

14－2－1　概要

地球温暖化	温室効果ガス （CO₂、CO、フロン、メタン）	熱中症、水系感染症、光化学オキシダント 動物由来感染症
オゾン層の破壊	フロンガス ➡オゾン層の破壊	UV（紫外線）障害
水質汚濁		足尾鉱毒事件、水俣病、イタイイタイ病

14－2－2　国際条約

環境問題系

ストックホルム宣言
（人間環境宣言）

CO₂系：京都議定書➡ドーハ合意➡パリ協定

フロン系：ウイーン条約➡モントリオール議定書

生物多様性の保護　（【生物多様性基本法（2008年／平成20年）】）

1）ワシントン条約：絶滅危惧動植物取引制限

2）ラムサール条約：湿地の保全

第15章
労働関係法規

15－1　　労働関係（労働基準法等）・・・ 154

15－2　　産業保健関係（労働安全衛生法等）・・・・・・・・・・・・・・・・・・・・・・・・・・・・ 156

15－3　　労働環境関係（社会基盤整備関係）・・・・・・・・・・・・・・・・・・・・・・・・・・・・ 157

15－1　労働関係（労働基準法等）

【労働基準法（1947年/昭和22年　4/7）】

1）概容

主な規定	内　容	備　考
総則	労働条件の原則	対象：病院等看護職の労働現場 国公立の病院労働者は、国公法、地公法が優先適用
労働契約	労働条件の明示、解雇予告等	主に使用者側の義務
賃　金	支払方法、最低賃金等	【最低賃金法】に詳細
労働時間等	労働時間、休憩、時間外、休日、及び年次有給休暇　36協定	
安全及び衛生		【労働安全衛生法】☞15－2
年少者	15歳以上未成年者の労働規制	深夜業等について
妊産婦等	産前産後の休業等	母体保護の観点から
技能者養成	徒弟制度の排除	目的外使用の禁止
災害補償	業務上の負傷、疾病の補償	【労働者災害補償保険法】が優先適用　☞18－4
就業規則	10人以上の労働者が働く事業所	【労働契約法】が優先適用
寄宿舎	寄宿生活の自治	寄宿制の自由の不侵害
監督機関	労働基準監督官	厚労省労働基準局、都道府県労働局、労働基準監督署

2）目的：日本国憲法第27条（勤労の権利義務、勤労条件の基準、児童酷使の禁止）
　　☞5－3

3）労働条件の原則

①　労働者が人たるに値する生活を営むための必要を満たすもの（最低条件の保証）

②　労働条件は、労働者と使用者とが対等の立場で決定

③　均等待遇：使用者は、労働者の国籍、信条、社会的身分を理由として、賃金、労働時間その他の労働条件について差別しないこと

④　男女同一賃金、強制労働の禁止、公民権行使の保障

4）労働契約（使用者側に課す）

①　明示義務：賃金、労働時間その他の労働条件

②　義務違反：義務違反部分は無効、労働基準法に従う

③　解雇制限：業務上の負傷・疾病による療養目的の休業期間とその後の30日間
　　　　　　　女性の産前産後の休業期間と休業後の30日間

④　解雇の予告義務：30日前が原則、予告なしの場合は30日分以上の平均賃金の支払い

5）労働時間等

①　労働時間：　原則　8時間超えない/日　40時間超えない/週
　　　　　　　　例外　就業規則・労働組合との協定➡40時間超過する週可/1か月

②　休憩時間：　45分/6時間超　1時間/8時間超

③　休　　日：　原則　少なくとも1回/週　例外　4週4日以上の休日規定

④　年次有給休暇：0.5年継続勤務＋全労働日の8割以上出勤➡10日（2年時効、5日は事業主の義務）
　　　　　　　　0.5：10日　1.5：11日　2.5：12日　3.5：14日　4.5：16日　5.5：18日　6.5：20日

⑤　割増賃金

時間外	通常賃金＋通常賃金の25%～50%
休日	通常賃金＋通常賃金の25%～50%
超過分/60時間	通常賃金＋通常賃金の50%～
深夜（pm10～am5）	通常賃金＋通常賃金の25%～

⑥　残業時間：45時間/月　360時間/年　（36協定の場合：100時間/月　720時間/年）

6）年少者、女子

①　最低年齢　　：15歳の誕生日以後の初めの3/31まで労働禁止（例外有）

②　18歳未満　　：8時間超の労働禁止　坑内労働の禁止　深夜業の禁止（16歳以上の男子可）

③　産前産後の休業：

単胎　産前　6週間（休業請求可） 産後8週間（6週超で就業希望＋医師の許可）

多胎　産前14週間（休業請求可） 産後8週間（6週超で就業希望＋医師の許可）

☞18-2（健康保険法等による、出産育児一時金＋出産手当金の支給）

④　育児時間　　：休憩時間外に、1日2回少なくとも30分ずつ/1歳未満の乳児＋母親

⑤　生理休暇　　：生理日の就業が著しく困難な女性に対する措置

⑥　軽易業務への転換：妊娠中の女性の請求

7）災害補償

① 補償の対象：労災（業務上疾病、災害性腰痛、過重労働による健康障害、作業関連疾患等）

② 補償の種類：療養、休業、障害等

③ 優先の適用：労災保険による給付があれば、使用者は補償責任がない。

15-2　産業保健関係（労働安全衛生法等）

【労働安全衛生法（1972年/昭和47年　6/8）】

1）概容

主な規定	事業所規模	内　　容
総括安全衛生管理者	50人以上	安全技術の総括責任者
安全管理者	50人以上	☆安全に関する技術的事項管理
衛生管理者	50人以上	★衛生に関する技術的事項管理
安全衛生推進者	10人以上50人未満	☆★
産業医	50人以上	
健康診断内容	共　　通	健康診断実施方法
就業禁止	共　　通	労働のために病勢増悪の場合
健康管理手帳	共　　通	重度健康障害の虞の場合、労働者の離職時に交付

2）目的：労働者の安全と健康を確保するため、労働災害の防止、職場の健康管理者とその職務や法定健康診断などについて規定する。

3）労働衛生の管理：健康管理＋作業管理＋作業環境管理　＋　労働衛生教育＋総括管理
　　　　　　　　　　　（労働衛生の3管理）　　　　　　　　　　（労働衛生の5管理）

4）THP（トータルヘルスプロモーション）

① 産業医➡全労働者：〈健康測定〉⇒「運動指導」「保健指導」/「心理相談」「栄養指導」「メンタルヘルスケア」

② ストレスチェック制度（§66の10）：2015年/平成27年12月施行

　「心理的な負担の程度を把握するための検査及び面接指導の実施並びに面接指導結果に基づき事業者が講ずべき措置に関する指針」

　〔50人以上の労働者を雇用する事業主に、労働基準監督署への報告義務あり（§100）〕

5）健康診断

①　一般（雇用時、定期、特定業務従事者、海外派遣労働者、結核、給食従業員の検便）

②　特殊健康診断（高気圧作業、放射線業務、VDT作業等）

③　臨時健康診断

6）健康管理手帳：がん等重度の健康障害を生ずる業務従事者に交付（都道府県労働局長）

【過労死等防止対策推進法（2014年/平成26年　11/1）】

「過労死等」の定義

①　業務における過重な負荷による、脳血管疾患、心臓疾患に起因する死亡

②　業務における強い心理的負荷による精神障害を原因とする自殺による死亡

③　①②の負荷による脳血管疾患、心臓疾患、精神障害

【石綿による健康被害の救済に関する法律（2006年/平成18年）】 ☞14－1－2

15－3　労働環境関係（社会基盤整備関係）

【男女雇用機会均等法（1973年/昭和47年　7/1）】

「雇用の分野における男女の均等な機会及び待遇の確保等に関する法律」

1）目的

女性労働者の就業に関し、妊娠中、出産後の健康確保を図り、雇用の分野における男女の均等な雇用機会、待遇の確保

2）基本的理念

性別により差別されることなく、特に女性労働者は母性を尊重され充実した職業生活を営むこと

3）具体的対策

①　「性的言動問題」

職場における性的な言動に起因する問題に対する雇用管理上の配慮

②　「優越的言動問題」

性別を理由とする差別の禁止

（配置、昇進、降格、教育訓練、福利厚生の措置、職種・雇用形態の変更、退職の勧奨・定年・解雇等）

③　「妊娠・出産等言動問題」

　　婚姻、妊娠出産等を理由とする不利益扱いの禁止

④　妊娠中、出産後の健康管理に関する措置

　(a)　母子保健法の規定による保健指導・健康診査を受けるための時間の確保

妊娠中の通勤緩和措置	時差出勤制、勤務時間の短縮等	
妊娠中の通院休暇措置	妊娠23週まで	1回/4週
	妊娠24週から35週まで	1回/2週
	妊娠36週から	1回/1週
出産後1年以内の労働者	医師又は助産師の指示ある場合随時	

　(b)　(a) に伴う勤務時間の変更、勤務軽減の措置

【女性活躍ハラスメント規制法（2020年/令和2年　4/1）】

「女性の職業生活における活躍の推進に関する法律」

　　参考　　ILO（国際労働機関）は、2019年総会で、「仕事の世界における暴力及びハラスメントの撤廃に関する条約」を採択　〈日本は未批准2022年11月現在〉

➡禁止対象（身体的攻撃、精神的攻撃、過大な要求等）

【次世代育成支援対策推進法（2003年/平成15年）】

1）目的：次代の社会を担う子どもが健やかな誕生をむかえ、育成される社会の形成

2）理念等

①　子育ての第一義的責任は父母その他の保護者にある

②　国：指針　地方公共団体：指針に基づく行動計画の策定　事業主：雇用環境の整備

【育児介護休業法（1991年/平成3年　5/15）】

「育児休業、介護休業等育児又は家族介護を行う労働者の福祉に関する法律」

1）目的

「育児や介護を行う労働者（正職員＋パート労働者）のために、仕事と家庭を両立（両立支援）できるための勤務時間等の措置を定めて」（事業主の措置）、労働者等の雇用の継続及び再就職の促進を図り、福祉の増進、経済及び社会の発展に資する」

2）育児休業・介護休業の概要

	育児休業（申し出制）	介護休業（申し出制）
対象者	雇用期間が1年以上（除く日雇い）（子が2歳までに契約満了しない場合）	雇用期間が1年以上（除く日雇い）（93日〜6か月に契約満了しない場合）
期間等	原則：1歳未満 例外：〜1歳6か月（保育所入所不能等） 例外：〜2歳（同上）/2017年10月以降	93日間（3分割可） ・要介護状態の家族（配偶者〔法律・事実〕、父母、子、配偶者の父母、祖父母、兄弟、孫）

3）子の看護休暇（負傷又は疾病にかかった子の世話、予防接種の付添等）

対象：小学校就学始期までの子の養育　　期間：5労働日（1時間単位取得可）

4）事業主が行う措置

① 休業を理由とする、解雇その他の不利益扱いの禁止

② 3歳まで（上記期間以降）の子を養育する労働者に対して、育児休業に準ずる措置をとること

③ 3歳から小学校就学までの子を養育する労働者についても、②と同様とする

④ 小学校就学までの子の養育及び要介護状態にある家族を介護する労働者に深夜業の制限（申し出制）

⑤ 時間外労働の制限（24時間/1か月　150時間超/1年）

⑥ 育児休業・介護休業していない者：所定労働時間の短縮措置等（1日の所定労働時間を原則6時間とする）

　　　3歳未満：義務（措置）　　3歳以降就学まで：努力義務

⑦ 転勤についての配慮

⑧ 男性配偶者の「出産時育児休業」制度（2021.06成立）：事業主に「取得意思確認義務」有

　　：産後休業中（8週間以内）に、最大4週間（2分割可）まで育児休業取得できる

【国家公務員の育児休業等に関する法律（1991年/平成 3 年）】

育児休業取得率：男性29％

【地方公務員の育児休業等に関する法律（1991年/平成 3 年）】

育児休業取得率：男性13.2％

特別課題

女性労働者の仕事と家庭の調和（work life balance）について、以下の事例について考えてみよう。

「ある地方都市に住む看護師A（30歳）は、結婚して 2 年目に妊娠した。勤務するT病院まで電車で 2 駅のところに住んでいたが、妊娠週数25週あたりからラッシュアワーの通勤に苦痛を感じ始めていた。勤務する病棟の担当師長に相談したところ、出勤時間を繰り下げたうえ、退勤時間も繰り上げる措置を行ってくれた。その後、出産予定日の前に産前休業申請し産休に入った。無事女児を出産し、産後休業に入った。産後休業明けの育児のことを夫に相談したところ、育児休業の期間中に夫も協力してくれることになった。」

次の各問いに答えてみよう。

〔問題 1 〕妊娠届出を提出した後、市町村長から交付されるのは何か。

〔問題 2 〕妊娠中の労働者に通勤緩和措置を課した法律は何か。（略称でよい）

〔問題 3 〕産前産後の休業を定めた法律は何か。

〔問題 4 〕出産時に加入する医療保険から給付される一時金のことを何というか。

〔問題 5 〕出産後何週までが絶対労働禁止か。

〔問題 6 〕産前産後の休業期間中の所得の保障を定めた法律は何か。

〔問題 7 〕〔問題 6 〕の保険給付の名称は何か。

〔問題 8 〕産後休業期間が過ぎて、育児休業する場合の所得の保障を定めた法律は何か。

〔問題 9 〕〔問題 8 〕の保険給付の名称は何か。

〔問題10〕申し出制の育児休業は、出産後最長何年か。

第16章
学校関係法規

【教育基本法（1947年/昭和22年）】

〔前文〕

われらは、さきに日本国憲法を確定し、民主的で文化的な国家を建設して、世界の平和と人類の福祉に貢献しようとする決意を示した。この理想の実現は、根本において教育の力にまつべきものである。

われらは、個人の尊厳を重んじ、真理と平和を希求する人間の育成を期するとともに、普遍的にしてしかも個性ゆたかな文化の創造をめざす教育を普及徹底しなければならない。ここに、日本国憲法の精神に則り、教育の目的を明示して、新しい日本の教育の基本を確立するため、この法律を制定する。

第3条　教育の機会均等

第4条　義務教育（9年、無償）

第5条　男女共学

第6条　学校教育（公教育以外に私学教育を認める）

第7条　社会教育（学校以外の場における社会教育）

第8条　政治教育（特定政党支持または反対の教育の禁止）

第9条　宗教教育（公教育における宗教教育の禁止）

【学校教育法（1947年/昭和22年　3/31）】

第1条　学校：幼稚園、小学校、中学校、高等学校、中等教育学校、大学、高等専門学校、特別支援学校、短期大学（修業年限が2年または3年の大学）

第37条第2項　養護教諭：児童の養護をつかさどる

第82条の2～4　専修学校

　　　高等専修学校：中学校卒業者対象　専門学校：高等学校卒業者

　　　専修学校　　：学歴不問

第83条　各種学校

【大学設置基準（1956年/昭和31年文部省令）】

　　第29条第1項　専修学校修了者の大学編入

　　（修業年限2年以上の専門学校での学修で、大学教育の水準に相当するもの）

【学校保健安全法（1958年/昭和33年　4/10）】

　　①　対象：児童生徒等（学校に在学する幼児、児童、生徒又は学生）

　　②　保健室：健康診断、健康相談、保健指導、救急処置、その他の措置

　　③　養護教諭：児童生徒等への保健指導及びその保護者への助言

　　④　専修学校の保健指導等：保健室設置は努力義務

【医学及び歯学の教育のための献体に関する法律（1983年/昭和58年）】

【女子教職員の出産に際しての補助教職員の確保に関する法律】

【教育職員免許法（1949年/昭和24年）】

　　養護教諭：小学校、中学校、中等教育学校、高等学校に配置（2009年/平成21年から
　　　　　　　「教員免許更新制」導入）

　　①　専修免許状：大学院修士課程修了

　　②　第一種免許状：

　　　　・　看護師免許＋文科大臣指定養護教諭養成機関卒業（1年以上）

　　　　・　保健師免許（看護師国家試験合格）＋文科大臣指定養護教諭養成機
　　　　　　関卒業（6ヶ月以上）

　　　　・　大学の養護教諭養成学部で所定単位取得後卒業（4年）で第一種免
　　　　　　許取得

　　③　第二種免許状：

　　　　・　短大養護教諭養成学科で所定単位取得（2年）

　　　　・　専門学校・養成所で所定単位取得（2年）

　　　　・　保健師免許（看護師国家試験合格）＋教育職員免許法施行規則で規
　　　　　　定の8単位取得

　　※①〜③いずれも、教員採用試験（各都道府県又は、私立学校で実施）に合格すること。

【いじめ防止対策推進法（2013年/平成25年）】

　　いじめ問題対策連絡協議会メンバー

　　（学校、学校教育委員会、児童相談所、法務局、人権擁護委員、警察、その他）

第2編
看護職が関わる社会保障制度

本編は、看護の対象となる人々や看護者自身の生活や生涯に直接的に深くかかわりのある分野である。わたくしたちは、出産の前から死後の処置が終わるまでに様々な社会保障制度にかかわりを持つことになる。その連関を、保健的な分野（疾病予防＋自己免疫力の涵養）、医療的な分野（自然治癒力の効果的な復活）、福祉的な分野（自立の支援と社会復帰の促進）にわたって総合的に俯瞰的に学ぶのが本編の内容である。（第17章〜第20章）

第17章
概要

17−1　社会保障の概念 ………………………………………………………… 165

17−2　所得保障及び公費負担による医療保障 ……………………………… 167

　17−2−1　所得保障（所得の喪失・中断・減少にもたらされる生活不安の予防と回復）…… 167
　17−2−2　医療・介護保障（公的医療・介護保険制度）………………………… 168
　17−2−3　医療保障（公費負担医療）……………………………………………… 169

17−1　社会保障の概念

　約2000年の歴史の中で、1945年/昭和20年　8月15日第二次世界大戦（太平洋戦争）での敗戦に始まるこの国の立て直しには多くのエネルギーが使われた。1947年/昭和22年に施行された国家の最高法規たる日本国憲法は、私たちの生活における指針である。特にその第25条において、国家による人民の生活保障を宣言している。明治以降、開国による西洋文化など外国の生活様式の流入、資本主義経済への転換によって、良きにつけ悪しきにつけ私たちの生活権利はその姿を大きく変えることになった。

　日本国憲法は、資本主義経済体制の根本的諸矛盾を抱えながら、今日まで自由権の保障に留まらず、社会政策的基本権の保障にもその解釈の幅を変遷させてきた。（☞5−3）

　その一方で、日本国憲法は、第25条第2項で「国は、すべての生活部面について、社会福祉、社会保障及び公衆衛生の向上及び増進に努めなければならない」（国の社会保障的義務）として、国民の「健康で文化的な最低限度の生活を営む権利」（同条第1項）の保障を謳っている。この「生存権」を守る方途は、いわゆる社会生活上の事故（出産、多子出産、疾病、障害、老齢化、労働災害、退職、失業、解雇、主たる働き手の死亡、社会的弱者に対する虐待、現代的貧困、自然災害、複合災害など枚挙に暇がないが）に対して国家はどのように救済してくれるのかに表現される。看護職の労働のフィールドでは主にこの社会生活上の事故の被害者及びその家族との出会いが待っている。

　広義の社会保障（セーフティネット）は、社会保障（狭義の）、社会福祉、公衆衛生（生活環境の保全及び公衆衛生）に分類でき、さらに社会保障（狭義の）は、社会保険制度と公的扶助制度に分類でき、社会福祉は、社会手当制度と社会的弱者に対する医療・住

宅・職業・その他社会参加のための対人的サービスに分類できる。公衆衛生の分野に関しては、全国民を対象とする公衆衛生と、保健・生活環境面での医療活動サービスに分類できる。

課題⑩

　社会保障制度を図式化して概要の把握をすること

指針

　2011年/平成23年3/11に起こった災害「東日本大震災」は、人類が想定できなかったとはいえ、「原発事故」を惹起させ、あらためて複合災害の恐怖を経験することになった。この国家的ダメージは、以降日に日に社会保障制度全般に皺寄せとなって現れ、特に社会福祉制度への応能負担の導入といった大幅な改革問題や、震災復興の資金の捻出のための年金積立金の取り崩し問題などが表出してきた。国（政府）は、社会保障制度改革推進法（2012年/平成24年）を制定して、"社会保障と税の一体改革"を各分野で進めているが、根本的な原理に帰趨することなく、付焼刃的に諸制度を改良するだけであるためいわゆる対処療法に終わっている。新たな課題は、子どもの貧困、年金資金不足、医療分野における負担増など、次世代へ難題が積み残されそうである。これから学ぶ、社会保障制度は複雑多岐にわたるが、「社会保障概念図」を手元においてその渉猟を行ってみよう。

17－2　所得保障及び公費負担による医療保障

17－2－1　所得保障（所得の喪失・中断・減少にもたらされる生活不安の予防と回復）

種類	制度名	対象者等	根拠法
年金保険	厚生年金 （被用者年 金） 職域保険	第1号被保険者/70歳未満の一般被用者等	厚生年金法 （被用者年金一 元化法）
		第2号被保険者/国家公務員共済組合員	
		第3号被保険者/地方公務員共済組合員	
		第4号被保険者/私学教職員共済制度加入者	
	国民年金 地域保険	第1号被保険者/20歳～60歳（2号3号除く）	国民年金法
		第2号被保険者/被用者年金の被保険者	
		第3号被保険者/2号の被扶養配偶者	
労働保険 加入者数は 2022年値	雇用保険 （失業等給 付） 職域保険	一般被保険者：4289万人	雇用保険法
		短期雇用特例被保険者：6.5万人	
		高年齢被保険者：243万人	
		日雇労働被保険者：0.7575万人	
	労災保険 （業務災害 補償） 職域保険	一般被用者：5836万人（保険者：国）	労災補償法 国公災害補償法 地公災害補償法
		一般職国家公務員：44万人（保険者：政府）	
		地方公務員：297万人（保険者：地公災害基金）	

種類	対象	所得の種類	根拠法
生活保護	扶助	生活扶助、住宅扶助、教育扶助、出産扶助 生業扶助、葬祭扶助は、原則金銭給付 医療扶助、介護扶助は現物給付	生活保護法
社会手当	高齢者	**無拠出老齢年金（国民年金）**：老齢福祉年金 1961年/昭和36年　4/1で50歳以上の国民	国民年金法
	要保護児童	**児童扶養手当（父又は母又は養護者へ支給）** 生別母子・父子家庭 　ⅰ父母が婚姻を解消した児童 　ⅱ父または母が死亡した児童 　ⅲ父または母が一定の障害状態の児童 　ⅳ父または母が、生死不明、1年以上拘禁 　ⅴ私生児　等	児童扶養手当法
	障碍児	**特別児童扶養手当（父若しくは母又は養育者）** 　対象：障碍（身体、精神）1級、2級 **障碍児福祉手当（20歳未満の障碍児）** 　対象：重度の障害のため日常常時の介護状態の、 　　　　在宅障碍者 **特別障碍者手当（20歳以上の障碍者）** 　対象：障碍者支援施設入所、法令で定める施設に 　　　　入所、病院等へ3か月以上入院を除く	特別児童扶養手 当等の支給に関 する法律

児童	児童手当　対象/条件/支給額（月額）	児童手当法
	ⅰ 所得制限額（年収960万円）未満 　3歳未満/15000円 　3歳以上小学終了前/10000円（第1子、第2子） 　3歳以上小学終了前/15000円（第3子以降） 　中学生　　　　　　　　10000円 ⅱ 所得制限額（年収960万円）以上 　5000円（特例給付）⇒支給廃止検討中	

17－2－2　医療・介護保障（公的医療・介護保険制度）

出生とともに、下記の医療保険のいずれかに加入する。（国民皆保険制度）

分類		種　別	保険者（窓口）	被保険者
医療保険	地域保険	国民健康保険 【国民健康保険法】	国保組合 市町村・都道府県	自由業者 自営業者 被用者保険の退職者
	職域保険	健康保険 【健康保険法】	組合健保 協会けんぽ	一般（大）企業従業員 中小企業従業員、船員
		共済組合医療保険 【国家公務員共済組合法】	国 （国家公務員共済組合）	国家公務員
		共済組合医療保険 【地方公務員共済組合法】	地方自治体 （地方公務員共済組合）	地方公務員
		共済組合医療保険 【私立学校教職員組合法】	事業団（私立学校教職員組合）	私立学校教職員
		後期高齢者医療保険 【高齢者医療確保法】	各都道府県医療広域連合	75歳以上の個人 65歳以上で障碍者
介護保険 <u>地域保険</u>		介護保険 【介護保険法】	市区町村	第1号被保険者 　（40歳以上65歳未満） 第2号被保険者 　（65歳以上：強制加入）

（注）被保険者にはその扶養家族・配偶者を含む。

17－2－3　医療保障（公費負担医療）

対象	対象者	種別	根拠法	行政機関	負担割合
結核	結核患者	適正医療㊟	感染症法	都道府県、特別区、保健所設置市	0.5割
新感染症、1，2類 新型influenza感染症		入院医療	感染症法		所得割額56.4万円超は上限2万円負担／新感染症は0
精神疾患	自傷他害の虞	措置・緊急措置	精神保健福祉法	都道府県、指定都市	公的医療保険給付分
障がい除去、軽減のための手術等	障碍児	育成医療	障害者総合支援法（自立支援医療）	市町村	応能負担有（最高1割まで）
	障碍者	更生医療			
精神疾患	通院患者	精神通院医療		都道府県（保健所）、指定都市	
結核	児童	療育給付	児童福祉法	都道府県（保健所）、指定都市、中核市	所得により費用徴収有
小児慢性特定疾病	児童（18歳未満）	小児慢性特定疾病	児童福祉法	都道府県（保健所）、指定都市、中核市	自己負担上限2割＝特定医療費＋自己負担上限　児1.5万円者3.0万円
指定難病	難病患者	特定医療費	難病医療法	都道府県、指定都市	＋公費負担
出生時2000g以下	未熟児	養育医療	母子保健法	市町村	所得により費用徴収有
妊娠中毒症	低所得者の妊産婦	療養援護給付	母子保健法	都道府県、指定都市（保健所）	一定所得以下負担無
疾病一般	生活保護受給者	医療扶助	生活保護法	市区（町村）の福祉事務所	資格喪失後全額公費
公務上の疾病	戦傷病者（手帳所持者）	療養の給付、更生医療	戦傷者特別援護法	都道府県	10割公費負担
指定疾病	認定患者		公害健康被害補償法	都道府県又は市区	
業務上の災害	被用者	補償給付	労災補償保険法	国（保険者）：事業主（保険加入者）労働者（被保険者）	無 学校保健安全法のみ医療券
スモン病、劇症肝炎等	保険加入者	2014年までに承認	特定疾患治療研究事業	都道府県	
感染症、学習支障疾病	要保護児童等で要治療	学校病に関する医療	学校保健安全法	学校設置者（都道府県、市町村）	
原子爆弾の傷病作用に起因する傷病	原爆被爆者	認定疾病医療	原子爆弾被爆者援護法	国（都道府県、長崎市、広島市）	
一般疾病		一般疾病医療			保険給付＋自己負担無
学校管理下の災害	児童生徒（除く大学）	共済給付制度	（独）日本スポーツ振興センター法	（独）日本スポーツ振興センター	4割 0.5万円未満

（左端欄：公費負担医療）

㊟結核の入院勧告を受けた場合は、医療保険給付分以外は公費負担。所得割額56.4万円超は上限2万円の負担有。

小児慢性特定疾病：対象疾患群　※2022年（令和4年）10月現在

1	悪性新生物	2	慢性腎疾患	3	慢性呼吸器疾患
4	慢性心疾患	5	内分泌疾患	6	膠原病
7	糖尿病	8	先天性代謝異常	9	血液疾患
10	免疫疾患	11	神経・筋疾患	12	慢性消化器疾患
13	染色体または遺伝子に変化を伴う症候群	14	皮膚疾患	15	骨系統疾患
16	脈管系疾患				

難病：対象疾病　※2022年（令和4年）10月現在、対象疾病は、338疾病

（番号は告示番号）　（スモン病は、障害者総合支援法独自の対象疾病）

（発病の機構が明らかでなく、かつ治療方法が確立していない希少な疾病で、長期療養を必要とするもの）

1	球脊髄性筋萎縮症	2	筋萎縮性側索硬化症	3	脊髄性筋萎縮症
4	原発性側索硬化症	5	進行性核上性麻痺	6	パーキンソン病
7	大脳皮質基底核変性症	8	ハンチントン病	9	神経有棘赤血球症
10	シャルコー・マリー・トゥース病	11	重症筋無力症	12	先天性筋無力症候群
13	多発性硬化症/視神経脊髄炎	14	慢性炎症性脱髄性多発神経炎/多巣性運動ニューロパチー	15	封入体筋炎
16	クロウ・深瀬症候群	17	多系統萎縮症	18	脊髄小脳変性症（多系統萎縮症を除く。）
19	ライソゾーム病	20	副腎白質ジストロフィー	21	ミトコンドリア病
22	もやもや病	23	プリオン病	24	亜急性硬化性全脳炎
25	進行性多巣性白質脳症	26	HTLV-1関連脊髄症	27	特発性基底核石灰化症
28	全身性アミロイドーシス	29	ウルリッヒ病	30	遠位型ミオパチー
31	ベスレムミオパチー	32	自己貪食空胞性ミオパチー	33	シュワルツ・ヤンペル症候群
34	神経線維腫症	35	天疱瘡	36	表皮水疱症
37	膿疱性乾癬（汎発型）	38	スティーヴンス・ジョンソン症候群	39	中毒性表皮壊死症
40	高安動脈炎	41	巨細胞性動脈炎	42	結節性多発動脈炎
43	顕微鏡的多発血管炎	44	多発血管炎性肉芽腫症	45	好酸球性多発血管炎性肉芽腫症
46	悪性関節リウマチ	47	バージャー病	48	原発性抗リン脂質抗体症候群
49	全身性エリテマトーデス	50	皮膚筋炎/多発性筋炎	51	全身性強皮症
52	混合性結合組織病	53	シェーグレン症候群	54	成人スチル病
55	再発性多発軟骨炎	56	ベーチェット病	57	特発性拡張型心筋症
58	肥大型心筋症	59	拘束型心筋症	60	再生不良性貧血
61	自己免疫性溶血性貧血	62	発作性夜間ヘモグロビン尿症	63	特発性血小板減少性紫斑病
64	血栓性血小板減少性紫斑病	65	原発性免疫不全症候群	66	IgA腎症
67	多発性嚢胞腎	68	黄色靱帯骨化症	69	後縦靱帯骨化症
70	広範脊柱管狭窄症	71	特発性大腿骨頭壊死症	72	下垂体性ADH分泌異常症

73	下垂体性TSH分泌亢進症	74	下垂体性PRL分泌亢進症	75	クッシング病
76	下垂体性ゴナドトロピン分泌亢進症	77	下垂体性成長ホルモン分泌亢進症	78	下垂体前葉機能低下症
79	家族性高コレステロール血症（ホモ接合体）	80	甲状腺ホルモン不応症	81	先天性副腎皮質酵素欠損症
82	先天性副腎低形成症	83	アジソン病	84	サルコイドーシス
85	特発性間質性肺炎	86	肺動脈性肺高血圧症	87	肺静脈閉塞症/肺毛細血管腫症
88	慢性血栓塞栓性肺高血圧症	89	リンパ脈管筋腫症	90	網膜色素変性症
91	バッド・キアリ症候群	92	特発性門脈圧亢進症	93	原発性胆汁性肝硬変
94	原発性硬化性胆管炎	95	自己免疫性肝炎	96	クローン病
97	潰瘍性大腸炎	98	好酸球性消化管疾患	99	慢性特発性偽性腸閉塞症
100	巨大膀胱短小結腸腸管蠕動不全症	101	腸管神経節細胞僅少症	102	ルビンシュタイン・テイビ症候群
103	CFC症候群	104	コステロ症候群	105	チャージ症候群
106	クリオピリン関連周期熱症候群	107	全身型若年性特発性関節炎	108	TNF受容体関連周期性症候群
109	非典型溶血性尿毒症症候群	110	ブラウ症候群	111	先天性ミオパチー
112	マリネスコ・シェーグレン症候群	113	筋ジストロフィー	114	非ジストロフィー性ミオトニー症候群
115	遺伝性周期性四肢麻痺	116	アトピー性脊髄炎	117	脊髄空洞症
118	脊髄髄膜瘤	119	アイザックス症候群	120	遺伝性ジストニア
121	神経フェリチン症	122	脳表ヘモジデリン沈着症	123	禿頭と変形性脊椎症を伴う常染色体劣性白質脳症
124	皮質下梗塞と白質脳症を伴う常染色体優性脳動脈症	125	神経軸索スフェロイド形成を伴う遺伝性びまん性白質脳症	126	ペリー症候群
127	前頭側頭葉変性症	128	ビッカースタッフ脳幹脳炎	129	痙攣重積型（二相性）急性脳症
130	先天性無痛無汗症	131	アレキサンダー病	132	先天性核上性球麻痺
133	メビウス症候群	134	中隔視神経形成異常症/ドモルシア症候群	135	アイカルディ症候群
136	片側巨脳症	137	限局性皮質異形成	138	神経細胞移動異常症
139	先天性大脳白質形成不全症	140	ドラベ症候群	141	海馬硬化を伴う内側側頭葉てんかん
142	ミオクロニー欠神てんかん	143	ミオクロニー脱力発作を伴うてんかん	144	レノックス・ガストー症候群
145	ウエスト症候群	146	大田原症候群	147	早期ミオクロニー脳症
148	遊走性焦点発作を伴う乳児てんかん	149	片側痙攣・片麻痺・てんかん症候群	150	環状20番染色体症候群
151	ラスムッセン脳炎	152	PCDH19関連症候群	153	難治頻回部分発作重積型急性脳炎
154	徐波睡眠期持続性棘徐波を示すてんかん性脳症	155	ランドウ・クレフナー症候群	156	レット症候群
157	スタージ・ウェーバー症候群	158	結節性硬化症	159	色素性乾皮症

160	先天性魚鱗癬	161	家族性良性慢性天疱瘡	162	類天疱瘡（後天性表皮水疱症を含む。）
163	特発性後天性全身性無汗症	164	眼皮膚白皮症	165	肥厚性皮膚骨膜症
166	弾性線維性仮性黄色腫	167	マルファン症候群	168	エーラス・ダンロス症候群
169	メンケス病	170	オクシピタル・ホーン症候群	171	ウィルソン病
172	低ホスファターゼ症	173	VATER症候群	174	那須・ハコラ病
175	ウィーバー症候群	176	コフィン・ローリー症候群	177	ジュベール症候群関連疾患
178	モワット・ウィルソン症候群	179	ウィリアムズ症候群	180	ATR-X症候群
181	クルーゾン症候群	182	アペール症候群	183	ファイファー症候群
184	アントレー・ビクスラー症候群	185	コフィン・シリス症候群	186	ロスムンド・トムソン症候群
187	歌舞伎症候群	188	多脾症候群	189	無脾症候群
190	鰓耳腎症候群	191	ウェルナー症候群	192	コケイン症候群
193	プラダー・ウィリ症候群	194	ソトス症候群	195	ヌーナン症候群
196	ヤング・シンプソン症候群	197	1p36欠失症候群	198	4p欠失症候群
199	5p欠失症候群	200	第14番染色体父親性ダイソミー症候群	201	アンジェルマン症候群
202	スミス・マギニス症候群	203	22q11.2欠失症候群	204	エマヌエル症候群
205	脆弱X症候群関連疾患	206	脆弱X症候群	207	総動脈幹遺残症
208	修正大血管転位症	209	完全大血管転位症	210	単心室症
211	左心低形成症候群	212	三尖弁閉鎖症	213	心室中隔欠損を伴わない肺動脈閉鎖症
214	心室中隔欠損を伴う肺動脈閉鎖症	215	ファロー四徴症	216	両大血管右室起始症
217	エプスタイン病	218	アルポート症候群	219	ギャロウェイ・モワト症候群
220	急速進行性糸球体腎炎	221	抗糸球体基底膜腎炎	222	一次性ネフローゼ症候群
223	一次性膜性増殖性糸球体腎炎	224	紫斑病性腎炎	225	先天性腎性尿崩症
226	間質性膀胱炎（ハンナ型）	227	オスラー病	228	閉塞性細気管支炎
229	肺胞蛋白症（自己免疫性又は先天性）	230	肺胞低換気症候群	231	α1-アンチトリプシン欠乏症
232	カーニー複合	233	ウォルフラム症候群	234	ペルオキシソーム病（副腎白質ジストロフィーを除く。）
235	副甲状腺機能低下症	236	偽性副甲状腺機能低下症	237	副腎皮質刺激ホルモン不応症
238	ビタミンD抵抗性くる病/骨軟化症	239	ビタミンD依存性くる病/骨軟化症	240	フェニルケトン尿症
241	高チロシン血症1型	242	高チロシン血症2型	243	高チロシン血症3型
244	メープルシロップ尿症	245	プロピオン酸血症	246	メチルマロン酸血症
247	イソ吉草酸血症	248	グルコーストランスポーター1欠損症	249	グルタル酸血症1型
250	グルタル酸血症2型	251	尿素サイクル異常症	252	リジン尿性蛋白不耐症
253	先天性葉酸吸収不全	254	ポルフィリン症	255	複合カルボキシラーゼ欠損症
256	筋型糖原病	257	肝型糖原病	258	ガラクトース-1-リン酸ウリジルトランスフェラーゼ欠損症

259	レシチンコレステロールアシルトランスフェラーゼ欠損症	260	シトステロール血症	261	タンジール病
262	原発性高カイロミクロン血症	263	脳腱黄色腫症	264	無βリポタンパク血症
265	脂肪萎縮症	266	家族性地中海熱	267	高IgD症候群
268	中條・西村症候群	269	化膿性無菌性関節炎・壊疽性膿皮症・アクネ症候群	270	慢性再発性多発性骨髄炎
271	強直性脊椎炎	272	進行性骨化性線維異形成症	273	肋骨異常を伴う先天性側弯症
274	骨形成不全症	275	タナトフォリック骨異形成症	276	軟骨無形成症
277	リンパ管腫症/ゴーハム病	278	巨大リンパ管奇形（頚部顔面病変）	279	巨大静脈奇形（頚部口腔咽頭びまん性病変）
280	巨大動静脈奇形（頚部顔面又は四肢病変）	281	クリッペル・トレノネー・ウェーバー症候群	282	先天性赤血球形成異常性貧血
283	後天性赤芽球癆	284	ダイアモンド・ブラックファン貧血	285	ファンコニ貧血
286	遺伝性鉄芽球性貧血	287	エプスタイン症候群	288	自己免疫性後天性凝固因子欠乏症
289	クロンカイト・カナダ症候群	290	非特異性多発性小腸潰瘍症	291	ヒルシュスプルング病（全結腸型又は小腸型）
292	総排泄腔外反症	293	総排泄腔遺残	294	先天性横隔膜ヘルニア
295	乳幼児肝巨大血管腫	296	胆道閉鎖症	297	アラジール症候群
298	遺伝性膵炎	299	嚢胞性線維症	300	IgG4関連疾患
301	黄斑ジストロフィー	302	レーベル遺伝性視神経症	303	アッシャー症候群
304	若年発症型両側性感音難聴	305	遅発性内リンパ水腫	306	好酸球性副鼻腔炎
307	カナバン病	308	進行性白質脳症	309	進行性ミオクローヌスてんかん
310	先天異常症候群	311	先天性三尖弁狭窄症	312	先天性僧帽弁狭窄症
313	先天性肺静脈狭窄症	314	左肺動脈右肺動脈起始症	315	ネイルパテラ症候群（爪膝蓋骨症候群）/LMX1B関連腎症
316	カルニチン回路異常症	317	三頭酵素欠損症	318	シトリン欠損症
319	セピアプテリン還元酵素（SR）欠損症	320	先天性グリコシルホスファチジルイノシトール（GPI）欠損症	321	非ケトーシス型高グリシン血症
322	β-ケトチオラーゼ欠損症	323	芳香族L-アミノ酸脱炭酸酵素欠損症	324	メチルグルタコン酸尿症
325	遺伝性自己炎症疾患	326	大理石骨病	327	特発性血栓症（遺伝性血栓性素因によるものに限る。）
328	前眼部形成異常	329	無虹彩症	330	先天性気管狭窄症/先天性声門下狭窄症
331	特発性多中心性キャッスルマン病	332	膠様滴状角膜ジストロフィー	333	ハッチンソン・ギルフォード症候群
334	脳クレアチン欠乏症候群	335	ネフロン癆	336	家族性低βリポタンパク血症1（ホモ接合体）
337	ホモシスチン尿症	338	進行性家族性肝内胆汁うっ滞症		

第18章
社会保険制度

18－1　概要（社会保険制度の概要） ······························· *174*

18－2　医療保険制度 ··· *175*

18－3　年金保険制度 ··· *179*

18－4　労働保険制度 ··· *180*

　18－4－1　雇用保険制度 ··· *180*
　18－4－2　労災保険制度 ··· *181*

18－5　介護保険制度 ··· *183*

18－6　訪問看護制度（地域包括ケアシステム） ············ *185*

18－1　概要（社会保険制度の概要）

　17－1の狭義の社会保障のうち、社会生活上の事故にあった人やその家族が予め加入している保険のことを社会保険という。怪我を負ったり疾病に罹患したときは医療保険、失業したり育児のために休業するときは雇用保険、障害や老齢などで介護が必要になったときは介護保険、仕事をしていて負傷したり死亡した場合は労災保険（保険料負担は事業主、保険者は国）退職などによる老後の生活安定のための年金保険がある。

　概要を略図化すると以下のようになる。

社会保険制度	医療保険制度	【健康保険法】	組合健保	700 人以上の企業、事業所従業員
			協会けんぽ	中小企業の従業員、船員等
		【国民健康保険法】	国保組合	自由業者
			国民健康保険	自営業者
		【共済保険法】　⇒　特殊職域労働者 後期高齢者医療制度 【高齢者医療確保法】	75 歳以上が対象：65 歳以上要介護者	
	年金保険制度	【厚生年金保険法】	一般労働者（被用者）　＋　特殊職域労働者 2019 年（平成 27 年）から、被用者年金一元化法により統一化	

```
                  【国民年金法】      20歳以上60歳未満国民強制加入（老齢基礎年金）

 労働保険制度   【雇用保険法】      保険者（国）/ 被保険者（一般被保険者）/ 保険料は事業
                                     主と被保険者で折半で負担
 雇用と労災    【退職手当法等】 ⇒  特殊職域労働者

                 【労災補償保険法】  実施主体は国（政府）/ 労働保険料はすべて事業主負担
                 【国公災害補償法等】 ＝特殊職域労働者

 介護保険制度   【介護保険法】
                 ★1号被保険者：65歳以上
                 ★2号被保険者：40歳以上65歳未満（医療保険加入が条件）
```

（注）船員保険制度は、1985年/昭和60年以降、医療保険部門は全国健康保険協会へ、雇用保険部門は雇用保険法扱いへ、労災保険部門は労災保険法扱いへ、年金保険部門は被用者年金一元化法扱いへ移行した。

18－2　医療保険制度

　「健康保険法」「国民健康保険法」「各種共済組合保険法」「後期高齢者医療制度（高齢者医療確保法）」の要点を列挙する。（除く、共済組合保険法：内容は健康保険法とほぼ同じ）

【健康保険法（1922年/大正11年　4 /22）】

1）保険者

　(1)　健康保険組合（単一事業所700人以上、同業同種集合体3,000人以上）

　(2)　全国健康保険協会（略称：協会けんぽ）〔旧船員保険制度の職務外疾病負傷を含む〕

2）被保険者：被用者、その被扶養者

3）保険による給付率：原則7～8割

4）保険給付対象

　(1)　疾病に対する給付（原則現物給付）

　　①　療養の給付（診察、薬剤支給、治療、療養に伴う看護等）

　　②　入院時食事療養費（食事療養標準負担額を除く部分）

　　③　入院時生活療養費（65歳以上の被保険者対象）

　　④　保険外併用療養費（評価療養、患者申出療養、選定療養：平成18年厚生労働省告示）

　　⑤　療養費（保健医療機関外等での診療の場合、被保険者の費用全額支払いの後受ける現金給付）

⑥ 訪問看護療養費（指定訪問看護ステーションから訪問看護を受けたとき）

⑦ 移送費（病院又は診療所に移送されたときの費用の金額の現金支給）

⑧ 傷病手当金（業務外疾病＋給料支給無等、賃金の3分の2＋通算1年半支給）

⑨ 家族療養費、家族訪問看護療養費、家族移送費）

⑩ 高額療養費（一部負担金が高額の場合、所得によって月単位の上限額を超える分の支給がある）

⑪ 高額介護合算療養費（同上）

(2) 出産に対する給付（現金給付）

① 出産育児一時金（産科医療補償制度加入で42万円 ※2023年度中に50万円（見込み）に変更あり）

※妊娠12週（85日）以降の死産・流産でも支給

② 出産手当金（産前42日産後56日期間内の給料の保障）

③ 家族出産育児一時金

(3) 死亡に対する給付

被保険者死亡、被扶養者死亡：埋葬料、家族埋葬料各5万円

(4) 退職後の給付（資格喪失後の期間による）

傷病手当金、出産手当金、出産育児一時金、埋葬料

5）保険給付非対象

健康診断、人間ドック、美容整形、予防接種、症状が固定した身体障害、正常分娩　等
差額ベッド代（特別療養環境室料：条件〔患者が希望して、個室〜4床以下、6.4m^{2}以上等〕）

6）診療報酬　1点/10円

7）医療保険料の負担割合：保険者と被保険者でおおむね折半

8）失業時脱退し、国民健康保険への切り替え：「医療保険資格喪失証明書」「離職票」の提出

【国民健康保険法（1958年/昭和33年　12/27）】

1）保険者

① 都道府県、市町村（特別区含む）：共同保険者

② 国民健康保険組合（同業職種者により組織される法人で都道府県知事の認可要）

2）被保険者

市区町村に在住する者（世帯主）とその家族

　　適用除外者　①　他の医療保険の被保険者とその被扶養者　②　国保組合の被保険者

　　　　　　　　③　生活保護世帯　等

3）保険による給付率：原則7割～8割

4）保険給付対象

（1）疾病に対する給付（原則現物給付）

　①　療養の給付（診察、薬剤支給、治療、療養に伴う看護等）

　②　入院時食事療養費（食事療養標準負担額を除く部分）

　③　入院時生活療養費（65歳以上の被保険者対象）

　④　保険外併用療養費（評価療養、患者申出療養、選定療養：平成18年厚生労働省告示）

　⑤　療養費（保健医療機関外等での診療の場合、被保険者の費用全額支払いの後受ける現金給付）

　⑥　訪問看護療養費（指定訪問看護ステーションから訪問看護を受けたとき）

　⑦　移送費（病院又は診療所に移送されたときの費用の金額の現金支給）

　⑧　傷病手当金（任意給付、現在実施市町村なし）

　⑨　家族療養費、家族訪問看護療養費、家族移送費

　⑩　高額療養費（一部負担金が高額の場合、所得によって月単位の上限額を超える分の支給がある）

　⑪　高額介護合算療養費（同上）

（2）出産に対する給付（現金給付）

　①　出産育児一時金（産科医療補償制度加入で42万円　※2023年度中に50万円（見込み）に変更あり）

　　　※妊娠12週（85日）以降の死産・流産でも支給

　②　家族出産育児一時金

（3）死亡に対する給付

　　被保険者死亡、被扶養者死亡：葬祭費、家族葬祭費各5万円

5）保険給付非対象

　健康診断、人間ドック、美容整形、予防接種、症状が固定した身体障害、正常分娩　等

　差額ベッド代（特別療養環境室料：条件〔患者が希望して、個室～4床以下、6.4m^{2}以上等〕）

6）診療報酬　1点/10円

7）医療保険料は、保険税又は保険料として、保険税方式を採用

【後期高齢者医療制度（高齢者医療確保法　1982年/昭和57年　8/17）】

１）保険者（運営主体）：後期高齢者医療広域連合（都道府県単位）

２）被保険者

①　広域連合の区域内に住所を有する75歳以上の者

②　広域連合の区域内に住所を有する65歳以上75歳未満の者で一定の障害があるもの

例：身体障害者手帳１～３級、精神障害者保健福祉手帳１、２級　等

３）保険による給付率：原則７割～９割

４）保険給付対象

(1)　疾病に対する給付（原則現物給付）

①　療養の給付（診察、薬剤支給、治療、療養に伴う看護等）

②　入院時食事療養費（食事療養標準負担額を除く部分）

③　入院時生活療養費

④　保険外併用療養費（評価療養、患者申出療養、選定療養：平成18年厚生労働省告示）

⑤　療養費（保健医療機関外等での診療の場合、被保険者の費用全額支払いの後受ける現金給付）

⑥　訪問看護療養費（指定訪問看護ステーションから訪問看護を受けたとき）

⑦　移送費（病院又は診療所に移送されたときの費用の金額の現金支給）

⑧　傷病手当金（業務外疾病＋給料支給無等、賃金の３分の２＋通算１年半支給）

⑨　高額療養費（一部負担金が高額の場合、所得によって月単位の上限額を超える分の支給がある）

⑩　高額介護合算療養費（同上）

(2)　死亡に対する給付

被保険者死亡：埋葬料５万円

５）保険料負担（年額18万円以上：年金からの天引き　年額18万円未満：普通徴収）

後期高齢者の医療費総額の10％を、原則均等負担（＋所得による負担/上限62万円）：軽減措置あり

18－3　年金保険制度

要諦

　医療保険が国民皆保険により国民全員が加入する保険制度であるのに対して、年金保険は20歳になると加入資格が生ずる国民年金制度をベースにしている。この公的年金制度は、国民年金と厚生年金の二本立てに集約されてから一層その脆弱性が指摘され、国民の大きな不安材料になっている。また、国民年金の加入期間の延長が議論されている（2022年10月現在）。

　年金制度は、制度化された相互扶助（共助）の１つで、年金原資の７割を保険料で賄っていることから、高齢者への支給方式を「賦課方式」とよんでいる。

【国民年金法（1959年/昭和34年　4/26）】 ☞17－2－1

1）保険者：政府（国；厚生労働省）　窓口は年金事務所

2）加入者

① 第１号被保険者：日本国内に住所を有する20歳以上60歳未満の者（②、③を除く）

② 第２号被保険者：厚生年金保険の被保険者

③ 第３号被保険者：厚生年金保険の被扶養配偶者で、20歳以上60歳未満の者

④ 任意加入者

⑤ 付加年金への加入者

3）保険給付の種類

① 老齢基礎年金（原則65歳から支給開始）

② 障害基礎年金（１級、２級＋保険料納付要件：2021年現在220万人）

③ 遺族基礎年金

④ 付加年金、寡婦年金及び死亡一時金等（第１号被保険者のみ）

4）保険料

① 月額16,410円（第１号被保険者）

② 保険料の免除・猶予

　　a）法定免除（生活保護費受給者等）　　b）学生納付特例制度（10年間追納可）　　等

5）経緯

　　1961年/昭和36年４月から徴収開始⇒1989年/平成元年から学生の強制加入

【厚生年金保険法（1954年/昭和29年　5/19）】 ☞17－2－1

1）保険者：政府（国；厚生労働省）　窓口は年金事務所

2）加入者（被保険者）

被保険者	被保険者種別	実施機関
第1号	適用事業所で使用される者（一般企業の会社員）	年金事務所
第2号	国家公務員共済組合員	共済組合及び共済連合会
第3号	地方公務員共済組合員	各共済組合等
第4号	私立学校教職員共済組合員	学校振興・共済事業団

（注）１日法では次のように分類されていた。〈第１種：男子　第２種：女子　第３種：坑内員、船員　第４種：任意継続者〉

（注）被保険者は、国民年金の第２号被保険者として適用されるので、二重加入になる。

3）保険給付の種類

①　老齢厚生年金及び特別支給の老齢厚生年金（60歳代前半から支給開始）

②　障害厚生年金及び障害手当金　③　遺族厚生年金

④　企業年金（確定拠出年金、確定給付年金）

4）失業時、雇用元から、加入していた厚生年金の「資格喪失証明書」を受け取り、在住の市区町村で、国民年金への切り替えを行う。

5）被用者年金一元化

2015年/平成27年10月から、各種共済年金を廃止し、公務員等と会社員を同じ「厚生年金」に加入させる「被用者年金一元化法」施行した。

18－4　労働保険制度

18－4－1　雇用保険制度

要諦

雇用される労働者（特殊職域労働者を除く）を対象に、職業選択によって得られた雇用環境を維持継続するためあるいは他の職業選択に必要な所得の保障を確保するために、失業の予防、雇用機会の拡大、労働者の能力の開発・向上などの施策を定めている。しかし、解雇、失業などが労働環境に起因するなど労働関係法規（労働基準法、労働安全衛生法、男女雇用機会均等法など）の理解も必須となる。

【雇用保険法（1974年/昭和49年　12/28）施行は、1975年/昭和50年　4/1】

1）保険者：政府（国；厚生労働省）　窓口は公共職業安定所（ハローワーク）

2）被保険者

①　一般被保険者（除く、学生又は生徒・雇用される船員・国、都道府県、市町村に雇用される者）

②　高年齢被保険者（65歳以上の被保険者）

③　短期雇用特例被保険者　④　日雇労働被保険者

3）給付の種類

(1)　失業等給付

①　求職者給付（一般被保険者、高年齢被保険者、短期雇用特例被保険者）

②　就職促進給付

③　教育訓練給付（教育訓練給付金、教育訓練支援給付金）

④　雇用継続給付

・高年齢雇用継続給付　　・育児休業給付　　・介護休業給付

(2)　付帯二事業

①　雇用安定事業に係る助成金

②　能力開発事業に対する助成金等

4）保険料負担（事業主＋被保険者＋国庫負担金）

5）失業時、雇用元から「離職票」「雇用保険被保険者証」を受け取り、公共職業安定所
　へ

6）|特別課題|（☞15-3）「出産前後から産後の育児」に関して、労働保障、所得保障
　の仕組みを考えてみよう。

18-4-2　労災保険制度

|要諦|

　労働者を使用する事業（国家公務員、地方公務員は適用外）は、すべて労災保険が適用
される。業務上の事故又は通勤途上の事故による負傷、疾病、障害、死亡などに対して必
要な保険給付がなされる仕組みだが、いずれも原因と結果において因果関係が存在するこ
とが条件となる。例えば、業務災害による疾病は現代医学の経験則が基準になり、通勤災
害による負傷等は移動手段が合理的な経路上にあったか又は方法を用いたかにより、認定
されない場合もありうる。近年、産業保健的観点から、職場における健康管理に関連し
て、仕事のストレスなどで「心の病」を患うことで、労災と認められる人が年々増加して
いることに注目しよう。また、過労死等防止対策推進法（☞15-2）で防ぎきれない、
「時間外労働」の改善が急務になっている。

【労働者災害補償保険法（1947年/昭和22年　4/7）】

1）保険者：国（政府）事務窓口は、厚生労働省（中央）、各都道府県労働局・労働基準
　　監督署（地方）

２）保険加入者：事業主（保険料は全額事業主負担）

３）被保険者

　①　雇用される労働者（一部例外有）（国家・地方公務員は、当該災害補償法の適用）

　②　船員保険の被保険者（2010年/平成22年１月〜）

　③　特別加入制度対象者

　　　a）従業員300人以下の中小企業の事業主とその従業員

　　　b）一人親方その他の自営業者及びその者が行う事業の従事者

　　　c）特定作業（農作業、職業訓練従事、家内労働、家事育児従事等）従事者

４）給付の種類及び給付額

（1）業務災害

　①　療養補償給付（現物給付）

　②　休業補償給付（現金給付）

　③　介護補償給付（現金給付）

　④　遺族補償給付（現金給付）

　　　・遺族補償年金　　・遺族補償一時金

　⑤　障害補償給付（現金給付）

　　・障害補償年金　　・障害補償一時金

（2）通勤災害

　①　療養給付（現物給付）

　②　休業補償給付（現金給付）

　③　介護給付（現金給付）

　④　遺族給付（現金給付）

　　　・遺族年金　　　　・遺族一時金

　⑤　障害給付（現金給付）

　　　・障害年金　　　　・障害一時金

５）給付申請：労働者→労働基準監督署へ請求（調査、認定）→給付金の支給（不支給）

６）適用例外　労災により賃金を受けない３日間は、労働基準法により事業主が休業補償する。

18－5　介護保険制度

【介護保険法（1997年/平成 9 年）成立→（2000年/平成12年）施行】

1）保険者：都道府県の各市町村及び特別区（以下「市区町村」）

2）被保険者（「住所を有する」とは、住民基本台帳に登録されていて居住実績があること）

① 第 1 号被保険者：市区町村に住所を有する65歳以上の者⇔強制加入

② 第 2 号被保険者：市区町村に住所を有する40歳以上64歳以下（65歳未満）の者＋医療保険加入者

3）第 2 号被保険者の利用条件（「特定疾病」：16の疾病及び疾患（ ）は指定難病の告示番号）

末期の悪性腫瘍	骨折を伴う骨粗鬆症	初老期における認知症
早老症	脳血管疾患（除く外傷性）	慢性閉塞性疾患
閉塞性動脈硬化症	糖尿病性神経障害・腎症・網膜症	
両側の股関節又は股関節に著しい変形を伴う変形性関節症		
筋萎縮性側索硬化症（2）	後縦靱帯骨化症（69）	多系統萎縮症（17）
脊髄小脳変性症（18）	広範脊柱管狭窄症（70）	悪性関節リウマチ（46）
進行性核上性麻痺（5）	大脳皮質基底核変性症（7）	パーキンソン病（6）

4）保険給付の種別

① 介護給付：要介護状態 5 区分

② 予防給付：要支援状態 2 区分

③ 市町村特別給付：要介護又は要支援状態に対し、市町村が条例で定める。

5）介護給付の内容（☞22－1－1）

内容	状態	補足
施設サービス	要介護 3 ～要介護 5	介護老人保健施設は、要介護 1 から入所可
居宅サービス	要介護 1 、要介護 2	他に、居宅介護支援（保健医療福祉サービスを利用する際に居宅サービス計画の作成・施設との連絡調整を行う）と居宅介護住宅改修費がある
地域密着型サービス	要支援	9 区分のサービス（☞22－1－1）

6）予防給付の内容

① 介護予防サービス：訪問入浴介護、訪問看護、訪問リハビリ、通所リハビリ、居宅療養管理指導、短期入所生活介護、短期入所療養介護、特定施設入居者生活介護、福祉用具貸与・販売（有償）

②　介護予防住宅改修費

③　介護予防支援（地域包括支援センターによる、介護予防サービス計画作成等）

④　地域密着型介護予防サービス

7）地域包括支援センター（市区町村が設置）：地域包括ケアシステムの中核的存在

・設置基準（各公立中学校区、人口2〜3万人に1つ）

8）認定手続

❶　本人（又は家族）申請：代行申請可（地域包括支援センター又は事業者）

❷　各市区町村の窓口（介護保険課、福祉課等）へ「要介護認定申請書」「介護保険被保険者証」を提出

（注）第2号被保険者は「医療保険被保険者証」の提出

❸　訪問面接調査（介護支援専門員等）＋一次判定（コンピューター判定）

❹　主治医の意見書＋二次判定（介護認定審査会の審査）

（注）❸❹は、訪問調査＋主治医の意見書→「一次判定」→「二次判定（介護保険審査会）」の場合有

❺　要介護認定区分判定：「認定」→「非該当」「要支援」「要介護」

判定に不服のとき→「介護保険審査会（都道府県）」→「厚生労働省（国）」→「司法判断」（裁判所）

9）利用開始

利用者とサービス事業者との個別契約によって開始する。この契約は、民法上の準委任契約で、事業者は善良な管理者としての注意をもって履行することが求められる。介護保険利用部分と介護保険非利用部分を明確にして契約することが肝要である。

10）被保険者の介護サービス利用に係る利用負担

保険者種別	自己負担割合/所得基準		その他の保険外自己負担
第1号被保険者	1割	年収等　〜280万円	食　費：材料費＋調理費＋栄養管理料 居住費：水道光熱費＋部屋代 （施設等により異なる場合有）
	2割	年収等280〜340万円	
	3割	年収等　340万円〜	
第2号被保険者	1割	なし	

（注）区分支給限度額、高額介護サービス費制度有
（注）保険料滞納の場合：3割負担

11）保険料と納付方法

①　第1号被保険者：所得段階別保険料（3年毎の見直し）、年金からの天引き（年額18万円以上）

②　第2号被保険者：加入する医療保険により異なる、医療保険料と合算請求

12）介護保険実施に必要な費用（社会保障給付費の福祉部分）の負担

公費（税金） 50%（国：都道府県：市町村＝2：1：1）	第1号被保険者負担 23%	第2号被保険者負担 27%

13）介護保険に伴う費用総額

10兆7812億円/2019年令和元年（給付費9兆9622億円）

（2022年/令和4年予算：12兆3175億円）

18−6　訪問看護制度（地域包括ケアシステム）

要諦

　健康とは未病の状態を指し、病気や障害がないことではない。健康と不健康とは連続している。私たちは生を受けてから、可能な限り自宅で自立した生活を送り安楽に死を迎えたいものである。平均寿命とは、健康寿命と介護寿命を足したものであり、齢を加えるなど様々な社会生活上の事故とともに"虚弱化"してゆく。自立した生活を送っていても、身体介護が必要になったり、生活援助が必要になることは誰しもありうる。互助のシステムを使っていてもその限界を感じて、共助システムが必要になることがある。そのためにこの国では制度化された様々な社会保険制度を利用することができる。

　全国各市区町村では、地域における包括的・継続的なマネジメントを強化するために、要支援・要介護状態になる前からその予防に取り組む地域支援事業を行っている。その一環が医療保険制度や介護保険制度における訪問看護・介護保険制度における訪問介護事業である。後者については18−5で述べたので、前者について述べる。

【訪問看護制度（訪問看護ステーション）】

【訪問看護療養費に係る指定訪問看護の費用の算定方法（厚生労働省告示2008年/平成20年）】

１）病院退院後の継続看護として出発した訪問看護制度は、寝たきり老人の医療サービス（1992年/平成４年〜）だけでなく、退院患者以外の在宅療養者へのサービスへと変遷した。さらにこれまでの老人訪問看護制度を改め訪問看護制度（1994年/平成６年〜）を創設した。その対象は広く難病患者、障碍を持つ者をはじめ全ての年齢の在宅療養者に提供できるようになった。

　訪問看護制度の仕組みは、要介護者への居宅サービス提供から始まったもので介護保険による給付が先行するが、40歳未満の子ども等に対する給付は医療保険が適用されるのはいうまでもない。2014年/平成26年以降、在宅医療推進のために「24時間対応」「終末期医療」「重症度の高い医療」などに特化した、"機能強化（専門特化型）型訪問看護ステーション"の登場を受け、要介護者等であっても「厚生労働大臣指定の疾病」等の場合は医療保険の給付が優先することになった。

２）厚生労働大臣指定の疾病

◎▲筋萎縮性側索硬化症（２）	◎多発性硬化症（13）	進行性筋ジストロフィー症
◎▲脊髄小脳変性症（18）	◎重症筋無力症（11）	スモン
◎▲ハンチントン病（８）	◎プリオン病（23）	後天性免疫不全症候群
◎▲パーキンソン病（６）	◎亜急性硬化性全脳炎（24）	頚髄損傷
◎▲進行性核上性麻痺（５）	▲末期の悪性腫瘍	人工呼吸器を使用している状態
◎▲大脳皮質基底核変性症（７）		

〔凡例：難病＝◎　特定疾病＝▲〕

3）訪問看護の仕組み

	「介護保険」を利用した訪問看護	「医療保険」を利用した訪問看護
根拠法令	介護保険法	各種医療保険法
定　義	看護師等が、利用者の居宅において、介護サービス計画書に基づき、療養上の世話又は必要な診療の補助を行うサービス	看護師等が、利用者の居宅において、療養上の世話又は必要な診療の補助を行うサービス/疾病又は負傷により療養を継続して受ける状態であり、厚生労働大臣が定める疾病にあるとき
設置主体	病院、会社、社団・財団法人、社会福祉法人、地方公共団体、協同組合、NPO法人	
サービス提供者員数条件	看護師・保健師・助産師・准看護師、理学療法士・作業療法士・言語聴覚士 看護職常勤換算で2.5人以上（内1名は常勤）	
管理者	専従かつ常勤の保健師、看護師又は助産師（健康保険法の指定訪問看護ステのみ）	
指定申請	都道府県、政令指定都市、中核市（介護保険法）「医療保険」の指定とみなされる	厚生労働省　地方厚生局（健康保険法）
利用条件	主治医の「訪問看護指示書」＋事業者と契約	
利用対象者	第1号被保険者：介護認定「該当」者 第2号被保険者：「特定疾病」該当者	・40歳未満：医療保険加入者（含む家族） ・40歳以上65歳未満：（特定疾病非該当） ・65歳以上：介護認定非該当者 ・病状悪化の場合　「特別訪問看護指示書」発行 ・厚生労働大臣指定の疾病
利用回数・時間	制限なし（20分、30分、30〜60分等）（月間の支給限度額の範囲内）	原則：週3回（月12回まで）（30〜90分）例外：「厚生労働大臣指定疾病」は制限なし
費用（保険者負担）	訪問看護費	訪問看護療養費
費用（自己負担）	第1号被保険者：1〜3割（☞18-5）第2号被保険者：1割	2〜3割（☞3-1）
	保険対象外のサービスは実費	時間外、休日サービスは差額負担
	高額介護合算療養費制度の適用有（医療保険と介護保険の利用者負担を軽減するため、一定額を超える分について）：医療保険者、介護保険者へ申請	
	難病患者も負担有：「特定疾患医療受給者証（特定医療費〔指定難病〕受給者証）」	
交通費	無料（サービス提供地域内）	有料（実費×訪問回数）

第18章　社会保険制度

第19章
公的扶助制度

19－1　法制度 ……………………………………………………………………………… 188

19－2　NIE『「お金ない」治療を断念』を読んで考えよう ……………………… 191

19－1　法制度

要諦

　日本国憲法第25条は、その第1項で、「すべて国民は、健康で文化的な最低限度の生活を営む権利を有する」と規定して、いわゆる「生存権」を保障している。この意義については諸説あるが、朝日訴訟における最高裁判所の判断を次に挙げる。

　「本状の規定は、すべての国民が健康で文化的な最低限度の生活を営み得るように国政を運営すべきことを国の責務として宣言したにとどまり、直接個々国民に対して具体的権利を賦与したものではなく、具体的権利は、憲法の趣旨を実現するために制定された生活保護法によって、初めて与えられる。……生存権が抽象的相対的概念であり、その認定判断は厚生労働大臣の合目的的裁量に委ねられていて、裁量権の限界を超えた場合や、濫用をした場合には、違法な行為として司法審査の対象となる。……」（最高裁判所判決　大法廷　1967年/昭和42年　5/24）

【生活保護法（1950年/昭和25年　5/4）】

　生活保護法は、憲法25条の生存権の意味を具体化したもので、自らの資産やその能力その他のあらゆるものを活用しても維持できなくなった人や世帯に、その求めに応じて、国家の責任で健康で文化的な最低限度の生活を保障するとともに、自立を助長して社会に復帰できるよう謳っている。

1）4原理
　①　国家責任による最低生活保障の原理
　②　無差別平等の原理

③　最低限度の生活（健康で文化的な生活水準の維持）保障の原理

④　保護の補足性（ケースワーカーによる、means test：資産調査）

　　ⅰ）利用しうる資産、能力等を活用すること

　　ⅱ）扶養義務者の扶養及び他の社会的扶助の優先

　　　　（注）扶養義務者：直系血族、兄弟姉妹、三親等内の親族（前二者を除く＋家庭
　　　　裁判所の許可）

　　ⅲ）急迫した事由の場合は、保護が優先

2）4原則

①　申請保護の原則　　　　：要保護者等（他扶養義務者、同居親族）の申請に基づいて
　　　　　　　　　　　　　　開始

②　基準及び程度の原則　　：厚生労働大臣の定めた基準に不足する分を補う程度

③　必要即応の原則　　　　：実際の必要の相違を考慮

④　世帯単位の原則　　　　：世帯単位が基準

3）保護の種類

生活に困窮している人に対して、申請に基づき、その状況に応じて必要な扶助を行う。

種　類	給付		給付方式	内　容
	（原則）	（例外）		
生活扶助	金銭給付	現物給付	現物給付	第1類：個人的経費 第2類：世帯共通費 各種加算等
教育扶助	金銭給付	現物給付	保護金品は学校の長へ交付	義務教育に伴う必要経費 （教科書、通学用品、学校給食）
住宅扶助	金銭給付	現物給付	現物給付は宿所提供施設に委託	住居＋補修その他維持費
医療扶助	現物給付	金銭給付	医療給付は医療機関に交付	「医療券」の交付（市町村） 国保等の診療報酬の例による
介護扶助	現物給付	金銭給付	委託を受けた介護事業者に給付	介護報酬の例による
出産扶助	金銭給付	現物給付	委託を受けた指定助産師に給付	国保の診療報酬の例による
生業扶助	金銭給付	現物給付	委託を受けた授産施設等に給付	生業費、技能習得費、就職支度費
葬祭扶助	金銭給付	現物給付	葬祭業者に給付	検案、火葬埋葬、納骨等費用

（注）医療扶助（全額給付の公費負担医療）額：約1.75兆円　　（2020年/令和2年）

（注）生活扶助の各種加算

　　ⅰ）障碍者加算　　　ⅱ）介護保険料加算　　ⅲ）介護施設入所者加算

　　ⅳ）児童養育加算　　ⅴ）放射線障碍者加算　　ⅵ）母子加算

　　ⅶ）在宅患者加算

　　※老齢加算（2012年/平成24年）妊産婦加算（2020年/令和2年）は廃止された。

４）保護施設の種類

一定の条件に該当する人に対して、施設への入所又は通所により保護を行う。

施　設	対象者	施設での保護の内容
救護施設	身体上又は精神に著しい障害があって、日常生活を営むのが困難な要保護者	生活扶助 給食、介護、健康管理等
更生施設	身体上又は精神上の理由で、養護及び生活指導が必要な要保護者	生活扶助 作業指導、給食、健康管理
医療保護施設	医療を必要とする要保護者	医療の給付
授産施設	身体上又は精神上の理由もしくは世帯の事情により就業能力が限られている要保護者	就労又は技能習得に必要な訓練及び職業提供
宿所提供施設	住居のない要保護者	住宅扶助

５）近年の法改正のポイント

① 就労自立支援金（就労自立給付金）

安定した職業に就労したり、保護の必要性が無くなった時に支給する。

② 不正・不適正受給対策

ⅰ）福祉事務所による調査権限の拡大

ⅱ）不正受給に対する罰則引き上げ（懲役刑、罰金刑）

ⅲ）不正受給による保護費の返還と就労自立支援金等との相殺

③ 医療扶助・介護扶助の支給の適正化

④ 被保護者の健康の保持及び増進を図る事業の実施（保健指導、受診勧奨、情報提供等）

⑤ 被保護者就労支援事業（委託した場合、受託者に守秘義務発生）

被保護者からの相談に応じ、情報提供や助言を行う。

⑥ 進学準備給付金

対象者：高等学校を卒業し、現役で大学等に進学する者（支給額：自宅10万円　自宅外30万円）

６）最低生活保障水準の具体例（１級地−１）：厚生労働省社会・援護局保護課（2021年令和３年４/27）

扶助の種類	高齢者単独世帯 68歳女	核家族３人世帯 （父33歳、母29歳、子：４歳）	核家族３人世帯 （母子世帯、30歳母、子：２歳）
生活扶助	77,980円	158,760円	190,550円
住宅扶助	53,700円	69,800円	69,800円
合計	131,680円	228,560円	260,350円

（注）生活扶助には、児童養育加算、母子加算分を含む。なお、住宅扶助は上限額である。

19－2　NIE：「『お金ない』治療を断念」を読んで考えよう

（2016年８月８日付　朝日新聞一部改変）

「お金ない」治療を断念
〜にっぽんの負担　公平を求めて〜

「このまま帰る。何もしないで」

救急で運ばれた時のことはなにも覚えていない。看護師らに後日聞くと、こうくり返していたそうだ。

３年前の夏のことだ。埼玉県に住む女性（63）は、50代半ばから糖尿病を患っていた。だが、救急搬送される１カ月前に血糖値を下げるインスリンの注射をやめ、その影響で心臓の状態が悪くなっていた。

注射をやめたのは、お金がないからだった。

女性は19歳で結婚し３人の子を産んだが、40代で離婚。その後は１人、パン工場や清掃工場のパートで生計を立てた。10年ほど前、居酒屋で知り合った男性と同居を始めた。その頃からだるさやめまいを感じ、仕事を続けられなくなった。糖尿病と診断され、ほかの病気も含めた月の出費が２万数千円にもなった。

数年後、同居の男性も腰痛で早期退職。退職金を切り崩して暮らしたが、自分の医療費が悩みのタネだった。病気はだんだん悪くなる。血液をきれいにする「人工透析」が必要になりそうだが、とても負担できないと思った。

「これ以上、もう迷惑かけられない。長生きしたって仕方ない」

インスリンをやめてから、めまいがひどくて立てなくなった。寝たきり生活になり、体重が20キロ減。１カ月ほど経った深夜、体の震えで目を覚ました。心臓を中心に体の左半分ががくがく震えた。もう終わりだ。広告の裏に走り書きした。〈無縁仏にお願いします〉。台所で突っ伏しているのを男性が見つけ、119番通報した。

搬送されたのは、千葉県のＴ病院。女性が治療を受けている間、病院の医療ソーシャルワーカー、Ａさんが男性に切り出した。「本人は帰りたいと言ってますが、このまま退院したら命はありません」

男性は絶句した。「そんなに悪いんですか！高血圧としか聞いてなかった」。貯金はほとんど底をついていた。Ａさんのすすめで生活保護の受給を決めた。数日後、病室で目を覚ました女性は、男性から「金の心配はするな」と聞き、涙を流した。

　いま、女性は退院し、週3回透析治療に通う。生活保護を受け、必要な医療は受けられる。容体は安定した。助けてもらったのはありがたいが、こうも思う。「私なんかが生きちゃっていいのかしら。だって医療費も税金。病気の人は大勢いる。私の分をほかの人に回してあげなきゃいけないんじゃないのかな」

制度知らず手遅れも

　T病院では、受診を我慢してしまったことで手遅れになった可能性がある患者もいた。

　警備会社に勤める50代女性＝千葉県＝は2014年11月の末、胸の痛みに耐えきれず、病院を訪れた。胸のしこりからウミが出て、異臭がしていた。しこりに気づいたのは3カ月前の8月。放っておいたら、食事がのどを通らないほど痛くなり、救急を受診したという。

　医師は「乳がん」と診断。すぐに抗がん剤治療を始めようとしたが、女性は「仕事を休みたくない」と言って治療をためらった。

　ソーシャルワーカーのBさんが暮らし向きを聞くと、「仕事が生きがい」という理由のほかに、お金の問題があることもうかがえた。

　しばらく前に夫と離婚し、子どもと2人暮らし。ショッピングモールの警備をしていた女性の月収14万〜15万円が、一家の主な収入だった。アパートの家賃5万3千円をひくと日々食べていくのがやっとで、貯金はほとんどゼロだった。国民健康保険料も滞納し、保険証は交付されず、国保の「被保険者資格証明書」を持っていた。

　保険証があれば病院での窓口負担が3割だが、資格証明書の場合いったん窓口で医療費全額を支払う必要がある。大金を工面することは女性には難しかった。仕事を休めば1日分給料が減るのも、受診を控えた理由だった。

　Bさんのすすめで生活保護を申請。治療を始めた。だが、半年以上の治療も実らずがんは肝臓などに転移した。昨年秋、これ以上の治療が難しく、医師から「余命2カ月」と言われた。

　「私が我慢しちゃったからいけなかったんだよなあ」。病院の談話室で、いつもは明るい女性が寂しそうな表情をBさんに見せた。昨年11月、息をひきとった。

　お金がなくても受診できる仕組みはある。生活保護の利用者は必要な医療費が行政から支給される。生保受給者でなくても、貧しい人に対して医療費の自己負担分を減免する「無料低額診療」という制度もある。T病院も、無料低額診療を行っている。

　だが、亡くなった女性はこれらの制度を利用できていなかった。

　Bさんは「まだ腫瘍が小さい段階で受診していれば、女性はがんの摘出手術ができたかもしれない」と受診が遅れたことを悔やむ。「無料低額診療や生活保護制度を周知していかなければ、貧しい人が医療にかかれないケースは今後も続いてしまう」と危惧する。

「国民皆保険」にほころび

　「国民皆保険制度」にほころびが見える。誰もが国民健康保険や「協会けんぽ」などの公的医療保険に加入し、１～３割の窓口負担を支払えば必要な医療を受けられるという仕組みだ。

　だが、実際には保険料が払えないために正規の保険証を持っていない人や、保険に入っていても窓口負担が払えず受診していない人が、少なからずいる。受診の回数を減らしたり、高額な治療を断ったりする人もいる。

　民間シンクタンク「日本医療政策機構」の'08年の調査では、１年間に費用が理由で医療を受けなかった経験がある人は、世帯年収800万円以上かつ金融資産２千万円以上の人々で18％。一方、年収と金融資産ともに300万円未満の低所得層は39％だった。

　収入や資産が少ない人々にも最低限の生活を保護するのが生活保護だ。だが、生保を受けられる世帯のうち、実際に保護を受けている割合（捕捉率）は１～３割程度とされる。

　貧困問題に詳しい都留文科大学の後藤道夫名誉教授の推計では、世帯収入は保護の基準以下なのに実際は保護を受けていない人は国内で２千万人前後に上る。後藤氏は「多くの人々が福祉制度のすき間にいる。病気にかかった場合、受診をためらう人がたくさんいるはずだ」と指摘する。

国民健康保険の保険料滞納世帯は減少傾向だが、
国保世帯の２割弱が滞納している

全世帯に占める滞納割合

滞納世帯数

厚生労働省調べ。15年は速報値

第20章
社会福祉制度の概説

20－1　制度の歴史と現状 ……………………………………………………………… *195*

　20－1－1　社会福祉制度の概要 ……………………………………………………… *195*
　20－1－2　法制度 ……………………………………………………………………… *196*
　20－1－3　歴史的変遷 ………………………………………………………………… *198*

20－2　児童保健福祉 …………………………………………………………………… *201*

　20－2－1　児童福祉法 ………………………………………………………………… *201*
　20－2－2　児童虐待防止法 …………………………………………………………… *204*
　20－2－3　NIE：「児童虐待　最悪2万8923人」を読んで考えよう。 ……………… *206*
　　　　　　NIE：「児童虐待　最多3万7000人（上半期）」を読んで考えよう。 ……… *207*

20－3　母子父子保健福祉 ……………………………………………………………… *208*

　20－3－1　母子の保護・福祉を対象とした法制度（母体保護法、母子保健法、母子父子寡婦福祉法） …… *208*
　20－3－2　NIE：「ママの悩み　途切れぬ支援」を読んで考えよう。 ……………… *210*
　20－3－3　NIE：「妊産婦の死因　自殺が最多」を読んで考えよう。 ……………… *212*
　20－3－4　ストーカー規制法、DV防止法 ………………………………………… *214*

20－4　障碍者福祉 ……………………………………………………………………… *217*

　20－4－1　障碍を持つ人を守る法制度一覧 ………………………………………… *217*
　20－4－2　障害者基本法、障害者総合支援法、障害者虐待防止法 ……………… *218*
　20－4－3　身体障害者福祉法、知的障害者福祉法、難病医療法、発達障害者支援法 ………… *222*
　20－4－4　精神保健福祉法、心神喪失者等医療観察法 …………………………… *224*

20－5　高齢者保健福祉 ………………………………………………………………… *226*

　20－5－1　現状（9－5の再説） …………………………………………………… *226*
　20－5－2　高齢者虐待問題 …………………………………………………………… *229*
　20－5－3　NIE：「報われぬ国―負担増の先に」を読んで考えよう。 …………… *230*

20－6　被災者支援（災害対策と復興支援） ……………………………………… *232*

　20－6－1　災害と災害弱者の定義 …………………………………………………… *232*
　20－6－2　法制度（準備と災害対応） ……………………………………………… *234*

20－7　貧困者支援 ……………………………………………………………………… *235*

　20－7－1　現状と法制度 ……………………………………………………………… *235*
　20－7－2　NIE：「生活困窮　なぜ救えなかった」を読んで考えよう。 ………… *238*

20－8　補遺的総括：社会的弱者に対する虐待（暴力）問題 ……………………… *239*

20－1　制度の歴史と現状

20－1－1　社会福祉制度の概要

要諦

　第17章で触れた社会生活上の事故に起因して、自助（セルフヘルプ）が困難になったとき、私たちは、原状回復のために助け合うことになる。社会福祉は、住む社会が成熟していればより早く立ち直れるが、改善の方向へ導かれることがあっても自らその歩みを自発的に進めなければ利用できない制度でもある。

～社会保険制度との相違～

　社会福祉の姿はその国の豊かさのバロメーターを表わしているとされる根拠は、本来医療や年金のようにその財源を国民の負担に求めることが少ないからである。人間が社会を作ってきた所以は相互扶助にあり、その充実度いかんで社会の成熟度が測れると言ってもよいのである。ただ、日本の介護の社会問題化によって作った介護保険制度のように、本来違うベクトルを持つ医療と介護を合体させたことで、国家負担の財源の垣根は事実上なくなりつつあるのが現状である。医療は全国民を対象とした「均霑」サービスを基本理念とするのに対して、福祉は希望する国民を対象とした「均衡」をそれにするからである。本来福祉は、その歴史から無償の慈悲を旨とし、その財源は国家財政のいうなれば余剰金で作られた制度でもある。もともと年金制度がそれで、最初は僅かな保険料負担で豊かな未来を夢見ることができたが、今ではその財源の７割を国民の保険料負担に頼らざるを得なくなっている。いずれその割合は増加し、支給される年金額も減少するのは誰の目にも明らかである。かつて「年金福祉」とよんでいたのも頷ける。アクセルとブレーキを同時に踏んでいる現在の国家財政事情からすると、福祉を目的とした税金を課すことができないのは、福祉の持つ宿命でもある。支え合って生きるのが"社会"ならば、国家がその社会政策の一環でいわゆる社会的弱者を救済できないのであれば、国家予算の使い道に誤りがあることになる。

～医療制度との相違～

　社会福祉分野にも、その根幹にかかわる問題がある。それが介護問題で、保険財政の中にじわじわと税負担の問題が入り込み、公金を９割負担しているとはいえ、「契約福祉」といわれるように利用者がすすんで事業者とサービス提供契約を結ばないと、利用者の立ち直りは始まらないのである。しかも、介護サービスを利用すれば利用料の一部負担（所得により負担割合は倍々ゲームになる）が発生し、健康で死ぬまで介護を必要としない人にも介護保険税という終生の税負担がある。医療はというと、医療供給体制をよりタイトに進めることで、地域にその負担を強いる（地域包括ケアシステム）ことになり、事実上

地域福祉に大きく入り込むことになる。本来福祉は地域住民たちが向き合い支え合い育むものであり、「互助」が基本理念にあるべきである。この議論はひいては社会構造、経済理念につながる課題であるので別の稿に譲る。

～社会福祉制度をどう俯瞰するか～

　社会福祉の対象は、保護を必要とする子ども、家庭内暴力の被害者、障碍を持つに至った者、年齢を重ねることで自立が困難になった者、災害によって生活を奪われた者、貧困に陥った者など、他人の支えがなければ立ち上がり生きてゆけない人々である。安寧に暮らせた状態（保健）から、一瞬本来の機能を回復する（医療）途中経過を経て、この自立・社会復帰という終点（福祉）までの一連の生活は密接不可分であり、どこにその境目があるか見え辛いものである。個々の対象者の問題を説明するときには、保健医療的観点からも考察することになりより複雑に見えるが、看護職的観点とはそういうものである。

　以下、ネット社会の縦割り的情報、一過性知識でなく、連関性を持った最新の新聞報道の集積から、NIEの手法を用いて、社会福祉の現代的課題の分析と解決策を模索し国家試験対策へ繋げてゆきたい。

20－1－2　法制度

【社会福祉法（旧社会福祉事業法）1951年/昭和26年】

　概要

① 公的社会福祉事業が公明・適正に実施されるために地方公共団体に第一線の福祉事務所を置く。

　　設置：都道府県、市区（必置）　　町村（任意、条例、広域連合等で設置可）

② 福祉事務所に専門技術職員（社会福祉主事：社会福祉主事任用資格＋公務員試験合格）を置く。

　　社会福祉主事任用資格だけでは、「医療ソーシャルワーカー」「生活相談員」として働く。

③ 社会福祉法人制度の創設（純粋性、公共性、適正かつ確実な経営を確保）

④ 福祉サービス利用者への情報提供、苦情解決制度による利用者保護

⑤ 需要増大へ向けて、福祉人材センター、福利厚生センターの事業従事者の確保のための制度創設

⑥ 社会福祉協議会の設置（自助～共助までの社会福祉事業の連絡調整機関）

　　設置：都道府県、市区（区内の地区）町村

⑦ 民間社会福祉事業の経済的基礎の安定化のための『共同募金』制度の創設

社会福祉事業の定義

根　拠　法	第一種社会福祉事業 （公共性、要援護性の高い事業）	第二種社会福祉事業 （在宅福祉事業、各種相談業務）
生活保護法関係 売春防止法	救護施設、更生施設、授産施設 宿所提供施設 婦人保護施設	なし
児童福祉施設	乳児院、母子生活支援施設 児童養護施設、障碍児入所施設 児童心理治療施設、児童自立支援施設	左記以外の児童福祉施設 （☞20−2−1）
老人福祉法	養護老人ホーム、軽費老人ホーム 特別養護老人ホーム	左記以外で居宅サービス、地域密着型サービスを提供する事業
障害者総合支援法	障碍者支援施設	左記以外の事業

（注）その他の第二種社会福祉事業の例
ⅰ）養子縁組斡旋事業　　ⅱ）母子父子寡婦家庭支援事業
ⅲ）介助犬、盲導犬、聴導犬に係る事業　ⅳ）知的障碍者更生相談事業
ⅴ）定額無料診療事業　　ⅵ）生計困難者の老健、介護医療院利用事業

福祉事務所と社会福祉協議会

	福祉事務所	社会福祉協議会
設置根拠法	社会福祉法	社会福祉法
設置自治体	都道府県、市区	都道府県、市区町村
対象となる人	福祉サービスを必要とする人全て	
性　格	公的機関	民間団体
運営財源	公費	会費、寄付金、共同募金 市等の補助金、受託金

地域福祉の担い手

サービス・サポートの形〔自助＜ 　 助＜ 　 助＜ 　 助〕

①　自治会等地域住民　ボランティア組織

②　NPO法人　NGO法人　社会福祉法人　社会福祉協議会

③　民生児童委員　介護支援専門員　居宅支援の医師、看護師

④　福祉事務所

【民生委員法】

要諦

　地域住民の生活状態の把握に努め、必要な援助に関して適切な情報を提供し、各種事業に繋げてゆく活動をする。日本国憲法第14条（法の下の平等）の精神を踏まえた職務の処

理を実情に即して合理的に行うことを旨とする。自助から公助への橋渡し役でもある。

① 地区町村の各区域、1人/250世帯　（2022年　約23万人）

② 都道府県知事の推薦（民生委員推薦会）により、厚生労働大臣が委嘱する。

③ 非常勤の地方公務員

④ 児童委員も兼務（民生児童委員）

⑤ 無給　交通費・通信費は必要に応じて支給

⑥ 任期：3年（更新可）

20－1－3　歴史的変遷

時代区分/西暦・元号	福祉に関係する出来事	成立した主な関連法規
上代	聖徳太子/悲田院・施薬院（四天王寺）	
近世（江戸時代）	小石川養生所（江戸幕府） ：貧民救済のための医療費無料の医療施設 人足寄せ場（江戸幕府） ：軽犯罪者や虞犯者の自立支援施設	（享保の改革）
近代（明治時代）	日清戦争（1894年）日露戦争（1904年） ➡経済発展は、生活困窮・犯罪の増加を生む	恤救規則（1874年～1931年） （生活困窮者のための救貧法）
近代（大正時代）	第一次世界大戦 ⇒好景気は、米騒動へ。関東大震災	
近代（昭和時代） 1926年～1989年	第二次世界大戦（1945年/昭和20年） 敗戦⇒要援護者約800万人 日本国憲法（1946年公布、1947年施行） 「生活困窮者緊急生活援護要綱」閣議決定 　　　　　　◆福祉三法成立☞	救護法（1930年/昭和5年） ◆児童福祉法（昭和22年） ◆身体障害者福祉法（昭和24年） ◆生活保護法（昭和25年） ○社会福祉法（昭和26年） （旧社会福祉事業法、2000年）
1956年/昭和31年	「朝日訴訟」（権利としての社会福祉に対する認識の展開）（1957年～1967年） 昭和42年、原告死亡により訴訟終了	

時代区分/西暦・元号	福祉に関係する出来事	成立した主な関連法規
1960年/昭和35年〜 　　　1961年/昭和36年	「国民所得倍増計画」（池田勇人内閣） ⇒高度経済成長 　・過密過疎問題　・家族形態の変化 　・生活環境の激変　　等々問題発生 「国民皆保険・皆年金」制度のスタート 　・医療保険の皆保険化 　・年金保険の20歳以上の皆年金化	◇知的障害者福祉法（昭和35年） 　　（旧精神薄弱者福祉法） ◇老人福祉法（昭和38年）
1963年/昭和38年〜	「高齢社会」への入り口 　　　　　　◆＋◇福祉六法成立☞	◇母子父子寡婦福祉法（昭和39年） 　　（旧母子福祉法）
1973年/昭和48年 〜1979年/昭和54年	第一次オイルショック（中東戦争） ⇒福祉制度見直し論 第二次オイルショック（イラン革命）	
1979年/昭和54年	障碍児の養護学校就学義務化	○高齢者医療確保法（昭和57年） 　　（旧老人保健法）
1983年/昭和58年	「老人（70歳以上）医療費自己負担無 料化の見直し」	・社会福祉士及び介護福祉士法 　　（昭和62年）
現代（平成〜令和） 1989年/平成元年	《地域福祉中心型の社会福祉のスタート》 「バブル景気の崩壊」 「ゴールドプラン」 （高齢者保健福祉推進10か年計画）	・障碍者基本法（平成5年）
1994年/平成6年	「新ゴールドプラン」 　　（高齢者保健福祉推進5か年計画） 《高齢化率14％突入》←同7％（1970年） 「エンゼルプラン」 　　（子育て支援のための総合計画） 　：保育所増設、時間延長・休日保育 　　等	
1997年/平成9年	《日本人平均年齢40歳超》 MOTHERTERESA（1910.5.12〜1997）	介護保険法 （1997年成立、2000年施行）
1999年/平成11年	「ゴールドプラン21」 （健康で生きがいを持って社会参加で きる社会） 「新エンゼルプラン」 　　（少子化対策の具体的実施計画） 　：共働き家庭の育児援護等	
2000年/平成12年	「介護保険制度スタート」 「健康日本21（第一次）スタート」 　　（第3次国民健康作り対策） 　：健康寿命の延伸等	

時代区分/西暦・元号	福祉に関係する出来事	成立した主な関連法規
2001年/平成13年	「小泉内閣の構造改革」 「日本総人口減少化スタート」	
2005年/平成17年 2006年/平成18年 2008年/平成20年	《合計特殊出生率戦後最低値1.26》 《高齢化率21％突入》←14％（1994年） 「後期高齢者医療制度スタート」	発達障碍者支援法 障碍者総合支援法 　（旧障碍者自立支援法） 高齢者医療確保法 　（旧老人保健法改め） 高齢者虐待防止法
2009年/平成21年	「民主党政権誕生」 ⇒社会保障諸制度の改革 　子ども手当の新設 　生活保護の生活扶助に『母子加算』 　復活 　高等学校授業料の無償化スタート 「東日本大震災（2011.3.11）」 　（複合災害；東電原発事故）	
2012年/平成24年	「自民党政権に戻る」 国家の借金が1000兆円突破	子ども子育て支援法（平成24年） 社会保障制度改革推進法（同年）
2013年/平成25年	「健康日本21（第二次）スタート」 　（smart　life　project）	障碍者総合支援法（平成25年） 子ども貧困対策推進法（同年） いじめ防止対策推進法（同年）
2015年/平成27年		生活困窮者自立支援法
2016年/平成28年		障碍者差別解消法
2018年/平成30年	《高齢化率28％突入》←21％（2006年）	
2019年/平成31年 ⇒令和元年	「新型コロナウイルス感染症」 　（諸説あり、2019.12〜）	pandemicに合わせて法改正有
2040年/令和22年頃？	《高齢化率35％突入》←28％（2018年） 　※高齢化率が鈍化すれば2042年？	

20－2　児童保健福祉

20－2－1　児童福祉法

要諦

　社会の近代化は、産業構造の変化、労働の多様化及び生活の利便性をもたらすと共に、そこに住む人々の暮らしにも大きな変化をもたらした。これまで家庭の中にその役割を得ていた女性の社会進出が子どもの生活環境を大きく変えることになったのもその変化の1つである。

　そもそも子育てをするのは母親に限ったことではない。家庭を作る家族の役割をしっかり認識していれば問題は起こらない。かつて「親業訓練学校」に通って、子育てのイロハを学んだ記憶がある。当時は、もっとシンプルでタイトな行政であった。今後は、もっと根本的なところを改善しなければ、これから見てゆく制度をいくらうまく運用しても、つぎはぎだらけの制度にしかならない。

　子どもが成人するまでに何をどう獲得させるのか。子どものタイプに応じて社会がどのようにかかわるかを見てゆきたい。

【児童福祉法（1947年/昭和22年　12/12）】

制度的背景

　　第二次世界大戦で多くの大切な命（戦争従事者約230万人、一般市民約80万人）を失うことになり、同時に敗戦直後の広島、長崎は言うまでもなく主要都市には多くのorphan（孤児）を作り出してしまった。"火垂るの墓"はその典型的な例でもある。その後、国は、1947年/昭和22年にこの法律を成立させた後、1951年/昭和26年に「児童憲章」を掲げ、子どもは「健常児」「障碍児」の区別なく、「人として尊ばれ」「社会の一員として重んぜられ」「良い環境の中で育てられる」ことを宣言した。

　　さらに、1994年/平成6年、「児童の権利に関する条約（子どもの権利条約）1990年発効」を批准し、5月22日からその効力が発生した。その全文の中で、「児童は身体的及び精神的に未熟であるため、その出生の前後において、適当な法的保護を含む特別な保護及び世話を必要とする」との認識を共有した。

1）保護の対象

① 満18歳未満の者（民法上成人にならない者）児童　② ①の保護者　③　妊産婦
　➡特定妊婦（予期せぬ妊娠、身近な支援者がなく経済的に困窮している、若年等）は、市町村の判断で、助産施設等で扱う。（ '08　改正児童福祉法）

２）児童の定義

① 乳児：満１歳に満たない者／新生児：出産から27日満了日まで

② 幼児：満１歳から、義務教育小学校就学始期に達するまで

③ 少年：義務教育小学校就学始期から満18歳になるまで

３）児童福祉関係の実施行政機関一覧

行政機関	設置主体	業務内容
児童相談所	都道府県 政令指定都市 中核市（一部）	ⅰ）児童の医学的・心理的・教育学的・社会学的及び精神保健上の判定 ⅱ）児童の一時保護 ⅲ）職員：医師（所長）、児童福祉司（人口７万人に１人）、保健師、社会福祉士、弁護士（常時連絡可）等
福祉事務所 （家庭児童相談室）⇒	都道府県市区 町村も可	ⅰ）児童及び妊産婦の相談 ⅱ）助産施設への入院助産手続き ・子育て、家庭問題等を相談員が対応
保健所	都道府県 政令指定都市 中核市、政令市	ⅰ）障碍児、長期療養児への療育指導 ⅱ）児童福祉施設への栄養改善等の助言
民生児童委員	厚生労働省	児童及び妊産婦を取り巻く生活環境を把握し、社会福祉資源が有効に利用できるように支援する。
子育て世代包括支援センター（通達による設置）	市区町村 ※2017年〜	ⅰ）主に、妊産婦及び乳幼児に対する健康の保持及び増進に関する包括的支援 ⅱ）職員：保健師（必置）等

４）　要諦　児童保健福祉上の問題点

① 養育者のいない児童の権利擁護問題

② 保育所の待機児童対策

③ 【医療的ケア児支援法（2021年／令和３年９月施行）】

　　・対象は乳幼児から高校生　・緊急時の主治医による往診

　　・診療報酬の加算　・学校医等との情報共有

④ HSC（highly sensitive child）への対応

⑤ 保育士（わいせつ）再登録の10年間禁止

５）　要諦　民法上の親権と子どもの権利について

　民法第818条では、子が成人するまでは父母の親権に服することになっている。この親権には、身上監護権と財産管理権があり、前者はさらに、監護教育権、居所指定権、職業許可権と懲戒権がある。最後の懲戒権が、2022年／令和４年中に法改正によって姿を変えることになっている。親の懲戒権が、民法法令に基づくことで、刑法上罪に問わ

れないのをよいことに無節操に振舞われたことで遂に無くなることになった。今一度、児童の権利を守るための親権はどこまで制限できるのかについて考察してみよう。

6）児童福祉施設

	施　設　名	事　業　内　容	窓　口
①	助産施設	対象：経済的理由により入院助産を受けられない妊産婦	福祉事務所
②	乳児院	対象：保護者の養護が受けられない概ね２歳未満の乳幼児	児童相談所
③	児童養護施設	対象：保護者のいない児童又は虐待されている児童	児童相談所
④	福祉型障碍児入所施設	内容：日常生活指導及び独立自活に必要な知識技能の付与	児童相談所
⑤	医療型障碍児入所施設	内容：日常生活指導及び独立自活に必要な知識技能の付与及び治療	児童相談所
⑥	福祉型児童発達支援センター	内容：日常生活指導及び独立自活に必要な知識技能の付与 又は集団生活への適応のための訓練の提供	市区町村
⑦	医療型児童発達支援センター	内容：日常生活指導及び独立自活に必要な知識技能の付与 又は集団生活への適応のための訓練の提供及び治療	市区町村
⑧	児童心理治療施設	内容：生活環境、交友関係等の環境上の理由で社会生活が困難な児童を入所又は通所させて治療及び生活指導等を行う	児童相談所
⑨	児童自立支援施設	対象：不良行為等を行う児童を入所又は通所させて指導、自立支援等を行う	児童相談所
⑩	母子生活支援施設	対象：配偶者がないか、それに準ずる女子とその監護すべき児童	福祉事務所
⑪	保育所	対象：保護者の委託を受けた保育に欠ける乳児又は幼児 内容：通所保育、障碍児保育、夜間保育等	市区町村 （福祉事務所）
⑫	児童厚生施設	種類：児童館、児童遊園	施　設
⑬	幼保連携型認定こども園	内容：幼稚園的機能と保育所的機能を併せ持つ施設	施　設
⑭	児童家庭支援センター	児童相談所と上記施設との連絡調整機関	施　設

（注）⑬の設置根拠法は、【認定こども園法（2014年/平成26年）】

（注）⑪の保育に欠ける場合の認定は各市町村の判断による。

【子ども・子育て支援法（2012年/平成24年　8/22）】

20－2－2　児童虐待防止法

【児童の虐待の防止等に関する法律（2000年/平成12年　5/12）】

１）虐待の種別

　　　心理的虐待　＞　身体的虐待　＞　ネグレクト（育児放棄）　＞　性的虐待

２）早期発見の努力義務（児童の福祉に職務上関係のある者）

　　　学校教職員　　　児童福祉施設職員　　　保健師　　　助産師　　　看護師等

３）通告義務（個人又は医療機関）

　　　通告先：児童相談所又は福祉事務所

　　　　重要　　守秘義務との関係：　通告義務＞守秘義務

４）〔2008年/平成20年改正、施行〕追加点

　①　児童相談所の権限強化：都道府県知事の出頭要求、立ち入り調査を保護者が拒否した場合裁判所の許可状を得て「虐待が疑われる家庭」への臨検・捜索ができる。

　②　児童養護施設長（児童相談所長）の権限強化：緊急時は保護者の意に反しても児童を保護

　③　接近禁止命令

５）2008年改正の契機となった、民法改正点

　①　期限の定めのない「親権喪失制度」⇒「２年以内の親権一時停止」（民法第834条）

　②　親権制限の請求者

　　　：「子の親族」「検察官」「児童相談所長」に、「子ども本人」「未成年後見人」を追加（同条）

　③　「未成年後見人」は複数の個人、法人でも可（民法第840条）

　④　「親権」の一つの「懲戒権」（民法第822条）について

　　　2022年/令和４年秋以降、規定削除➡新たな条項に改定の予定

　　　「子の人格尊重、年齢・発達に配慮した」＋「体罰その他心身に有害な影響を及ぼす言動の禁止」

6）　児童の保健に関する時事問題

①　「赤ちゃんポスト」：民間病院の出した設置申請を許可した政令指定都市に係る法的問題

②　「医療ネグレクト」：『宗教上の理由で、子の輸血拒否をした親権者に代わって児童相談所が親権の停止を申し立てたのに対して、家庭裁判所が申し立てを認める審判をした』問題の考察

③　「里親制度」（2022年/令和 4 年：4600世帯に5800人暮らしている）
要保護児童（約4.4万人）の受け皿→「児童養護施設」56.3%「里親」12.6%

養親里親：元の家庭に戻るまで	専門里親：障碍、トラウマのため専門的ケアをする
親族里親：親族が育てる	養子縁組里親：戸籍上も親子になることを目指す

④　「ケアリーバー対策」：2022年/令和 4 年、「児童養護施設」の在所期限（18歳未満）を撤廃

【特別養子縁組斡旋法（1988年/昭和63年）】

①　「6 歳未満」⇒「原則15歳未満」　　②　児童相談所経由66%　民間組織経由34%

③　25歳以上で、独身も可

20－2－3　NIE：「児童虐待　最悪2万8923人」を読んで考えよう。

（2015年3月26日付　読売新聞　夕刊）

児童虐待　最悪2万8923人

昨年、警察が通告 「心理的」 6割

　　全国の警察が2014年に虐待を受けたとして児童相談所に通告した18歳未満の子供は前年より7320人（34％）増え、2万8923人と過去最多を更新したことが26日、警察庁のまとめでわかった。東京都西東京市の中学生が7月、継父から「24時間以内に自殺しろ」などと心理的に追い込まれて自殺したとされる事件など、「心理的虐待」事案の増加が目立っている。

　　通告の理由別では、「生まれてこなければ良かった」「死ね」などと心ない言葉をぶつけたり、無視したりするなどの「心理的虐待」が最も多く、6割にあたる1万7158人に上った。

　　このうち、親が子供の目の前で配偶者に暴力を振るう「面前DV（ドメスティック・バイオレンス）」の被害は1万1669人で、心理的虐待の7割を占めた。

　　ほかに、「身体的虐待」は7690人、育児放棄などの「ネグレクト」は3898人、「性的虐待」は177人だった。

　　刑事事件として摘発された件数も、前年比で5割増の698件で過去最多になり、このうち、身体的虐待は526件、性的虐待は150件だった。被害を受けた子供は708人で、うち20人が死亡した。加害者は719人で、うち実父は298人、実母は158人、養父・継父149人、内縁の男84人などだった。

　　西東京市の事件では、継父が同居していた長男で中学2年の男子生徒（当時14歳）に暴行を加え、「24時間以内に自殺しろ」などと言って自殺に追い込んだとする傷害と自殺教唆の罪で起訴され、現在も公判が続いている。

　　家庭という「密室」で行われる児童虐待を早期発見するため、全国に207か所ある児童相談所には約160人の現職警察官や警察OBが配置されている。

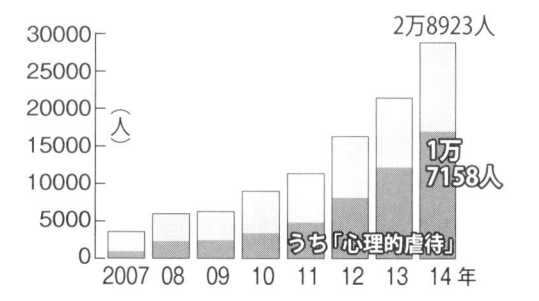

全国の警察が虐待の疑いで児童相談所へ通告した子供の数の推移
（警察庁まとめ）

NIE：「児童虐待　最多３万7000人（上半期）」を読んで考えよう。

（2018年10月４日付　共同通信配信）

児童虐待　最多３万7000人
上半期、警察が通告　面前DV被害伸び

今年１～６月に虐待を受けている疑いがあるとして警察が児童相談所（児相）に通告した18歳未満の子どもは昨年同期より6851人多い３万7113人に上り、上半期として過去最多となったことが４日、警察庁のまとめ（暫定値）で分かった。子どもの前で家族に暴力を振るうといった面前DV（ドメスティックバイオレンス）の伸びが顕著となっている。

命の危険があるなどとして警察が保護した子どもも2127人で高水準。警察庁は「虐待が増えているというより、国民の意識の高まりで情報提供が増えた。エスカレートする前に把握し、通告や摘発ができているのではないか」としている。

虐待の内容別では、面前DVの１万6869人（昨年同期比3010人増）を含む心理的虐待が２万6415人で７割を占めた。他は、殴るなどの身体的虐待が6792人、育児放棄（ネグレクト）といった怠慢・拒否が3795人、強制性交などの性的虐待が111人。都道府県警別では、大阪が最多の5150人で、埼玉の4752人、神奈川の3721人などが続いた。兵庫は1941人で全国６位だった。

摘発は641件（昨年同期比130件増）で、傷害や暴行、強制わいせつが多かった。死亡した子どもは19人で、そのうち６人は０歳児だった。通告とは別に、その場で明確な虐待は確認されなかったものの、虐待に関連する通報を受けたとして児相に情報提供したのも4917件多い１万4869件に上った。

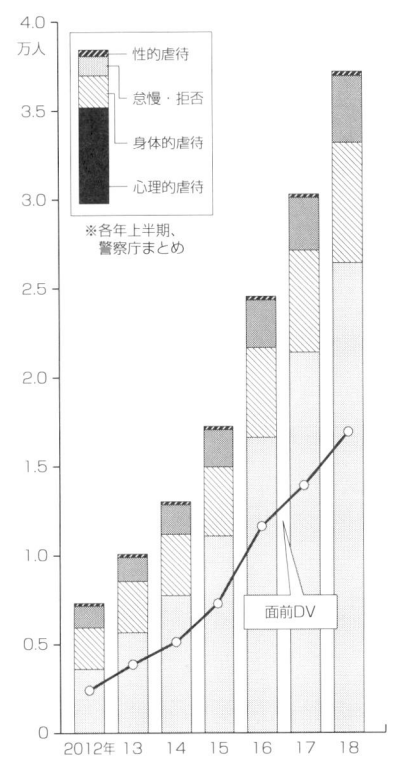

児童相談所に通告された子どもの数

※各年上半期、警察庁まとめ

（凡例）性的虐待／怠慢・拒否／身体的虐待／心理的虐待

面前DV

第20章　社会福祉制度の概説

20－3　母子父子保健福祉

20－3－1　母子の保健・福祉を対象とした法制度（母体保護法、母子保健法、母子父子寡婦福祉法）

要諦

「母体保護法」は、1996年/平成8年9/26に「優生保護法」から改称された。第二次世界大戦後まもなく、日本の周辺国に派遣されていた人々の帰還が始まり、失われた命を取り戻すかのように、第一次ベビーブーム（昭和22年生〜昭和24年生）を迎える。様々な理由で出産を控える状況の中で、母体の安全を最優先に守るために、「不妊手術」「人工妊娠中絶」を合法化する法律が作られた。

優生保護法時代に、「特定の障害、疾患を有する者に政府が優生手術を受けさせることを強制したこと（約1.6万人が提訴）」が日本国憲法（第13条、第14条、第24条）に反するか問われた裁判で、地方裁判所、高等裁判所で憲法に反すると判断したが、失われた権利についての国家賠償までは認めなかった。しかし、政府は、2019年/令和元年/5/24に「一時金支給法」（2024年までの時限立法）を急造して、1人当たり320万円支給することにした。

「母子保健法」は、生命の誕生の前後を規律する法規で、生命を身籠った母性の保護に関する保健的配慮と、妊娠中からおおよそ義務教育就学前までの母性及び児童に関する保健的配慮を扱う。これからの社会を担ってゆく児童の保護とりわけ虐待問題については20－2－2で取り上げた。

【母体保護法（1948年/昭和23年　7/13）】

1）目的

2）内容

① 不妊手術（生殖腺を除去しない生殖不能手術）

　　要件：・妊娠又は分娩が母体の生命に危険を及ぼす虞があるもの

　　　　　・現に数人の子がおり、分娩ごとに母体の健康度を著しく低下する虞があるもの

② 人工妊娠中絶（胎児が母体外で生命を保続できない時期に、その付属物とともに母体外に排出）

　　要件：・妊娠の継続や分娩が、身体的、経済的理由で、母体の健康を著しく害するとき

　　　　　・暴行や脅迫によって妊娠したもの

　　　時期：妊娠満22週未満（妊娠満21週6日満了まで）

　　　同意（配偶者等）：例外 配偶者の死亡・行方不明・意思表示不可能（DVの夫）

　　　方法：掻爬法、吸引法、中絶薬（2021年12月申請中）

③　母体保護法指定医（都道府県医師会指定）

④　受胎調節の実地指導資格

　　医師、保健師・助産師・看護師（都道府県知事の認定講習受講後指定を受ける）

【母子保健法（1965年/昭和40年　8/30）】

1）対象：母性及び乳幼児（新生児、乳児、幼児）

2）対象の定義

妊産婦	妊娠中又は出産後1年未満	新生児	出生後28日未満
乳児	出生後1年未満	幼児	生後1年以上小学校就学始期まで
保護者	親権者、後見人かつ現に保護する者		
未熟児	身体の発達が未熟のまま出生、正常児の出生時諸機能を得ていない乳児		

3）市町村の事業内容（☑地方交付税の対象）

事　　業	事業内容
母子健康手帳　　　§16	妊娠届（準ずる場合を含む）に対して市町村長が交付　1人1通
保健指導　　　　　§10	妊娠高血圧症候群（妊娠中毒症）、未熟児出生、障碍の予防
訪問指導　　§11.17.19	☑新生児、妊産婦、未熟児が対象
産後ケア　　　§17の2	国の補助金　産後1年未満の女子及び乳児に対する「産後ケア」 「産後ケア」：心身の状態に応じた保健指導、療養上の世話、育児指導・相談その他の援助　　　　　2021年/令和3年　4月〜
健康診査　妊産婦　§13	☑妊産婦死亡率の高い地域妊娠中毒症の多発地域等必要に応じて実施
乳幼児　§13	☑乳幼児の健康水準の低い地域等必要に応じて実施
1歳6月 　　　　　　　§12	☑一般、精密健康診査（満1歳6月〜満2歳未満、市町村の義務）
3歳　　§12	☑一般、精密、歯科健康診査（満3歳〜満4歳未満、市町村の義務）
産　婦　§13 　　　　☞20-3-3	対象：産後2週間　産後1か月など、出産後間もない時期の産婦 目的：産後鬱の予防、新生児への虐待予防等を図ること 費用：1回あたり5,000円を上限に、1人当たり2回以内

事　　業	事業内容
未熟児養育医療	☑医師が入院養育を必要とすると認めた未熟児に対して養育医療の給付を行う。（「養育医療券」）
妊娠中の疾病に対する療養援護	☑妊娠高血圧症候群等に罹患している妊産婦に対して市町村が実施を必要と認めた場合に行う。

4）都道府県（政令指定都市、中核市を含む）の事業内容（【児童福祉法】）

事　　業	事業内容
療育の給付　　§20	対象：結核患児（医師が長期療養を必要とすると認めたもの） 内容：療養＋学習の補助
小児難病医療支援 §6の2	対象：「小児慢性特定疾病」に対して当該医療費の支給認定を受けた者 内容：利用者負担月額0円〜15,000円（階層区分別）

【母子及び父子並びに寡婦福祉法（1964年/昭和39年　7／1）】

1）対象：・配偶者のいない女子又は男子とその扶養する20歳未満の児童で構成する家庭

★「ひとり親家庭」140万世帯（2020年/令和2年）の半数が相対的貧困

・「寡婦」：配偶者のいない女子＋かつて母子家庭で児童を養育していた者

2）担当行政機関：福祉事務所（母子・父子自立支援員）

3）サービス内容：「母子・父子福祉資金」「寡婦福祉資金」

20−3−2　NIE：「ママの悩み　途切れぬ支援」を読んで考えよう。

（2014年9月23日付朝刊　読売新聞を元に作成）

ママの悩み　途切れぬ支援

　妊娠初期から子育て期にかけて、母親が直面する様々な悩み事の相談に乗り、継続的に支援する体制づくりに国が乗り出した。産前産後の不安や、児童虐待の多発に対応して、フィンランドの制度を手本に、一つの相談窓口でサービスを受けられる仕組みを目指す。手厚い支援を通じて第2子、第3子の出産につなげる狙いもあり、少子化対策としても重要な施策になる。

　千葉県浦安市の「子育て相談室」で、今は希望者の相談に乗るだけだが、市は10月から全ての妊婦にケアマネと保健師が継続的に面談し、家庭環境や就労状況に合った「子育てケアプラン」を作成する。問題によって保健所や児童相談所などとも情報を共有する。

中　略

　同市の取り組みは、今年度、厚生労働省が約8億円の予算を付け、28のモデル市町村でスタートさせた「妊娠・出産包括支援」の一つ。妊娠期から子育て期まで、親子の様々な悩みに継続して対応する。

　先行事例として注目されたのは、「助言の場」を意味するフィンランドの「ネウボラ」。地域ごとに設置されている妊産婦や子育て家庭のための相談支援拠点のことで、専門の保健師が常駐し、健診や予防接種、育児情報の提供などを一括して行う。母親の利用率は99％以上といい、同市など福祉先進自治体の間で研究が進められていた。

　全家庭どう把握　＊　人材育成も課題

　日本版「ネウボラ」の導入で、最大のポイントは全ての妊婦の状況を行政側が把握することとされる。フィンランドの制度に詳しい吉備国際大学の高橋睦子教授は「リスクの高い家庭に絞ろうとすると、すでに問題が深刻になっており、対応が難しい。全ての家庭を対象にすることで、よりスムーズに支援につながり、虐待を減らすことができる」と指摘する。

　浦安市や名張市などは、妊娠届を受理する時にアンケートや面接を実施。不安を感じていたり、周囲に頼れる人がいなかったりする妊婦を見つけ、訪問などの支援につなげている。浦安市の場合、「対象者は１割程度」（市子ども家庭課）という。

　フィンランドでは、手当をもらえることが、ネウボラ利用の契機になっている。浦安市も、ケアプラン作成の際に赤ちゃん用品などを贈る計画だが、出産をためらっている妊婦に対する効果は未知数だ。

　人材の確保と育成も急務だ。母子保健の知識がある保健師や看護師などが望ましいが、人材が少ない地域もある。ケースに応じて、その分野の専門家に引き継ぐ体制づくりも欠かせない。妊娠・出産では、現在も健診の補助や出産一時金の支給、乳幼児健診や予防接種など様々な公的支援があるが、市町村や保健所など窓口がバラバラな点も問題視されてきた。

　高橋教授は「日本では、縦割り行政の弊害で、どこに行けば必要な支援や助言が得られるかがわかりづらい。地域や社会の実情に沿って連携を改善し、市民の目線に合わせた使い勝手の良いサービスづくりが大切だ」と話している。

> **現状**
> 　2017年/平成29年４月「子育て世代包括支援センター」法定化　☞20−2−1
> 　　　　・妊娠〜出産─子育てまでの様々なニーズに対して総合的相談支援する拠点の整備を進めている。
> 　　　（2017年・H29.4現在、525市区町村・1,106ヶ所／全数1,741）

20−3−3　NIE：「妊産婦の死因　自殺が最多」を読んで考えよう。

（2018年9月6日付　朝日新聞）

妊産婦の死因　自殺が最多
厚労省研究班　2年間で102人

　2016年までの2年間で、産後1年までに自殺した妊産婦は全国で少なくとも102人いたと、厚生労働省研究班が5日発表した。全国規模のこうした調査は初めて。この期間の妊産婦の死因では、がんや心疾患などを上回り、自殺が最も多かった。

「うつ」悪化も一因

　妊産婦は子育てへの不安や生活環境の変化から、精神的に不安定になりやすいとされる。研究班は「産後うつ」などメンタルヘルスの悪化で自殺に至るケースも多いとみて、産科施設や行政の連携といった支援の重要性を指摘している。

　研究班（代表＝国立成育医療研究センター研究所の森臨太郎部長）が、国の人口動態統計をもとに、15〜16年に妊娠中や産後1年未満に死亡した妊産婦357人を調べたところ、自殺は102人だった。

　自殺した時期は妊娠中3人、出産後が92人、死産後7人。出産後に自殺した92人を分析したところ、10万人あたりの自殺者数を示す「自殺死亡率」は、無職の世帯の女性が45.3と最も高かった。国内の女性の自殺率10.0（17年）を大きく上回った。年齢別だと35歳以上の自殺率がほかの年代より高かった。初産婦は2人目出産の約2倍だった。

　今回の調査方法だと離婚などで姓が変わった人らを見逃す恐れがあり、自殺者はもっと多い可能性があるという。研究班の森代表は「分娩施設や小児科、行政が連携して母親の異変の兆候を見つけ、地域で支え合うことが必要ではないか」と話している。

「初産婦　家族も注意」

　別の厚生労働省研究班による、東京都世田谷区の妊産婦約1300人を対象にした心の状態の調査（2014年度）では、産後2週時点で初産婦の25％は「うつ病の可能性がある」と判定された。

　調査した国立成育医療研究センター研究所の竹原健二室長は「初産婦にとっての産後2週目は、退院して自分で子育てができるのか不安な時期。本人も家族も注意してほしい」と話す。

　産後うつを早期に発見し、治療や支援につなげるため、厚労省は17年度から自治体による産後健診への助成を始めた。産後２週目と１カ月に、うつ病の検査などを行う。大阪府は妊娠や子育て中の女性や家族向けに電話相談窓口を設けている。担当者は「急にイライラしたり、なぜか涙が出たりといった症状があれば、ひとりで悩まずに地域の保健所や保健センターに相談してほしい」。

　日本助産師会は都道府県支部ごとに相談に応じている。各支部の連絡先と対応時間はウェブサイトで確認できる。

■産後１年までに死亡した妊産婦の主な死因と人数

自殺	102
がん	75
心疾患	28
脳神経疾患	24
出血	23
羊水塞栓（そくせん）	13
妊娠高血圧症候群	11

（厚生労働省研究班の資料をもとに作成）

■当てはまる症状があれば、地域の保健所などに相談を（大阪府の資料をもとに作成）
□急にイライラする
□なぜか涙が出てしまう
□気分が重い
□食欲がない
□体がだるい
□眠れない
□不安がいっぱい
□何もする気になれない
□子どもがかわいいと思えない

20－3－4　ストーカー規制法、DV防止法

【ストーカー行為等の規制等に関する法律（2000年/平成12年　5/18）】

| 要諦 |「ストーカー行為規制法」は、埼玉県桶川市であった事件をきっかけに急遽作成された法律である。そもそも男女の出会いは偶然であっても、付き合い方は親を含む家族や友人を含む社会が見守るものである。また、50対50の関係を保つことが、他への尊重になることぐらい教育以前の問題である。情報機器の進化で『電子メール（SNSを含む）』も法に触れると、最高裁判所で判断されてから、改正法案の中に取り込まれた。科学と倫理の鼬ごっこである。

1）目的

　　ストーカー行為等について、必要な規制を行い、相手方に対する援助措置等を定める。

2）ストーカー行為の定義：同一の者に対する「つきまとい等」を繰り返すこと

　　「つきまとい等」の例：

　　　『つきまとい』『待ち伏せ』『押しかけ』『監視していると告げること』

　　　『面会・交際の要求』『乱暴な言動』

　　　『無言電話』『連続電話』『fax送信』『電子メール』『GPS機器による位置情報取得』『汚物などの送付』『名誉を傷つける』『性的羞恥心の侵害』

3）ストーカー禁止命令（都道府県公安委員会）違反の場合⇒刑罰（懲役2年以下又は罰金200万円以下）

4）親告罪でない。

5）現状：摘発20,189件中立件されたのは2,500件と、まだまだ遅れている。（2020年/令和2年）

【配偶者からの暴力の防止及び被害者の保護に関する法律（DV防止法）（2001年/平成13年 4/13）】

1）目的と仕組み

　　「主に家庭（domestic）内に潜在してきた女性への暴力（violence）について、女性の人権擁護と男女平等の実現を図るため、夫やパートナーからの暴力の防止及び被害者の保護・支援を目的に作られた法律」

　　「夫からの暴力を"暴力"と認め、かつそれが"犯罪となる行為をも含む重大な人権侵害"だと規定し、暴力と女性への人権侵害の根絶を図るために、保護命令制度の規定、婦人相談所・婦人相談員の位置づけ、関係機関相互の連携協力の義務付けなど被害女性支援のための仕組みを規定している。」

2）「配偶者からの暴力」の定義

① 配偶者：法律上・事実上の婚姻関係の配偶者、同居関係のパートナー

② 関係解消後も適用される。

③ 暴　力：身体的暴力又はそれに準ずる心身に有害な影響を及ぼす言動

④ 暴力の対象：被害者＋同居の未成年の子

3）行政機関（配偶者暴力相談支援センターは、「婦人相談所」も兼ねる）

　　設置自治体：都道府県、政令指定都市、中核市、その他市町村（要指定）

4）「配偶者暴力相談支援センター」の業務

① 被害者及び被害者の同伴者の一時保護（婦人相談所、同より委託を受けた者）

② 被害者を居住させ保護する施設の利用情報の提供、関係機関との連絡調整、その他の支援（民間シェルター（2020年/令和2年：女性用1476　男性用165））

③ 保護命令制度の利用情報提供、助言その他の援助

④ 被害者の自立生活支援のための就業促進、住宅確保、援護についての情報提供その他の支援（福祉事務所との連携）

⑤ 相談、相談機関の紹介、カウンセリング、苦情処理

⑥ 安全の確保、秘密の保持（国籍、障碍の有無を問わず人権を尊重）

5）国、都道府県の責務：基本方針、基本計画の策定

6）保護命令制度（地方裁判所へ申立）

　　関係解消（法律上の婚姻関係）は、家庭裁判所が管轄する。

種類	加害者への命令内容	期間	罰則
接近禁止命令	被害者及びその子や親族等の身辺へのつきまとい（GPS、SNS、子どもへの連絡）	6か月 再申立可	1年以下の懲役又は100万円以下の罰金
退去命令	被害者が身辺整理や転居準備のため、住居からの退去	2か月 再申立可	
その他、「電話等禁止命令」「子、親族等（社会生活上密接な関係者）への接近禁止命令」			

7）DV原因としてのDV加害者の共通点（「脱暴力のプログラム」清水書店より）

① 暴力を振るった事実を否定　　　② 暴力はたいしたことでないとの認識

③ 暴力を相手のせいにする　　　　④ 相手に対する依存度が高い

⑤ 自尊心が低い　　　　　　　　　⑥ 考えや気持ちを言葉で伝えるのが苦手

⑦ 「～あるべき」との固定観念　　⑧ 孤立している

⑨ 些細なことで怒りやすい　　　　⑩ アルコール、薬物等の依存症

⑪ 人生をコントロールできないと感じている

演習問題

　「Ａ市（政令指定都市）に住むＢさん（30歳）は、夫（33歳、会社員）と子ども2人（4歳と2歳）の4人暮らしをしていた。日頃酒癖の悪い夫と育児のことで口論が絶えなかった。上の子が父親に口答えをしたことがきっかけになり、父の子に対する躾が体罰となり、それを庇うＢさんに対して暴力を振るうようになった。ある日、夫は、上の子を転倒させ怪我を負わせ、Ｂさんに対しては暴行により頭部裂傷を負わせた。子ども2人とＢさんに対して、救急搬送された病院で、医師、看護師により手当て等が行われた。」この事例で、医療関係者はどのような対応をとるべきか、またこの親子に対してどのような社会資源が用意されているか考察してみよう。

20－4　障碍者福祉

要諦

　"害"には、差し障り以外に災いという意味を含むことから、積極的に"碍"を使っている。なお、現行法令を改正するには至っていないので、法令にはそのまま使用している場合がある。

　人には基本的人権（日本国憲法第11条）があり、個人として尊重される（同第13条）ことは言うまでもないが、一旦障碍を持つことになって不利益を受けてはならないのに、これまでの歴史の中で蔑ろにされてきた。それゆえ、かのヘレンケラー女史が戦後日本にやってきてから身体障害者福祉法の原型が作られたのはその証左である。

　これから扱う障碍には様々なカテゴリーがあり、現在も研究・多様化が進んでいる。その典型例が「発達障碍」である。あくまでも現状での解釈であることを了解いただく。

　また、これまでの法律（「障害者自立支援法」）では、その運用指針に「発達障碍者」「高次脳機能障碍者」を含めて支援するよう規定していたが、2013年/平成25年4月より、「障害者総合支援法（障害者の日常生活及び社会生活を総合的に支援するための法律）」に改正されたのを契機に、「難病患者」も新たに障碍者の定義に加わった。これも旧法の支援方法では保護の仕組みが憲法の趣旨に違背する可能性があったためである。

20－4－1　障碍を持つ人を守る法制度一覧

障碍を持つ人を守る法律の概要　　　　　　　　　　　　　　2022年/令和4年現在

種別	対象年齢	根拠法	手帳等
精神障碍者	18歳以上	精神保健福祉法	・精神障害者保健福祉手帳
精神障碍児	18歳未満	精神保健福祉法	窓口：市町村（審査は都道府県・政令指定都市） ・障害等級：1～3級
発達障碍者	18歳以上	発達障害者支援法	無
発達障碍児	18歳未満	発達障害者支援法	
知的障碍者	18歳以上	知的障害者福祉法	・療育手帳（2年毎に判定）
知的障碍児	18歳未満	児童福祉法	窓口：福祉事務所 ・根拠法はなく、厚生労働省通達による。
身体障碍者	18歳以上	身体障害者福祉法	・身体障碍者手帳
身体障碍児	18歳未満	児童福祉法	障害等級：1～7級（手帳交付は6級まで） 　窓口：福祉事務所 　審査交付：都道府県知事 　　　　　政令指定都市市長　中核市市長
高次脳機能		無	無
難病等	18歳以上	難病医療法	特定医療費受給者証
小児難病	18歳未満	児童福祉法	小児慢性特定疾病医療費受給者証

20－4－2　障害者基本法、障害者総合支援法、障害者虐待防止法

【障害者基本法（1970年/昭和45年　5/21）】

> 要諦　精神障碍者には、他の障碍者にはない「医療と保護」という歴然とした観点の違いがある。保健的分野と福祉的分野の両面からその人権を守ってゆかねばならない。

　　20－4で述べたように、2011年/平成23年6月に障害者虐待防止法が成立したことを受けて、その捕捉範囲が狭く、自己負担に憲法上の疑義のあった障害者自立支援法を廃止し、「障害者総合支援法」を制定した。これによってより多くの障碍者が守られることになった。ただ利用にあたって「措置制度」から「契約福祉」へと移行したことで、障碍を持つ人との共生社会を生み出すにはまだまだ時間とインフォーマルサポートが必要になろう。

　　一方、国連の障碍者権利条約の批准へ向けて、「障碍者差別禁止法」の検討を進めてきたが、「障害者差別解消法（障害を理由とする差別の解消の推進に関する法律）（2013年/平成25年6月）」を制定するにとどまり、ようやく同条約の批准（2014年/平成26年2/19）にこぎつけた。

　　2022年9月9日、国連障碍者権利委員会は、「障碍児を分離した特別支援教育の中止と精神科への強制入院に関わる法律の廃止」を求めた勧告（強制力はないが）を日本へ発表した。今後ノーマライゼーションのより積極的な推進が望まれる。

1）目的：ノーマライゼーションの理念に基づき、障碍者の自立及び社会参加の支援のための施策に関して国及び地方公共団体に総合的、計画的に推進する責務がある。

2）障碍者の定義
　①　身体障碍がある者　②　知的障害がある者
　③　精神障碍（発達障碍を含む）がある者
　④　その他心身の機能の障害がある者＋継続的に日常生活・社会生活に相当な制限を受ける

3）障碍者週間：12月3日〜9日

4）基本的施策
　①　公共的施設のバリアフリー化　②　情報利用におけるバリアフリー化
　➡【バリアフリー法（高齢者、障碍者との移動等の円滑化の促進に関する法律）2006年/平成18年】

③　医療・介護・年金に関して必要な施策　④教育・療育に関して必要な施策

⑤　職業相談等・雇用の促進等に関して必要な施策

⑥　住宅の確保に関して必要な施策

⑦　権利擁護のための相談業務（本人、家族等・成年後見人制度）の適切な実施

⑧　経済的負担の軽減（税制上の措置、公共的施設の利用料等の減免）に関して必要な施策

⑨　文化的諸条件の整備（文化芸術活動、スポーツ、レクレーション）に関して必要な施策

⑩　生活環境における防災及び防犯、消費者としての障碍者の保護に関して必要な施策

⑪　司法手続きにおける配慮（権利行使のための意思疎通確保）に関して必要な施策

➡【障害者優先調達推進法（2013年/平成25年４月）】

➡【障害者雇用推進法（1960年/昭和35年７月）】

【障害者総合支援法（2013年/平成25年　4／1）】

1）目的：「自立」⇒「基本的人権を有する個人としての尊厳」へ変更

　　　　　各対象に、福祉サービス、公的負担医療等を一元的に提供（主体は市町村）する。

2）基本理念：「共生社会の実現のため、社会参加の機会確保、地域社会における共生、社会的障壁の除去」

3）障碍者の範囲（全て満18歳以上）

　①　身体障碍者

　②　知的障碍者：「知的機能の障害が発達期（概ね）18歳未満に発現し日常生活に支障があり特別な援助が必要な状態の者」

　③　精神障碍者（発達障碍者を含む）：知的障碍者を除く　④　難病患者

4）障碍児の範囲（全て満18歳未満）

　①　身体障碍児　②　知的障碍児　③　精神障碍児（発達障碍児を含む）

　④　難病患児

5）保護者：親権者、未成年後見人、児童の監護者

6）障害支援区分（非該当、区分１～区分６）

　　障碍の多様な特性、心身の状態に応じた標準的な支援の度合いの総合的判定

7）障害福祉サービス　利用申請から市町村による認定まで

　申請➡認定調査の結果＋医師意見書➡一次判定（コンピューター判定）➡特記事項＋医師意見書➡二次判定➡認定（市町村審査会）

　　　自立支援医療給付　　支給申請から支給認定まで

①　育成医療：市町村へ申請（医師の意見書、所得証明書等）➡支給認定
　　（「育成医療券」交付）

②　更生医療：市町村へ申請（医師の意見書、手帳等）➡更生医療の給付

③　精神通院医療：都道府県・政令指定都市へ申請（診断書等）➡支給認定
　　（「受給者証」交付）

8）　障害福祉サービス

☆訪問系、日中活動系、施設系（すべて介護給付）

系統	給付	種別	対象	特記内容
訪問	介護	居宅介護	障碍者（児）	入浴、食事、排せつ等
訪問	介護	重度訪問介護	障碍者：重度肢体不自由　知的障碍・精神障碍	上記＋外出時移動支援、入院時支援等
訪問	介護	同行援護	障碍者（児）	視覚障碍者の移動支援
訪問	介護	行動援護	障碍者（児）	自己判断能力に制限がある人の移動時の危険回避支援
訪問	介護	重度障碍者等包括支援	障碍者（児）	居宅介護等の複数サービスの包括的支援
日中	介護	短期入所	障碍者（児）	介護者が病気等の場合
日中	介護	療養介護	障碍者	医療と常時介護が必要な場合
日中	介護	生活介護	障碍者	常時介護が必要な場合　創作的活動、生産活動の機会提供
施設	介護	施設入所支援	障碍者	施設入所する人に夜間、休日に支援

☆居住支援系、訓練系、就労系（すべて訓練等給付）

系統	給付	種別	対象		特記内容
居住	訓練等	自立生活援助	障碍者		一人暮らしに必要な理解力・生活力を補うための、居宅訪問、随時対応による必要な支援
居住	訓練等	共同生活援助　グループホーム			夜間、休日に、共同生活を行う住居で、日常生活上の援助を行う
訓練	訓練等	自立訓練（機能訓練）			自立した日常生活又は社会生活ができるよう一定期間、身体機能の維持向上に必要な訓練
訓練	訓練等	自立訓練（生活訓練）			一定期間、生活能力の維持向上に必要な訓練
訓練	訓練等	就労移行支援		就労希望者	知識・能力向上に必要な訓練
就労	訓練等	就労継続支援（A型）		就労困難者	雇用して就労機会の確保　能力向上のために必要な訓練
就労	訓練等	就労継続支援（B型）		就労困難者	就労機会の提供　能力向上のために必要な訓練
就労	訓練等	就労定着支援		就労移行者	就労に伴う生活面での支援

（注）「就労」型に関しては、9－6精神科デイケアで解説

9）自立支援医療

☆障碍児の健全な育成と、障碍者の自立と社会経済活動への参加促進

種類	対象	内容
育成医療	身体障碍児	身体障碍の除去・軽減手術等の治療で確実に効果が期待できる者
更生医療	身体障碍者	身体障碍の除去・軽減手術等の治療で確実に効果が期待できる者
精神通院医療	精神障碍者	病院又は診療所へ入院することなく行う。※統合失調症、精神作用による急性中毒、てんかんを含むその他の精神疾患が対象

10）利用者負担

障害福祉サービス：応能負担（食費、光熱水費は自己負担）

利用者負担の軽減（世帯の収入状況で、０円〜37,200円/月）

療養介護併用の場合、所得により医療費・食費の減免

自立支援医療：応能負担（当該医療費が１割相当額より高い場合は１割相当額）

利用者負担の上限額（０円〜医療保険自己負担上限額/月）

高額治療継続者（5,000円〜20,000円/月）育成医療（5,000円〜10,000円/月）

11）補装具費制度：応能負担（市町村へ申請）

利用者負担は０円〜37,200円/月

【障害者虐待防止法（2011年/平成23年　6/17成立　平成24年　10/1施行）】

（＝障碍者虐待の防止、障碍者の養護者に対する支援等に関する法律）

1）目的：家庭、福祉施設や職場での虐待予防と早期発見で、障碍者に人権を擁護する。

2）「障碍者」の定義：「障碍者基本法」の定義と同じ

3）虐待の定義：身体的＞心理的＞経済的＞ネグレクト（介護放棄）＞性的

　　　　　※身体的＝暴行や不当な身体的拘束　ネグレクト＝衰弱させる長時間の放置

4）加害者別虐待の定義の補足

　　「障碍者福祉施設従事者」：ネグレクト＝他の障碍者からの虐待行為の放置

　　「使用者」：ネグレクト＝他の労働者からの虐待行為の放置

5）障碍者虐待に係る通報等

　①　虐待に係る通報先：市町村虐待防止センター

　　　　　　　（「使用者による」場合は上記以外に都道府県障碍者権利擁護センター）

　②　早期発見の努力義務者

　　・障碍者福祉施設、学校、医療機関、保健所等障碍者の福祉に業務上関係ある団体

　　・教職員、医師、歯科医師、保健師、弁護士、その他職務上の関係のある者（看護師等）

　　　・使用者（雇用主）

③　通報義務と守秘義務の関係

　　通報義務＞守秘義務

④　不利益処分の禁止（通報者等＝施設従業者、職場の同僚の保護）

　　「使用者」による虐待で、通報、届出を理由とした解雇その他の不利益処分の禁止

⑤　通報義務の対象外（病院、学校、保育所等）

　　※2022年/令和4年現在、「K病院暴行事件」を切っ掛けに、自治体への通報義務
　　　　対象検討中

6）市町村の立ち入り調査権（立ち入り拒否には罰則、警察への援助要請）

20－4－3　身体障害者福祉法、知的障害者福祉法、難病医療法、発達障害者支援法

【身体障害者福祉法（1949年/昭和24年　12/26）】

1）身体障碍者の定義：身体上の障害のある18歳以上の者＋「身体障碍者手帳」の交付を
　　受けた者

　　※18歳未満の者は児童福祉法により同様の措置があり、手帳はこの法律で交付される。

2）障碍の種別（重度：1.2級　中程度：3.4級　軽度：5.6級　手帳交付なし7級）

①　視覚障碍：1級（良い眼の視力0.01以下）～6級（0.02＋良い眼の視力0.3以上0.6以下）

②　聴覚障碍：2級（聴力レベル100dB以上、両耳全ろう）～6級（40cm以上の距離の
　　　　　　　会話が理解不可）

③　平衡機能障碍：3級、5級

④　音声・言語・咀嚼機能：3級、4級

⑤　肢体不自由：上肢、下肢、体幹、乳幼児期以前の非進行性の脳病変による運動機能
　　　　　　　　　障碍　1級～7級

⑥　内部障碍：1級～4級　下記の機能障害

　　◆心臓機能、腎臓機能、呼吸器機能、膀胱又は直腸の機能、小腸機能、AIDSによる
　　免疫機能、肝臓機能

3）手帳の交付手続（指定医師の診断書、意見書の添付）

　　申請者（障碍者児）又は保護者➡福祉事務所長➡都道府県知事（政令指定都市市長、
　　中核市市長）

4）援護、援助の内容

①　障害福祉サービス（障害者総合支援法）

②　医療費助成（障碍が固定するまで）、鉄道運賃の割引、税の減免

③　実施機関等：身体障碍者更生相談所、身体障碍者福祉司、身体障碍者相談員

5）その他：診査更生相談（市町村）、視覚障碍者対策、聴覚障碍者対策（国の委託事業）

【知的障害者福祉法（1960年/昭和35年　3/31）】（旧精神薄弱者福祉法）

1）知的障碍者の定義（法的にない）：知的機能の障碍が概ね18歳までにあらわれ特別の支援を必要とする者

2）援護の実施機関

①　知的障碍者更生相談所（都道府県）：知的障碍者の医学的、心理学的及び職能的判定

②　知的障碍者福祉司（都道府県）、知的障碍者相談員（市町村）

3）療育手帳の交付：「療育手帳制度について」（厚生労働省通達）

①　窓口：福祉事務所（町村も可）

②　交付後、2年毎に、「児童相談所」（18歳未満）「知的障碍者更生相談所」で判定

4）職親委託制度

知的障碍者の自立更生を図るため、一定期間「職親」に預け生活指導、技能習得訓練を行い雇用の促進と職場における定着性を高める。

5）障害福祉サービス（障碍者総合支援法）

6）知的障碍者に関する時事問題

知的障碍者の犯罪の増加と再犯の連鎖が社会問題化し、国は「地域生活定着支援センター」の設置を進めているが実効性は芳しくない。

【難病医療法（2014年/平成26年　5/30）】（難病の患者に対する医療等に関する法律）

☞17−2−3

1）難病の定義：発病の機構が不明＋治療方法が未確立＋希少な疾病（人口の0.1％未満）＋要長期療養

2）「特定医療費」の支給（指定医師の診断書の添付）

申請者（難病患者）又は保護者

➡都道府県又は政令指定都市(審査―支給認定)：「医療受給者証」交付、最寄りの保健所へ

3）「医療受給者証」の有効期間：1年以内（更新可）

4）医療　治療にかかる費用の考え方（医療費全体の自己負担割合が2割を超えない範囲の自己負担額）

医療保険給付分（原則7割）	自己負担上限額	特定医療費

※自己負担上限額は、30,000円（難病患児は15,000円）

5）障害福祉サービス（障碍者総合支援法）

【発達障害者支援法（2004年/平成16年　12/10）】

1）発達障碍の定義（①～④が通常低年齢で発現するもの)

①　広汎性発達障碍（自閉スペクトラム症、アスペルガー症候群等）：
　　コミュニケーションが取れない等

②　注意欠如多動性障碍（ADHD）：
　　注意散漫、多動性、衝動性

③　学習障碍（LD）：
　　知能水準、身体機能に問題なし、読み書き計算などの特定の学習に困難有

④　他の脳機能の障碍：
　　言語の障碍（吃音等）、協調運動の障碍、心理的発達の障碍、行動及び情緒の障碍

2）支援：「障害者基本法」の基本施策に準ずる

3）発達障碍者支援センター（厚生労働省通達）
　　都道府県、政令指定都市が、社会福祉法人等に委託して行う。

4）　障害福祉サービス　（障害者総合支援法）：要「手帳」

20－4－4　精神保健福祉法、心神喪失者等医療観察法

【精神保健福祉法（1950年/昭和25年　5/1）】（精神保健及び精神障害者福祉に関する法律）

障害福祉サービス　障害者総合支援法に同じ

医療サービス　☞9－6

【心神喪失者等医療観察法（2003年/平成15年　7/16）】

（心神喪失の状態で重大な他害行為を行った者の医療及び観察等に関する法律）

要諦　2001年/平成13年6月8日、大阪府池田市で起きた児童殺傷事件（8人の小学生の命が奪われた）を契機に制定された。当該事件の被告人はこの法律の適用を受けることなく死刑判決を受けその後執行された。この法律の社会的抑制効果もむなしくこのような凶悪事件が後を絶たない。「秋葉原ホコ天事件」「津久井やまゆり園事件」（いずれも同法の適用はない）がそれである。重大犯罪であるにもかかわらず刑事責任能力が問えないことで不起訴や無罪となり、全額国費で治療することに多くの疑義が残る。

1）目的

　　「心神喪失等の状態で重大な加害行為を行った者に対し、その適切な処遇を決定する
ための手続きを定めることにより、継続的かつ適切な医療並びにその確保のために必要
な観察及び指導を行うことによって、その病状の改善及びこれに伴う同様の行為の再発
の防止を図り、もってその社会復帰を促進することを目的とする。」

2）対象行為一覧（刑法）

条文	罪名	刑罰
108	現住建造物等放火	死刑又は無期若しくは５年以上懲役
109	非現住建造物等放火	２年以上有期懲役
110	建造物等以外放火	１年以上10年以下懲役
112	108，109の未遂罪	減刑可
176	強制わいせつ	６月以上10年以下の懲役
178	準強制わいせつ	
177	強制性交	５年以上有期懲役
178	準強制性交	
179	監護者わいせつ、監護者性交	６月以上10年以下の懲役
180	176〜179の未遂罪	減刑可
199	殺人	死刑又は無期若しくは５年以上の懲役
202	自殺関与、同意殺人	６月以上７年以下の懲役又は禁固
203	199，202の未遂罪	減刑可
204	傷害	15年以下の懲役又は50万円以下の罰金
236	強盗	５年以上の有期懲役
238	事後強盗	５年以上の有期懲役
243	236，238の未遂罪	減刑有

3）対象となる状態

　①　心神喪失者：精神の障碍により、事物の理非善悪を弁識する能力又は弁識に従って
　　　　　　　　　行動する能力のない状態

　②　心神耗弱者：精神の障碍が未だ上記の能力を欠如する程度には達していないがその
　　　　　　　　　能力が著しく減退した状態

4）処遇の対象者

　①　心神喪失又は心神耗弱により、不起訴処分となった者

　②　起訴後、無罪又は刑の減軽の確定裁判（実刑判決を除く）を受けた者

5）手続き

　　［審判（裁判所：裁判官＋精神保健審判員）］➡［命令（保護観察所、入院、通院）］

20－5　高齢者保健福祉

20－5－1　現状（9－5の再説）

要諦

　今後日本が避けて通れない「踏み絵」としての高齢者の問題は、人類の未体験ゾーンにあり、その対策を見誤ると国家的危機に陥るといっても過言ではない。所得としての年金の問題、2025年問題の一つである後期高齢者の医療対策問題、地域包括ケアシステムの中の高齢世帯への対応などすべて喫緊の問題である。病院などの医療現場や訪問看護の現場での看護職にとれば、どうすれば様々な医療資源を提供できるかは、政策の良し悪しでなく、そのスキルにかかってくるといっても過言ではない。

　なぜ敢えて9－5の「高齢者保健」で高齢者をとらえたかは、生涯「自助」を通し寿命を迎える高齢者も存在するからである。つまり、「健康寿命」は必ず「介護寿命」を迎えるわけではないのである。

　一般企業の定年が65歳を標準と考える時代に、国民年金の加入年齢を65歳までに延長する時代に、いま改めて「老い」とは何かを考える好機でもある。現在わが国では、老齢化は40歳（WHOの基準では45歳）に始まるとされる。なぜなのかは、第2号被保険者（40歳〜64歳）は、「特定疾病」の「初老期の認知症」に係ると保険の利用が可能になることがその証左である。医療保険では70歳にならないと自己負担割合が下がらないのに、介護保険ではそれが65歳である。この矛盾についてもほぼ説明はない。何をもって「高齢」というのか、計数的評価しかないのは現実的ではない。

　「自助」ができなくなる頃から、「互助」そして「共助」と社会の相互扶助の仕組みの中に組み込まれることになるが、年齢的な問題だけでなく、個別の健康状態などからその人に合ったベストを提供してゆきたいものである。

1．法制度及び現状

【高齢者医療確保法】 ☞ 3 - 1　9 - 5　18 - 2

【高齢者の生活を守る諸政策】

1）高齢社会の定義

高齢化率	定　義	到達年	
7〜14%	高齢化社会	1970年	7の倍数のうち、7〜14、14〜28の変化を
14〜21%	高齢社会	1994年	倍加年数と定義
21〜28%	超高齢化社会	2006年	倍加年数は□□□年
28〜35%	超高齢社会	2018年	2021年：28.9%
35%〜		2040年？	団塊Jrが65歳以上の高齢者

（注）21%に到達したとき、「aging society」との提言があった。

2）高齢化と「孤独」「貧困」との関係

　　年金支給開始となる年齢は原則65歳である。個人が寿命を読めないことをよいことに、繰り下げれば年率8%上積みされる。「老若介護」「老老介護」「老認介護」「認認介護」「老障介護」いずれ迎える「孤独」で生きる生活の糧はどのように保障されるのだろうか。収入（年金等）と支出（生活関連費＋医療・介護保険料＋治療・療養関連の自己負担）のバランスが崩れるときは必ずやってくる。

3）高齢化と「終末」

　　健康に「老い」「死」を迎えることと、そうでない「死」の迎え方について、まとめると以下のようになる。

①	安楽死	助かる見込みのない病人を苦痛のない方法で人為的に死なせること
②	尊厳死	人間としての尊厳を保って死に臨み得られる死
③	平穏死	寿命を迎えた人が過剰な延命処置や介護を受けないで穏やかに死ぬこと
④	自然死	寿命が尽きて死ぬこと
⑤	事故死	不慮の事故による死
⑥	病　死	疾病・疾患が原因で死ぬこと

（注）①はわが国では違法である。また、本人の意思に基づくものであれば、②と③は十分な緩和ケア等治療（作為、不作為問わず）が尽くされれば合法とみなされるが、国民的コンセンサスの醸成を待ちたい。
　　☞22 - 2 - 7「終末期医療に関する要望書」（阪神淡路大震災を契機に作られた）

4）高齢化と終末へ向けての生活の場所（終の棲家）

　　☞ 4 - 3 - 4　少子高齢化に伴い世帯構造が大きく変化している一方で、人口は減少し続けている。前にしか進めない国家政策で住宅の建設ラッシュが進み、世帯の分散化、高齢者世帯の孤立化・単独化が深刻になってきている。高齢者の約9割が自宅で死を迎えたいと考えているのに現実はほとんどが医療機関、介護施設で迎えている。「リガレッセ（豊岡市）」（看護小規模多機能型居宅介護）の取り組みを参考にしてみよう。

２．介護生活と介護保険：高齢化と生活（保健➡医療➡福祉とどう繋いでゆくか）

１）予防：ロコモティブシンドローム（運動器症候群）の位置づけ

家事（炊事、洗濯、掃除、買物等）＋身辺処理＋社会参加

２）医療：医療保険、介護保険の利用時の自己負担とそれぞれの保険料負担をどうするか。

「罹患」と「受診」は必ずしも比例しない。国民医療費の増加の原因、根本的な原因は何か。

３）福祉：｜介護生活と介護保険｜

【医療介護総合確保推進法（2014年/平成26年）】

（地域における医療及び介護の総合的な確保を推進するための関係法律の整備に関する法律）

①　地域包括ケアシステムの構築（地域医療構想＝地域医療支援センター）

②　住み慣れた地域で、効率よく生活支援➡介護予防➡介護サービス➡医療サービスを受ける

③　「特定看護師」（2015年/平成27年施行）による相対的医療行為の実施

④　「互助」システムの構築

【介護保険法】の改正（2015年/平成27年以降）内容（一部）

①　要介護１．２は原則として居宅サービス

②　特別養護老人ホーム入所基準は要介護３以上

③　要支援事業は、国から「市町村」へ移管

④　第１号被保険者の利用自己負担割合の３段階化　☞３－２　18－5

３．認知症と人生・生活支援（高齢化と「後見」「認知症」）

１）「後見」制度【民法第838条以降】

後　見	判断能力が欠如するのが常態の場合
保　佐	判断能力が著しく不十分な場合（法定後見の場合）
補　助	判断能力が不十分な場合（法定後見の場合）

①　任意後見制度（任意契約）、法定後見制度（家庭裁判所の審判）

任意後見人の場合、家庭裁判所が任意後見監督人を選任する。

②　後見＝身上監護＋財産管理

③　成年後見人、未成年後見人

④　「身上監護」に、侵襲性の高い医療行為に対する同意が含まれるかは争いがある。

２）日常生活自立支援事業との関係

　　「身上監護、財産管理」以外の福祉サービス利用にあたっては、社会福祉協議会と利用契約を結び支援を受けることになる。

３）認知症の今後　　　　　　　　　　　　　　　　　　　　　　　　↓推計値

	2008年	2015年	2020年	2021年	2025年
患者数	200万人	500万人	600万人	630万人	730万人
老年人口	3000万人	3340万人	3500万人	3620万人	3670万人

　①　「オレンジプラン（2013年）」➡「新オレンジプラン（2015年）」

　②　認知症疾患医療センターの整備：2021年現在、422か所指定☞22－1－3

　③　地域包括支援センターの活用☞22－1－1

　④　若年性認知症問題：35,700人/2022年確認

　　　主な社会資源➡精神通院医療（自立支援医療）、精神保健福祉手帳、障害年金等

　⑤　認知症サポーター養成（認知症サポーターカード）：1380万人/2022年

４）認知症高齢者生活（療養）先　　☞22－1－1

　　　発症➡入院治療➡退院先（自宅、下記施設等）

施設等	種別	入所条件等
介護医療院	施設	要介護１～５：長期療養＋療養上の管理・看護 ＋医学的管理下の介護及び機能訓練
介護老人保健施設	施設	要介護１～５：入院治療は不要＋慢性期医療と機能訓練 入所期間：原則３か月
介護老人福祉施設 （特別養護老人ホーム）	施設	要介護３以上：自宅生活困難＋常時介護必要 入所期間：終身利用可
グループホーム （認知症対応型共同生活介護）	地域 密着	共同生活住居＋家庭的環境＋入浴、排せつ、食事等の介護＋日常生活上の世話と機能訓練
有料老人ホーム		食事等の支援付、介護型（条件付き）・住居型
精神科病院	病院	医療保護入院or任意入院

20－5－2　高齢者虐待問題

【高齢者虐待防止法（2005年/平成17年　11月）】

（高齢者虐待の防止、高齢者の養護者に対する支援等に関する法律）

１）「高齢者」の定義：満65歳以上

　　（注）定義変更の可能性：準高齢者/65歳以上75歳未満、高齢者/75歳以上90歳未満、超
　　　　　高齢者90歳以上

２）「虐待」の定義：家庭内の養護者による虐待、施設等の職員による虐待

３）「虐待」の種類：身体的虐待＞ネグレクト＞心理的虐待＞性的虐待＞経済的虐待

4）被虐待者発見時の通報先
　①　養護者による虐待の場合
　　➡連絡先：市町村（又は地域包括支援センター）
　　　　　　　立ち入り調査権、高齢者の保護（養護老人ホーム等）
　②　施設職員の場合
　　➡連絡先：市町村（又は地域包括支援センター）→都道府県へ報告
　　　　　　　立ち入り調査権（市町村、都道府県）、施設へ勧告・措置命令・指定取
　　　　　　　消等の公示
5）虐待養護者：息子（39.9％）＞夫（22.4％）＞娘（17.8％）＞息子の妻＞妻
6）被虐待者　：女性（75.2％）＞男性（34.8％）
7）被虐待者年齢：80〜84歳（23.6％）＞75〜79歳（20.9％）

20－5－3　NIE：「報われぬ国―負担増の先に」を読んで考えよう。

朝日新聞　2014年（平成26年）12月1日（月）

報われぬ国―負担増の先に
第3部　療養不安

［一部抜粋］

　夫婦はともに病に倒れ、老後の人生設計が狂ってしまった。「人生の終盤にこんな苦痛が待っているとは思いませんでした。」妻（85）はつぶやく。

　東京都内に住んでいた夫婦は昨年、夫（71）にがんが見つかった。妻も下血し腸の病気と診断された。

　夫婦には子どもがおらず、世話をする親族もいない。自宅での療養が難しいこともあって、夫は約半年、妻は約50日間入院した。

　夫は公的医療保険の健康保険組合（健保）に入っていた。70〜74歳なら、治療代のうち病院窓口で払う自己負担分は原則2割だ。75歳以上の妻は後期高齢者医療制度により1割で済む。

　さらに大病で治療代がかさむ場合は自己負担を抑える高額療養費制度もある。70歳以上では、収入の区分が「一般」の家庭なら自己負担は1人あたり月に約4万4千円が上限だ。

　しかし、これらの保険や制度だけでは、2人の生活は守りきれなかった。

　病気になった後、夫婦の収入は月に14万円の厚生年金だけが頼りだった。一方、高額療養費

制度を使っても、手術や入院などでの治療代の自己負担は２人で月に９万円近くもかかる。

　それだけではない。入院すると、健保や高額療養費制度の対象外の費用がかかる。治療そのものではない「ホテルコスト」だ。

　「食事代＝１食260円（460円：2020年度）」「寝巻きとタオル代＝１日550円（2020年参考値）」「オムツ代＝１日500円（2020年参考値）」。夫婦はこれらの費用がそれぞれかかったという。

　６人部屋に空きがないなどとして、４人部屋に入ることもあった。その際は「差額ベッド代」として１日約2500円が必要だった。

　ホテルコストは２人で月に15万円近いときもあった。退院までにあわせて100万円以上かかった。

　夫は50代半ばまで運輸会社に勤め、がんになるまで不動産会社で働き続けた。年金の保険料も健保の保険料も納めてきた。手取りで月約15万円の給料と月約14万円の年金があり、病気がなければ暮らしていけた。

　しかし、病気になった途端、生活は成り立たなくなった。運輸会社の退職金約500万円は一部を借金の返済に回しており、残った預金は治療などにかかった費用でなくなった。

　夫婦はいま、妻が東京、夫が東京近郊の老人ホームで離れて暮らす。療養と介護の費用をまかなえないため、生活保護を受け、福祉事務所の紹介で安くて空きがあるホームに入った。

　「私たちはいまの医療や年金の仕組みでは救うのが難しい老人だったんでしょうか」妻はそう話す。

主な病気にかかる入院医療費

脳出血	213万1498円
急性心筋梗塞	197万4980円
結腸がん	90万1181円
胃がん	86万9587円
肺がん	76万9980円
肺　炎	61万894円

［全日本病院協会の実績］

㊟　文中の「ホテルコスト」代については最新の数字を各自が確認すること。

20-6　被災者支援（災害対策と復興支援）

要諦

　1995年/平成7年1月17日午前5時46分、兵庫県南部を中心とする「阪神淡路大震災」が発生した。死者6434名は、関東大震災に次ぐ甚大な被害となったが、2011年/平成23年3月11日午後2時46分、東北地方三陸沖を震源として「東日本大震災」が発生し、「阪神淡路大震災」を上回る死者15,859人・行方不明者3,021人合わせて18,880人（2022年/令和4年11月現在）がその犠牲となった。この災害で特筆すべきは、人為的な部分を含めた「複合型」災害であったことである。社会のシステムがより複雑化すると人智を超えた現象が起こることになると肝に銘じるべきである。そして不時の災いとはいえ、この災害によって国民の生活は大きく現状変更を強いられることになる。後掲する「災害対策基本法」も「災害救助法」も、第二次大戦後早い時期に策定されたが十分に機能しなかった分、前もってどのような対策・対応を立てれば被害を最小限に抑えられるかについて、今後社会保障的観点、健康危機管理の観点から原状回復方法を考えるべきである。さらに災害看護の原点詳細は、南裕子編著「阪神・淡路大震災　その時看護は」（日本看護協会1995年）を是非ご参照いただきたい。

20-6-1　災害と災害弱者の定義

1）災害の定義（健康危機管理との関連）

　　災害はその原因により、自然（自然現象）型災害と人的（人為的）災害に分類できる。先の「東日本大震災」はこの両者の意味合いを含んでいる「複合型災害」と再定義できる。津波や地震からの復興だけでなく、原子力発電所のシャットダウンによる根本的復興すらまだその途上にある。物的にも人的にも原状回復は不可能であるが、社会のあらゆる資源を使って再構築するべきである。また、この教訓から「自然の威力に対する人間の弱さをどれだけ多くの人が認識できるか」を学びたい。

　　一方、厚生労働省の健康管理指針では、「健康危機管理」とは、「医薬品、食中毒、感染症、飲料水その他何らかの原因により生じる国民の生命、健康の安全を脅かす事態に対して行われる健康被害の発生予防、拡大防止、治療等に関する業務であって、厚生労働省の所管に属するもの」とされている。社会生活上の事故から国民の生活を守り、健康を維持するために、自然災害とどう向き合うか、人的災害による被害を最小限にするための社会政策的観点を持つことが医療従事者にとって重要な課題となる。

過去の代表的な災害（日本）/2022年判明分

発生年月日	災害名	種別	備考
1982/7/23	長崎豪雨水害	自然	死者299名
1991/6/3	雲仙普賢岳噴火・火砕流	自然	死者69名
1995/1/17	阪神淡路大震災　M7.2	自然	死者6,434名、行方不明3名、負傷43,792名
1995/3/20	地下鉄サリン事件	人為	死者13名、負傷者約6,000名 加害者集団員は死刑13名（7名執行）、無期懲役
1998/7/25	和歌山毒物混入カレー事件	人為	死者4名、急性ヒ素中毒63名：加害者死刑確定
1999/9/30	東海村JCO臨界事故	人為	死者2名、被爆者667名
2008/6/8	秋葉原無差別殺傷事件	人為	死者7名、負傷者10名：加害者死刑（執行）
2011/3/11	福島原子力発電所爆発事件	複合	災害関連死1,500名超 避難生活者約3万人（発生当時16万人超）
2011/3/11	東日本大震災　M8.8	自然	死者・行方不明者18,880人
2014/8/20	広島市土砂災害	複合	死者74名
2014/9/27	御嶽山噴火	自然	死者57名、行方不明者6名
2016/4/14	熊本地震　M7.3	自然	死者267名、負傷者2,804名
2018/9/6	北海道胆振東部地震	複合	火力発電所緊急停止→ブラックアウト・全道停電
2019～	COVID19	人為	死者47,579人、陽性者23,178,710人

2）災害のサイクル

　　災害発生➡初動対応期➡緊急対応期➡応急対応期➡復旧復興対策期➡平時の防災準備期に関わる医療従事者（主に医師、保健師・看護師等）と行政の対応者との役割分担について把握すること。

3）災害弱者とは（WATCHPPP）

　　女性、高齢者、旅行者、子どもたち、障碍を持つ人々、妊婦、貧困者、患者（傷病者）等

20－6－2　法制度（準備と災害対応）

【災害対策基本法（1961年/昭和36年　11/15）】

1）目的：国土並び国民の生命、身体及び財産を災害から保護し、もって社会の秩序の維持と公共の福祉の確保に資すること。

2）防災に関する責務：国、都道府県、市町村、特定公共機関の責務＋住民との責務

3）防災に関する組織：国・都道府県・市町村の防災会議、災害対策本部

4）防災計画：計画的防災行政の整備・推進

5）防災対策の推進：災害予防・災害応急対策、災害復旧の段階ごとに役割・権限を規定

6）財政金融措置

7）「災害緊急事態」の布告

【災害救助法（1947年/昭和22年　10/18）】

1）目的：災害に際して、国が、地方公共団体、赤十字社、その他の団体及び国民の協力の下に、応急的に、必要な救助を行い、災害にかかった者の保護と社会の秩序の保全を図ること。

2）実施体制/適用基準：都道府県（市町村長が補助）/人口5,000人未満＋住家全壊30世帯以上

3）救助の種類（医療-DMAT，DPAT、助産等）、程度、方法、及び期間

4）強制権の発動：医療関係者への従事命令等

5）災害拠点病院の指定（都道府県単位）

【被災者生活再建支援法（1998年/平成10年　5/22）】

【災害弔慰金の支給等に関する法律（1973年/昭和48年　9/18）】

【犯罪被害者等基本法（2004年/平成16年　12/8）】：国・地方公共団体の講ずる基本的施策

① 被害者からの相談及び情報提供

② 損害賠償請求についての援助、給付金の支給に係る制度の充実

③ 被害者の二次被害の防止と安全確保

④ 刑事手続きへの参加機会の拡充のための制度整備

20－7　貧困者支援

20－7－1　現状と法制度

要諦

　貧困には二つの意味があるが、ここでは経済的に貧しい方の意味について考察する。現代の資本主義経済の下で、すべての人が平等に暮らすことは、その目標であっても実現は不可能にできている。それ故、今日異常なまでに広がってしまった経済格差社会の中で、所得の再分配をその指針の一つにする社会保障は本来の機能を果たしていないように思われる。経済格差が健康格差を生み、社会的弱者である貧困者の生活は深刻な事態に陥っている。「公助」の門をたたけば生活保護制度があり、原則一定期間safety netの下に落ちることはないが、実際はその一歩手前で逡巡している人たちをどのように救済してゆくのかがこの国に課せられた喫緊の社会問題である。

　あらためて、公助すなわち生活保護（公的扶助）の対象は、「生活に困窮する日本国民（日本国民に準じた保護を受ける在日外国人）で、その者が利用しうる現金を含む資産、稼働能力その他あらゆるものを生活費に充当しても、なお厚生労働大臣の定める保護の基準で測定される最低限度の生活を維持できない者」に限定されていて、わずかな資産があり、収入と支出がゼロかマイナスになる人々や、ホームレスの人々は日本の社会保障の安全網では救済されないのが現状である。

1．セーフティネットの捕捉範囲（憲法第25条が予定する）

　第1　safety net：社会保険制度　☞18

　第2　safety net：生活困窮者支援制度

　第3　safety net：生活保護制度　☞19

　このどれにも捕捉されないのが、「ホームレス」である。

【ホームレスの自立の支援等に関する特別措置法（2002年/平成14年）8／7】

　〔2012年/平成24年までに時限立法であったが、2027年/令和9年まで期間延長〕

1）「ホームレス」の定義

　都市公園、河川、道路、駅舎その他の施設を故なく起居の場所とし、日常生活を営んでいる者

2）ホームレス数

2003年	2014年	2017年	2018年	2019年
25,296人	8,265人	5,534人	4,977人	4,555人

　※2019年/　男4,253人　女171人　不明131人

3）実施主体：都道府県、市町村、NPO法人、社会福祉法人　/事業内容

〔セーフティネット支援対策事業の実施について（厚労省社会・援護局長通達：2005年/平成17年）〕

① 自立の意思があるホームレスに対する総合相談支援事業

② 自立の意思があるホームレスに対する自立支援事業

③ 自立の意思があるホームレスに対する緊急一時宿泊事業

④ 自立の意思があるホームレスに対する能力活用推進事業

⑤ NPO法人等民間支援団体が行う生活困窮者等の支援事業

2．低所得者対策

要諦

　低所得となる原因は様々であるが、失業、離婚、高齢化、疾病、災害などが考えられる。何をもって困窮というかは明らかでないが、今の経済体制の下では富の分配が不均衡にならざるを得ない。

　以下の法律などでその場凌ぎにならないよう、根本的な解決策を探ってみよう。

【生活困窮者自立支援法（2013年/平成25年　12/13）】
【生活困窮者自立相談支援事業等の実施について（厚労省社会・援護局通達：2015年/平成27年）】

1）目的

　「税金、社会保険料の滞納などを手掛かりに、生活保護を受けそうなほど困窮している人を対象に、行政が窓口を作り、家賃相当額の一定期間補助、就労機会の提供、子どもの学習支援など、社会資源の利用を促す」

2）「生活困窮者」の定義

　就労の状況、心身の状況、地域社会との関係性その他の事情により、現に経済的に困窮し、最低限度の生活を維持することができなくなるおそれがある者

3）必修事業（都道府県、市区、福祉事務所を設置する町村）

① 自立相談支援事業の実施

② 離職により住宅を失うか失うおそれがある生活困窮者に対する「住宅確保給付金」の支給

4）任意事業（都道府県、市区、福祉事務所を設置する町村）

① 就労準備支援事業

② 一時生活支援事業：住居のない生活困窮者に宿泊場所の提供、衣食の提供

③　家計改善支援事業

④　学習支援事業：生活困窮家庭の子ども対象

⑤　ひきこもり対策推進事業（実施主体は都道府県、政令指定都市）

⑥　地域生活定着支援事業（実施主体は都道府県）

5）就労訓練事業の認定（都道府県知事、政令指定都市市長、中核市市長）

【生活福祉資金貸付について（厚生労働省通達：2009年/平成21年）】

1）目的

　　「低所得者、障碍者又は高齢者に対する、経済的自立及び生活意欲の助長促進並びに
　在宅福祉及び社会参加の促進を図り安定した生活が送れるようにする」

2）実施主体：社会福祉協議会

20－7－2　NIE：「生活困窮　なぜ救えなかった」を読んで考えよう。

（2015年3月27日付　朝日新聞一部抜粋・改変）

生活困窮　なぜ救えなかった

　「生きてゆけなくなると思った」。生活に行き詰ったひとり親家庭の母親が、中学生の長女を殺害した罪に問われている。事件があったのは、家賃滞納で公営住宅を立ち退く日の朝だった。（中略）

　千葉県の公営住宅の一室で母親（44）は中学2年の長女（当時13歳）を、学校で使う赤い鉢巻きで首を絞め殺害した容疑で逮捕起訴された。（中略）母親は給食センターでのパート収入が年100万円に届かない程度以外に、児童扶養手当など月約5万円を受け取っていた。公営住宅の家賃は月12,800円だったが、3年前から滞納し、県が裁判に踏み切り強制執行（強制退去）になった。（中略）県住宅課が訴訟の前に、「事情のある方は相談に応じます」と伝えていたが、相談はなかった。（中略）住民票がある市では、2年前に国民健康保険の保険料（地方税）の滞納に関して短期保険証の交付を行った。その際、生活苦を察した職員に促され、母親は社会福祉課（生活保護の担当窓口）へ相談に行った。その時の「面接記録票」には、預貯金・収入に関する聴取がされておらず、保険料滞納の理由も記載されていなかった。母親は、生活保護制度の概容を聞き、帰路についた。再び相談はなく、市からも連絡しなかった。（中略）⇒2015年6月12日、第一審で懲役7年の判決が言い渡された。

　厚生労働省が2019年に公表した調査では、「母親がパートなどの非正規雇用」の場合、働いて得る収入は1年間で平均133万円。ひとり親家庭の貧困率は50.8％（2019年）で、先進国で最悪レベルだ。（以下略）

20－8　補遺的総括：社会的弱者に対する虐待（暴力）問題

要諦

　そもそも社会的弱者という表現が使われるようになること自体、この社会構造の中に個人の尊重とか人間としての尊厳といった意識の希薄さが潜んでいる証左である。立場上被害者は声を上げにくく、加害者には加害の意識がないか支配意識が異常な状態にまで至る精神状態になっているのである。それ故、ことが事件・問題としての発覚に時間がかかり、被害者の命の救済が手遅れになるのである。加害者の支配のエリアにおける危害行為が起こるのは、その人自身が悩みを相談したり、ストレスを発散する機会が乏しいのにも原因がある。子どもの育児に悩む父親や母親、家庭内で育児に専従させられる母親、婚姻関係（又はそれに準ずる関係）にある夫や妻、高齢者の親を介護する子どもたち、老老介護・老認介護・認認介護等介護に疲れた人々が抱える問題は個人レベルでは解決ができないところまで来ているのは、毎日のように新聞では「社会的弱者の犠牲」の事件の報道で溢れかえっているのを見ても明らかである。被害の対象を縦割りで考察するのではなく、そのすべての問題の深層部分にあるモラルについて今後の施策を考える段階にきている。

　私たちの住むこの世界の最上位にある規律は「自然の摂理」であり、常に変化し容易にその姿をとらえきれないのは「科学」が１％ぐらいしか捕捉できていないからで、私たちの住む社会の根底にある最小限の守るべき規律は「倫理」で、個々人が育ってきた社会の様々な教育、文化などによってはその姿は千差万別といってよい。だからといって「命」を粗末にするなど、動機、手段に関わらず、人間の風上にも置けない悪事である。人の道とは、「されて嫌なことは他人にするな、人が望むことを考えながら行動する」ことである。規律は遵守して初めてその意義があるわけで、支え合って生きる人間にとって「社会」とはそのような存在である。６－３で学んだcomplianceの構図からどのようにすれば「悲劇」が無くせるか考えてみよう。

【虐待問題に関する法制度】

対象	加害者	法令	虐待の種類
要保護児童（含む乳幼児）	親権者・保護者	児童虐待防止法 ☞20-2-2 2000年施行	心理的虐待 身体的虐待 育児放棄 性的虐待
配偶者から暴力を受けている女性 （経済的自立が困難な女性）	配偶者	DV防止法☞20-3-4 2001年施行	身体的暴力 準ずる有害な言動
高齢者	息子、夫、娘、妻	高齢者虐待防止法 ☞20-5-2 2006年施行	身体的虐待 心理的虐待 経済的虐待 介護放棄 性的虐待
障碍者	保護者、養護者施設職員他	障害者虐待防止法 ☞20-4-2 2012年施行	高齢者虐待に準ずる
貧困者	非行少年他	なし	主に身体的虐待

（注）虐待の種別は多い順である。　　〜放棄＝neglect（ネグレクト）

第3編

保健医療福祉を取り巻く社会の現状

第21章
「国民衛生の動向 2022/2023」より抜粋

1．人口静態

表21－1－1　わが国の人口の推移

	総人口[1] （千人）	人口増減率[2] （％）	人口密度 （1km²当たり）	人口性比 （女100対男）
昭和25年（1950）	83 200	1.75	226	96.3
30　（'55）	89 276	1.17	242	96.6
35　（'60）	93 419	0.84	253	96.5
40　（'65）	98 275	1.13	266	96.4
45　（'70）	103 720	1.15	280	96.4
50　（'75）	111 940	1.24	301	96.9
55　（'80）	117 060	0.78	314	96.9
60　（'85）	121 049	0.62	325	96.7
平成2　（'90）	123 611	0.33	332	96.5
7　（'95）	125 570	0.24	337	96.2
12（2000）	126 926	0.20	340	95.8
17　（'05）	127 768	△0.01	343	95.3
22　（'10）	128 057	0.02	343	94.8
27　（'15）	127 095	△0.11	341	94.8
令和2　（'20）	126 146	△0.32	338	94.7
3　（'21）*	125 502	△0.51	…	94.6

資料　総務省統計局「国勢調査報告」
＊は「人口推計（2021年（令和3年）10月1日現在）」
注　1）各年10月1日現在人口（昭和45年までは沖縄県を含まない）。
　　2）人口増減率は、前年10月から当年9月までの増減数を前年
　　　人口で除したもの。
　　3）人口密度は国勢調査（総務省統計局）による。
〔出典：厚生労働統計協会（2022）
　国民衛生の動向2022/2023、p. 40〕

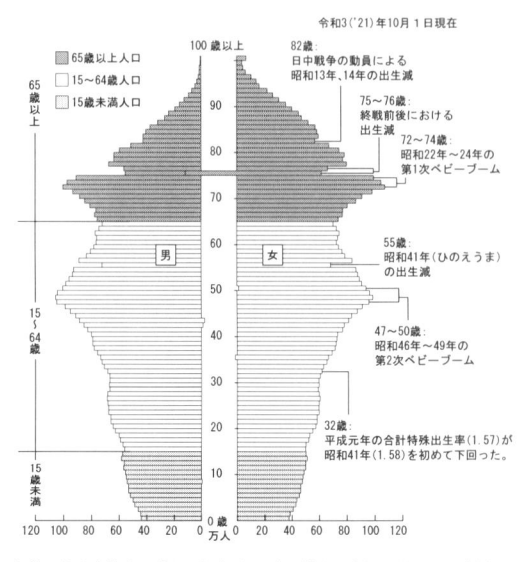

令和3（'21）年10月1日現在

資料　総務省統計局「人口推計（2021年（令和3年）10月1日現在）」

図21－1－1　わが国の人口ピラミッド

〔出典：厚生労働統計協会（2022）
　国民衛生の動向2022/2023、p. 40〕

表21－1－2　わが国の年齢3区分別人口と諸指標の推移

各年10月1日現在

	年齢3区分別人口（千人）			年齢3区分別人口構成割合（％）			指　　　数[1]			
	総　数	年少人口 （0～14歳）	生産年齢人口 （15～64歳）	老年人口 （65歳以上）	総　数	年少人口 （0～14歳）	生産年齢人口 （15～64歳）	老年人口 （65歳以上）	年少人口 指　数	老年人口 指　数	従属人口 指　数	老年化 指　数
昭和25年（'50）	83 200	29 428	49 658	4 109	100.0[1]	35.4	59.7	4.9	59.3	8.3	67.5	14.0
35　（'60）	93 419	28 067	60 002	5 350	100.0	30.0	64.2	5.7	46.8	8.9	55.7	19.1
45　（'70）	103 720	24 823	71 566	7 331	100.0	23.9	69.0	7.1	34.7	10.2	44.9	29.5
55　（'80）	117 060	27 507	78 835	10 647	100.0[1]	23.5	67.4	9.1	34.9	13.5	48.4	38.7
平成2　（'90）	123 611	22 486	85 904	14 895	100.0	18.2	69.7	12.1	26.2	17.3	43.5	66.2
12　（'00）	126 926	18 472	86 220	22 005	100.0[1]	14.6	68.1	17.4	21.4	25.5	46.9	119.1
22　（'10）	128 057	16 803	81 032	29 246	100.0[1]	13.2	63.8	23.0	20.7	36.1	56.8	174.0
27　（'15）	127 095	15 887	76 289	33 465	100.0[1]	12.6	60.7	26.6	20.8	43.9	64.7	210.6
令和2　（'20）	126 146	15 032	75 088	36 027	100.0	11.9	59.5	28.6	20.0	48.0	68.0	239.7
3　（'21）*	125 502	14 784	74 504	36 214	100.0	11.8	59.4	28.9	19.8	48.6	68.5	245.0

資料　総務省統計局「国勢調査報告」
＊は「人口推計（2021年（令和3年）10月1日現在）」
注　1）平成22年までの国勢調査値には総数に年齢不詳を含む。年齢3区分別人口には年齢不詳の案文はなく、構成割合は年齢不詳を除いた人
　　口を分母として算出している。平成27年、令和2年は年齢不詳補完値による。

　　2）年少人口指数＝$\dfrac{年少人口}{生産年齢人口} \times 100$　　　老年人口指数＝$\dfrac{老年人口}{生産年齢人口} \times 100$

　　　従属人口指数＝$\dfrac{年少人口＋老年人口}{生産年齢人口} \times 100$　　　老年化指数＝$\dfrac{老年人口}{年少人口} \times 100$

〔出典：厚生労働統計協会（2022）国民衛生の動向2022/2023、p. 40〕

表21－1－3　将来推計人口〈出生中位（死亡中位）推計〉

平成27～令和47(2015～2065)年

	人　口(千人)		年齢3区分割合(%)			指　　　数(%)		
	総　数	うち65歳以上	0～14歳	15～64歳	65歳以上	年少人口	老年人口	従属人口
平成27年(2015)	127 095	33 868	12.5	60.8	26.6	20.6	43.8	64.5
令和7　　('25)	122 544	36 771	11.5	58.5	30.0	19.6	51.3	70.9
17　　　('35)	115 216	37 817	10.8	56.4	32.8	19.2	58.2	77.4
27　　　('45)	106 421	39 192	10.7	52.5	36.8	20.4	70.2	90.6
37　　　('55)	97 441	37 042	10.4	51.6	38.0	20.1	73.7	93.8
47　　　('65)	88 077	33 810	10.2	51.4	38.4	19.8	74.6	94.5

資料　国立社会保障・人口問題研究所「日本の将来推計人口」（平成29年推計）
注　　年齢3区分割合は、年齢不詳を案分補正した人口を分母として算出している。

〔出典：厚生労働統計協会（2022）国民衛生の動向2022/2023、p. 42〕

表21－1－4　労働力人口の推移

各年平均

(単位　万人)

	15歳以上人口	労　働　力　人　口			非労働力人口	労働力人口比率(%)[1]	完全失業率(%)[2]
		総　数	就業者	完全失業者			
総　　数							
昭和55年(1980)	8 932	5 650	5 536	114	3 249	63.3	2.0
平成2　　('90)	10 089	6 384	6 249	134	3 657	63.3	2.1
12 (2000)	10 836	6 766	6 446	320	4 057	62.4	4.7
22　　('10)	11 111	6 632	6 298	334	4 473	59.6	5.1
27　　('15)	11 110	6 625	6 401	222	4 479	59.6	3.4
令和2　　('20)	11 080	6 868	6 676	191	4 204	62.0	2.8
3　　('21)	11 080	6 860	6 667	193	4 175	62.1	2.8
男							
昭和55年(1980)	4 341	3 465	3 394	71	859	79.8	2.0
平成2　　('90)	4 911	3 791	3 713	77	1 095	77.2	2.0
12 (2000)	5 253	4 014	3 817	196	1 233	76.4	4.9
22　　('10)	5 365	3 850	3 643	207	1 513	71.6	5.4
27　　('15)	5 365	3 773	3 639	135	1 588	70.3	3.6
令和2　　('20)	5 354	3 823	3 709	115	1 527	71.4	3.0
3　　('21)	5 332	3 803	3 687	116	1 526	71.3	3.1
女							
昭和55年(1980)	4 591	2 185	2 142	43	2 391	47.6	2.0
平成2　　('90)	5 178	2 593	2 536	57	2 562	50.1	2.2
12 (2000)	5 583	2 753	2 629	123	2 824	49.3	4.5
22　　('10)	5 746	2 783	2 656	127	2 960	48.5	4.6
27　　('15)	5 746	2 852	2 764	89	2 891	49.6	3.1
令和2　　('20)	5 726	3 044	2 968	76	2 677	53.2	2.5
3　　('21)	5 744	3 057	2 980	77	2 650	53.5	2.5

資料　総務省統計局「労働力調査」（基本集計）

注　　1）労働力人口比率＝ $\dfrac{労働力人口}{15歳以上人口} \times 100$　　2）完全失業率＝ $\dfrac{完全失業者}{労働力人口} \times 100$

　　　3）15歳以上人口には労働力状態不詳を含む。

〔出典：厚生労働統計協会（2022）国民衛生の動向2022/2023、p. 41〕

表21－1－5　世帯構造別にみた世帯数の推移

| | 総　数 | 単　独世　帯 | 核　家　族　世　帯 | | | | 三世代世　帯 | その他の世帯 | 平均世帯人員 |
			総　数	夫婦のみの　世　帯	夫婦と未婚の子のみの世　帯	ひとり親と未婚の子のみの世帯			
				推　　計　　数　　（千世帯）					
平成4年(1992)	41 210	8 974	24 317	7 071	15 247	1 998	5 390	2 529	2.99
7　（'95）	40 770	9 213	23 997	7 488	14 398	2 112	5 082	2 478	2.91
10　（'98）	44 496	10 627	26 096	8 781	14 951	2 364	5 125	2 648	2.81
13 (2001)	45 664	11 017	26 894	9 403	14 872	2 618	4 844	2 909	2.75
16　（'04）	46 323	10 817	28 061	10 161	15 125	2 774	4 512	2 934	2.72
19　（'07）	48 023	11 983	28 658	10 636	15 015	3 006	4 045	3 337	2.63
22　（'10）	48 638	12 386	29 097	10 994	14 922	3 180	3 835	3 320	2.59
25　（'13）	50 112	13 285	30 164	11 644	14 899	3 621	3 329	3 334	2.51
28　（'16）	49 945	13 434	30 234	11 850	14 744	3 640	2 947	3 330	2.47
令和元（'19）	51 785	14 907	30 973	12 639	14 718	3 616	2 627	3 278	2.39
				構　　成　　割　　合　　（%）					
平成4年(1992)	100.0	21.8	59.0	17.2	37.0	4.8	13.1	6.1	・
7　（'95）	100.0	22.6	58.9	18.4	35.3	5.2	12.5	6.1	・
10　（'98）	100.0	23.9	58.6	19.7	33.6	5.3	11.5	6.0	・
13 (2001)	100.0	24.1	58.9	20.6	32.6	5.7	10.6	6.4	・
16　（'04）	100.0	23.4	60.6	21.9	32.7	6.0	9.7	6.3	・
19　（'07）	100.0	25.0	59.7	22.1	31.3	6.3	8.4	6.9	・
22　（'10）	100.0	25.5	59.8	22.6	30.7	6.5	7.9	6.8	・
25　（'13）	100.0	26.5	60.2	23.2	29.7	7.2	6.6	6.7	・
28　（'16）	100.0	26.9	60.5	23.7	29.5	7.3	5.9	6.7	・
令和元（'19）	100.0	28.8	59.8	24.4	28.4	7.0	5.1	6.3	・

資料　厚生労働省「国民生活基礎調査」（大規模調査）
注　　平成7年の数値は、兵庫県を除いたものである。
　　　平成28年の数値は、熊本県を除いたものである。

〔出典：厚生労働統計協会（2022）国民衛生の動向2022/2023、p.43〕

表21－1－6　世帯構造別にみた65歳以上の者のいる世帯数の推移

| | 全世帯数 | 65　歳　以　上　の　者　の　い　る　世　帯 | | | | | | | |
		総　数	全世帯に占める割合（%）	単独世帯	夫婦のみの世　帯	親と未婚の子のみの世　帯	三世代世　帯	その他の世帯	（再掲）65歳以上の者のみの世　帯
			推　　計　　数　　（千世帯）						
平成4年(1992)	41 210	11 884	28.8	1 865	2 706	1 439	4 348	1 527	3 666
7　（'95）	40 770	12 695	31.1	2 199	3 075	1 636	4 232	1 553	4 370
10　（'98）	44 496	14 822	33.3	2 724	3 956	2 025	4 401	1 715	5 597
13 (2001)	45 664	16 367	35.8	3 179	4 545	2 563	4 179	1 902	6 636
16　（'04）	46 323	17 864	38.6	3 730	5 252	2 931	3 919	2 031	7 855
19　（'07）	48 023	19 263	40.1	4 326	5 732	3 418	3 528	2 260	8 986
22　（'10）	48 638	20 705	42.6	5 018	6 190	3 836	3 348	2 313	10 188
25　（'13）	50 112	22 420	44.7	5 730	6 974	4 442	2 953	2 321	11 594
28　（'16）	49 945	24 165	48.4	6 559	7 526	5 007	2 668	2 405	13 252
令和元（'19）	51 785	25 584	49.4	7 369	8 270	5 118	2 404	2 423	14 856
			構　　成　　割　　合　　（%）						
平成4年(1992)	・	100.0	・	15.7	22.8	12.1	36.6	12.8	30.8
7　（'95）	・	100.0	・	17.3	24.2	12.9	33.3	12.2	34.4
10　（'98）	・	100.0	・	18.4	26.7	13.7	29.7	11.6	37.8
13 (2001)	・	100.0	・	19.4	27.8	15.7	25.5	11.6	40.5
16　（'04）	・	100.0	・	20.9	29.4	16.4	21.9	11.4	44.0
19　（'07）	・	100.0	・	22.5	29.8	17.7	18.3	11.7	46.6
22　（'10）	・	100.0	・	24.2	29.9	18.5	16.2	11.2	49.2
25　（'13）	・	100.0	・	25.6	31.1	19.8	13.2	10.4	51.7
28　（'16）	・	100.0	・	27.1	31.1	20.7	11.0	10.0	54.8
令和元（'19）	・	100.0	・	28.8	32.3	20.0	9.4	9.5	58.1

資料　厚生労働省「国民生活基礎調査」（大規模調査）
注　　1）平成7年の数値は、兵庫県を除いたものである。平成28年の数値は、熊本県を除いたものである。
　　　2）「親と未婚の子のみの世帯」とは、「夫婦と未婚の子のみの世帯」および「ひとり親と子のみの世帯」をいう。

〔出典：厚生労働統計協会（2022）国民衛生の動向2022/2023、p.43〕

2．人口動態

表21－2－1　人口動態統計の概況

	実数		率	
	令和3年* (2021)	2 ('20)	令和3年* (2021)	2 ('20)
出　　　生	811 604	840 835	6.6	6.8
死　　　亡	1 439 809	1 372 755	11.7	11.1
乳児死亡	1 398	1 512	1.7	1.8
自然増減	△ 628 205	△ 531 920	△ 5.1	△ 4.3
死　　　産	16 277	17 278	19.7	20.1
周産期死亡	2 741	2 664	3.4	3.2
婚　　　姻	501 116	525 507	4.1	4.3
離　　　婚	184 386	193 253	1.50	1.57

	令和3年* (2021)	2 ('20)
合計特殊出生率	1.30	1.33

資料　厚生労働省「人口動態統計」
　　　（＊は概数である）

〔出典：厚生労働統計協会（2022）
　国民衛生の動向2022/2023、p. 49〕

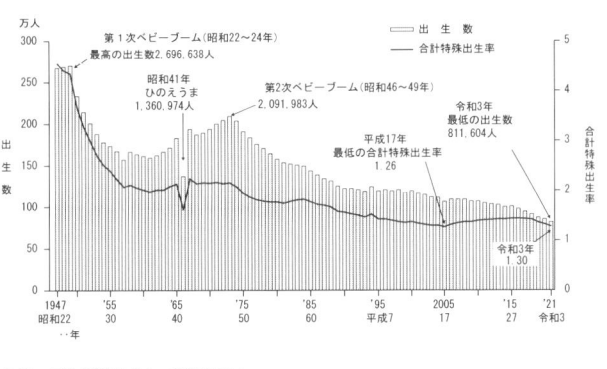

資料　厚生労働省「人口動態統計」
　　　（令和3年は概数である）

図21－2－1　出生数と合計特殊出生率の推移

〔出典：厚生労働統計協会（2022）国民衛生の動向2022/2023、p. 49〕

表21－2－2　性別にみた死因順位別死亡数・死亡率（人口10万対）

	令和3年(2021)*							2 ('20)		
	総　　数			男			女		総　　数	
	順位	死亡数	死亡率	順位	死亡数	死亡率	死亡数	死亡率	順位	死亡数	死亡率
全　死　因		1 439 809	1 172.7		738 105	1 236.6	701 704	1 112.2		1 372 755	1 112.5
悪性新生物(腫瘍)	(1)	381 497	310.7	(1)	222 465	372.7	159 032	252.1	(1)	378 385	306.6
心　疾　患	(2)	214 623	174.8	(2)	103 644	173.6	110 979	175.9	(2)	205 596	166.6
老　　　衰	(3)	152 024	123.8	(5)	41 283	69.2	110 741	175.5	(3)	132 440	107.3
脳血管疾患	(4)	104 588	85.2	(3)	51 590	86.4	52 998	84.0	(4)	102 978	83.5
肺　　　炎	(5)	73 190	59.6	(4)	42 335	70.9	30 855	48.9	(5)	78 450	63.6
誤嚥性肺炎	(6)	49 489	40.3	(6)	29 320	49.1	20 169	32.0	(6)	42 746	34.6
不慮の事故	(7)	38 296	31.2	(7)	21 990	36.8	16 306	25.8	(7)	38 133	30.9
腎　不　全	(8)	28 686	23.4	(8)	15 079	25.3	13 607	21.6	(8)	26 948	21.8
アルツハイマー病	(9)	22 960	18.7	(15)	7 987	13.4	14 973	23.7	(9)	20 852	16.9
血管性及び詳細不明の認知症	(10)	22 343	18.2	(14)	8 162	13.7	14 181	22.5	(10)	20 815	16.9

資料　厚生労働省「人工動態統計」（＊は概数である）
注　1）死因分類は、ICD-10（2013年版）準拠（平成29年適用）による。
　　2）男の9位は「慢性閉塞性肺疾患（COPD）」で死亡数は13 668、死亡率は22.9。10位は「間質性肺疾患」で死亡数は13 584、死亡率は22.8
　　　である。
　　3）「結核」は死亡数が1 844、死亡率は1.5である。
　　4）「熱中症」は死亡数が750、死亡率は0.6である。
　　5）「新型コロナウイルス感染症」は死亡数が16 756、死亡率は13.6である。

〔出典：厚生労働統計協会（2022）国民衛生の動向2022/2023、p. 55〕

表21－2－3　性・部位別にみた悪性新生物（腫瘍）死亡数の推移

	昭和55年（1980）	平成2（'90）	12（2000）	22（'10）	令和2（'20）	3 *（'21）
男						
悪性新生物〈腫瘍〉	93 501	130 395	179 140	211 435	220 965	222 465
胃	30 845	29 909	32 798	32 943	27 769	27 196
肝 1)	9 741	17 786	23 602	21 510	16 271	15 913
膵	4 483	7 317	10 380	14 569	18 878	19 333
肺 2)	15 438	26 872	39 053	50 395	53 244	53 279
大　腸 3)	7 724	13 286	19 868	23 921	27 715	28 079
その他	25 270	35 225	53 439	68 097	77 088	78 665
女						
悪性新生物〈腫瘍〉	68 263	87 018	116 344	142 064	157 391	159 032
胃	19 598	17 562	17 852	17 193	14 549	14 428
肝 1)	4 227	6 447	10 379	11 255	8 568	8 189
膵	3 352	6 001	8 714	13 448	18 796	19 245
肺 2)	5 856	9 614	14 671	19 418	22 337	22 933
大　腸 3)	7 015	11 346	16 080	20 317	24 069	24 337
乳　房	4 141	5 848	9 171	12 455	14 650	14 803
子　宮	5 465	4 600	5 202	5 930	6 806	6 818
その他	18 609	25 600	34 275	42 048	47 616	48 279

資料　厚生労働省「人口動態統計」（＊は概数である）
注　　1）肝及び肝内胆管を示す。
　　　2）気管、気管支及び肺を示す。
　　　3）結腸と直腸S状結腸移行部及び直腸を示す。
〔出典：厚生労働統計協会（2022）国民衛生の動向2022/2023、p. 56〕

表21－2－4　妊産婦死亡率（出産10万対）の推移

	妊産婦死亡率		妊産婦死亡率
昭和35年（1960）	117.5	平成7年（'95）	6.9
40　（'65）	80.4	12　（2000）	6.3
45　（'70）	48.7	17　（'05）	5.7
50　（'75）	27.3	22　（'10）	4.1
55　（'80）	19.5	27　（'15）	3.8
60　（'85）	15.1	令和元年（'19）	3.3
平成2年（'90）	8.2	2　（'20）	2.7

資料　厚生労働省「人口動態統計」
〔出典：厚生労働統計協会（2022）
　　　国民衛生の動向2022/2023、p. 64〕

表21－2－5　年次別妊産婦死亡率（出生10万対）の国際比較

	昭和50年（1975）	60（'85）	平成7（'95）	17（2005）		令和2（'20）	
日　　　　本	28.7	15.8	7.2		5.8		2.7
カ　ナ　ダ	7.5	4.0	4.5	'04)	5.9	'17)	6.6
アメリカ合衆国	12.8	7.8	7.1		18.4	'17)	31.3
フ　ラ　ン　ス	19.9	12.0	9.6		5.3	'16)	4.4
ド　イ　ツ 1)	39.6	10.7	5.4		4.1	'17)	2.8
イ　タ　リ　ア	25.9	8.2	3.2	'03)	5.1	'16)	2.7
オ　ラ　ン　ダ	10.7	4.5	7.3		8.5	'17)	1.8
スウェーデン	1.9	5.1	3.9		5.9	'17)	3.5
ス　イ　ス	12.7	5.4	8.5		5.5	'16)	3.4
イ　ギ　リ　ス 2)	12.8	7.0	7.0		7.1	'16)	6.6
オーストラリア	5.6	3.2	8.2	'04)	4.7	'17)	1.6
ニュージーランド	23.0	13.5	3.5		10.4	'15)	9.8

資料　厚生労働省「人口動態統計」
　　　UN「Demographic Yearbook」
注　　1）1985年までは旧西ドイツの数値である。
　　　2）1985年まではイングランド・ウエールズの数値である。
　　　3）各国データは、30人以下の死亡数に基づき死亡率が算出されているものを含む。
〔出典：厚生労働統計協会（2022）国民衛生の動向2022/2023、p. 64〕

３．健康状態と生活習慣病

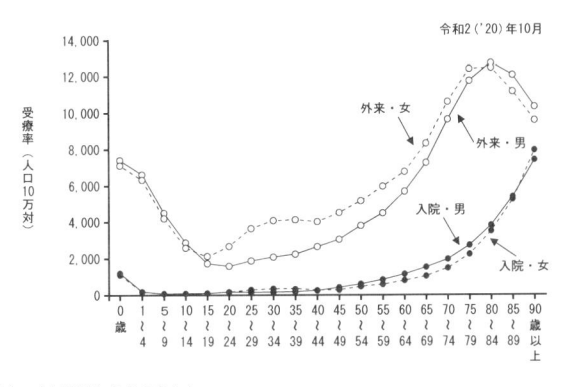

資料　厚生労働省「患者調査」

図21－3－1　性・年齢階級別にみた受療率（人口10万対）―入院，外来―

〔出典：厚生労働統計協会（2022）国民衛生の動向2022/2023、p. 79〕

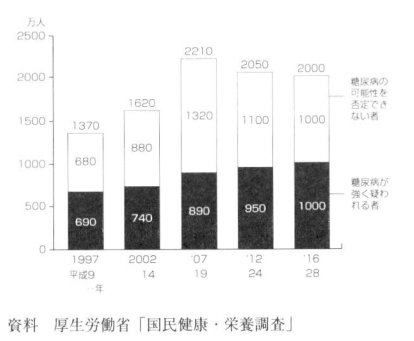

資料　厚生労働省「国民健康・栄養調査」

図21－3－2　年次別にみた糖尿病の状況

〔出典：厚生労働統計協会（2022）
　国民衛生の動向2022/2023、p. 83〕

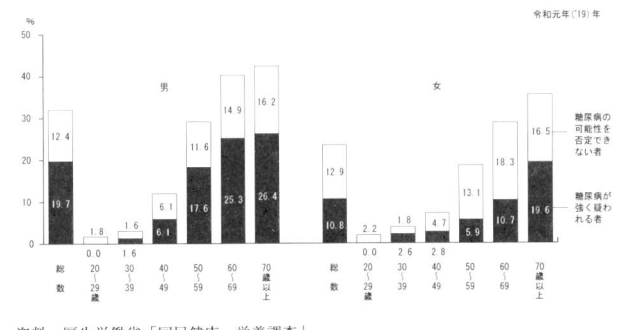

資料　厚生労働省「国民健康・栄養調査」

図21－3－3　性別にみた糖尿病の状況

〔出典：厚生労働統計協会（2022）
　国民衛生の動向2022/2023、p. 83〕

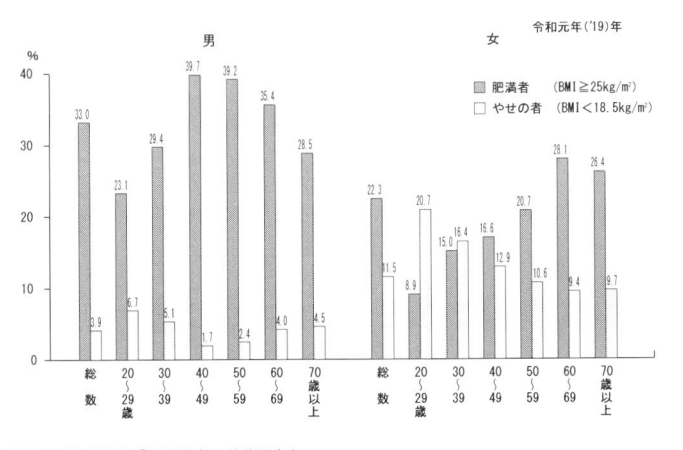

資料　厚生労働省「国民健康・栄養調査」

図21－3－4　性・年齢階級別にみた肥満者とやせの者の割合

〔出典：厚生労働統計協会（2022）国民衛生の動向2022/2023、p. 85〕

表21－3－1　わが国の喫煙習慣者の割合の推移

（単位　％）

	平成7年 （'95）	12 （'00）	17 （'05）	22 （'10）	27 （'15）	29 （'17）	30 （'18）	令和元 （'19）
男	52.7	47.4	39.3	32.2	30.1	29.4	29.0	21.7
女	10.6	11.5	11.3	8.4	7.9	7.2	8.1	7.6

資料　厚生労働省「国民健康・栄養調査」
注　　調査対象は20歳以上。なお、調査方法は平成15年から変更。
〔出典：厚生労働統計協会（2022）国民衛生の動向2022/2023、p. 94〕

4. 医療保険・介護保険・公的扶助

表21－4－1　医療保険適用人口の推移

各年度末現在

	総人口[1] （千人）	医療保険 適用者 総数	医療保険				
			被用者保険			国民健康 保険	後期高齢者 医療
			総数	被保険者	被扶養者		
	医療保険適用者数（千人）						
昭和55年度（'80）	117 415	117 035	72 499	31 752	40 747	44 536	・
60 （'85）	121 315	120 742	75 448	33 630	41 819	45 294	・
平成2 （'90）	123 840	124 260	81 191	37 927	43 265	43 069	・
7 （'95）	125 637	125 307	82 066	40 347	41 719	43 240	・
12 （'00）	127 040	126 351	78 723	39 242	39 481	47 628	・
17 （'05）	127 723	127 176	75 549	38 715	36 834	51 627	・
22 （'10）	127 708	126 907	73 797	39 749	34 048	38 769	14 341
27 （'15）	126 975	126 141	75 217	41 964	33 254	34 687	16 237
令和元 （'19）	125 930	125 314	77 957	45 778	32 180	29 324	18 032
	構成割合（％）						
昭和55年度（'80）	…	100.0	61.9	27.1	34.8	38.1	・
60 （'85）	…	100.0	62.5	27.9	34.6	37.5	・
平成2 （'90）	…	100.0	65.3	30.5	34.8	34.7	・
7 （'95）	…	100.0	65.5	32.2	33.3	34.5	・
12 （'00）	…	100.0	62.3	31.1	31.2	37.7	・
17 （'05）	…	100.0	59.4	30.4	29.0	40.6	・
22 （'10）	…	100.0	58.2	31.3	26.8	30.5	11.3
27 （'15）	…	100.0	59.6	33.3	26.4	27.5	12.9
令和元 （'19）	…	100.0	62.2	36.5	25.7	23.4	14.4

資料　厚生労働省「医療保険に関する基礎資料」
注　　1）総務省統計局「人口推計月報」による翌年度4月1日現在の総人口である。
　　　2）平成19年度以前は、75歳以上の者等は、被用者保険、国保のいずれかに加入していたが、20年度以降は後期高齢者医療制度に属している。
〔出典：厚生労働統計協会（2022）国民衛生の動向2022/2023、p. 223〕

表21－4－2　医療扶助費・人員の推移

	被保護実人員 （千人） （A）	医療扶助人員 （千人） （B）	(B)/(A) （％）	扶助費総額 （年額） （億円） （A'）	医療扶助費 （年額） （億円） （B'）	(B')/(A') （％）
昭和60年度（'85）	1 431	910	63.6	15 027	8 464	56.3
平成7 （'95）	882	680	77.1	14 849	8 819	59.4
12 （'00）	1 072	864	80.6	19 393	10 711	55.2
17 （'05）	1 476	1 208	81.8	25 942	13 470	51.9
22 （'10）	1 952	1 554	79.6	33 296	15 701	47.2
27 （'15）	2 164	1 776	82.1	36 977	17 785	48.1
令和元 （'19）	2 073	1 743	84.1	35 882	18 013	50.2
2 （'20）	2 052	1 710	83.3	35 258	17 536	49.7

資料　厚生労働省「福祉行政報告例」（平成23年度以前）、「被保護者調査」（平成24年度以降）、「生活保護費負担金事業実績報告」
注　　人員は1カ月平均である。
〔出典：厚生労働統計協会（2022）国民衛生の動向2022/2023、p. 228〕

表21－4－3　被用者保険の種類別適用者

令和2（'20）年3月末現在

	適　用　者（千人）			構成割合（％）
	総　　数	被保険者	被扶養者	
総　　　　　数	77 957	45 778	32 180	100.0
協会けんぽ（一般）	40 444	24 793	15 630	51.9
組　合　健　保	28 838	16 353	12 485	37.0
法3条2項被保険者	17	12	5	0.0
船　員　保　険	118	58	59	0.2
共　済　組　合	8 542	4 562	3 980	11.0

資料　厚生労働省「医療保険に関する基礎資料」

〔出典：厚生労働統計協会（2022）
国民衛生の動向2022/2023、p. 223〕

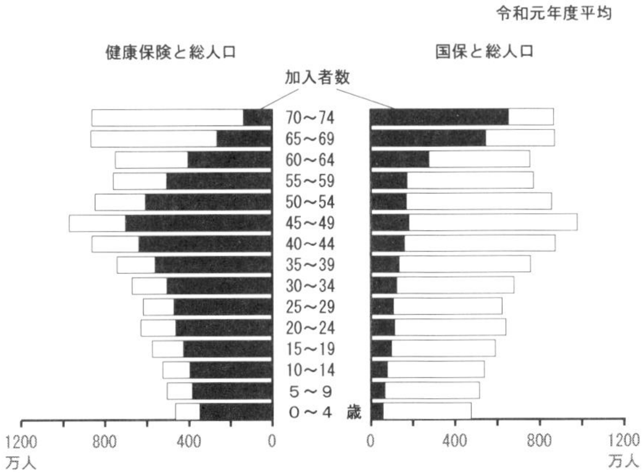

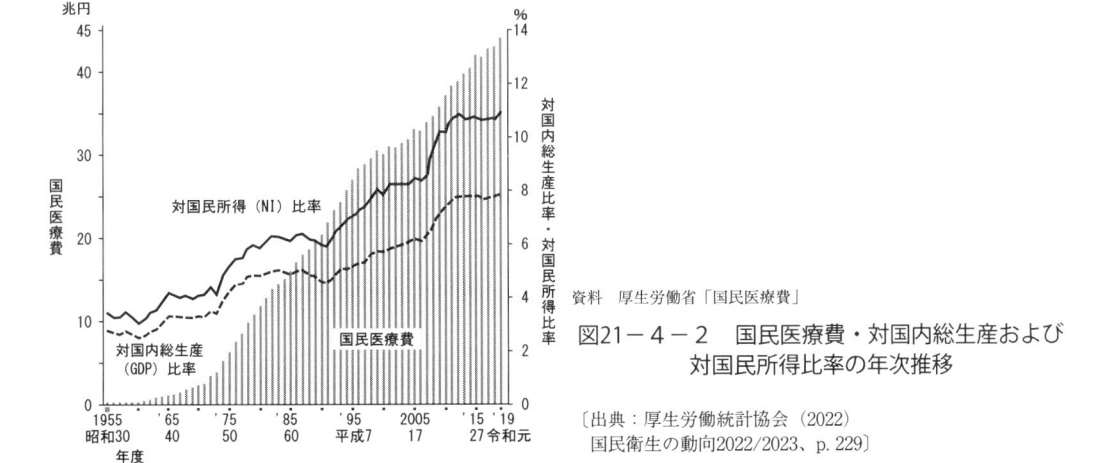

資料　厚生労働省「医療保険に関する基礎資料」
注　　総人口は10月1日現在

図21－4－1　年齢階級別にみた健康保険と国民健康保険の加入者数

〔出典：厚生労働統計協会（2022）国民衛生の動向2022/2023、p. 224〕

資料　厚生労働省「国民医療費」

図21－4－2　国民医療費・対国内総生産および
対国民所得比率の年次推移

〔出典：厚生労働統計協会（2022）
国民衛生の動向2022/2023、p. 229〕

表21－４－４　年齢階級別にみた国民医療費と人口１人当たり国民医療費

令和元('19)年度

	総　　　数			医科診療医療費（再掲）			歯科診療医療費（再掲）			薬局調剤医療費（再掲）		
	国民医療費（億円）	構成割合（％）	人口１人当たり国民医療費（千円）	国民医療費（億円）	構成割合（％）	人口１人当たり国民医療費（千円）	国民医療費（億円）	構成割合（％）	人口１人当たり国民医療費（千円）	国民医療費（億円）	構成割合（％）	人口１人当たり国民医療費（千円）
総　　数	443 895	100.0	351.8	319 583	100.0	253.3	30 150	100.0	23.9	78 411	100.0	62.1
65歳未満	173 266	39.0	191.9	117 189	36.7	129.8	17 971	59.6	19.9	32 925	42.0	36.5
0 ～ 14歳	24 987	5.6	164.3	17 212	5.4	113.2	2 540	8.4	16.7	4 662	5.9	30.6
15 ～ 44	52 232	11.8	126.0	33 608	10.5	81.0	6 966	23.1	16.8	10 154	12.9	24.5
45 ～ 64	96 047	21.6	285.8	66 369	20.8	197.5	8 465	28.1	25.2	18 110	23.1	53.9
65歳以上	270 629	61.0	754.2	202 395	63.3	564.0	12 179	40.4	33.9	45 485	58.0	126.8
70歳以上（再掲）	226 953	51.1	835.1	170 537	53.4	627.5	9 449	31.3	34.8	37 831	48.2	139.2
75歳以上（再掲）	172 064	38.8	930.6	130 171	40.7	704.0	6 413	21.3	34.7	28 110	35.8	152.0

資料　厚生労働省「国民医療費」

〔出典：厚生労働統計協会（2022）国民衛生の動向2022/2023、p. 231〕

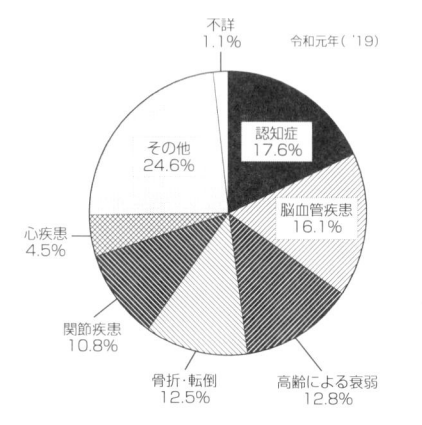

令和元年（'19）

不詳 1.1%
その他 24.6%
認知症 17.6%
脳血管疾患 16.1%
心疾患 4.5%
関節疾患 10.8%
骨折・転倒 12.5%
高齢による衰弱 12.8%

資料　厚生労働省「国民生活基礎調査」

図21－４－３　介護が必要となった原因

〔出典：厚生労働統計協会（2022）
国民衛生の動向2022/2023、p. 85〕

表21－４－５　介護保険制度創設からの推移（人員等）

（単位　千人）

	平成12年度（2000）	17（'05）	22（'10）	27（'15）	30（'18）	令和元（'19）
第１号被保険者数（年度末）	22 422	25 878	29 110	33 816	35 252	35 548
前期高齢者（65 ～ 74歳）	13 192	14 125	14 827	17 449	17 296	17 255
後期高齢者（75歳以上）	9 231	11 753	14 283	16 366	17 955	18 292
要介護（要支援）認定者数（年度末）[1]	2 562	4 323	5 062	6 204	6 582	6 686
要支援1	322	718	664	890	928	934
要支援2	‒	‒	668	858	926	944
要介護1	701	1 423	907	1 220	1 323	1 352
要介護2	484	645	897	1 080	1 137	1 156
要介護3	355	552	698	810	867	880
要介護4	363	521	638	744	801	818
要介護5	337	465	591	601	601	602
第１号被保険者に占める要介護（要支援）認定者の割合（年度末）（％）[1]	11.0	16.1	16.9	17.9	18.3	18.4
サービス受給者数（１カ月平均）[1][2][3]	1 840	3 370	4 125	5 216	5 544	5 673
居宅サービス	1 236	2 583	3 019	3 894	3 741	3 841
地域密着型サービス	‒	‒	264	410	862	882
施設サービス	604	787	842	912	941	950

資料　厚生労働省「介護保険事業状況報告（年報）」
注　　1）東日本大震災の影響により、平成22年度の数値には福島県内５町１村の数値は含まれていない。
　　　2）３月から２月サービス分の平均。ただし、平成12年度は４月から２月サービス分の平均。
　　　3）受給者数は、居宅サービス、地域密着型サービス、施設サービス間の重複利用がある。
　　　4）平成12、17年の「要支援１」は、「要支援」である。

〔出典：厚生労働統計協会（2022）国民衛生の動向2022/2023、p. 240〕

5．社会保障給付費・社会保障関係費

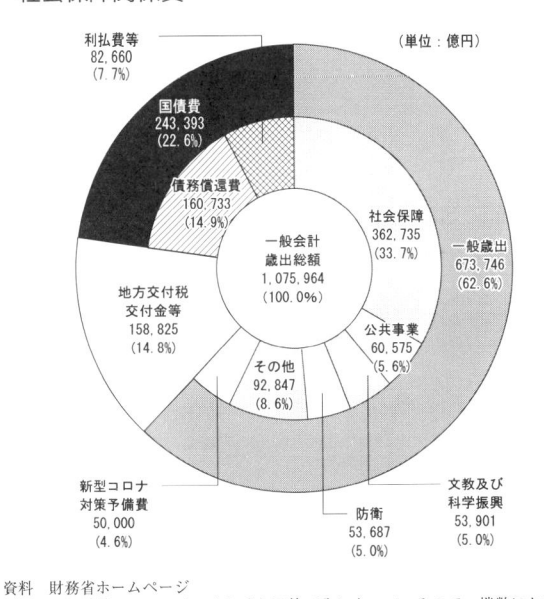

利払費等
82,660
(7.7%)

国債費
243,393
(22.6%)

債務償還費
160,733
(14.9%)

地方交付税
交付金等
158,825
(14.8%)

その他
92,847
(8.6%)

新型コロナ
対策予備費
50,000
(4.6%)

一般会計
歳出総額
1,075,964
(100.0%)

社会保障
362,735
(33.7%)

（単位：億円）

一般歳出
673,746
(62.6%)

公共事業
60,575
(5.6%)

防衛
53,687
(5.0%)

文教及び
科学振興
53,901
(5.0%)

資料　財務省ホームページ
注　　1）計数については、それぞれ四捨五入によっているので、端数において合
　　　　計とは合致しないものがある。
　　　2）一般歳出*における社会保障関係費の割合：53.8%
　　　　＊一般歳出は、基礎的財政収支対象経費から地方交付税交付金等を除い
　　　　たもの：837,166億円（77.8%）
　　　3）「その他」の内訳は、食料安定供給関係費12,701（1.2%）、エネルギー対策
　　　　費8,756（0.8%）、経済協力費5,105（0.5%）、中小企業対策費1,713（0.2%）、恩
　　　　給関係費1,221（0.1%）、その他の事項経費58,350（5.4%）、予備費5,000（0.5%）
　　　　となっている。

図21－5－1　令和4年度一般会計歳出の構成

〔出典：厚生労働統計協会（2022）国民衛生の動向2022/2023、p. 16〕

表21－5－1　社会保障給付費の部門別推移

	社会保障給付費（億円）					構成割合（%）				国内総生産（億円）	国民所得（億円）
	総数	医療	年金	福祉その他	（再掲）介護対策	医療	年金	福祉その他	（再掲）介護対策		
昭和40年度（'65）	16 037	9 137	3 508	3 392	-	57.0	21.9	21.2	-	337 653	268 270
45 （'70）	35 239	20 758	8 562	5 920		58.9	24.3	16.8	-	752 985	610 297
50 （'75）	118 192	57 321	38 047	22 825		48.5	32.2	19.3	-	1 523 616	1 239 907
55 （'80）	249 016	107 598	103 330	38 089		43.2	41.5	15.3	-	2 483 759	2 038 787
60 （'85）	356 798	143 595	167 193	46 009		40.2	46.9	12.9	-	3 303 968	2 605 599
平成2 （'90）	474 153	186 254	237 772	50 128	-	39.3	50.1	10.6	-	4 516 830	3 468 929
7 （'95）	649 842	246 608	330 614	72 619	-	37.9	50.9	11.2	-	5 162 017	3 784 796
12 （'00）	783 985	266 049	405 367	112 570	32 806	33.9	51.7	14.4	4.2	5 284 466	3 859 685
17 （'05）	888 529	287 444	461 194	139 891	58 701	32.4	51.9	15.7	6.6	5 256 427	3 873 699
22 （'10）	1 053 646	336 439	522 286	194 921	75 082	31.9	49.6	18.5	7.1	4 994 289	3 618 953
27 （'15）	1 168 403	385 605	540 929	241 869	95 060	33.0	46.3	20.7	8.1	5 329 830	3 900 253
29 （'17）	1 202 443	394 195	548 349	259 898	101 016	32.8	45.6	21.6	8.4	5 474 085	4 041 977
30 （'18）	1 213 987	397 480	552 581	263 926	103 885	32.7	45.5	21.7	8.6	5 568 279	4 022 290
令和元 （'19）	1 239 241	407 226	554 520	277 494	107 361	32.9	44.7	22.4	8.7	5 596 988	4 012 870

資料　国立社会保障・人口問題研究所「平成29年度社会保障費用統計」。国内総生産および国民所得は、昭和40・45・50年度は経済企画庁「長期遡及主要系列国民経済計算報告」、昭和55年度以降は内閣府の各年版「国民経済計算年報」による。
注　　1）四捨五入の関係で、総数が一致しない場合がある。
　　　2）平成23年度集計時に新たに追加した費用について、17年度まで遡及した。
　　　3）平成27年度から、保育に要する費用に加え、小学校就学前の子どもの教育に要する費用も計上している。
　　　4）平成27年度から、集計の対象とする地方単独事業の範囲を変更した。

〔出典：厚生労働統計協会（2022）国民衛生の動向2022/2023、p. 454〕

第４編　学習に関連する資料

第22章
施設等の一覧と重要書類

22－1　医療福祉に関する施設等の一覧

22－1－1　介護保険関係

■介護給付─施設サービス、居宅サービスを行なう施設（介護保険法）

給付種別	施設名／サービス種別	サービス内容	施設基準等		
施設 （入所）	介護療養病床 （医療法：医療提供施設） （介護保険法：介護療養型医療施設） ㊟2023年度末を期限に「介護医療院」へ転換予定　⇓	病院・診療所の病床のうち、長期療養を必要とする要介護者に対し、医学的管理の下における介護、必要な医療等を提供するもの	医師 看護職員 介護職員 面積	48：1（3名以上） 6：1 4：1〜6：1 6.4m²以上	
施設 （入所）	介護医療院 （医療法：医療提供施設） （介護保険法：介護医療院） ※2018年4月施行	要介護者の長期療養・生活施設	Ⅰ型（重症）	医師 看護職員 介護職員 面積	48：1 6：1 4：1〜5：1 8.0m²以上
			Ⅱ型（軽症）	医師 看護職員 介護職員 面積	100：1 6：1 4：1〜6：1 8.0m²以上
施設 （入所）	介護老人保健施設 （医療法：医療提供施設） （介護保険法：介護老人保健施設）	要介護者にリハビリ等を提供し、在宅復帰を目指す施設：入所期間、原則3ヶ月間	医師 看護職員 介護職員 面積	100：1（1名以上） 3：1（うち看護職員を2/7程度を標準） 8.0m²	
施設 （入所）	特別養護老人ホーム （老人福祉法：老人福祉施設） 指定介護老人福祉施設 （介護保険法：保険適用施設）	要介護者のための生活施設：終身利用可 （入浴、排泄、食事等の介護その他の日常生活上の世話、機能訓練、健康管理、療養上の世話）	医師 看護職員 介護職員 面積	必要数＊（非常勤可） 看護・介護合わせて3：1 10.65m²（原則個室） ＊健康管理及び療養指導のための必要数	

介護保険 対象外	医療療養病床 （医療法）	病院・診療所の病床のうち、主として長期療養を必要とする患者を入院させるもの	医師 看護職員 介護職員 面積	48：1（3名以上） 4：1（★6：1で可） 4：1（★6：1で可） 6.4m²以上 ★2023年度末まで

居宅 （通所）	老人デイサービスセンター等／通所介護	入浴、排泄、食事等の介護その他の日常生活上の世話、機能訓練	高齢者の自立生活の助長 社会的孤立感の解消 心身機能の維持向上 +養護者の身体的労苦の軽減
居宅 （通所）	介護老人保健施設・病院等／通所リハビリテーション	心身の機能の維持回復、日常生活の自立を助ける理学療法、作業療法等	
居宅 （入所）	短期入所施設（ショートステイ） ／短期入所生活介護	入浴、排泄、食事等の介護その他の日常生活上の世話、機能訓練	養護者が一時的に介護できないとき
居宅 （入所）	介護老人保健施設・病院等 ／短期入所療養介護	看護、医学的管理下、介護及び機能訓練その他必要な医療並びに日常生活上の世話	

特定施設入居者 生活介護	特定施設 （介護付有料老人ホーム） （軽費老人ホーム） （高齢者向け優良賃貸住宅）	入浴、排泄、食事等の介護その他の日常生活上の世話、機能訓練	入所定員29人以下 市町村の指定した施設

■介護給付─地域密着型サービスを行なう施設及び居宅（介護保険法）

サービス種別	サービス拠点	サービス内容	備　考
小規模多機能型居宅介護	居宅又はサービス拠点 （通所・短期入所）	入浴、排泄、食事等の介護その他の日常生活上の世話、機能訓練	入所定員15人以下 利用登録25人 通い15人、泊9人
夜間対応型訪問介護	居宅	入浴、排泄、食事等の介護その他の日常生活上の世話、機能訓練	夜間 定期巡回及び通報 介護福祉士等
認知症対応型通所介護	老人デイサービスセンター等	入浴、排泄、食事等の介護その他の日常生活上の世話、機能訓練	入所定員12人以下

第22章　施設等、重要書類

認知症対応型共同生活介護	共同生活を営む住居 （認知症グループホーム）	入浴、排泄、食事等の介護その他の日常生活上の世話、機能訓練	・入所定員5〜9人／1 unit 認知症の原因となる疾患が急性の状態でない者 ・原則2 unit
介護老人福祉施設入所者生活介護	介護老人福祉施設 （特別養護老人ホーム）	入浴、排泄、食事等の介護その他の日常生活上の世話、機能訓練、健康管理及び療養上の世話	入所定員29人以下
定期巡回・随時対応型訪問介護看護	居宅（自宅、軽費老人ホーム、有料老人ホームなど）	入浴、排泄、食事などの介護や療養生活を支援するための看護	要介護と認定された人が対象
地域密着型通所介護	居宅（自宅、軽費老人ホーム、有料老人ホームなど）	入浴、排泄、食事などの介護。その他日常生活上の世話及び機能訓練	要介護と認定された人が対象
療養通所介護	療養通所介護計画	入浴、排泄、食事などの介護。その他日常生活上の世話及び機能訓練	常時看護師による観察が必要な難病等の重度要介護者又はがん末期患者が対象
看護小規模多機能型居宅介護（複合型サービス）	居宅又はサービス拠点 （通所・短期入所）	入浴、排泄、食事などの介護。その他日常生活上の世話及び機能訓練	要介護と認定された人が対象 ベッド9床まで

■介護保険法（介護認定を受けているかいないに係わらず全ての高齢者対象、原則利用料は無料）

施　設　名	事業主体	事業内容
地域包括支援センター （介護保険実施に伴う「在宅介護支援センター」が事業を引き継ぐケースが多い。また市町村は、老人福祉法に規定する「老人介護支援センター」に事業を委託できる。）	・市区町村 ・市区町村長から委託を受けたもの（社会福祉法人、医療法人、民間事業者） 職員／　保健師 　　　　社会福祉士 　　　　主任介護支援専門員 　　　　（ケアマネージャー）	地域支援事業 ○必須事業 　介護予防事業 　包括的支援事業 　　介護予防ケアマネジメント 　　総合相談支援事業 　　権利擁護事業（虐待防止・発見） 　　包括的・継続的ケアマネジメント ○任意事業 　　介護給付費等費用適正化事業 　　家族介護支援事業

22－1－2　社会福祉関係

■老人福祉法

施　設　名	事業内容	対　　象	窓　口
老人デイサービスセンター（実施場所：特別養護老人ホーム）（通所）	居宅介護入浴、排泄、食事等の介護、機能訓練、介護方法等の指導等	・65歳以上／身体上又は精神上の障害のため日常生活に支障があるもの・介護保険適用者	施設
老人短期入所施設（入所）	居宅介護（入所）	・65歳以上／養護者の疾病等により自宅において介護を受けることが一時的に困難となったもの・介護保険適用者	施設
養護老人ホーム（入所）	養護し、自立した日常生活を営み、社会活動に参加するための支援	・65歳以上／環境上の理由及び経済的理由により居宅で養護を受けることが困難なもの	市町村（福祉事務所）
特別養護老人ホーム（入所）	養護	・65歳以上／身体上又は精神上著しい障害があるため、常時介護が必要で居宅介護が困難なもの・介護保険適用者	施設
軽費老人ホーム（A型）（入所）	給食、身の回りの世話その他日常生活の便宜供与	・家庭の事情等で居宅生活が困難な者／無料又は低額料金（月収34万円まで）／身寄りなし・60歳以上可	施設
軽費老人ホーム（B型）（入所）	日常生活上の便宜供与	・家庭の事情等で居宅生活が困難な者／無料又は低額料金／自炊可能な健康状態・60歳以上可	施設
軽費老人ホーム（C型）（ケアハウス）一般型　介護型－要介護1以上（入所）	給食その他日常生活上の便宜供与	・身体機能低下／独立生活不安／家族援助困難／無料又は低額料金・60歳以上可（夫婦の場合どちらかが60歳以上なら可）	施設
老人福祉センター（特A型、A型、B型）（利用）		・老人に関する相談・健康の増進・教養の向上・レクレーションのための便宜の総合的供与／	施設
老人介護支援センター（利用）		・居宅老人、養護者と市町村、事業者との連絡調整機関・福祉用具の展示及び使用法の指導等	施設
有料老人ホーム（入所）		・老人福祉施設ではない。・介護保険利用可／入居一時金要	施設

■社会福祉法　☞p.196

行政機関等	種別	設置主体等	対象
福祉事務所	公的機関 （行政機関）	都道府県の市区（町村は任意設置） 職員：所長、査察指導員、社会福祉主事	社会的弱者
社会福祉協議会	民間機関	都道府県市区町村すべて	社会的弱者

■生活保護法（手続きの窓口は福祉事務所、市町村）☞p.189

施設名	扶助の種別	利用形態	内容	備考
救護施設	生活扶助	入所	身体上又は精神上の著しい障害のため日常生活が困難な要保護者	金銭給付（原則）
更生施設	生活扶助	入所	身体上又は精神上の理由により養護及び生活指導を必要とする要保護者	金銭給付（原則）
医療保護施設	医療扶助	利用	医療を必要とする要保護者	現物給付
授産施設	生業扶助	通所	身体上若しくは精神上の理由又は世帯の事情により就業能力に限られた要保護者に就労又は技能習得の機会及び便宜を与えて、自立を助長する。	金銭給付（原則）
宿所提供施設	住宅扶助	利用	住宅のない要保護者の世帯	金銭給付（原則）

■児童福祉法

種別	機関・施設名	設置地域
行政機関	児童相談所	都道府県、政令指定都市、市区町村も設置可
	福祉事務所	都道府県市区（町村は任意設置）
	保健所	都道府県、政令指定都市、中核市、政令市、東京23区

（窓口は、児童相談所又は福祉事務所、市町村）☞p.202、p.203

種別		施設名	窓口
児童福祉施設 （国、都道府県、市区町村が設置、社会福祉法人も設置可）	①	助産施設	福祉事務所
	②	乳児院	児童相談所
	③	児童養護施設	児童相談所
	④	福祉型障碍児入所施設	児童相談所
	⑤	医療型障碍児入所施設	児童相談所
	⑥	福祉型児童発達支援センター（通所型）	市町村
	⑦	医療型児童発達支援センター（通所型）	市町村
	⑧	児童心理治療施設	児童相談所
	⑨	児童自立支援施設	児童相談所
	⑩	母子生活支援施設	福祉事務所
	⑪	保育所	市町村（福祉事務所）
	⑫	児童厚生施設	施設
	⑬	幼保連携型認定こども園	施設
	⑭	児童家庭支援センター	施設

⑬：根拠法は認定こども園法　　⑭：連絡調整機関（積極的に児童を保護する機能はない）

■母子及び父子並びに寡婦福祉法（手続きの窓口は福祉事務所：母子自立支援員）☞p.210

施設種別	施　設　名	内　　容	備　　考
母子福祉施設	母子福祉センター	・無料又は低額料金で利用 ・母子家庭に対する相談、生活指導及び生業指導等の便宜の総合的供与	窓口は施設
母子福祉施設	母子休養ホーム	・無料又は低額料金で利用 ・レクレーションその他休養のための便宜供与	窓口は施設
公共施設 （母子保健法）	母子健康センター	・母子保健に関する各種の相談 ・母性、乳児、幼児の保健指導等	設置主体は市区町村（必置でない）

■配偶者からの暴力の防止及び被害者の保護に関する法律／売春防止法　☞p.214

（相談窓口は、配偶者暴力相談支援センター、婦人相談所：都道府県、政令指定都市他）

施　設　名	業務内容	備　　考
配偶者暴力相談支援センター	配偶者からの暴力の防止・被害者の保護	婦人保護施設で保護
婦人相談所	要保護女子の一時保護等 （相談、調査、指導、一時保護）	

■障害者福祉法規関連　☞p.222

施　設　名	内　　容	根拠法令
地域生活定着支援センター	服役（刑務所や少年院）後の自立が困難な高齢者や障害者（知的障碍者）の再犯を、保護観察所と協働して防ぐ	法務省通知
障害者虐待防止センター （各市町村で設置）	・虐待家庭への立ち入り調査権（市町村） ・立ち入り拒否の場合に罰則規定有り ・病院や学校での虐待行為は通報義務の対象外 　（病院管理者、学校長に虐待防止策作成義務） ・施行後３年で見直し	障害者虐待防止法 （注）

（注）2011年（平成23年）６月成立、2012年（平成24年）10月施行

22－1－3　保健医療関係

■看護師等の人材確保の促進に関する法律　☞p.114～p.122

中央ナースセンター （公益法人）	厚生労働大臣が全国で１個指定（日本看護協会） 都道府県ナースセンターの業務について、啓発活動、連絡調整、指導その他の援助、情報収集やその提供等
都道府県ナースセンター （公益法人）	都道府県知事が各都道府県で１個指定（各看護協会） （業務）看護師等の確保の動向、就業希望状況の調査／訪問看護等の知識技能に関する研修／看護に関する啓発活動／病院等の開設者、看護師等確保推進者への情報提供・その他相談援助／無料職業紹介

■地域保健法　☞p.124

行政機関	設置主体	主な業務または対象
保健所	都道府県、指定都市（人口50万人以上）、中核市（人口20万人以上）、政令市、東京特別区（23区）に設置	不特定多数の公衆衛生
市町村健康センター	市町村が設置（必置ではない）	特定多数の公衆衛生

■精神保健及び精神障害者福祉に関する法律（精神保健福祉法）☞p.131

施　設　名	摘　　要	設置条件等
精神科病院	平成18年、「精神病院」から名称変更	国立及び都道府県立又は指定病院
精神保健福祉センター	知識普及、調査研究、相談指導（複雑困難なもの）総合的技術センター	都道府県、指定都市 職員／医師、精神科ソーシャルワーカー、臨床心理技術者、保健師、看護師、作業療法士等
精神障害者社会復帰促進センター	精神障害者の社会復帰のための事業	全国1個（現在指定なし）

■医療法関連（医療提供施設）☞p.141

【医療圏：**一次医療圏**（かかりつけ医）　**二次医療圏**（一般病床、療養病床／初期救急、二次救急、三次救急）　**三次医療圏**（都道府県単位／精神病床、結核病床、感染症病床）】

施　設　名	要　件　等	根拠法令
診療所 20人未満（19人以下）	開設者／非医師等―都道府県知事の許可 ／医師等―都道府県知事への届出	医療法
病院 20人以上	開設者／医師等・非医師等―都道府県知事の許可	医療法
地域医療支援病院 200人以上	都道府県知事の承認 病院、診療所との連携（紹介率80％以上）医療従事者の研修体制/救急医療体制	医療法（二次医療圏に1以上）
特定機能病院 400人以上	厚生労働大臣の承認（高度先端医療）10以上の診療科/紹介率20％以上 高度医療技術の開発・評価・研修	医療法
助産所 10人未満（9人以下）	産科医の嘱託医＋産科医のいる病院と提携すること（平成20年4月より）	医療法
介護医療院 ※2018年4月施行	介護療養型医療施設、介護老人保健施設等からの転換及び新規設立は、病院・診療所の要件と同じ	介護保険法 医療法
介護老人保健施設	病院と同じ	介護保険法・医療法

精神科病院	国立及び都道府県立又は指定病院	精神保健福祉法
休日夜間急患センター	（初期救急）	厚生労働省通知
休日等歯科診療所	（初期救急）	厚生労働省通知
救急病院／救急診療所	（二次救急）都道府県知事による救急告示の認定	厚生労働省令
救命救急センター	（三次救急）	厚生労働省通知
高度救命救急センター	（三次救急）	厚生労働省通知
認知症疾患医療センター	認知症患者とその家族の支援（全国150ヵ所予定）	厚生労働省通知

第22章　施設等、重要書類

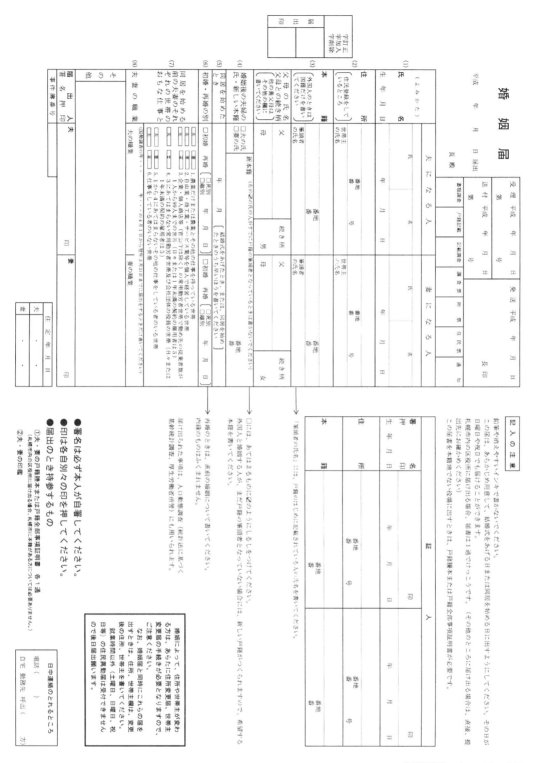

離婚届

平成　　年　　月　　日届出

受理 平成　年　月　日	発送 平成　年　月　日
第　　　　　号	
送付 平成　年　月　日	長印
第　　　　　号	
書類調査　戸籍記載　記載調査　調査票　附票　住民票　通知	

(1) 氏名 （よみかた）　夫　氏　名　　良順　　妻　氏　名

(2) 住所 （住民登録をしているところ）　世帯主の氏名　　世帯主の氏名

(3) 本籍 （外国人のときは国籍だけを書いてください）　筆頭者の氏名　　筆頭者の氏名

(4) 父母の氏名 父母との続き柄 （他の養父母は その他の欄に 書いてください）　夫の父　　母　　続き柄　男　　妻の父　　母　　続き柄　女

(5) 離婚の種別 □協議離婚　□調停　□審判　□和解　□請求の認諾　□判決 成立・確定

(6) 婚姻前の氏にもどる者の本籍 □もとの戸籍にもどる　□新しい戸籍をつくる

(7) 未成年の子の氏名 夫が親権を行う子　　妻が親権を行う子

(8) 同居の期間 （同居を始めたとき）　年　月から　年　月まで

(9) 別居する前の住所

(10) 別居する前の世帯のおもな仕事と　夫妻の職業

　□1.農業だけまたは農業とその他の仕事を持っている世帯
　□2.自由業・商工業・サービス業等を個人で経営している世帯
　□3.企業・個人商店等（官公庁は除く）の常用勤労者世帯で勤め先の従業者数が1人から99人までの世帯（日々または1年未満の契約の雇用者は5）
　□4.3にあてはまらない常用勤労者世帯及び会社団体の役員の世帯（日々または1年未満の契約の雇用者は5）
　□5.1から4にあてはまらないその他の仕事をしている者のいる世帯
　□6.仕事をしている者のいない世帯

その他

届出人署名押印　夫　　印　　妻　　印

事件簿番号

□ 夫妻の職業　（国勢調査の年…　　年…の4月1日から翌年3月31日までに届出をするときだけ書いてください）

夫の職業　　妻の職業

証人 （協議離婚のときだけ必要です）

	署名押印　　印	署名押印　　印
生年月日	年　月　日	年　月　日
住所	番地　番　号	番地　番　号
本籍	番地　番　号	番地　番　号

記入の注意

鉛筆や消えやすいインキで書かないでください。

筆頭者の氏名には、戸籍のはじめに記載されている人の氏名を書いてください。

離婚の際に称していた氏を称する届は、この離婚届と同時に出すときはこの離婚届と一緒に確定証明書

□には、あてはまるものに印をつけてください。

今年の婚姻の際に称していた氏を称する場合には、左の欄には何も記載しないでください。（その場合はこの離婚届と同時に別の届書を提出する必要があります。）

同居を始めたときの年月は、結婚式をあげたとき、または同居を始めたときのうち早いほうを書いてください。

届出られた事項は、人口動態調査（統計法に基づく基幹統計調査、厚生労働省所管）にも用いられます。

未成年の子がいる場合は、次の□のあてはまるものにしるしをつけてください。
（当事者の取決め）
□取決めをしている。
□まだ決めていない。
（養育費の分担）
□取決めをしている。
□まだ決めていない。

面会交流や養育費の分担など子の監護に必要な事項についても，この機会に，父母の協議で定めることとされています。この場合にも，子の利益を最も優先して考えなければならないこととされています。

署名は必ず本人が自署してください。

印は各自別々の印を押してください。

届出人の印を御持参ください。

離婚によって，住所や世帯主が変わる方は，あらかじめ住所変更届，世帯主変更届の手続きが必要となりますので，ご注意ください。これらの届出をするときは，住所，世帯主を同時に記入してください。変更後の住所，世帯主

就業時間以外（土曜日，日曜日，祝日等）の住民異動届は受付することができませんので，後日届出願います。

日中連絡のとれるところ　電話（　　）　　自宅・勤務先・呼出（　　方）

22－2－3　妊娠届出書

妊　娠　届　出　書

◆妊娠・出産等について後日、堺市から様子をお伺いする場合もありますので、ご理解の程よろしくお願いします。
◆ご記入いただいた内容については、健康・育児相談、乳児家庭全戸訪問、その他子育て支援業務に使用することがあります。

注意　届出人氏名を妊婦本人が自書する場合は、押印を省略
　　　することができます。

個人番号

| フリガナ | | | | | | | | | | | | | 姓と名の間は1マスあけ、濁点は1マス使ってください。 |

妊婦氏名		職業
生年月日（右詰め）	昭和・平成・西暦　　　　年　　月　　日（　　歳　）
居住地	堺市　　　　区
世帯主氏名		電話（左詰め）※－（ハイフン）は省略
続柄		妊娠の診断を受けた医療機関
妊娠週数（右詰め）	週（　　か月）	医師および助産師の氏名
分娩予定日（右詰め）	平成・西暦　　　　年　　月　　日

| 性病に関して、今までに健康診断を受けたことがありますか。 | ある（　　年　　月頃）・ない | 妊娠回数（今回の妊娠を含む） | 回 |
| 結核に関して、今までに健康診断を受けたことがありますか。 | ある（　　年　　月頃）・ない | 子どもの数（胎児は含まない） | 人 |

上記のとおり届出します。平成・西暦　　　　年　　月　　日

　　　堺市長殿　　　　　　　　　　　　　届出人氏名　　　　　　　　㊞

併せて、母子保健法第13条の規定に基づき堺市が実施する妊婦に対する健康診査の受診票の交付を申請（□する／□しない）。

◆堺市では妊娠中からあなたの子育て支援を行っています。答えられる範囲で以下の項目に○か✓をご記入ください

★窓口に来られた方は妊婦さんの（　本人・夫・その他　［続柄　　　　　　　　　　　］)

1. 妊娠して今の気持ちはいかがですか。　□ うれしい　□ 不安　□ とまどいがある　□ その他

2. 出産する医療機関は決まっていますか。　□ はい（医療機関名：　　　　　　　）□ いいえ

3. 現在、妊娠は順調ですか。　□ はい　□ いいえ┌□ 高血圧症候群
　　　　　　　　　　　　　　　　　　　　　　　　└□ 産婦人科的合併症　□ その他

4. 妊娠以外で継続的に医療機関に通院していますか。　□ いいえ　□ はい（疾患名：　　　　　）

5. 現在、アルコールは飲んでいますか。　□ いいえ　□ はい（　　　本・合／日くらい）

6. 現在、たばこは吸いますか。　□ いいえ　□ はい（　　　本／日くらい）

7. 同居の方は、たばこを吸いますか。　□ いいえ　□ はい（夫・実父・実母・義父・義母・その他　）

8. 今まで、こころの不調で受診したことがありますか。　□ いいえ　□ はい（　　　　　　　）

9. 妊娠中から産後にかけて援助してくれる人がいますか。　□ はい（夫・実父・実母・義父・義母・その他）□ いいえ

10. 経済的な不安はありますか。　□ いいえ　□ はい（　　　　　　　）

11. 出産時、里帰り出産する予定はありますか。　□ いいえ　□ はい（連絡先：　　　　　）

12. 近々、転居の予定がありますか。　□ いいえ　□ はい（転居先：　　　　　）

13. 妊娠、出産、育児について困っていること、相談したいことがありましたらご記入ください。

14. 過去1年間で歯科検診を受けたことがありますか？　□ はい　□ いいえ

面□　　　F□

手帳交付番号　　　～　　　　妊婦受診票交付番号

受付担当　　　　.	番号確認：個□ 通□ 住□ 住証□ 住基□　　代理人有□
	本人確認1つ：個□ 運□ パ□ 手帳□（身・精・療）在□ 他□
	2つ：保険□ 年手□ 児扶□ 特児扶□ 他□

H29.3 子育成 9,200枚

22－2－4　死産届、22－2－5　死産証書（死胎検案書）

出 生 届

平成　　年　　月　　日届出　　大使　　　殿

送付　平成　　年　　月　　日

受理	平成　年　月　日	発送	平成　年　月　日
第　　　号			第　　　号
			長　印
書類調査 戸籍記載 記載調査 調査票 附票 住民票 通知			

		氏	名	父母との続き柄
(1)	生まれた子の氏名 （よみかた）		□嫡出子 □嫡出でない子	□男 □女

(2) 生まれたとき　平成　年　月　日　□午前 □午後　　時　　分

(3) 生まれたところ　番地／番　号

(4) 住　所
（よみかたの子が生まれたとき）　番地／番　号
世帯主の氏名
世帯主との続き柄

(5) 生まれた子の
父と母
（生まれた子が生まれたときの年齢）
父の氏名　母の氏名　生年月日（満　歳）

(6) 本 籍
筆頭者の氏名　番地／番

(7) 同居を始めたとき　結婚式をあげたとき、又は、同居を始めたときのうち早いほうを書いてください　年　月

(8) 子が生まれたときの世帯のおもな仕事と
□1. 農業だけ又は農業とその他の仕事を持っている世帯
□2. 自由業・商工業・サービス業等を個人で経営している世帯
□3. 企業・個人商店等（官公庁は除く）の常用勤労者世帯で勤め先の従業者数が1人から99人までの世帯（日々又は1年未満の契約の雇用者は5）
□4. 3にあてはまらない常用勤労者世帯及び会社団体の役員の世帯（日々又は1年未満の契約の雇用者は5）
□5. 1から4にあてはまらないその他の仕事をしている者のいる世帯
□6. 仕事をしている者のいない世帯

(9) 父母の職業　父の職業　母の職業

その他

届出人
□1. 父 □2. 法定代理人（　）□3. 同居者 □4. 医師 □5. 助産師 □6. その他の立会者 □7. 公設所の長
住　所　番地／番　号
本　籍　番地／番　筆頭者の氏名
署名　印　　年　月　日生

事件簿番号
（届出人の連絡先及び電話番号）

記入の注意

出生証明書について

出生証明書

(10)	子の氏名		男女の別　1男　2女
		生まれたとき	平成　年　月　日　□午前 □午後　　時　　分
(11)	出生したところ及びその種別		1病院 2診療所 3助産所 4自宅 5その他
	出生したところ	（出生したところの種別1〜3） 施設の名称	
(12)	体重及び身長	体重　グラム　身長　センチメートル	
(13)	単胎・多胎の別	1単胎　2多胎（　子中第　子）	
(14)	母の出産した子の数	出生子（この出生子及び出生後 死亡した子を含む） 死産児（妊娠満22週以後）	
(15)	1 医師 2 助産師 3 その他		（住所） （氏名） 上記のとおり証明する。 平成　年　月　日

出生証明書記入の注意

22－2－7　終末期医療に関する要望書

この「要望書」を使用される方へ

◇この「要望書」は、「兵庫・生と死を考える会」の会員の希望により「見本」として作成されました。このまま「コピー」して利用することも可能ですし、これを参考にして「手書き」で作成することも可能です。

◇「末期状態にある患者の治療行為の中止のためには患者の意思表示が必要である、事前の文書による意思表示は推定的意志として有力な証拠となる」という、1995年3月28日の横浜地裁の判決があります。

◇「要望書」は、本人および2人の証人の署名を終わりしたもの、その本人が所持し、そのコピーを家族、友人等に預けておき、必要なときに関係者に提示するようにしていただくことをお願いしておきます。

◇「要望書」作成の大きな目的は、自分の希望を家族等に正しく伝えておくことですから、内容に関して家族と話し合っておくことが大切です。そのためにも、証人は家族等に依頼することが勧められます。

兵庫・生と死を考える会
657-0066
神戸市灘区楠丘中町2-1-29-107
TEL & FAX：078-805-5306
E-mail：seitoshi@portnet.ne.jp
URL：http://www.portnet.ne.jp/~seitoshi/
（事務所は祝祭日以外の火・水・金曜日の10:00～16:00に開いております）

終末期医療に関する要望書

この「要望書」には、私が現在の医学では治らない状態になったとき、また死が迫ったときのための要望が述べられています。私は、そのような状態になったときにも、身体的な苦痛をみなく人間らしく一生を全うしたいと望んでいます。同僚の方々が、同僚の皆様が、この点においても最後の望みをかなえて下さいますようにお願いいたします。

1）病名・病状について　（希望する番号に○、他のものに×をつける）
　　1．自分に詳しく知らせてほしい。
　　2．家族にだけ詳しく説明して下さい。
　　3．＜その他＞（自分の言葉で）　..................

2）生命の無意味な引き延ばしという保証のできない治療法は用いないで下さい。ただし、痛みがひどい場合は、あらゆる手段を用いて十分な鎮痛の処置をして下さい。

3）私の死が数カ月にわたっているいわゆる植物状態に陥ったとき、私の死を無意味に引き延ばさないで下さい。

＜本人署名＞
（氏　名）　　　　　　　　　印　（　　年　　月　　日　生）
（住　所）〒
（電　話）
（署名年月日）　　　　　年　　月　　日

この「要望書」は、私が熟慮の上、精神的に健全な時に作成し、署名したものであるということは、下記の二人の証人が証明してくれています。

＜証人1＞
（氏　名）　　　　　　　　　印　（続柄：　　　　年齢：　　　）
（住　所）〒
（電　話）
（署名年月日）　　　　　年　　月　　日

＜証人2＞
（氏　名）　　　　　　　　　印　（続柄：　　　　年齢：　　　）
（住　所）〒
（電　話）
（署名年月日）　　　　　年　　月　　日

兵庫・生と死を考える会

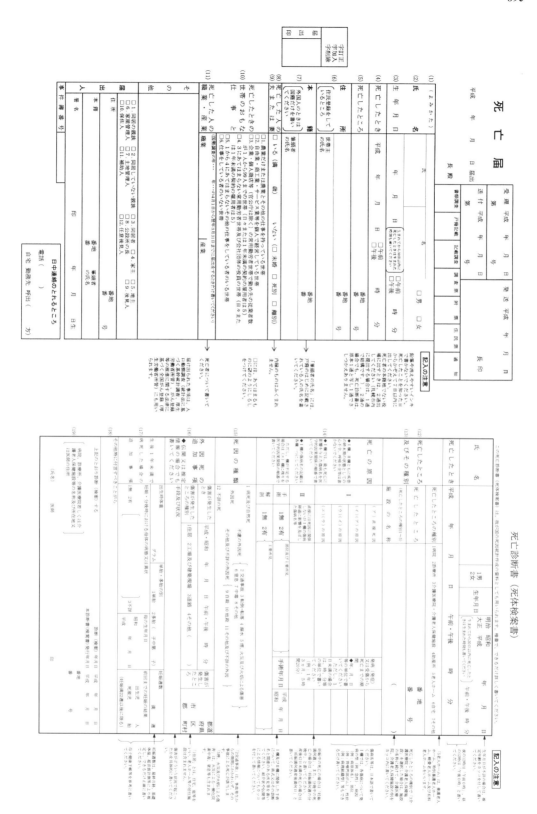

22－2－9　輸血拒否と免責に関する証明書

（様式1）

輸血拒否と免責に関する証明書（例）

＿＿＿＿＿＿＿＿＿＿（処置、手術など）について

説明日　　　年　　　月　　　日

説明者　＿＿＿＿＿＿＿科

主治医（署名）＿＿＿＿＿＿＿

主治医（署名）＿＿＿＿＿＿＿

○○病院長殿

私は、私の健康と適切な治療のため、以下の種類の血液製剤を以下のように輸血する可能性や必要性があることについて説明をうけました。

（血液製剤の種類、投薬量等具体的に記入）

＿＿

＿＿

＿＿

＿＿

　しかしながら、私は、信仰上の理由に基づき、私の生命や健康にどのような危険性や不利益が生じても、輸血を使用しないよう依頼いたします。

　私は、輸血を拒んだことによって生じるいかなる事態に対しても、担当医を含む関係医療従事者及び病院に対して、一切責任を問いません。

　なお、私が拒む輸血には（○で囲む）、全血、赤血球、白血球、血小板、血漿、自己血（術前貯血式、術中希釈式、術中回収式、術後回収式）、血漿分画製剤（アルブミン、免疫グロブリン、凝固因子製剤、その他＿＿＿＿＿＿＿＿＿）があります。

　輸液や血漿増量剤による処置は差し支えありません。

署名日

　　　年　　　月　　　日

患者氏名（署名）＿＿＿＿＿＿＿＿＿＿

代理人氏名（署名）＿＿＿＿＿＿＿＿　患者との続柄＿＿＿＿＿＿

22－2－10　臓器移植記録書

臓 器 移 植 記 録 書

台帳第7号

感染症検査（HIV 抗体、HTLV-I 抗体、HBs 抗原、HCV 抗体など）

HIV 抗体　　　（　＋　・　－　・　±　・　未　）
HTLV-I 抗体　（　＋　・　－　・　±　・　未　）
HBs 抗原　　　（　＋　・　－　・　±　・　未　）
HCV 抗体　　　（　＋　・　－　・　±　・　未　）

その他の検査の結果

移植を行うことに承諾がある　　（　承諾がある　・　承諾がない　）

承諾者の氏名

生年

移植を受けた者との続柄

臓器のあっせんを行った者

氏名　公益社団法人 日本臓器移植ネットワーク

住所　〒108-0022　東京都港区海岸3-26-1 バーク芝浦

移植医が特に必要と認めた事項

記録作成日　　　年　　　月　　　日

記録作成者（移植医）　氏名　　　　　　　　　印

（記名押印又は自筆署名）

移植を受けた者

氏名

性別

生年月日　　　年　　　月　　　日生

移植日時

移植手術開始日時　　　年　　月　　日　午前・午後　　時　　分

血流再開日時　　　　年　　月　　日　午前・午後　　時　　分

移植手術終了日時　　　年　　月　　日　午前・午後　　時　　分

移植が行われた医療機関

名称　　　　　　　　所在地

移植医　氏名

生所

移植した臓器の名称

（又は所属医療機関の所在地及び名称）

（左右の別及び部位の別を含む）

移植を行う必要性

移植を受けた者に対する各検査の結果

血液学的検査［血液型、HLA タイプなど］

血液型　（　A・B・O・AB　）　Rh　（　＋・－　）

HLA　A　　　B　　　DR

血液生化学的検査［T-Bil、Alb、GOT、LDH、Cr、BUNなど］

T-Bil　　mg/dl，GOT　　IU/1，GPT　　IU/1

LDH　　IU/1，Alb　　g/dl

Cr　　mg/dl，BUN　　mg/dl

22－2－11　生活保護申請書

生 活 保 護 申 請 書

＿＿＿＿＿＿＿　年　　　月　　　日

宛先　＿＿＿＿＿＿＿＿＿　福祉事務所所長

申請者氏名　＿＿＿＿＿＿＿　㊞　　　　　住所　＿＿＿＿＿＿＿＿＿＿＿

連絡先　＿＿＿＿＿＿＿＿＿＿　　　　　要（被）保護者との関係　＿＿＿＿＿

次の通り生活保護法による保護を申請します。

現住所							
	氏　名	続柄	性別	生年月日	年齢	職業	健康状態
世帯員の名前							

保護を受けたい理由	

	氏　名	続柄	年齢	職業	現 住 所
援助者の状況（家族）					

22－3　資格に関する重要書類

22－3－1　国家試験願書（共通）

第二号様式

収　入
印　紙

保健師（助産師、看護師）国家試験願書

受験地

本　　　　　　　籍（国籍）		
住　　　　　　　　　　所	電話 （　　）	
ふ　り　が　な 氏　　　　　　　　　　名		年　　月　　日生
学　　　　　　　　　　歴 （中学校若しくは義務教育学校卒業又 は中等教育学校前期課程修了から記 入してください。）		
職　　　　　　　　　　歴		

　上記により、保健師（助産師、看護師）国家試験を受験したいので申請します。
　　　　平成　　　年　　　月　　　日

氏　名　　　　　　　印

厚生労働大臣　殿

　（注意）　1　用紙の大きさは、日本工業規格Ａ列４番とすること。
　　　　　　2　字は、インク、ボールペン等（黒又は青に限る。）を用い、かい書ではっきり
　　　　　　　と書くこと。
　　　　　　3　収入印紙には、消印をしないこと。
　　　　　　4　氏名については、記名押印又は署名のいずれかにより記載すること。

第105回　看護師国家試験受験写真用台紙

本籍地（都道府県名のみ記入すること。）	※コード							

	都道府県

受験地	※受	受験番号
都道府県		

【都道府県の該当文字を○で囲む。】

合格発表時の住所（合格証書・成績通知送付先）

〒 □□□−□□□□

フリガナ	氏			性別
氏　　名	名			男　女

生年月日	昭和　平成	年	月	日

卒業学校・養成所名	（ ）

卒業学校番号				卒業年月	昭和 平成	年	月	卒・卒見込

[番号を○で囲む]

卒業区分	1. 大学	2. 短期大学(3年)	3. 短期大学(2年)	4. 養成所(3年)
	5. 養成所(2年)	6. 通信制(2年)	7. 高等学校専攻科(2年)	8. 高等学校(5年一貫)
	9. EPA(2012年入国)	10. EPA(2013年入国)	11. EPA(2014年入国)	12. EPA(2015年入国)
	13. EPA(帰国者)	14. EPA(その他)	15. 受験資格認定	

◎ 4枚1組で切離さずに提出すること。

写真貼付欄
（枠内に貼付のこと）

1. 出願前 6 か月以内に脱帽して正面から撮影した縦 4cm、横 4cm のもので、その裏面には撮影年月日及び氏名を明記し、所定の枠内に貼付すること。
（スナップ写真は不可）

平成　　年　　月　　日撮影

本人確認のため運転免許証、パスポート等の本人確認が出来る書類の提示を求める場合があります。

この写真は、受験者本人に相違ないことを証明する。

平成　　年　　月　　日
学校・養成所長　　　　　　　印

記載上の注意

1. 記入は、黒または青色のボールペンを用い、文字は楷書でていねいに**濃く**記入すること。ただし、※印欄は記入しないこと。※印の文字は該当するものを○で囲むこと。不鮮明な字は書き直すこと。
2. 成績発表時の住所（合格証書・成績通知送付先）欄は、変更を認めないので、転居等が予想される場合でも、合格証書・成績通知が確実に配達される住所を詳細に記載すること。また、郵便番号は必ず記入すること。
3. 氏名は戸籍（日本の国籍を有しない者は住民票に記載されている氏名）に記入されている文字で正確に記入すること。
4. 日本の国籍を有しない者の生年月日については、西暦で記入すること。
5. 卒業学校・養成所名は略さず（正式の名称を記入）に記入すること。

重要書類、証明書　第22章

看護師免許申請書

看護師免許申請手続

有資格者として業務を行うためには、免許申請を行い、厚生労働省で管理する有資格者の籍簿に登録することが必要です。国家試験に合格し、免許申請をされなかった場合、有資格者の籍簿に登録されず、免許は発行されません。免許申請書、登録済証明書等で確認のうえ、免許申請、登録を行ってください。

Ⅰ 免許申請に必要な書類について
（1）免許申請書（収入印紙の貼付を忘れないでください）
（2）病院等の発行する診断書（発行日から1ヶ月以内のものを添付してください）
（3）住民票の写し（本籍記載のもの）又は戸籍抄本等

Ⅱ 申請書の書き方について

Ⅲ 免許申請書の提出方法について

Ⅳ 登録済証明書について

上記により、看護師免許を申請します。

　　　　　年　　月　　日

厚生労働大臣　殿

22－3－4　保健師免許申請書

保健師免許申請手続

有資格者として業務を行うためには、免許申請を行い、厚生労働省で管理する有資格者の名簿に登録されることが必要です。国家試験合格後、速やかに免許申請を行ってください。

保健師免許申請書

上記により、保健師免許を申請します。

厚生労働大臣　殿

助産師免許申請書

収入印紙欄
（収入印紙は消印しないで下さい）

	登録番号		受験地コード		
年月日			受験番号		

平成　　年　　月　　日施行

助産師免許を申請します。

本籍地 （国籍）		都道府県
住所	〒	都道府県
電話		
ふりがな		
氏名（旧姓）		印
生年月日	明治・大正・昭和・平成　　年　　月　　日生	性別　男・女

厚生労働大臣　殿

厚生労働省の受付印	都道府県の受付印	保健所の受付印
年　月　日	都道府県 コード	年　月　日

助産師免許申請手続

I 免許申請について

II 免許申請書の書き方について

III 登録済証明書について

IV 登録済証明書の送付方法について

第4種　完成に関連する各様式

22－3－6　診断書（免許申請時　共通）

診断書（共通）

氏名

生年月日　昭和・平成・令和　年　月　日

性別　男・女　　年齢

上記の者について、下記のとおり診断します。

1. 視覚機能
   目が見えない　□該当する　□該当しない

2. 聴覚機能
   耳が聞こえない　□該当する　□該当しない

3. 音声・言語機能
   口がきけない　□該当する　□該当しない

4. 精神機能
   精神機能の障害　□該当しない　□専門家による判断が必要

5. 麻薬、大麻又はあへんの中毒
   □なし　□あり

診断年月日	平成　　年　　月　　日
病院、診療所又は介護老人保健施設等の名称	
医　師	所在地　〒
	診療科
	TEL
	氏名　　　　　　　㊞

【注意事項】
※必ずどちらかに☑を記載してください。
※業務を行うにあたり支障がないと診断した場合は、「該当しない」を選択してください。
　なお、現在は障害があっても業務を行うにあたり支障がないと診断した場合は「該当しない」を選択してください。
※「該当する」「専門家による判断が必要」に☑の場合は、該当項目に係る診療科の主治医又は専門医による詳細な診断書（裏面）をあわせて提出してください。
※診断医師の氏名については、診断医師が自書で記入したものでない場合には、必ず診断医師個人の印を押印してください。
※本様式は、保健師助産師看護師法、機能形態に応じて診断項目は変わるので、ご注意してください。
※障害の状況や合理的配慮について、本人より意見等があれば、別添書（様式不問）も可（提出は任意）。

「該当する」「専門家による判断が必要」に☑の場合、
該当項目に係る診療科の主治医又は専門医は裏面を記載してください

（裏面）

表面項目の「該当する」「専門家による判断が必要」に☑がついた場合のみ記載。

表面の右について、下記のとおり診断します。

診断名：

1. 現在の具体的な治療内容（治療期間、服薬名及び量）

2. 症状の安定性

3. 補助的又は代替的手段があればその具体的内容
   ※本人からの聴取及び意見を記載してください。

4. 業務への支障の程度

5. その他特記事項

診断年月日	平成　　年　　月　　日
病院、診療所又は介護老人保健施設等の名称	
医　師	所在地　〒
	診療科
	TEL
	氏名　　　　　　　㊞

【注意事項】
※診療科が一致する主治医又は専門医が記載してください。
※診断医師の氏名については、診断医師が自書で記入したものでない場合には、必ず診断医師個人の印を押印してください（表面の診断費と同一医師による診断の場合は省略可）。

診断書 書式例

氏　名		性　別	男　女
生年月日	年　　　月　　　日	年　齢	才

診　　断　　書

上記の者について、下記のとおり診断します。

1. 精神機能の障害　（□にチェックを付けること）
　□　明らかに該当なし
　□　専門家による判断が必要

専門家による判断が必要な場合において、診断名及び現に受けている治療の内容並びに現在の状況（できるだけ具体的に記載して下さい。(注1)

2. 麻薬、大麻、あへん若しくは覚せい剤の中毒者ではない。

診断年月日	平成　　　年　　　月　　　日

病院、診療所又は介護老人保健施設等の
名　称
所在地
Tel　（　　　）　　　　　（注2）
医師の氏名　　　　　　　㊞
　　　　　　（注3）

(注1) 精神機能の障害により許可（登録、届出）された業務を行うことができるかを、専門家の意見を聞いて判断し、判断及び意見を簡潔にお書き下さい。

(注2) 必要に応じて、診断書を作成した医師から精神機能の障害の程度・内容をお聞きする場合があるので、電話番号は必ず記載して下さい。

(注3) 診断医師の氏名について、診断医師が自筆で記入したものでない場合には、必ず診断医師の印を押印してください。

第三号様式（第三十三条関係）

（保健所、助産師、看護師、准看護師）業務従事者届

令和　年12月31日現在

ふりがな		
氏名	性別　1. 男　2. 女	生年月日　1. 平成　2. 昭和　3. 大正　年　月　日　（　　歳）
住所		電話番号　（　　－　　－　　）

免許の種類

	都道府県	登録番号
保健師籍　厚生労働省（　　）	都道府県　第　　号	第　　号　1. 平成　2. 昭和　年　月　日
助産師籍　厚生労働省（　　）	都道府県　第　　号	第　　号　1. 平成　2. 昭和　年　月　日
看護師籍　厚生労働省（　　）	都道府県　第　　号	第　　号　1. 平成　2. 昭和　年　月　日
准看護師籍	都道府県　第　　号	

主たる業務　1 保健師業務　2 助産師業務　3 看護師業務

業務に従事する場所

1 病院
2 診療所　（ア 有床　イ 無床 ）
3 分娩の取扱い
　（ア 取扱いあり　イ 従事者　ウ 出張のみによる者 ）
　（ア 開設者　イ 従事者　ウ 出張のみによる者 ）
4 助産所　（ア 開設者　イ 従事者　ウ 出張のみによる者 ）
5 訪問看護ステーション　（ア 管理者　イ 従事者 ）
6 介護保険施設等
　（ア 介護老人保健施設　イ 介護医療院
　　ウ 指定介護老人福祉施設（特別養護老人ホーム）　エ 居宅サービス事業所
　　オ 居宅介護支援事業所　カ その他 ）
7 社会福祉施設
　（ア 老人福祉施設　イ 児童福祉施設　ウ その他 ）
8 保健所、都道府県又は市区町村
　（ア 保健所　イ 都道府県（アを除く）　ウ 市区町村（アを除く））
9 事業所
10 看護師等学校養成所又は研究機関
11 その他

名称		電話番号　（　　－　　－　　）
所在地	都道府県	
雇用形態	1 正規雇用　2 非正規雇用（1又は3に該当しない者）　3 派遣（紹介予定派遣を含む）	
常勤換算	1 フルタイムの労働者　2 短時間の労働者（0.　　）人　※記入例参照	

従事期間別

1 従事期間1年未満（従事期間開始の理由　ア 新規　イ 再就業　ウ 転職　エ その他）
2 従事期間1年以上2年未満（従事期間開始の理由　ア 新規　イ 再就業　ウ 転職　エ その他）
3 従事期間2年以上

特定行為

看護師の特定行為研修の修了状況　1. 有　2. 無

修了した特定行為区分

特定行為研修の修了の有無　1. 有　2. 無

1 呼吸器（気道確保に係るもの）関連
2 呼吸器（人工呼吸療法に係るもの）関連
3 呼吸器（長期呼吸療法に係るもの）関連
4 循環器関連
5 心嚢ドレーン管理関連
6 胸腔ドレーン管理関連
7 腹腔ドレーン管理関連
8 ろう孔管理関連
9 栄養に係るカテーテル管理（中心静脈カテーテル管理）関連
10 栄養に係るカテーテル管理（末梢留置型中心静脈注射用カテーテル管理）関連
11 創傷管理関連
12 創部ドレーン管理関連
13 動脈血液ガス分析関連
14 透析管理関連
15 栄養及び水分管理に係る薬剤投与関連
16 感染に係る薬剤投与関連
17 血糖コントロールに係る薬剤投与関連
18 術後疼痛管理関連
19 循環動態に係る薬剤投与関連
20 精神及び神経症状に係る薬剤投与関連
21 皮膚損傷に係る薬剤投与関連

備考

（注意）

1　該当する文字又は数字を〇で囲むこと。

2　年齢は、届出年の12月31日現在の満年齢を記載すること。

3　「免許」は、保有する全ての免許について記載すること。

4　「免許の種別」の欄は、保健師免許、助産師免許及び看護師免許について記載すること。
　・「主たる業務」の欄は、その主たる業務の一つについて記載すること。

5　「業務に従事する場所」の欄は、現に業務に従事している場所について記載すること。2以上の場所で業務に従事している場合は、その主たるもの一つについて記載すること。

6　「助産所」の欄は、分娩の取扱いがあり、「分娩の取扱いに応ずる体制がある場合は、「分娩の取扱いあり」の項目に記載すること。

7　「業務に従事する場所」の欄は、分娩の取扱いの有無にかかわらず、現に、分娩の取扱いのあるものと記載すること。
　・事業所内に設置された診療所については、「2　診療所」ではなく「8　訪問看護ステーション」に含むものとする。

8　「5　介護保険施設等」に該当するものを除くものとする。

9　「6　社会福祉施設」は、「5　介護保険施設等」に該当しない者を指すこと。

10　「雇用形態」は、次により記載すること。
　・「1　正規雇用」とは、施設が直接雇い入れた者であって、契約期間の定めのない者を指すこと。

11　「2　非正規雇用」とは、「1　正規雇用」以外のパートタイマー、アルバイト、嘱託、臨時職員などを名称にかかわらず、「1　正規雇用」を除く者を指すこと。
　・「3　派遣（紹介予定派遣を含む）」は、派遣会社から派遣されている者を指すこと。

　・「常勤換算」は、次により記載すること。
　・「常勤換算」とは、常勤換算した数値を記入すること。フルタイム労働者と比較して、1週間の所定労働時間が短い者を指すこと。また、（　）は主たる従事先について記入し、小数点以下第1位で記入すること。

　・「短時間労働者」とは、フルタイム労働者に比べ、次により記入すること。小数点以下第2位を四捨五入し、0.1に満たない場合は0.1に記入すること。

12　「従事開始の理由」は、次により記載すること。
　・「ア　新規」とは、免許取得後初めて保健師、助産師又は看護師として従事した場合（ただし、2以上の免許を有する場合、最初の免許を取得した後とする。）を指すこと。
　・「イ　再就業」とは、現在の就業場所に従事開始前1年間に保健師、助産師、看護師又は准看護師として従事していない場合（ただし、「ア　新規」を除く。）を指すこと。
　・「ウ　転職」とは、現在の就業場所に従事開始前1年間に保健師、助産師、看護師又は准看護師として従事したことがある場合を指すこと。
　・「エ　その他」とは、「ア　新規」、「イ　再就業」及び「ウ　転職」のいずれにも該当しない場合を指すこと。

13　「看護師等の特定行為研修の修了状況」は、次のように記載すること。
　・「看護師等の特定行為研修」とは、保健師助産師看護師法（昭和23年法律第203号）第37条の2第2項第4号に規定する研修を指すこと。
　・「特定行為区分」とは、同項第3号に規定する特定行為区分とする。
　・「修了した特定行為区分」の欄は、該当する全ての特定行為の区分について記載すること。

$$常勤換算 ＝ \frac{短時間労働者の1週間当たりの所定労働時間}{フルタイム労働者の1週間当たりの所定労働時間}$$

例　フルタイム労働者の1週間の所定労働時間が40時間で、
①週2日8時間勤務の場合（アルバイト等）
②週5日8時間勤務の場合（育児短時間勤務等）

$$\frac{①8時間×2日}{40時間} ＝ ①\ 0.4人$$

$$\frac{②6時間×5日}{40時間} ＝ ②\ 0.8人$$

22－3－8　籍（名簿）登録抹消（消除）申請書

[様式1]

申　立　書

籍（名簿）登録抹消（消除）の申請にあたり、免許証を添付しなければならないところ、

のため添付できません。

当該免許証を発見した際には、ただちに返納いたします。

平成　　年　　月　　日

届出人氏名

厚生労働大臣　　殿

[様式2]

遅延理由書

（登録者氏名）は、平成　年　月　日（法令を不利・死亡・　　）のため、今日まで遅延いたしました。

に申請をしなければならないところ、　　　　　しましたので、30日以内

平成　　年　　月　　日

届出人氏名

厚生労働大臣　　殿

籍（名簿）登録抹消（消除）申請手続

I　籍（名簿）登録抹消（消除）申請に必要な書類について

(1) 籍（名簿）登録抹消（消除）の申請者（所定の用紙を使用してください）

(2) 死亡又は失踪による場合は、死亡又は失踪宣告を受けたことを証する書類
（死亡診断書、死体検案書又は戸籍抄（謄）本若しくは失踪宣告に関する書類）

(3) 免許証の原本（添付できない場合は申立書）［上記様式1］

(4) 提出期限（変更を生じた日から起算して30日以内）を超過している場合は、遅延理由書　上記様式2。

II　籍（名簿）登録抹消申請書の書き方について

(1) 該当する不動文字をマルで囲み、数字は右側につめて書いてください。例　1 3

(2) 登録者の氏名は免許証に記載されている文字を用いて記入してください。

(3) 生年月日について、日本国語の方は元号で、外国籍の方は西暦で記入してください。

(4) 本籍地の方は都道府県欄に国籍を記入してください。

(5) 住所、氏名及び続柄欄については、申請者の氏名、氏名及び続柄を記入してください。

(6) 籍（名簿）登録抹消（消除）申請書の提出方法について

III　籍（名簿）登録抹消（消除）申請書の提出方法について

上記から、籍（名簿）登録抹消（消除）申請書、死亡又は失踪を証する書類、免許証の原本をそろえ、左
上記の順に、臨床工学技士・歯科技工士については保健所に、その他については都道府県庁に提出してください。

なお、私たちに関する情報は、資格制度運営目的以外には利用しません。

（職　補）

籍（名簿）登録抹消（消除）申請書

抹消（消除）年月日

登録番号　　　　号　第　　　　　号　　登録年月日　明治・大正・昭和・平成　　年　　月　　日

本（国籍）　籍　都道府県

ふ　り　が　な　（氏）　（名）

登録者の氏名

登録者の生年月日　明治・大正・昭和・平成・西暦　　年　　月　　日

抹消（消除）理由の生じた年月日　昭和・平成　　年　　月　　日

抹消（消除）理由　死亡・失踪・その他

上記により、　　　籍（名簿）の登録を抹消（消除）されたく
（職　補）　免許証及び関係書類を添えて申請します。

平成　　年　　月　　日

都道府県

住　所　〒

氏　名

電　話　（　　　）　　　　　－

厚生労働大臣　　　　　殿　　都道府県　　殿

厚生労働省の受付　都道府県の受付　保健所の受付

都道府県コード

続柄

第5編　国家試験対策

（過去問精選問題）

第23章
過年度問題演習

　精選した過去問の内容、水準は経年によって変化を受けますので、ほとんどすべて部分的に改良を加えてあります。参考までに実施回、午前（A）、午後（P）の区分、問題番号を示しています。また、統計的数字に関しては、令和2年（2020年）以前のデータに合わせてあります。さらに、法律名に関しては、正式名称及び略称を併用しています。

23－1　社会保障制度（総論：社会保険、公的扶助、社会福祉）

23－1－1　総論的内容

［問題1］101 A-34

　日本の保健医療福祉について正しいのはどれか。
① 憲法による生存権の保障が基本理念である。
② ノーマライゼイションは疫学的理念である。
③ 保健医療福祉行政の事業内容は全国一律である。
④ 医療費の財源では国庫負担の占める割合が最も高い。

［問題2］109 A-86

　医療介護総合確保推進法で推進するのはどれか。2つ選べ。
① 子育て世代包括支援センター
② 地域包括ケアシステム
③ 子どもの医療費の助成
④ 地域生活支援事業
⑤ 地域医療構想

[問題3] 102 A-33

社会保険と根拠となる法律の組み合わせで正しいのはどれか。

① 医療保険 – 健康保険法

② 年金保険 – 老人福祉法

③ 雇用保険 – 男女雇用機会均等法

④ 労働者災害補償保険 – 労働基準法

[問題4] 107 A-29

令和2年度（2020年度）における社会保障給付費の内訳で多い順に並んでいるのはどれか。

① 年金＞医療＞福祉その他

② 年金＞福祉その他＞医療

③ 医療＞年金＞福祉その他

④ 医療＞福祉その他＞年金

[問題5] 105 A-33

日本の令和2年度（2020年度）の国民医療費について正しいのはどれか。

① 総額は30兆円である。

② 財源の約半分は保険料である。

③ 国民所得に対する比率は5％台である。

④ 人口1人当たりでは、65歳以上が65歳未満の約2倍である。

[問題6] 110 P-3

令和2年の人口1人当たりの国民医療費で最も近いのはどれか。

① 13万円　　② 23万円　　③ 33万円　　④ 43万円

[問題7] 109 A-29

公費医療と法の組み合わせで正しいのはどれか。

① 未熟児の養育医療 ——————— 医療法

② 結核児童の療養給付 ——————— 児童福祉法

③ 麻薬中毒者の措置入院 ——————— 精神保健福祉法

④ 定期予防接種による健康被害の救済措置 — 感染症法

23－1－2　医療保険制度

［問題8］107 A-64

日本の医療保険制度について正しいのはどれか。

① 健康診断は医療保険が適用される。

② 75歳以上の者は医療費の自己負担はない。

③ 医療保険適用者の約25％が国民健康保険に加入している。

④ 健康保険の種類によって1つのサービスに対する診療報酬の点数が異なる。

［問題9］108 A-87

日本の公的医療保険制度に含まれるのはどれか。2つ選べ。

① 年金保険

② 雇用保険

③ 船員保険

④ 組合管掌健康保険

⑤ 労働者災害補償保険

［問題10］105 A-32

医療保険について正しいのはどれか。

① 医療給付には一部負担がある。

② 高額療養費の受給には年齢制限がある。

③ 国民健康保険は職域保険の1つである。

④ 後期高齢者医療における公費負担は8割である。

［問題11］109 P-34

国民健康保険で正しいのはどれか。

① 被用者保険である。

② 保険者は国である。

③ 高額療養費制度がある。

④ 保険料は加入者の年齢で算出する。

［問題12］106 P-4

後期高齢者医療制度が定められているのはどれか。

① 医療法
② 健康保険法
③ 高齢社会対策基本法
④ 高齢者医療確保法

［問題13］101 A-4

医療保険の給付の対象となるものはどれか。

① 健康診断
② 予防接種
③ 美容整形
④ 疾病の診察

［問題14］103 追加 P-4

健康保険法に基づく療養の給付に含まれるのはどれか。

① 薬剤の支給
② 病院への移送
③ 妊婦健康診査
④ 入院時の食費

23－1－3　介護保険制度関係

［問題15］103 A-35

介護保険の1号被保険者について正しいのはどれか。

① 予防給付対象者は要介護1である。
② 保険料は所得段階別の定額である。
③ 医療保険者が保険料を徴収する。
④ 対象は60歳以上である。

［問題16］ 108 P-29

介護保険の第1号被保険者で正しいのはどれか。

① 介護保険料は全国同額である。

② 介護保険被保険者証が交付される。

③ 40歳以上65歳未満の医療保険加入者である。

④ 介護保険給付の利用者負担は一律3割である。

［問題17］ 105 A-4

介護保険の給付はどれか。

① 年金給付

② 予防給付

③ 求職者給付

④ 教育訓練給付

［問題18］ 111 P-4

介護保険における被保険者の要支援状態に関する保険給付はどれか。

① 医療給付

② 介護給付

③ 年金給付

④ 予防給付

23－1－4　年金保険関係

［問題19］ 106 P-66

公的年金制度について正しいのはどれか。

① 学生は申請によって納付が免除される。

② 生活保護を受けると支給が停止される。

③ 保険料が主要財源である。

④ 任意加入である。

⑤ 積立方式である。

23−1−5　公的扶助関係

[問題20] 103 追加 P-37/ 104 A-32

生活保護法で正しいのはどれか。

① 居住地を管轄する福祉事務所に申請する。

② 扶助率は全国一律に定められている。

③ 光熱費は生活扶助に該当しない。

④ ホームレスは対象とならない。

[問題21] 102 P-78

生活保護法で扶助として定められていないのはどれか。1つ選べ。

① 教育　　② 医療　　③ 授産　　④ 住宅　　⑤ 葬祭

23−1−6　福祉全般関係

[問題22] 102 A-32

同じ問題や悩みを抱えた人々が助け合う活動はどれか。

① ケースワーク

② ピアサポート

③ コミュニティワーク

④ コンサルテーション

[問題23] 104 P-36/ 111 A-31

社会福祉協議会の活動で正しいのはどれか。

① ボランティア活動を推進する。

② 就労の支援活動を推進する。

③ 男女共同活動を推進する。

④ がん対策を推進する。

［問題24］107 P-31

インフォーマルサポートはどれか。

① 介護支援専門員による居宅サービス計画の作成
② 医師による居宅療養管理指導
③ 近隣住民による家事援助
④ 民生委員による相談支援

［問題25］108 A-74

地域包括ケアシステムにおける支援の在り方で、「互助」を示すのはどれか。

① 高齢者が生活保護を受けること
② 住民が定期的に体重測定すること
③ 要介護者が介護保険サービスを利用すること
④ 住民ボランティアが要支援者の家のごみを出すこと

23－2　法と倫理（含 医療過誤・医療事故）

23－2－1　法制度一般

［問題1］107 A-30

法律とその内容の組み合わせで正しいのはどれか。

① 児童福祉法 ——— 受胎調節の実地指導
② 地域保健法 ——— 市町村保健センターの設置
③ 健康増進法 ——— 医療安全支援センター設置
④ 学校保健安全法 —— 特定給食施設における栄養管理

23－2－2　Compliance

［問題2］100 A-3 一部改称 104 A-4

インフォームド・コンセントの説明で正しいのはどれか。

① 病歴を個室で聴取すること
② 処置の優先順位を判断すること
③ 説明したうえで同意を得ること
④ 障碍者と健常者を区別しないこと

［問題3］109 P-38

判断能力のある成人患者へのインフォームド・コンセントにおける看護師の対応で正しいのはどれか。

① 患者の疑問には専門用語を用いて解答する。
② 今後の治療には医療者に任せるように話す。
③ 治療方針への同意は撤回できないことを説明する。
④ 納得できるまで医師からの説明が受けられることを伝える。

［問題4］100 A-15

患者とのコミュニケーションで適切なのはどれか。

① 否定的感情の表出を受け止める。
② 正確に伝えるため専門用語を多く使う。
③ 会話の量と信頼関係の深まりとは比例する。
④ 患者の表情よりも言語による表現を重視する。

［問題5］108 P-4

看護師が行う患者のアドボカシーで最も適切なのはどれか。

① 多職種と情報を共有する。
② 患者の意見を代弁する。
③ 患者に害を与えない。
④ 医師に指示を聞く。

［問題6］110 P-43

現在の日本の終末期医療において、患者の将来の自己決定能力の低下に備えて、患者・家族と医療者が今後の治療・療養についての気がかりや価値観を定期的に話し合って共有し、患者の意向に沿った医療を提供することが望ましいとされている。この内容を示すのはどれか。

① グリーフケア
② 代理意思決定の支援
③ アドバンス・ケア・プランニング
④ アドバンスディレクティブ〈事前指示〉の支援

［問題7］106 P-87

医療現場における暴力について正しいのはどれか。2つ選べ。

① 精神科に特有のものである。
② 病室環境は誘因にならない。
③ 目撃者は被害者に含まれない。
④ 暴力予防プログラムに合わせて対処する。
⑤ 発生を防止するためには組織的な体制の整備が重要である。

［問題8］102 P-4

倫理原則の「善行」はどれか。

① 患者に身体的損傷を与えない。

② 患者に利益をもたらす医療を提供する。

③ すべての人々に平等に医療を提供する。

④ 患者が自己決定し選択した内容を尊重する。

［問題9］105 A-65

診療情報を第三者に開示する際、個人情報の保護として正しいのはどれか。

① 死亡した患者の情報は対象にならない。

② 個人情報の利用目的を特定する必要はない。

③ 特定機能病院では本人の同意なく開示できる。

④ 法令に基づく保健所への届け出に関して本人の同意は不要である。

［問題10］108 P-70

診療情報の取り扱いで適切なのはどれか。

① 診療情報の開示は患者本人に限られる。

② 医療者は患者が情報提供を受けることを拒んでも説明する。

③ ２類感染症の届出は患者本人の同意を得なければならない。

④ 他院へのセカンドオピニオンを希望する患者に診療情報を提供する。

23－2－3　医療過誤・医療事故関係

［問題11］109 A-34

インシデントレポートで適切なのはどれか。

① 責任追及のためには使用されない。

② インシデントの発生から１か月後に提出する。

③ 主な記述内容はインシデントの再発防止策である。

④ 実施前に発見されたインシデントの報告は不要である。

［問題12］106 A-45

看護師が医療事故を起こした場合の法的責任について正しいのはどれか。

①　罰金以上の刑に処せられた者は行政処分の対象となる。

②　事故の程度にかかわらず業務停止の処分を受ける。

③　民事責任として業務上過失致死傷罪に問われる。

④　刑法に基づき所属施設が使用者責任を問われる。

23－2－4　Biodiversity

［問題13］105 P-54

性的対象とその性的指向の分類との組み合わせで正しいのはどれか。

①　同性 —— トランスセクシュアル

②　異性 —— ヘテロセクシュアル

③　両性 —— ホモセクシュアル

④　なし —— バイセクシュアル

［問題14］107 A-54

性同一性障害〈GID〉/性別違和〈GD〉について正しいのはどれか。

①　出現するのは成人期以降である。

②　ホルモン療法の対象にはならない。

③　生物学的性と性の自己認識とが一致しない。

④　生物学的性と同一の性への恋愛感情を持つことである。

23－2－5　生命の始期

［問題15］110 P-60

早産期の定義はどれか。

①　妊娠21週0日から36週6日

②　妊娠22週0日から36週6日

③　妊娠22週0日から37週6日

④　妊娠23週0日から37週6日

[問題16]　110 P-57

　受精と着床についての説明で正しいのはどれか。

① 卵子が受精能をもつ期間は48時間である。

② 卵管采で受精が起こる。

③ 受精卵は受精後4〜5日で子宮に到達する。

④ 受精卵は桑実胚の段階で着床する。

[問題17]　102 A-68

　出生前診断のための羊水検査について適切なのはどれか。

① 検査がもたらす母児への影響を事前に説明する。

② 胎児に染色体異常が発見された場合は結果を知らせない。

③ 夫婦の意見が対立した場合は夫の意見を優先する。

④ 妊婦の母親から問い合わせがあった場合は検査結果を伝える。

[問題18]　111 A-62

　日本の周産期の死亡に関する記述で正しいのはどれか。

① 新生児死亡は生後1週未満の死亡をいう。

② 死産は妊娠満12週以後の死児の出産をいう。

③ 妊産婦死亡は妊娠中又は妊娠終了後満28日未満の女性の死亡をいう。

④ 令和元年（2019年）の人口動態統計では自然死産数が人口死産数よりも多い。

23－2－6　生命の終期

[問題19]　105 P-4

　終末期に自分がどのような医療を受けたいかをあらかじめ文書で示しておくのはどれか。

① アドヒアランス

② リビングウィル

③ セカンドオピニオン

④ インフォームド・コンセント

［問題20］ 106 P-12

キューブラー・ロス、Eによる死にゆく人の心理過程で第2段階はどれか。

① 死ぬことへの諦め

② 延命のための取引

③ 死を認めようとしない否認

④ 死ななければいけないことへの怒り

［問題21］ 107 P-33/111 P-6

フィンクの危機モデルの過程で第3段階はどれか。

① 防衛的退行

② 衝撃

③ 適応

④ 承認

［問題22］ 109 A-8

レスパイトケアの目的はどれか。

① 介護者の休息

② 介護者同士の交流

③ 介護への療養指導

④ 療養者の自己決定支援

［問題23］ 106 A-40

入院中の妻を亡くした直後の夫へのグリーフケアで最も適切なのはどれか。

① 妻の話を夫とすることを避ける。

② 夫の悲嘆が軽減してからケアを開始する。

③ 夫が希望する場合は死後の処置を一緒に行う。

④ 妻を亡くした夫のためのサポートグループへの参加を促す。

23－2－7　脳死と臓器移植

[問題24] 103 追加A－32

臓器移植が可能となる本人の書面による意思表示と家族の書面による承諾の組み合わせで正しいのはどれか。

① 本人が臓器を提供する意思を表示している ――― 家族が承諾しない

② 本人が臓器を提供しない意思を表示している ―― 家族が承諾する

③ 本人が臓器を提供する意思を表示していない ―― 家族が承諾する

④ 本人が臓器を提供する意思を表示していない ―― 家族の承諾不明

[問題25] 108 A-24 一部改称

臓器移植法における脳死の判定基準で正しいのはどれか。

① 瞳孔径は左右とも3mm以上

② 脳波上徐派の出現

③ 微弱な自発呼吸

④ 脳幹反射の消失

⑤ 浅昏睡

23－3　保助看法等基本法関連
（保健師助産師看護師法＝保助看法、看護師等の人材確保の促進に関する法律＝人確法）

23－3－1　保助看法・人確法

[問題１] 106 P-32

保助看法に定められているのはどれか。
① 免許取得後の臨床研修が義務付けられている。
② 心身の障害は免許付与の相対的欠格事由である。
③ 看護師籍の登録事項に変更があった場合は２か月以内に申請すること。
④ 都道府県知事は都道府県ナースセンターを指定することができる。

[問題２] 105 P-5

医師の指示がある場合でも看護師に禁止されている業務はどれか。
① 静脈内注射
② 診断書の交付
③ 末梢静脈路の確保
④ 人工呼吸器の設定の変更

[問題３] 110 A-5

看護師免許の付与における欠格事由として保助看法に規定されているのはどれか。
① 20歳未満の者
② 海外に居住している者
③ 罰金以上の刑に処せられた者
④ 伝染性の疾病にかかっている者

[問題４] 100 A-4 / 106 A-5 / 108 A-6

看護師の業務従事者届の届出の間隔として規定されているのはどれか。
① １年ごと　　② ２年ごと　　③ ３年ごと　　④ ４年ごと

[問題5] 109 P-5

保助看法で規定されている看護師の義務はどれか。

① 研究をする。
② 看護記録を保存する。
③ 看護師自身の健康の保持増進を図る。
④ 業務上知り得た人の秘密を洩らさない。

[問題6] 102 A-5

新たに業務に従事する看護師に対する臨床研修実施の努力義務が規定されているのはどれか。

① 医療法
② 学校教育法
③ 人確法
④ 保健師助産師看護師学校養成所指定規則

[問題7] 106 A-70

特定行為に係る看護師の研修制度に関して正しいのはどれか。

① 特定行為は診療の補助行為である。
② 研修は都道府県知事が指定する研修機関で実施する。
③ 研修を受けるには10年以上の実務経験が必要である。
④ 看護師等の人材確保の促進に関する法律に定められている。

[問題8] 109 P-78

看護師の特定行為で正しいのはどれか。

① 診療の補助である。
② 医師法に基づいている。
③ 手順書は看護師が作成する。
④ 特定行為を指示するものに歯科医師は含まれない。

［問題９］106 P-63

災害医療におけるトリアージについて正しいのはどれか。

①　傷病者を病名によって分類する。

②　危険区域と安全区域を分けることである。

③　医療資源の効率的な配分のために行われる。

④　救命が困難な患者に対する治療を優先する。

［問題10］110 P-71

災害時のトリアージで正しいのはどれか。

①　トリアージタッグは衣服に装着する。

②　治療優先度の高さはトリアージ区分のⅠ、Ⅱ、Ⅲの順である。

③　トリアージの判定は患者の到着時及び到着後30分の２回行う。

④　最優先に治療を行う者には、黄色のトリアージタッグをつける。

［問題11］107 A-66

看護師が自ら進んで能力を開発することの努力義務を定めているのはどれか。

①　医療法

②　労働契約法

③　教育基本法

④　看護師等の人材確保の促進に関する法律

［問題12］101 A-86

人確法に規定されている内容で正しいのはどれか。２つ選べ。

①　看護師免許の申請

②　保健師等再教育研修

③　看護師等就業協力員の委嘱

④　看護師等学校養成所の指定

⑤　都道府県ナースセンターの指定

[問題13] 111 A-74

人確法に規定されている、離職した看護師の復職の支援に関連する制度はどれか。

① 看護師等免許所持者の届出

② 特定行為に関する研修

③ 教育訓練給付金

④ 業務従事者届

[問題14] 108 P-72 一部改称

人確法における離職等の届出で適切なのはどれか。

① 届出は義務である。

② 届出先は保健所である。

③ 離職を予定する場合に事前に届け出なければならない。

④ 免許取得後すぐに就職しない場合は届け出るよう努める。

[問題15] 110 P-5

人確法に規定されている都道府県ナースセンターの業務はどれか。

① 訪問看護業務

② 看護師免許証の交付

③ 訪問入浴サービスの提供

④ 看護師等への無料の職業紹介

23-3-2　災害看護関係

[問題16] 103 追加 A-76

大震災発生後1週間、約300人の被災者が小学校の体育館に避難している。この時点で看護師が行う支援として最も適切なのはどれか。

① 災害看護マニュアルの見直し

② 生活の自立支援

③ 感染症対策

④ 避難訓練

［問題17］ 108 A-78

災害に関する記述で正しいのはどれか。

① 災害時の要配慮者には高齢者が含まれる。

② 人為的災害の被災範囲は局地災害にとどまる。

③ 複合災害は同じ地域で複数回災害が発生することである。

④ 発災直後に被災者診療を行う場では医療の供給が需要を上回る。

［問題18］ 104 A-75

災害発生後の時期と災害看護活動の組合せで最も適切なのはどれか。

① 災害発生直後～数時間 ──── 食中毒予防

② 災害発生後３日～１週間 ─── 外傷後ストレス障害〈PTSD〉への対応

③ 災害発生後１週間～１か月 ── 廃用症候群の予防

④ 災害発生後１か月以降 ──── 救命処置

［問題19］ 109 A-64

災害派遣精神医療チーム〈DPAT〉で正しいのはどれか。

① 厚生労働省が組織する。

② 被災地域の精神科医療機関と連携する。

③ 発災１か月後に最初のチームを派遣する。

④ 派遣チームの食事は被災自治体が用意する。

［問題20］ 111 P-75

災害拠点病院の説明で正しいのはどれか。

① 国が指定する。

② 災害発生時に指定される。

③ 広域搬送の態勢を備えている。

④ 地域災害拠点病院は各都道府県に１か所設置される。

23－4　医療関連法規（予防、医事、環境、公害、学校）

23－4－1　予防接種・感染症関係法

［問題1］107 P-36

感染症の成立過程において、予防接種の影響が与える要素はどれか。

① 病原体

② 感染源

③ 感染経路

④ 宿主の感受性

［問題2］105 P-77

乳児の髄膜炎などを抑制するため、平成25年（2015年）に定期接種に導入されたのはどれか。

① 日本脳炎ワクチン

② ロタウイルスワクチン

③ インフルエンザワクチン

④ 麻しん風しん混合ワクチン

⑤ Hib（Haemophilus influenza type b）ワクチン

［問題3］103 追加 P-84/ 111 A-25 類似

日本の結核について正しいのはどれか。2つ選べ。

① 一類感染症に分類されている。

② 公費で医療費を負担する制度がある。

③ 令和2年（2020年）死因別死亡数上位5位以内である。

④ DOTS（Directly Observed Treatment, Short-course）を推進している。

⑤ ツベルクリン反応検査を実施してからBCG接種を行うことが定められている。

［問題4］105 A-82

ヒト免疫不全ウイルス〈HIV〉の感染経路で正しいのはどれか。2つ選べ。

①　感染者の嘔吐物との接触

②　感染者の咳による曝露

③　感染者の糞便との接触

④　感染者からの輸血

⑤　感染者との性行為

［問題5］108 P-86

感染症法に基づく五類感染症はどれか。2つ選べ。

①　後天性免疫不全症候群

②　腸管出血性大腸菌感染症

③　つつが虫病

④　日本脳炎

⑤　梅毒

［問題6］110 A-39

感染症法において、重症急性呼吸器症候群〈SARS〉の分類はどれか。

①　一類感染症

②　二類感染症

③　三類感染症

④　四類感染症

［問題7］107 P-48

梅毒について正しいのはどれか。

①　ウイルス感染症である。

②　感染経路は空気感染である。

③　治療の第一選択薬はステロイド外用薬である。

④　梅毒血清反応における生物学的偽陽性の要因に妊婦がある。

[問題8] 111 P-76

平成27年（2015年）時点での世界の三大感染症に入るのはどれか。

① ポリオ〈急性灰白髄炎〉

② マラリア

③ 天然痘

④ 麻疹

23－4－2　医事・薬事関係法

[問題9] 110 A-29

医師、歯科医師、薬剤師、看護師その他の担い手は、医療を提供するにあたり、適切な説明を行い、医療を受ける者の理解を得るよう努めなければならないことを定めているのはどれか。

① 医療法

② 健康保険法

③ 地域保健法

④ 個人情報の保護に関する法律

[問題10] 109 A-89

医療法で規定されているのはどれか。2つ選べ。

① 保健所

② 特定機能病院

③ 地方衛生研究所

④ 市町村保健センター

⑤ 医療安全支援センター

[問題11] 103 P-75/ 108 P-71

病院における医療安全管理体制で正しいのはどれか。

① 特定機能病院の医療安全管理者は兼任でよい。

② 医療安全管理のために必要な研修を3年に一度行う。

③ 医療安全管理のための指針を整備しなければならない。

④ 医薬品安全管理責任者の配置は義務付けられていない。

［問題12］111 A-35

地域連携クリニカルパスの目的はどれか。

① 医療機関から在宅までの医療の継続的な提供

② 地域包括支援センターと地域住民との連携

③ 地域医療を担う医療専門職の資質の向上

④ 患者が活用できる社会資源の紹介

［問題13］111 P-30

診療報酬制度について正しいのはどれか。

① 診療報酬の点数は3年に1回改定される。

② 診療報酬は都道府県が医療機関に支払う。

③ 医療機関への支払いは出来高払いのみである。

④ 厚生労働大臣の指定を受けた医療機関で利用できる。

［問題14］107 P-40

麻薬の取り扱いで正しいのはどれか。

① 看護師は麻薬施用者免許を取得できる。

② 麻薬を廃棄したときは市町村長に届け出る。

③ アンプルの麻薬注射液は複数の患者に分割して用いる。

④ 麻薬及び向精神薬取締法に管理について規定されている。

23－4－3　環境衛生・公害関係法

［問題15］103 P-4

シックハウス症候群で正しいのはどれか。

① 主な症状は胸痛である。

② 対策を定めた法律はない。

③ 揮発性有機化合物が原因である。

④ 住宅の気密性の低下が要因である。

[問題16]　109 A-30

廃棄する物とその区分との組み合わせで正しいのはどれか。

① 滅菌パックの袋 ————————— 産業廃棄物

② エックス線フィルム ——————— 一般廃棄物

③ 血液の付着したメスの刃 ———— 感染性産業廃棄物

④ pH12.5以上のアルカリ性の廃液 —— 感染性一般廃棄物

[問題17]　105 A-40

針刺し事故で最も適切なのはどれか。

① 針刺し部位を消毒液に浸す。

② 注射器のリキャップを習慣化する。

③ 事故の当事者を対象にした研修を行う。

④ 使用済みの針は専用容器に廃棄することを徹底する。

[問題18]　104 A-39/ 108 A-21類似/ 111 A-20

血液の付着した注射針を廃棄する容器はどれか。

① 黄色バイオハザードマーク付きの容器

② 橙色バイオハザードマーク付きの容器

③ 赤色バイオハザードマーク付きの容器

④ 非感染性廃棄物用の容器

[問題19]　104 P-37

疾病の発生要因と疫学要因の組合せで正しいのはどれか。

① 食事 ———— 宿主要因

② 職業 ———— 宿主要因

③ 細胞免疫 —— 環境要因

④ 媒介動物 —— 環境要因

［問題20］104 A-33

環境要因と健康への影響の組み合わせで正しいのはどれか。

① 高温 ——————— 難聴
② ヒ素 ——————— イタイイタイ病
③ オゾンホール ———— 赤外線障害
④ 光化学オキシダント —— 粘膜刺激

［問題21］104 A-34

大気汚染に関する環境基準が定められている物質はどれか。

① 二酸化炭素
② 一酸化窒素
③ フッ化水素
④ 微小粒子状物質

［問題22］106 P-3

光化学オキシダントの原因物質はどれか。

① ヒ素
② フロン
③ 窒素酸化物
④ ホルムアルデヒド

［問題23］106 P-35

病室環境に適した照度はどれか。

① 100〜200ルクス
② 300〜400ルクス
③ 500〜600ルクス
④ 700〜800ルクス

[問題24] 109 A-3

じん肺に関係する物質はどれか。

① フロン

② アスベスト

③ ダイオキシン類

④ ホルムアルデヒド

23－4－4　学校保健関係

[問題25] 105 A-35

学校保健について正しいのはどれか。

① 学校医は健康相談を実施する。

② 校長は学校医を置くことができる。

③ 教育員会は小学校入学1年前の児童に対し健康診断を実施する。

④ 学校医は感染症に罹患した児童生徒の出席を停止させることができる。

23−5　保健福祉法規関連Ⅰ（保健衛生総論、精神保健福祉、障碍者福祉）

23−5−1　保健衛生総論（健康日本21・地域保健法・健康増進法等）

[問題1]　110 A-10

地域保健法に基づき設置されているのはどれか。

① 診療所
② 保健所
③ 地域包括支援センター
④ 訪問看護ステーション

[問題2]　100 P-9／103 A-8

市町村保健センターの業務はどれか。

① 専門的で広域的な健康課題への対応
② 地域住民に密着した健康相談
③ 看護師免許申請の受理
④ 病気の治療

[問題3]　103 追加 A-84

特定健康診査について正しいのはどれか。2つ選べ。

① 医療保険者が実施する。
② がんのスクリーニングを目的とする。
③ 対象は、35歳〜74歳の医療保険加入者である。
④ 検査項目にHDLコレステロールが含まれる。
⑤ 受診者全員に特定保健指導が行われる。

[問題4]　108 A-35

健康寿命の説明で適切なのはどれか。

① 生活習慣病の予防は健康寿命を延ばす。
② 2013年の健康寿命は2011年より短い。
③ 2013年の健康寿命は女性より男性のほうが長い。
④ 平均寿命と健康寿命の差は健康上の問題なく日常生活ができる期間である。

［問題5］101 A-37/ 104 P-38

一次予防はどれか。

① 労働者のがん検診

② 精神障碍者の作業療法

③ 脳卒中患者の理学療法

④ 性感染症予防のためのコンドームの使用

［問題6］109 A-87

アルコール依存症の一次予防はどれか。2つ選べ。

① 年齢確認による入手経路の制限

② スクリーニングテストの実施

③ 精神科デイケアへの参加

④ 小学生への健康教育

⑤ 患者会への参加

［問題7］108 A- 1

疾病や障害の二次予防はどれか。

① 早期治療

② 予防接種

③ 生活習慣の改善

④ リハビリテーション

［問題8］111 P- 2

生活習慣病の三次予防はどれか。

① 健康診断

② 早期治療

③ 体力づくり

④ 社会復帰のためのリハビリテーション

［問題9］102 A-35

健康日本21でたばこ対策として取り組んでいる目標はどれか。

① 禁煙外来受診者の増加

② 公共の場での分煙の徹底

③ 育児中の母親の喫煙の減少

④ 喫煙が及ぼす社会的影響についての知識の普及

［問題10］109 P-47

平成29年（2017年）の国民健康・栄養調査における成人の生活習慣の特徴で正しいのはどれか。

① 朝食の欠食率は40歳代が最も多い。

② 運動習慣のある人の割合は30歳代が最も多い。

③ 1日の平均睡眠時間は6時間以上7時間未満が最も多い。

④ 習慣的に喫煙している人の割合は10年前に比べて増加している。

［問題11］103 A-36

健やか親子21において重点推進施策はどれか。

① 子どもの心の問題への取り組みの強化

② 低出生体重児の養育支援の強化

③ へき地医療を担う人材の確保

④ 障害の早期発見の強化

［問題12］107 P-32

ハイリスクアプローチについて正しいのはどれか。

① 費用対効果が高い。

② 成果が恒久的である。

③ 一次予防を目的とする。

④ 集団全体の健康状態の向上に貢献する。

[問題13]　105 P-34

がん対策基本法で定められているのはどれか。

① 受動喫煙のない職場を実現する。

② がんによる死亡者の減少を目標とする。

③ 都道府県がん対策推進計画を策定する。

④ がんと診断された時からの緩和ケアを推進する。

[問題14]　101 P-38

がん対策基本法において「疼痛に関する早期からの緩和ケア」が含まれている基本的施策はどれか。

① 予防の推進

② 早期発見の推進

③ 研究の推進等

④ がん医療の均てん（霑）化の促進等

[問題15]　100 A-86

平成19年施行の改正医療法で、治療又は予防に関する事業として医療計画に記載することになった疾患はどれか。2つ選べ。

① がん

② 脳卒中

③ 統合失調症

④ ウイルス肝炎

⑤ インフルエンザ

[問題16]　100 P-37

特定機能病院で正しいのはどれか。

① 地域の医療従事者の資質向上のための研修を行う能力を有する。

② 高度の医療技術の開発および評価を行う能力を有する。

③ 300人以上の患者を入院させるための施設を有する。

④ 都道府県知事の承認を得て設立される。

[問題17]　111 P-33

　医療法に基づく記述で正しいのはどれか。

①　病床の区分は療養病床と一般病床の2種類である。

②　地域医療支援病院は厚生労働大臣の承認が必要である。

③　無床診療所の開設には厚生労働大臣への届出が必要である。

④　有床診療所は19人以下の患者を入院させる施設を有するものである。

23－5－2　精神保健福祉関係

[問題18]　105 A-61

　精神保健法から精神保健福祉法への改正で行われたのはどれか。

①　私宅監置の廃止

②　任意入院の新設

③　通院医療公費負担制度の導入

④　精神障碍者保健福祉手帳の創設

[問題19]　110 P-63

　精神障碍者保健福祉手帳で正しいのはどれか。

①　知的障害も交付対象である。

②　取得すると住民税の控除対象となる。

③　交付によって生活保護費の支給が開始される。

④　疾病によって障害が永続する人が対象となる。

[問題20]　108 P-63

　現在の日本の精神医療で正しいのはどれか。

①　精神保健福祉センターは各市町村に設置されている。

②　精神病床に入院している患者の疾患別内訳は認知症が最も多い。

③　精神障害者保健福祉手帳制度によって通院医療費の給付が行われる。

④　人口当たりの精神病床数は経済協力開発機構〈OECD〉加盟国の中では最も多い。

[問題21]　106 A-89

精神保健医療福祉に関する法律について正しいのはどれか。2つ選べ。

① 自殺対策基本法に基づき自殺総合対策大綱が策定されている。

② 障碍者基本法の対象は、身体障碍と精神障碍の2障碍と規定されている。

③ 発達障碍者支援法における発達障碍の定義には統合失調症が含まれる。

④ 精神通院医療の公費負担は精神保健福祉法による自立支援医療で規定されている。

⑤ 犯罪被害者等基本法は、犯罪被害者等の権利利益の保護を図ることを目標としている。

[問題22]　109 P-69

医療保護入院で正しいのはどれか。

① 入院の期間は72時間に限られる。

② 患者の家族等の同意で入院させることができる。

③ 2人以上の精神保健指定医による診察の結果で入院となる。

④ 精神障害のため他人に害を及ぼす恐れが明らかな者が対象となる。

[問題23]　106 P-56/ 110 P-81

2人以上の精神保健指定医による診察結果の一致が要件となる入院形態はどれか。

① 応急入院

② 措置入院

③ 医療保護入院

④ 緊急措置入院

[問題24]　104 A-68/ 108 A-67

精神科病院に医療保護入院している患者から退院請求があった。入院継続の適否について判定するのはどれか。

① 保健所

② 地方裁判所

③ 精神医療審査会

④ 地方精神保健福祉審議会

［問題25］110 A-63

精神保健指定医について正しいのはどれか。

① 医療法で規定されている。

② 都道府県知事が指定する。

③ 障害年金の支給判定を行う。

④ 精神科病院入院患者の行動制限にかかわる医学的判定を行う。

［問題26］104 P-88

精神科病棟における身体拘束時の看護で正しいのはどれか。2つ選べ。

① 1時間ごとに訪室する。

② 拘束の理由を説明する。

③ 水分摂取は最小限にする。

④ 患者の手紙の受け取りを制限する。

⑤ 早期の解除を目指すための看護計画を立てる。

［問題27］103 P-89

精神保健福祉法により、病院の管理者が精神科病院に入院中の者に対して制限できるのはどれか。2つ選べ。

① 手紙の発信

② 弁護士との面会

③ 任意入院患者の開放処遇

④ 信書の中の異物の受け渡し

⑤ 人権擁護に関する行政機関の職員との電話

［問題28］101 P-90

精神障碍者保健福祉手帳について正しいのはどれか。2つ選べ。

① 交付を受けた者の写真は添付しない。

② 交付を受けた者は、住民税の控除が受けられる。

③ 精神保健福祉法で規定されている。

④ 交付を受けた者の公共交通機関運賃の割引は全国一律で運用される。

⑤ 交付を受けた者は、精神障害の状態についての認定を毎年受ける必要がある。

[問題29]　111 A-65

　精神保健における一次予防はどれか。

① 職場でうつ病患者を発見する。

② 自殺企図者に精神科医療機関への受療を促す。

③ 統合失調症患者の社会参加のための支援を行う。

④ ストレスとその対処法に関する知識の啓発活動を行う。

[問題30]　105 A-58

　地域精神保健活動における二次予防はどれか。

① 精神科病院で統合失調症患者に作業療法を行う。

② 精神疾患患者に再燃を予防するための教育を行う。

③ 地域の住民を対象にストレスマネジメントの講演会を行う。

④ 会社の健康診断でうつ傾向があると判定された人に面接を行う。

[問題31]　109 P-67

　精神障害の三次予防の内容で適切なのはどれか。

① うつ病患者の復職支援

② 住民同士のつながりの強化

③ 精神保健に関する問題の早期発見

④ ストレス関連障害の発症予防に関する知識の提供

[問題32]　103 追加 P-67

　平成16年（2004年）に示された精神保健医療福祉の改革ビジョンについて正しいのはどれか。

① 3年後の達成目標が示されている。

② 認知症ケアの充実が課題として掲げられている。

③ 入院医療中心から地域生活中心への移行を目標としている。

④ 基本方針にアルコールと健康についての知識の普及が示されている。

［問題33］　104 A-90

精神障碍者のリカバリ〈回復〉の考え方で正しいのはどれか。2つ選べ。

① 患者に役割を持たせない。
② 薬物療法を主体に展開する。
③ 患者の主体的な選択を支援する。
④ 患者のストレングス〈強み・力〉に着目する。
⑤ リカバリ〈回復〉とは病気が治癒したことである。

［問題34］　106 P-88

精神医療におけるピアサポーターの活動について正しいのはどれか。

① 訪問活動は禁止されている。
② 活動には専門家の同行が条件となる。
③ ピアサポーター自身の回復が促進される。
④ 精神保健医療福祉サービスの利用を終了していることが条件となる。
⑤ 自分の精神障碍の経験を生かして同様の体験をしている人を支援する。

［問題35］　100 P-36 改題 一部改称/ 104 P- 2

日本における平成29年の自殺（死）者の原因・動機で最も多いのはどれか。

① 家庭問題
② 健康問題
③ 勤務問題
④ 経済・生活問題

［問題36］　108 P-31

自殺対策基本法で都道府県に義務付けられているのはどれか。

① 自殺総合対策推進センターの設置
② 自殺総合対策大綱の策定
③ ゲートキーパーの養成
④ 自殺対策計画の策定

23－5－3　障碍者福祉関係

［問題37］102 P-31 一部改称

ノーマライゼーションに基づくのはどれか。

① 救急搬送体制を整備すること
② 医療機関に何時でも受診ができること
③ 公共交通機関をバリアフリー化すること
④ 障碍者に介護施設への入所を勧めること

［問題38］101 A-72 一部改称/105 P-57

厚生労働省のこころのバリアフリー宣言の目的で正しいのはどれか。

① 精神疾患への偏見をなくすための正しい理解の促進
② 高齢者の孤立を防ぐためのふれあいのある社会づくり
③ 身体障碍者の人格を尊重するためのバリアフリー化の推進
④ 引きこもりから社会参加を試みる際の障壁を軽減する支援

［問題39］103 P-36

障碍者基本法で正しいのはどれか。

① 目的は障碍者の保護である。
② 障碍者の日が規定されている。
③ 身体障害と知的障碍の二つが対象である。
④ 公共的施設のバリアフリー化の計画的推進を図ることとされている。

［問題40］106 P-59 一部改称

障害者総合支援法に基づいて、障碍者が利用できるサービスはどれか。

① 育成医療
② 居宅療養管理指導
③ 共同生活援助〈グループホーム〉
④ 介護予防通所リハビリテーション

［問題41］ 107 A-43 一部改称

難病医療法に基づく医療費助成の対象となる疾患はどれか。

① 中皮腫

② C型肝炎

③ 慢性腎不全

④ 再生不良性貧血

［問題42］ 107 P-84 一部改称

難病医療法において国が行うとされているのはどれか。2つ選べ。

① 申請に基づく特定医療費の支給

② 難病の治療方法に関する調査及び研究の推進

③ 指定難病にかかる医療を実施する医療機関の指定

④ 支給認定の申請に添付する診断書を作成する医師の指定

⑤ 難病に関する施策の総合的な推進のための基本的な方針の策定

［問題43］ 108 P-30

発達障害者支援法で発達障害と定義されているのはどれか。

① 学習障害

② 記憶障害

③ 適応障害

④ 摂食障害

［問題44］ 111 A-89

自閉症スペクトラム障碍に見られるのはどれか。2つ選べ。

① 運動性チックが出現する。

② 計算の習得が困難である。

③ 不注意による間違いが多い。

④ 習慣へのかたくななこだわりがある。

⑤ 非言語的コミュニケーションの障害がある。

第23章 過去問題演習

[問題45] 108 A-67

注意欠如・多動性障害〈ADHD〉の症状はどれか。

① 音声チックが出現する。

② 計算を習得するのが困難である。

③ 課題や活動に必要なものをしばしばなくしてしまう。

④ 読んでいるものの意味を理解することが困難である。

23－6　保健福祉法規関連Ⅱ（母子保健福祉、児童保健福祉、高齢者保健福祉）

23－6－1　児童・母子保健福祉関係

[問題1] 106 P-84

　児童憲章について正しいのはどれか。2つ選べ。

① 児童が良い環境の中で育てられることを定めている。

② 児童の権利に関する条約を受けて制定された。

③ 児童が人として尊ばれることを定めている。

④ 保護者の責務を定めている。

⑤ 違反すると罰則規定がある。

[問題2] 104 P-80

　小児医療に関する課題とその対応の組合せで正しいのはどれか。

① 低出生体重児の増加 ——————————— 人工乳による哺育の推進

② 育児不安の強い親の増加 ——————————— 子どもの自立支援

③ 障碍児の在宅医療のニーズの増加 ——— レスパイトケアの充実

④ 小児救急医療を受診する子供の増加 —— ドクターカーの充実

⑤ 成人になった小児慢性疾患患者の増加 —— 親の意思決定の支援

[問題3] 108 P-53

　小児慢性特定疾病対策における医療費助成で正しいのはどれか。

① 対象は5疾患群である。

② 対象年齢は20歳未満である。

③ 医療費の自己負担分の一部を助成する。

④ 難病医療法に定められている。

[問題4] 105 P-83

児童相談所の業務はどれか。2つ選べ。

① 児童の一時保護
② 自立支援給付の決定
③ 不登校に関する相談
④ 身体障碍者手帳の交付
⑤ 放課後児童健全育成事業

[問題5] 106 A-83

児童相談所について正しいのはどれか。2つ選べ。

① 国が設置する。
② 児童福祉司が配置されている。
③ 母親の一時保護する機能を持つ。
④ 知的障害に関する相談を受ける。
⑤ 児童の保健について正しい衛生知識の普及を図る。

[問題6] 101 A-83

児童虐待防止法で、親の虐待によって負傷した児童を発見した際の通告先として規定されているのはどれか。2つ選べ。

① 警察署
② 福祉事務所
③ 家庭裁判所
④ 児童相談所
⑤ 教育委員会

[問題7] 109 P-59

令和2年度（2020年度）の福祉行政報告例における児童虐待で正しいのはどれか。

① 主たる虐待者は実父である。
② 性的虐待件数は身体的虐待件数より多い。
③ 児童虐待件数は5年間横ばいである。
④ 心理的虐待件数は5年前に比べて増加している。

［問題8］ 106 A-60

出産や育児に関する社会資源と法律の組み合わせで正しいのはどれか。

① 入院助産 ——— 児童福祉法

② 出産扶助 ——— 母体保護法

③ 出産手当金 —— 母子保健法

④ 養育医療 ——— 児童手当法

［問題9］ 100 A-71

母子保健法が規定するのはどれか。

① 不妊手術

② 産前産後の休業

③ 出産育児一時金

④ 新生児訪問指導

［問題10］ 107 P-58

母子保健施策とその対象の組み合わせで正しいのはどれか。

① 育成医療 ——————— 結核児童

② 養育医療 ——————— 学齢児童

③ 健全母性育成事業 —— 高齢妊婦

④ 養育支援訪問事業 —— 特定妊婦

［問題11］ 103 P-81

市町村の業務でないのはどれか。

① 妊娠届の受理

② 母子健康手帳の交付

③ 乳児家庭全戸訪問事業

④ 3歳児健康診査

⑤ 小児慢性特定疾患公費負担医療給付

[問題12] 105 A-34

地域子育て支援センターの整備を掲げたのはどれか。

① 児童福祉法

② 新エンゼルプラン

③ 次世代育成支援対策推進法

④ 児童虐待防止法

[問題13] 105 A-84

DV防止法に定められているのはどれか。2つ選べ。

① 離婚調停の支援

② 成年後見制度の利用

③ 保健所による自立支援

④ 婦人相談員による相談

⑤ 裁判所による接近禁止命令

[問題14] 106 A-62

DV防止法で正しいのはどれか。

① 婚姻届けを出していない場合は保護の対象とならない。

② 暴力を受けている者を発見した者は保健所へ通報する。

③ 暴力には心身に有害な影響を及ぼす言葉が含まれる。

④ 母子健康センターは被害者の保護をする。

[問題15] 111 P-63

DV防止法について正しいのはどれか。

① 配偶者暴力相談支援センターは被害者の保護命令を出すことができる。

② 配偶者には事実上婚姻関係と同様の事情にある者が含まれる。

③ 配偶者からの暴力を発見した時は、保健所へ連絡する。

④ 加害者の矯正が法の目的に含まれる。

［問題16］110 P-58

母体保護法で規定されているのはどれか。

① 育児時間

② 生理休暇

③ 受胎調節の実地指導

④ 育児中の深夜業の制限

23－6－2　高齢者保健福祉

［問題17］109 P-56

高齢者に対するエイジズムの説明で適切なのはどれか。

① 年齢にとらわれないこと

② 加齢に伴う心身機能の変化

③ 高齢という理由で不当な扱いをすること

④ 老化に関連した遺伝子によって引き起こされる現象

［問題18］109 A-51

高齢者の性について正しいのはどれか。

① 女性の性交痛は起こりにくくなる。

② 男性は性ホルモンの分泌量が保たれる。

③ 高齢になると異性に対する羞恥心は減退する。

④ セクシャリティの尊重はQOLの維持に影響する。

［問題19］100 A-66/110 P-69

成年後見制度で正しいのはどれか。

① 法定後見人は、都道府県知事が選任する。

② 任意後見人とは、家族が後見人になる場合を指す。

③ 成年後見人は、財産管理などの法律行為を支援する。

④ 日常生活自立支援事業の一部として位置づけられる。

[問題20]　101 A-62/111 P-54

家庭内における高齢者虐待に関する調査（2018）における高齢者虐待の特徴で正しいのはどれか。

① 被虐待者は女性が多い。

② 経済的虐待が最も多い

③ 配偶者による虐待が最も多い

④ 被虐待者は要介護5が最も多い。

[問題21]　108 P-48

判断能力が不十分な認知症高齢者の権利擁護を目的とするものはどれか。

① 公的年金制度

② 生活保護制度

③ 後期高齢者医療制度

④ 日常生活自立支援制度

[問題22]　108 P-68

家族からネグレクトを受けている高齢者について、地域包括支援センターに通報があった。この通報を受けた地域包括支援センターが行う業務はどれか。

① 権利擁護

② 総合相談支援

③ 介護予防ケアマネジメント

④ 包括的・継続的ケアマネジメント支援

[問題23]　109 P-35

高齢者虐待防止法で、措置された高齢者が入所する福祉施設で正しいのはどれか。

① 有料老人ホーム

② 特別養護老人ホーム

③ 高齢者生活福祉センター

④ サービス付き高齢者向け住宅

［問題24］103 追加 A-57

家庭内の高齢者虐待について正しいのはどれか。

① 虐待が表面化しやすい。

② 被虐待者には要介護者が多い。

③ 配偶者による虐待が6割を占める。

④ 家族による介護拒否は虐待に含まれない。

［問題25］104 P-57

令和元年（2019年）の養護者による高齢者虐待の種類で最も多いのはどれか。

① 身体的虐待

② 心理的虐待

③ 介護放棄等

④ 性的虐待

23－7　社会保障制度：各論（介護保険制度、医療保険制度と訪問看護サービス）

23－7－1　介護保険制度、医療保険制度

［問題1］106 P-58

地域包括ケアシステムについて正しいのはどれか。

① 都道府県を単位として構築することが想定されている。
② 75歳以上の人口が急増する地域に重点が置かれている。
③ 本人・家族の在宅生活の選択と心構えが前提条件とされている。
④ 地域特性に関わらず同じサービスが受けられることを目指している。

［問題2］106 A-65

訪問看護の利用者に関する訪問看護と病院の外来看護の連携で適切なのはどれか。

① 訪問看護報告書は外来看護師に提出する。
② 利用者の個人情報の相互共有に利用者の承諾は不要である。
③ 利用者が使用している医療材料の情報を外来看護師と共有する。
④ 訪問看護師から外来看護師に利用者の外来診療の予約を依頼する。

［問題3］107 A-4 / 111 P-86

介護保険法に基づき設置されるのはどれか。

① 老人福祉センター
② 精神保健福祉センター
③ 地域包括支援センター
④ 都道府県福祉人材センター

［問題4］102 P-63

介護保険サービスについて正しいのはどれか。

① 福祉用具の貸与は無償で受けられる。
② 要支援の高齢者は介護老人保健施設に入所できる。
③ 小規模多機能型居宅介護では泊まり（ショートステイ）は提供しない。
④ 認知症対応型共同生活介護（グループホーム）ではユニットケアを実施している。

［問題5］ 100 A-7 / 104 A-8

　介護老人保健施設はどれか。

① 医業を行い、20名以上の患者が入院できる施設

② 医業を行い、患者が入院できる設備がない施設

③ 要介護者が入所し、必要な医療や日常生活の援助を受ける施設

④ 認知症の要介護者が共同生活をしながら、日常生活の援助を受ける施設

［問題6］ 100 P-64/ 103 追加 P-60/ 106 A-59

　介護老人福祉施設（特別養護老人ホーム）の説明で適切なのはどれか。

① 入所は市町村の措置による。

② 入所者200につき3人の看護職員がいる。

③ 入所者100につき1人の常勤の医師がいる。

④ 常時介護を必要とする65歳以上の人を対象とする。

［問題7］ 111 A-53

　介護保険サービスにおける施設サービスはどれか。

① 介護医療院サービス

② 小規模多機能型居宅介護

③ サービス付き高齢者向け住宅

④ 認知症対応型共同生活介護〈認知症高齢者グループホーム〉

［問題8］ 108 P-51

　介護保険制度における地域密着型サービスはどれか。

① 介護老人保健施設

② 介護老人福祉施設

③ 通所リハビリテーション

④ 認知症対応型共同生活介護〈認知症グループホーム〉

23－7－2　訪問看護サービス

［問題9］103 A-73

訪問看護に関する制度について正しいのはどれか。

① 平成12年（2000年）に老人訪問看護制度が創設された。
② サービスを開始するときに書面による契約は不要である。
③ 訪問看護ステーションの管理者は医師もしくは看護師と定められている。
④ 介護保険法に基づく訪問看護ステーションの開設には都道府県の指定が必要である。

［問題10］105 P-63

訪問看護サービスの提供のしくみで正しいのはどれか。

① 主治医の意見書が必要である。
② 計画外の緊急訪問の費用は徴収できない。
③ サービスの導入の決定は訪問看護師が行う。
④ 主治医の特別指示書による訪問看護は医療保険サービスとして提供する。

［問題11］102 A-89

入所者又は居住者が公的保険による訪問看護サービスを受けることができるのはどれか。2つ選べ。

① 乳児院
② 介護老人保健施設
③ 高齢者専用賃貸住宅
④ 介護医療院（旧介護療養型医療施設）
⑤ 認知症対応型共同生活介護（グループホーム）

［問題12］107 P-62

健康保険法による訪問看護サービスで正しいのはどれか。

① サービス対象は75歳以上である。
② 訪問看護師が訪問看護計画を立案する。
③ 要介護状態区分に応じて区分支給限度額が定められている。
④ 利用者の居宅までの訪問看護師の交通費は、診療報酬に含まれる。

[問題13]　103 追加 A-25/ 111 P-10

訪問看護ステーションで正しいのはどれか。

① 利用者は高齢者に限定される。
② 24時間体制を義務付けられている。
③ 常勤換算で2.5人以上の看護職員が必要である。
④ サービスの提供は看護職員でなければならない。
⑤ 勤務する看護職員は臨床経験5年以上と定められている。

[問題14]　107 A-62

特別訪問看護指示書による訪問看護について正しいのはどれか。

① 提供できる頻度は週に3回までである。
② 提供できる期間は最大6か月である。
③ 対象に指定難病は含まない。
④ 医療保険が適用される。

[問題15]　102 A-57

訪問看護の利用者の特徴として正しいのはどれか。

① 年齢は65歳から69歳が最も多い。
② 要介護度は要支援2が最も多い。
③ 脳血管疾患を含む循環器系疾患が最も多い。
④ 介護保険よりも医療保険によるサービス受給者が多い。

[問題16]　102 A-59

要介護認定者が訪問看護を受ける際、医療保険から給付される疾病又は状態はどれか。

① 関節リウマチ
② 在宅酸素療法を受けている状態
③ 人工呼吸器を使用している状態
④ 全身性エリテマトーデス〈SLE〉

［問題17］105 A-62

　介護保険被保険者で介護保険による訪問看護が提供されるのはどれか。

①　脳血管疾患

②　末期の結腸癌

③　脊髄小脳変性症

④　進行性筋ジストロフィー

［問題18］109 A-69

　Aさん（68歳、男性）は、筋萎縮性側索硬化症〈ALS〉のため在宅療養中で、気管切開下で人工呼吸器を使用し、要介護5の認定を受けている。Aさんに提供される訪問看護で適切なのはどれか。

①　医療保険から給付される。

②　特別訪問看護指示書を受けて実施される。

③　複数の訪問看護事業所の利用はできない。

④　理学療法士による訪問は給付が認められない。

［問題19］101 A-87

　介護保険制度による訪問看護で正しいのはどれか。2つ選べ。

①　理学療法士による訪問は含まれない。

②　主治医の訪問看護指示書が必要である。

③　訪問滞在時間によって介護報酬は異なる。

④　利用頻度は介護支援専門員の指示による。

⑤　利用できる訪問看護事業所は1か所に限る。

［問題20］101 P-67

　介護保険におけるサービスの説明で正しいのはどれか。

①　通所介護では機能訓練を行うことができない。

②　通所介護を行う事業所には医師の配置が必須である。

③　通所リハビリテーションでは個別の理学療法が提供される。

④　通所リハビリテーションの利用には介護保険は適用されない。

［問題21］ 101 P-86

在宅療養者に初回訪問を行う際の訪問看護師の対応で適切なのはどれか。2つ選べ。

① 療養者と契約書を取り交わす。

② 緊急時の連絡方法を確認する。

③ 初回訪問前の情報取集は行わない。

④ 病院で指導された介護方法は変更しない。

⑤ 初回訪問日は療養者に医療的な問題が起きてから決める。

［問題22］ 105 A-74

認知症対応型共同生活介護（認知症高齢者グループホーム）で正しいのはどれか。

① 光熱費は自己負担である。

② 12人を1つのユニットとしている。

③ 看護師の配置が義務付けられている。

④ 介護保険制度の施設サービスである。

⑤ 臨死期は提携している病院に入院する。

［問題23］ 103 A-58

小規模多機能型居宅介護で正しいのはどれか。

① 都道府県が事業者を指定する。

② 介護給付の施設サービスの一つである。

③ 1日あたりの利用定員は19人以下である。

④ 要介護者の状態に応じて短期間の宿泊が可能である。

［問題24］ 105 P-89

定期巡回・随時対応型訪問介護看護の説明で正しいのはどれか。2つ選べ。

① 介護予防サービスである。

② 24時間通じて行われる。

③ 地域密着型サービスである。

④ 重症心身障碍児を対象とする。

⑤ 施設サービス計画の作成を行う。

[問題25] 101 A-45

在宅看護の原則として正しいのはどれか。

① 療養者の自己決定を尊重する。

② 日常のケアは看護師が中心に行う。

③ 居室の環境整備は医療者の意向を優先する。

④ 介護保険の導入は介護支援専門員が決定する。

23−8　労働法規関連

23−8−1　労働基準法関係

［問題1］101 A−3

勤労女性に関して労働基準法に規定されているのはどれか。

① 介護休業
② 子の看護休暇
③ 産前産後の休業
④ 雇用における女性差別の禁止

［問題2］107 A−86

労働基準法で定められているのはどれか。2つ選べ。

① 妊娠の届出
② 妊婦の保健指導
③ 産前産後の休業
④ 配偶者の育児休業
⑤ 妊産婦の時間外労働の制限

［問題3］103 追加 A−35

労働基準法で使用者が労働者に実施することを定めているのはどれか。

① 失業の認定を行う。
② 雇用保険を給付する。
③ 労働条件を明示する。
④ 通勤途上の負傷に対して保険を給付する。

［問題4］101 A−69

労働基準法で規定されている育児時間について正しいのはどれか。

① 父親も取得できる。
② 1日当たり4回まで取得できる。
③ 1回の時間は1時間以内である。
④ 児が1歳になるまでの期間に取得できる。

23－8－2　労働安全衛生法関係

[問題5] 108 P-69

病院では、育児中の時短勤務、夜勤専従、非常勤など多様な労働時間や雇用形態の看護師が働いている。看護管理者が行うマネジメントで最も優先するのはどれか。

① 夜勤専従の看護師の休暇を増やす。

② 育児中の看護師の院内研修を免除する。

③ 非常勤看護師は患者の受け持ちを免除する。

④ 特定の看護師に仕事が集中しないよう調整する。

[問題6] 107 P-69

医療機関に勤務する看護師のうち、特殊健康診断の対象となるのはどれか。

① 内視鏡室で勤務する看護師

② 精神科病棟で勤務する看護師

③ 血管造影室で勤務する看護師

④ 一般病棟で勤務する夜勤専従の看護師

[問題7] 108 P-3

労働安全衛生法に規定されているのはどれか。

① 失業手当の給付

② 労働者に対する健康診断の実施

③ 労働者に対する労働条件の明示

④ 雇用の分野における男女の均等な機会と待遇の確保

[問題8] 105 A-3

日本の令和2年（2020年）における業務上疾病で発生件数が最も多いのはどれか。

① 振動障害

② 振動による耳の疾患

③ 負傷に起因する疾病

④ じん肺症及びじん肺合併症

［問題9］　108 A-44

作業と健康障害の組み合わせで正しいのはどれか。

① VDT作業 ——————————————— 栄養機能障害
② 有機溶剤を扱う作業 ————————— 呼吸機能障害
③ 電離放射線を扱う作業 ———————— 造血機能障害
④ 石綿〈アスベスト〉を扱う作業 —— 排尿機能障害

［問題10］　111 A-33

労働衛生の「3管理」とは、作業環境管理と作業管理と（　　　）である。（　　　）に入るのはどれか。

① 健康管理
② 総括管理
③ 労務管理
④ 出退勤管理

［問題11］　108 P-34

トータル・ヘルス・プロモーション〈THP〉で実施されるのはどれか。

① がん検診
② 健康測定
③ 一般健康診断
④ 特定健康診査

23－8－3　男女雇用機会均等法関係

［問題12］　103 追加 P-3 一部改称

男女雇用機会均等法の目的はどれか。

① 子の看護休暇の取得促進
② 女性労働者の最低賃金の設定
③ 雇用の分野における男女差別の解消
④ 就業制限業務の規定による女性労働者の保護

[問題13] 110P-61 一部改称

妊婦健康診査を受診する時間を確保するために妊婦が事業主に請求できることを規定している法律はどれか。

① 母子保健法

② 労働基準法

③ 育児介護休業法

④ 男女雇用機会均等法

[問題14] 101 A-70

妊娠24週の妊婦健康診査で経過は順調であると診断された妊婦が、次回に受診する時期として適切なのはどれか。

① 1週間後　　② 2週間後　　③ 3週間後　　④ 4週間後

[問題15] 100 A-33

令和2年度（2020年度）の雇用均等基本調査における男性の育児休業取得率はどれか。

① 8.65　　② 10.65　　③ 12.65　　④ 14.65

[問題16] 105 A-55

就労している妊婦に適用される措置と根拠法令との組み合わせて正しいのはどれか。

① 時差出勤 ———————— 母子保健法

② 産前産後の休業 ———— 児童福祉法

③ 軽易業務への転換 ——— 母体保護法

④ 危険有害業務の制限 —— 労働基準法

23-8-4　労働保険関係─雇用保険　労災保険関係

[問題17] 101 P-32

雇用保険法について正しいのはどれか。

① 育児休業給付がある。

② 雇用保険は任意加入である。

③ 雇用保険の保険者は市町村である。

④ 雇用保険料は全額を労働者が負担する。

［問題18］ 110 A-87

労働者災害補償保険法に規定されているのはどれか。2つ選べ。

① 通勤災害時の療養給付

② 失業時の教育訓練給付金

③ 災害発生時の超過勤務手当

④ 有害業務従事者の健康診断

⑤ 業務上の事故による介護補償給付

23－8－5　育児・介護休業法関係

［問題19］ 104 A-35 一部改称

育児・介護休業法で定められているのはどれか。

① 妊産婦が請求した場合の深夜業の禁止

② 産後8週間を経過しない女性の就業禁止

③ 生後満1年に満たない生児を育てる女性の育児時間中の女性の使用禁止

④ 小学校就学の始期に達するまでの子を養育する労働者が請求した場合の時間外労働の制限

［問題20］ 111A-30 一部改称

育児・介護休業法における介護休業の取得で正しいのはどれか。

① 介護休業は分割して取得することはできない。

② 介護の対象者一人につき半年を限度に取得できる。

③ 要介護状態にある配偶者を介護するために取得できる。

④ 介護老人福祉施設に入所している家族の面会のために取得できる。

23－9　看護国際法規関連

［問題1］101 P-39

世界保健機関〈WHO〉が定義する健康の概念で正しいのはどれか。

① 万人の有する基本的権利である。

② 健康と不健康は不連続である。

③ 身体的健康が最も重要である。

④ 病気や障害がないことである。

［問題2］111 P-9

世界保健機関〈WHO〉が平成12年（2000年）に提唱した「健康上の問題で日常生活が制限されることなく生活できる期間」はどれか。

① 健康寿命

② 健康余命

③ 平均寿命

④ 平均余命

［問題3］109 A-90

世界保健機関〈WHO〉の主な活動はどれか。2つ選べ。

① 児童労働の撲滅

② 保健事業の技術的協力

③ 人類の飢餓からの開放

④ 感染症の撲滅事業の促進

⑤ 労働者の労働条件の改善

［問題4］103 追加 A-37

アルマアタ宣言で提唱されたプライマリーヘルスケアについて正しいのはどれか。

① 健康は人々の権利と提唱された。

② 保健活動は国家主導で行うとされた。

③ 活動分野に環境保健は含まれない。

④ 活動分野に障碍者に対する経済的支援が含まれる。

［問題5］　108 P-73 一部省略

　国際社会が抱えるヘルスケアを含む課題に対して、すべての国に適用される普遍的（ユニバーサル）な目標で、2015年の国連サミットで採択されたのはどれか。

① 　ヘルスフォーオール（HFA21）
② 　ミレニアム開発目標（MDGs）
③ 　持続可能な開発目標（SDGs）
④ 　国連開発目標（IDGs）

［問題6］　107 A-32

　良質な医療を受ける権利を宣言しているのはどれか。

① 　リスボン宣言
② 　ヘルシンキ宣言
③ 　ジュネーブ宣言
④ 　ニュルンベルグ綱領

［問題7］　105 A-67

　国際機関と事業内容の組み合わせで正しいのはどれか。

① 　国連難民高等弁務官事務所〈UNHCR〉 ── 有償資金協力
② 　国連教育科学文化機関〈UNESCO〉 ─── 児童の健康改善
③ 　世界保健機関〈WHO〉 ───────── 感染症対策
④ 　国際労働機関〈ILO〉 ──────── 平和維持活動

［問題8］　106 P-64

　国際保健に関する機関について正しいのはどれか。

① 　国際協力機構〈JICA〉は国境なき医師団の派遣を行う。
② 　国連開発計画〈UNDP〉は労働者の健康保護の勧告を行う。
③ 　世界保健機関〈WHO〉は国際疾病分類〈ICD〉を定めている。
④ 　赤十字国際委員会〈ICRC〉は国際連合〈UN〉の機関の1つである。

［問題9］103 A-78/ 111A-76/ 108 A-77

日本における政府開発援助〈ODA〉の実施機関として正しいのはどれか。

① 国際協力機構〈JICA〉
② 世界保健機関〈WHO〉
③ 国連開発計画〈UNDP〉
④ 赤十字国際委員会〈ICRC〉

［問題10］103 追加 P-79

政府開発援助〈ODA〉の説明で正しいのはどれか。

① 先進国の政府同士が援助し合う。
② 日本の政府の発展に関して他国から支援を受ける。
③ 非政府組織〈NGO〉によって開発途上国を支援する。
④ 政府または政府の実施機関によって開発途上国を支援する。

23－10　統計（国民衛生の動向）と計算問題

23－10－1　統計　人口静態関係

［問題 1］110 P-29
日本の人口静態統計のもとになる調査はどれか。
① 患者調査
② 国勢調査
③ 国民生活基礎調査
④ 国民健康・栄養調査

［問題 2］101 A-58
人口の高齢化に関連した指標の説明で正しいのはどれか。
① 60歳以上の人口の割合を高齢化率という。
② 老年人口が35%を超えると超高齢社会である。
③ 高齢化社会から超高齢化社会への所要期間を倍加年数という。
④ 生産年齢人口に対する老年人口の比を老年人口指数という。

［問題 3］100 P-8 / 105 A-8 / 111 A-10
日本における令和2年（2020年）の家族の世帯構造で最も多いのはどれか。
① 夫婦と未婚の子のみの世帯
② 三世代世帯
③ 単独世帯
④ 母子世帯

［問題 4］111 A-1：採点除外対象
労働力調査による労働力人口の令和2年（2020年）平均に最も近いのはどれか。
① 4,800万人
② 5,800万人
③ 6,800万人
④ 7,800万人

[問題5] 111 P-1

平成29年（2017年）推計による日本の将来推計人口で令和47年（2065年）の将来推計人口に最も近いのはどれか。

① 6,800万人

② 8,800万人

③ 1億800万人

④ 1億2,800万人

23−10−2　統計　人口動態関係

[問題6] 103 追加 A-38

15歳から49歳までの女性の年齢別出生率の総和はどれか。

① 総再生産率

② 純再生産率

③ 出生率

④ 合計特殊出生率

[問題7] 102 A-21/ 108 A-64 類似

日本の令和2年（2020年）における母の年齢階級別出生率が最も高いのはどれか。

① 20〜24歳

② 25〜29歳

③ 30〜34歳

④ 35〜39歳

⑤ 40〜44歳

[問題8] 109 P-61

令和2年（2020年）の人口動態統計における日本の出生で正しいのはどれか。

① 出生数は過去10年で最低である。

② 出生数は100万人を上回っている。

③ 合計特殊出生率は過去10年で最低である。

④ 第1子出生時の母の平均年齢は30歳未満である。

［問題9］102 P-32 改題/ 109 A- 1 類題

日本の令和２年（2020年）の人口動態統計における悪性新生物に関する記述で正しいのはどれか。

①　死因別順位は第２位である。

②　年間死亡者数は約80万人である。

③　部位別に見た年齢調整死亡率は、男性では胃が最も多い。

④　部位別に見た死亡者数は、気管、気管支および肺が最も多い。

［問題10］111 A-32

日本の令和２年（2020年）の健康に関する指標の記述で正しいのはどれか。

①　女性の死因の第３位は老衰である。

②　男性の死因の第３位は肺炎である。

③　女性の平均寿命は89年を超えている。

④　男性の平均寿命は83年を超えている。

［問題11］111 A-42

令和元年（2019年）の患者調査において医療機関を受診している総患者数が最も多いのはどれか。

①　喘息

②　糖尿病

③　脳血管疾患

④　高血圧性疾患

［問題12］109 A-25

平成28年（2016年）の国民生活基礎調査で、男性の有訴者の症状が最も多いのはどれか。

①　腰痛

②　もの忘れ

③　体がだるい

④　目のかすみ

⑤　手足の関節が痛む

23−10−3　母子保健統計

［問題13］109 P-36

　母子保健統計の算出方法で出生数を分母としているのはどれか。

① 妊娠満22週以後の死産率

② 周産期死亡率

③ 乳児死亡率

④ 死産率

［問題14］110 A-56

　日本の令和２年（2020年）人口動態統計における妊産婦死亡について正しいのはどれか。

① 出生10万対で示す。

② 出産後１年までの女性の死亡をいう。

③ 平成28年の妊産婦死亡率は、10.1である。

④ 間接産科的死亡に比べて、直接産科的死亡による死因が多い。

23−10−4　計算問題関係

[問題15]　105 P-72

日本人の食事摂取基準（2015年版）で、身体活動レベルⅠ、70歳以上の男性の１日の推定エネルギー必要量はどれか。

① 　1,450kcal　　② 　1,850kcal　　③ 　2,000kcal　　④ 　2,200kcal　　⑤ 　2,500kcal

[問題16]　106 P-21

Kaup〈カウプ〉指数の計算式はどれか。

① 　体重（g）/身長（cm）^{2}×10
② 　体重（g）/身長（cm）×10^4
③ 　体重（kg）/身長（m）^{2}
④ 　実測体重（kg）−標準体重（kg）/標準体重（kg）×100

[問題17]　107 A-90

３L/分で酸素療法中の入院患者が、500L酸素ボンベ（14.7MPaで充填）を用いて移動した。現在の酸素ボンベの圧力計は５MPaを示している。酸素ボンベの残りの使用可能時間を求めよ。ただし、小数点以下の数値が得られた場合には、小数点以下第１位を四捨五入すること。

[問題18]　108 A-90

身長170cm、体重70kgの成人の体格指数〈BMI〉を求めよ。ただし、小数点以下の数値が得られた場合には、小数点以下第１位を四捨五入すること。

[問題19]　109 P-90

1,500mlの輸液を朝９時からその日の17時にかけて点滴静脈内注射で実施する。20滴で１mlの輸液セットを用いた場合の１分間の滴下数を求めよ。ただし、小数点以下の数値が得られた場合には、小数点以下第１位を四捨五入すること。

[問題20]　110 P-90

６％の次亜塩素酸ナトリウム液を用いて0.1％次亜塩素酸ナトリウム液を1,000ml作るために必要な次亜塩素酸ナトリウム液の量を求めよ。ただし、小数点以下の数値が得られた場合には、小数点以下第１位を四捨五入すること。

過去問演習 解答用紙

23-1	23-2	23-3	23-4	23-5		23-6	23-7	23-8	23-9	23-10
問題1	問題1	問題1	問題1	問題1	問題26	問題1	問題1	問題1	問題1	問題1
問題2	問題2	問題2	問題2	問題2	問題27	問題2	問題2	問題2	問題2	問題2
問題3	問題3	問題3	問題3	問題3	問題28	問題3	問題3	問題3	問題3	問題3
問題4	問題4	問題4	問題4	問題4	問題29	問題4	問題4	問題4	問題4	問題4
問題5	問題5	問題5	問題5	問題5	問題30	問題5	問題5	問題5	問題5	問題5
問題6	問題6	問題6	問題6	問題6	問題31	問題6	問題6	問題6	問題6	問題6
問題7	問題7	問題7	問題7	問題7	問題32	問題7	問題7	問題7	問題7	問題7
問題8	問題8	問題8	問題8	問題8	問題33	問題8	問題8	問題8	問題8	問題8
問題9	問題9	問題9	問題9	問題9	問題34	問題9	問題9	問題9	問題9	問題9
問題10	問題10	問題10	問題10	問題10	問題35	問題10	問題10	問題10	問題10	問題10
問題11	問題11	問題11	問題11	問題11	問題36	問題11	問題11	問題11		問題11
問題12	問題12	問題12	問題12	問題12	問題37	問題12	問題12	問題12		問題12
問題13	問題13	問題13	問題13	問題13	問題38	問題13	問題13	問題13		問題13
問題14	問題14	問題14	問題14	問題14	問題39	問題14	問題14	問題14		問題14
問題15	問題15	問題15	問題15	問題15	問題40	問題15	問題15	問題15		問題15
問題16	問題16	問題16	問題16	問題16	問題41	問題16	問題16	問題16		問題16
問題17	問題17	問題17	問題17	問題17	問題42	問題17	問題17	問題17		問題17
問題18	問題18	問題18	問題18	問題18	問題43	問題18	問題18	問題18		問題18
問題19	問題19	問題19	問題19	問題19	問題44	問題19	問題19	問題19		問題19
問題20	問題20	問題20	問題20	問題20	問題45	問題20	問題20	問題20		問題20
問題21	問題21		問題21	問題21		問題21	問題21			
問題22	問題22		問題22	問題22		問題22	問題22			
問題23	問題23		問題23	問題23		問題23	問題23			
問題24	問題24		問題24	問題24		問題24	問題24			
問題25	問題25		問題25	問題25		問題25	問題25			
小計	小計	小計	小計	小計		小計	小計	小計	小計	小計

過去問演習 正解答

	23-1		23-2		23-3		23-4		23-5				23-6		23-7		23-8		23-9		23-10
問題1	1	問題1	2	問題1	2	問題1	4	問題1	2	問題26	2.5	問題1	1.3	問題1	3	問題1	3	問題1	1	問題1	2
問題2	2.5	問題2	3	問題2	2	問題2	5	問題2	2	問題27	3.4	問題2	3	問題2	3	問題2	3.5	問題2	1	問題2	4
問題3	1	問題3	4	問題3	3	問題3	2.4	問題3	1.4	問題28	2.3	問題3	3	問題3	3	問題3	3	問題3	2.4	問題3	3
問題4	1	問題4	1	問題4	2	問題4	4.5	問題4	1	問題29	4	問題4	1.3	問題4	4	問題4	4	問題4	1	問題4	3
問題5	2	問題5	2	問題5	4	問題5	1.5	問題5	4	問題30	4	問題5	2.4	問題5	3	問題5	4	問題5	3	問題5	2
問題6	3	問題6	3	問題6	3	問題6	2	問題6	1.4	問題31	1	問題6	2.4	問題6	3	問題6	3	問題6	1	問題6	4
問題7	2	問題7	4.5	問題7	1	問題7	4	問題7		問題32	3	問題7	4	問題7	1	問題7	2	問題7	3	問題7	3
問題8	3	問題8	2	問題8	1	問題8	2	問題8	4	問題33	3.4	問題8	1	問題8	4	問題8	3	問題8	3	問題8	1
問題9	3.4	問題9	4	問題9	3	問題9	1	問題9	2	問題34	3.5	問題9	4	問題9	4	問題9	3	問題9	1	問題9	4
問題10	1	問題10	4	問題10	2	問題10	2.5	問題10	3	問題35	2	問題10	4	問題10	4	問題10	1	問題10	4	問題10	1
問題11	3	問題11	1	問題11	4	問題11	3	問題11		問題36	4	問題11	5	問題11	3.5	問題11	2			問題11	4
問題12	4	問題12	1	問題12	3.5	問題12	1	問題12		問題37	3	問題12	2	問題12	2	問題12	3			問題12	1
問題13	4	問題13	2	問題13	1	問題13	4	問題13	3	問題38	1	問題13	4.5	問題13	3	問題13	4			問題13	3
問題14	1	問題14	3	問題14	4	問題14	4	問題14	4	問題39	4	問題14	3	問題14	4	問題14	2			問題14	4
問題15	2	問題15	2	問題15	4	問題15	3	問題15	1.2	問題40	3	問題15	2	問題15	3	問題15	3			問題15	2
問題16	2	問題16	3	問題16	3	問題16	3	問題16	2	問題41	4	問題16	4	問題16	3	問題16	4			問題16	1
問題17	2	問題17	1	問題17	1	問題17	4	問題17	4	問題42	2.5	問題17	3	問題17	1	問題17	1			問題17	57
問題18	4	問題18	2	問題18	2	問題18	1	問題18	4	問題43	1	問題18	4	問題18	1	問題18	1.5			問題18	24
問題19	3	問題19	2	問題19	2	問題19	4	問題19	2	問題44	4.5	問題19	3	問題19	2.3	問題19	4			問題19	63
問題20	1	問題20	4	問題20	3	問題20	4	問題20	4	問題45	3	問題20	1	問題20	3	問題20	3			問題20	17
問題21	3	問題21	4			問題21	4	問題21	1.5			問題21	4	問題21	1.2					問題21	
問題22	2	問題22	1			問題22	3	問題22	2			問題22	1	問題22	1					問題22	
問題23	1	問題23	3			問題23	1	問題23	2			問題23	2	問題23	4					問題23	
問題24	3	問題24	3			問題24	2	問題24	3			問題24	2	問題24	2.3					問題24	
問題25	4	問題25	4			問題25	1or2	問題25	4			問題25	1	問題25	1					問題25	
小計		小計		小計		小計		小計				小計		小計		小計		小計		小計	

第6編　看護行為の法社会学的一考察

看護行為の法社会学的一考察

JANSP Vol. 2 NO. 1　pp. 85-90より

　日常、反復継続して行われている看護行為が円滑に遂行されるための看護職者の条件とは何であろうか。看護職者に係わらず医療従事者すべてにいえることだが、人間の生から死に至るまでを専門的資格を持って係わるために必要な認識とは何か。この認識を獲得するまでに解決しなければならない諸問題を、専門教育的、学校教育的、家庭教育的、社会教育的観点から分析してみる。

　誤った認識のうちに看護行為がなされた場合には法的にまた倫理的に制裁を受けることになる。適切な医療知識・技術以前に、正しい倫理的意思決定プロセスを経た認識のうちに看護行為がなされるようにするには、法とその存立基盤を十二分に認識する必要がある。かといって、実定法を概念的に解釈して杓子定規的な行為を一方的に為すのは医療現場の実態と乖離することにもなる。そこで、法をその成立基盤と遊離しないように眺めつつ、いかにすればトラブルを回避できるかに接近してみたい。

　当面の目標は、法を何のために学ぶのかを思考してゆく中で、医療人である前に社会的人間としてのあるべき姿を模索してゆくことである。社会的存在としての法の目的は、患者の存在に対する水平の視座をいかにすれば確保できるかを解決して初めて達成される。

　無意識のうちに様々な行動を起こしている人間の意識の根底にあるものと、人間存在を規定する諸概念との乖離と融合のリピートを、成育史に既定される自己の存在から解明しておこう。そうすれば、なぜ看護師に主体性が必要か理解できることになる。

【導入】

　看護事故が後を絶たないのはなぜか。その原因はどこにあるのかを考えるうちにひとつの解法のヒントが見えてきた。それは、看護行為が法によって保護されているにも拘らず、看護師自身がそのことを強く意識していないことである。つまり、看護行為の成立条件である、患者に対する様々な注意義務を、果たして自己の行為として認識し、専門職としての自覚のもとに履行しているのかである。平たく言えば、本心から、喜んで、目の前に存在する患者のために精一杯尽くしているのだろうか。こういう疑問から、本考察は始まる。

　鶏（求められる看護師像）が先に存在するのか、それとも、卵（看護師になるためのmotivationの存在）が先に存在するのか。教条的立場で論ずれば前者ありき、であろうが。生身の人間をその対象とする職業において、人間が好きでない人にこの職業（看護職）は向かないのではないだろうか。仮に学問としての看護学に興味があって入門した人

間が国家試験合格後現場に就職しないという事態が生じた場合、これを個人の自由として認めてよいのであろうか。答えは否であろう。看護は明らかに経験科学であるから、現場を知らずして、現場とのつながりなくして語りえないからである。患者が何を求めているかを見抜き最善の行為を行なうことこそが、その実体である。人が好き、その人のために尽くしたいという思い。その原点に立ち返って、さらに看護行為の実態に迫ってみたい。

看護行為とはこうあるべきだという問題から出発すると、行為を支える意識と行為の表象との間に乖離を生じ、予見できない行為を招来する可能性が生じる。しかし、看護行為の社会的性格、とりわけ法律的意味をある程度認識しておくことは、行為の根底にある意識を覚醒させることができ、意識と表象との間に乖離ではなく逆に融合を生み出すことになる。そうすれば、miss（不注意）は起こりえても、error（過失）にまで発展することはないであろう。看護行為の法律的意味は、「善良なる管理者としての注意義務」を果たすことである。つまり、「人にしてもらいたいと思うところ」をごく自然に「人にする」ことである。当たり前のようであるがこれが結構難しい。しかしこれをクリアーしたナイチンゲールはいみじくも、「看護」とは、「本能的行為」だ、と断じた。蓋し名言、やはり問題解決能力の出自は、自分のように、人（看護の対象）を慈しむ心ではないだろうか。

以下に論点を整理してみると、

◎看護師の為す看護行為について、

（1）その法律的根拠は何か？

そろそろ保健師助産師看護師法第５条、第31条、第37条の解釈論争に法的決着をつけるべきだ。通達・通知解釈の変更だけでは十分とはいえず現場は混乱するばかりである。「看護行為」を積極的に定義すべきか否かは半世紀以上前からの課題だが、法が行為規制法であるという理由でなんら定義されていない。是非大幅な法改正が必要となろう。また、「医療行為」との連関をどう決着するかも、看護行為の定義に深く関わっているので、あわせて法改正を必要とするであろう。

前述したように、法律に裏打ちされているが、看護行為は事実行為なので法の中での積極的定義は無理かとも考えられるが、ならば施行令、施行規則でこと細かく定義すればよい。かといって細目規定することで限定的解釈を強いるのもいかがなものかとの批判もあるが、現場を熟知した看護師自身が法改正すれば、少なくとも戦後間もない頃の法律からは脱却できるのではないだろうか。現法は戦後間もないころに急造されたから、不備が多い。看護学が経験科学であればなおのこと、現法を必要に応じて改正することは、ひいては患者のためになるのである。現法を例えば、看護行為法、看護師養成法、看護事故防止法といった法律に改編するのも一案である。

　（2）医療契約上の法的義務の中味は何か？

　看護師の法的義務は、委任契約としての診療契約における受任者（多くは医療機関や医師）の履行補助者としての注意義務をさす。

　この注意義務の中味は、結果回避義務であり、結果予見義務であるが、この業務上の注意義務の本質は「善良なる管理者としての注意義務」とされる。「善良なる」とは、「他者を自己と同一視できる力」である。もっと言えば、患者のニーズを積極的傾聴法によって聴き、看護行為で実現することこそが、看護職としてのミッションである。

　この実現には、同一化できない他者を、同一視できるスキルが必要となる。個人差はあるが、看護師養成校の3～4年で果たして習得しうるのか大いに疑問である。看護の教育機関入学前、卒業後の修練に課題が残る。

　（3）看護行為を支えるmotivation の中味は何か。

　健康啓蒙者としての看護師を目指す原点の再確認を常に行なうこと。これも注意義務のひとつである。注意義務の完全履行には、生と死にかかわるプロとして、常に「信頼を得て誠実に行為したか」を自己に問いかける姿勢が必要となる。その姿勢の裏づけとなる適性はいかにして獲得したか、いかにして獲得できるかは、多分に個人の成育史にかかわるように思われるので、看護職者個人の自分史にゆだねる。「きつい」「きたない」「きけん」と評される看護行為を、「感謝」「感激」「感動」と捉えて行動していた、ある赤十字病院のナースは、いつどこでその誠実さを獲得したであろうか。誠意をもって患者のことば、からだを聴きこころ動かされるとき、注意義務はほとんど果たされたといって過言ではない。そういう意味において、自己の成育史において、はたまた現実の社会において他者と共感し合えるような体験をすることは大切だといえる。体感の蓄積が自己の啓発システムを構築することになるのであるから、看護職養成校において、「面接法」による看護の学びは必須であるし大いにやってもらいたい。蛇足になるが、コミュニケーション能力には個人差があるが、高等学校卒業後養成校入学までの2年間ぐらい、例えば諸外国の兵役義務やボランティア活動義務のような制度を取り入れて、社会参加させコミュニケーションの基礎を学ばせるのも解決策のひとつといえよう。

【発展】

　看護師が、看護行為に対する社会的責任を自覚することや、「看護師」の自立の基盤を整備することは、看護師のmotivationをより確たるものにすることができるのは誰も否定し得まい。昨今頻発している看護事故（看護過誤とは区別する）を未然に防ぐための方策を考えていく過程で、ヒトたる「看護師の注意義務とは、患者のからだを自分のからだと同じように考えることだ」という倫理的価値観のあり方に到達したことには一定の意味が

あり、その内容を解明することは、「看護の自立」をより確たるものとすることに繋がるといえる。そこで、看護師に課せられた社会的責任にはどのようなものがあるか再確認しておきたい。また、看護師の存立基盤にも触れてみたい。

（1）社会的責任

　看護師に課せられた注意義務を履行できなかったときには、異常な事態が生じるが、二通りある。過誤といえる、errorな状態、この場合には、必ず法的責任が問われる。民事責任、刑事責任、行政責任がそれである。これに対して、不注意といえる、missな状態、この場合には、必ずしも法的責任は問われない。しかし、胸に手を当ててみて自責の念に駆られない人はいないであろう。なれば、それも責任である。それこそが、表には出てこない倫理的責任、言い換えれば道義的責任である。常に自己に誠実な行動をしたかを問いかけていれば起こりえない責任であるともいえる。何れにしても、異常な事態は、看護職者のもつ倫理観と法的感覚との間にズレが生じることで招来されるのである。

　倫理観に裏打ちされた注意義務の内容は個々の事例で千差万別であるが、状況に応じた医療サービスの内容のアウトラインを倫理的指針として確定することは重要な課題となる。緩和ケアにおける注意義務を例にとると、①患者の知る権利、知りたくない権利をどのように保護するか。また保護するのはなぜなのか。これに一定の認識を持ち、注意深く実践することができるか。②インフォームドコンセントの法理を当てはめるべきか否か。その由来、意義、意味について十分な知識があるのか。果たして日本文化にそぐうものなのか。③患者の自己決定権（L. M. D）の保護についてどの程度の認識があるのか。④安楽死と尊厳死についての理解は十分か。自宅で安楽に死ぬことができなくなった現実をどう受け止めるか。⑤患者の自殺を察知する。等々、枚挙に暇がないが、須らく患者の訴え（権利の主張）を傾聴する—verbal communication 又は non-verbal communication によって患者のニーズを感知するには、一社会人として日本国憲法の人権感覚（真の意味での基本的人権の尊重）を身につけることですが—ことから、何をなすべきかを考えることが肝要である。

（2）看護師の自立の基盤整備

　社会的責任の認識と平行して、看護師の存立基盤についても理解を深めるべきであろう。たとえば労働条件を一切考慮に入れないで患者のケアができますか。患者の存在と、看護師の存在は同時であり、サービスの要求者とサービスの供給者の関係を考慮すると、ニーズに対するクイックレスポンスこそが看護行為の完結—注意義務の履行—を示す指標となる。この完結こそが「看護の自立」である。それを支える、要因には、①看護＝労働環境の総合的検証、評価　②養成校卒業後の継続教育（個人の責任においての場合と、医療機関等での場合）　③人材の確保と適正配置　④看護職予備軍の選抜、養成方法の再検

証　⑤労働条件（労働時間、労働密度等）の改善─緩和ケアにおいては、患者のからだ・ことばを傾聴する時間の確保が急務といったことがらがある。詳細は、別の稿に譲る。

【分析】

　看護師が正しい倫理的価値観を持って行為することが、社会的責任を果たすことになることは当然である。しかし、一朝一夕にできるものでも作られるものでもない。まさしく自然体の生活の中からしか体得できないものであるが、今一度倫理的価値観の中味及び獲得過程を検証すると次のようになる。倫理的価値観の中味は─（ⅰ）プロである前に、一人の人間であること。（ⅱ）看護の対象は、学びの対象でもあることの認識を持つこと。（ⅲ）只管聞くことの意味を認識すること。（ⅳ）自立した専門職としての自覚を持ち行動すること。─のように分類できようか。より詳しくは、看護師の倫理規定（日本看護協会）を参照していただきたい。仮に倫理的価値観を持ちえていても、看護師の大半が働く病院の医療契約書には、単に医療者側が「治療する」としか書かれていないにもかかわらず、様々なケアを医師や看護師が個別具体的に実施しなければ、義務を履行したことにならないことが、法律と看護を遊離させる原因になっていることは、看護事故が後を絶たないことから明白である。100点満点の医療行為は望めないのが現実である。しかし、上記の要因を完遂すれば、法的義務が完全に履行されることになるだけでなく、仮に“事故”が生じても免責される可能性すら生じるというのは言い過ぎではあるまい。

　問題は、上記要因（集約すれば「生命倫理観」と表現できよう）をどこでどのように獲得するかである。

　次に倫理的価値観の獲得過程を検証してみる。

①専門教育機関

　教育機関は多種多様あるのに、国家試験がひとつしかないことについてこれまでに深く議論されたことがないのはどうしてであろうか。逆に考えれば、国家試験が一本化されているからこそ、各学校独自のポリシーで看護職の養成ができると善に解釈できるが。しかし、たとえば、留年者・退学者・国家試験受験回避者の続出が日常化している現状を監督官庁である厚生労働省・文部科学省はどう考えているのか。やはり教育機関・教育機構をある程度集約して、最終的には全国均一のサービスが行なえる看護師の養成を行なうべきであろう。ただ、画一化が人間性の埋没化を惹起するのは歴史が証明していることなので、千差万別の患者、多種多様の病態に適応できる正しい倫理観・道徳観を持った応用力のある看護師の養成が、高度医療化社会、少子高齢社会の要請でもあることに鑑みれば、独立行政法人の形で看護教育機構を設置し全国の大学、短大、専門学校の教育を統括するのがベターか。その実現のためには、看護師養成校の入試制度を再検討─例えば高等学校

卒業までの学力の均一化、均質化をその狙いとする大学入試センター試験からの脱却―する問題も生ずる。となれば、保健師助産師看護師法の大改正、関連する医療法規の大改編も必要となるであろう。そうなれば、看護師養成法（アメリカ連邦法）の研究が参考になる。時間と手間はかかるが、既存の概念を打破することが、患者のためのよりよい医療を実現する基盤を造ることになるのであるから、この際荒療治するべきであろう。なお、教育機関での３～４年間で果たして生命倫理観が備わるのか疑問も残るが、それまでの個人の成育史の検証も不可欠である。―養成校入学試験における面接試験に工夫が必要になるが。

　②学校教育（専門教育機関までの）の現場

　生命倫理観の詳細な中味については別項に譲るとして、専門的教育機関（看護職養成校）までの教育現場で、看護職予備軍にどのようにすれば正しい倫理観を教授できるか。これまでほとんど手付かずの研究分野である。この世から、医者がいなくなっても看護師は必ず残る。とすれば、どのようにして適性のある看護師を発掘・養成してゆくかは国家的プロジェクトに値する大問題である。人間としての患者のすべての動静を観察し的確な処置を心から行いうる人間作りに必要なのは、世のIT化によって希薄になりつつあるアナログ感覚を取り戻す倫理教育であり、ゲーム・パソコンの爆発的普及で蔓延化しているバーチャルワールドから、生身の人間とコミュニケートするリアルワールドへの回帰の観念の確立、世界的教育者であるペスタロッチの言う、教える⇔学ぶ意味の再確認、体験学習・職業体験の機会の付与などである。

　③家庭教育

　現状（少子高齢化、核家族化）を踏まえたうえでの、コミュニケーション能力の養成が必要になる。家庭は、子供にとって最初の社会教育の場であるから。そこでは、人が人を好きになることの意味、人が人を受け容れることの意味を体感できる家庭を作り、本当の優しさを学んで欲しい。その価値を決めるのは相手なのだと感じることで。そのためには、ほとんど偶然に親になった親が職業としての"親業"を学ぶ機会も必要になろう。国の母子（父子）保健施策の一環で即可能である。次から次へと子供は生まれるのであるから、家庭教育こそ応急処置が必要なのである。"三つ子の魂百まで"、これはこと看護師養成教育に限って言えるものではないが。

　④社会教育（①②以外）の現場

　生命倫理観とはこうあるべきだという基準はない。ただ、患者に対してどうあるべきかという意味において、正しい倫理的価値観としての生命倫理観は構築すべきであろう。とはいえ、個人の宗教観、文化観、習慣などによってその獲得過程は様々であり、画一的に概念化ができる代物ではない。死が不可避で、親がそれ以上の処置を望まない乳児に対し

て、徒労に終わるであろう最高水準のスパゲティ症候群的医療を施すことは、明らかに生命倫理観に反する。これは一例であるが、様々な事例を通してコンセンサスをとり、あるべき生命倫理観を作り上げることは、人間としての看護師の義務である。まちの保健室構想実現を待たずに、看護師が病院を出て地域社会で生命倫理観の普及啓蒙活動に参加できるよう法整備すべきである。

【展望】

　これまでの考察を整理してみる。看護行為とは、善良なる管理者としての注意義務を果たすことで、この注意義務の履行にあたっては人間としての正しい生命倫理観に根ざしていることが要求された。この生命倫理観は、基本的生活習慣のある家庭で萌芽し、様々な体験学習を通して開花し、看護とは経験科学でもあると認識されることで結実するにいたる。経験科学としての看護を、看護師は、患者のそばで心身両面の生活を24時間支援することで実践することから、看護師には医師以上の人格が要求される（見藤説）のは当然ではあるが、その責務性は重大である。考えてみれば、ターミナルケアにおいて医師よりも鋭い感性を発揮できたりする看護師が存在することがその証左である。この人格の中味こそが、患者を自己と同一視できる力であり、患者の目線と同じ目線で向き合い、何を訴えようとしているかを、行間を読むように心で聴く力、つまり看護力なのである。

　この看護力をもってすれば、もうこれ以上頑張れない状況にいる患者の思い、感じ、訴えを受容し、共感し合えることで、患者の中にkatharsis（カタルシス）が生じる。患者の家族に対するケアにおいても同様のことがいえる。対応する看護師もこの浄化の経験がなければ、患者と同じ視座には立ちにくい。そこで、たとえばエンカウンターグループなどのワークショップなどに積極的に出かけ自己開発の研鑽を積むことが肝要になる。

　患者に対する水平の視座とは、まさに同じ目線で語り合うことである。正しい生命倫理観に裏打ちされた看護行為には非がない。これは法律以前の問題であり、そもそも事実行為である看護行為に法律が介入する余地などなかったはずである。しかし、明治維新以後、新たな文明を手に入れた日本人は、すべての事象を法律で解明しようとした。医学の分野においても、看護の分野においても同様であった。確かに拗れた人間関係を修復したり、財産関係を安定化させたりするためには法律は必要かもしれない。否むしろ、悲しいかな法律がなければ社会生活は営めなくなっているのが実情だ。医療現場において職業人としての看護師が患者と同じ視座で誠心誠意を尽くして看護行為を行い所期の目的を達成するのであれば、事故は未然に防げるし、法的手段を用いずともほとんどの場合は解決できる。正しい倫理観はそっくりそのまま法律たりえるのだ。

　看護師教育の専門基礎分野は、国家試験のための保健医療福祉分野の知識の詰め込みに

終始せず、いかにすれば注意義務を果たせるのかを学ぶ看護事故防止法を看護倫理観とともに学ぶ機会にすべきである。現実には、看護職養成校では大学、短大、専門学校を問わず、法と倫理を学ぶ機会が１年間（１年未満）で、しかもそれぞれを別々に学んでいる。展望とすれば、法と倫理は入学直後と卒業直前でそれぞれ１年間位は学び、自己啓発を繰り返してゆく必要がある。一現に１年次で課すところもあれば、最終学年次で課すところもある。また、自分探しのワークショップは、履修必修単位として設定すべきであろう。

現役の看護職には、sabbatical yearの特典を付与し、様々な規模・形態の医療機関及び行政機関での研修を通して、あるいは"看護教育機構"での看護事故防止法の単位取得を義務付けたり、生命倫理観の習得・醸成、スキル向上を図るべきである。なお、これら実現の暁には、免許更新制度を導入したり、開業権を付与したりといった看護制度も含めた医療制度の大幅な改革もすべきであろう。

【彷徨】

これまで、意識の根底にある思いを実現する方策について述べてきたが集約すれば、正しい生命倫理観を身につけ、看護師に課せられた注意義務を患者のニーズに合わせて履行することであるといえる。したがって、思い（看護行為の範疇の理解─どこまでが求められる行為なのか）を実現する困難さも、思いが実現できない困難さ（例えば医師の指示に疑念を抱いたときに従順であるべきなのか。拒否、反論のいずれかの行動選択はできないのか。）も同価値だとすれば、後者を解消することが看護師に課せられた当面のミッションであろう。

看護師の主体性の確立に必要なのは、「自分が好きで、それ以上に人が好き」であることと、「それが故に何をすべきかを感じ、行動に移すエネルギーを持つこと」である。そのエネルギーこそが、motivationであり、 positive thinkingである。倫理の壁を求めながら彷徨うと、時に法律の壁にぶつかることもあろう。倫理の許容力の大きさに自分の意識がついていかず、看護行為の存在を規定する法律の理不尽さに涙するときもあろう。しかし、絶えず思いを実現することをやめないで前向きに考えることは、むしろ思いの中で法と倫理を乖離させるのではなく、融合することにつながる。安楽死か否か認識できない現場で、医師の行なう安楽死行為を制止できなかった看護師の思いはさぞ無念極まりなかったはずだが、もう一歩踏み出すことが今後は求められる。仮に法的責任を問われる事態に発展したとしても。捨てなければ得られないとは聖書のことばだが、毒キノコを最初に食べた人には勇気があった。おかげで安全なおいしいキノコで免疫力を高めることができるのであるから。これまでみてきた法律も実はキノコ同様生き物なのです。時間の流れによって、変化するものなのです。つまり、現存する法律は決して無欠陥ではないし、論理

的に完結しているものでもない。ならば、よりよいものを求めてゆくことは現在を生きる者の義務でもある。　　　　　　　　　　　　　　　　　　　　　　　　　　　　以上

（参考文献）

見藤隆子「人を育てる看護教育」（医学書院）青木幸昌他「緩和医療のすすめ」（最新医学社）

川島みどり「看護の自立」（勁草書房）良村貞子「アメリカにおける医療過誤と看護婦の責任」（北大図書刊行会）

索　引

〔英数字〕

ACP ………………………………… 67
L.M.D（自己決定権）………………… 23

【あ】

赤ちゃんポスト …………………………… 50
朝日訴訟 ………………………………… 41, 198
アスペルガー症候群 …………………… 224
アドボカシー（権利擁護）………… 54, 215, 256
安楽死 ………………………… 27, 28, 227, 355

【い】

育児休業介護休業法 ………………… 37, 159
育児放棄 ………………………………… 204, 240
育成医療 ………………………… 169, 220, 221
医原性自殺防止義務 …………………… 57, 58
医師の指示 ………………… 57, 58, 60, 69, 99, 111
異常と正常 ……………………………… 18
異常妊産婦等の処置禁止 …………… 101, 112
移送費 ………………………………… 176-178
遺族基礎年金 …………………………… 179
遺族厚生年金 …………………………… 180
一時保護 ………………………… 202, 215, 259
遺伝子治療 ……………………………… 18
医道審議会 ……………………………… 34, 82, 89
委任契約 ………………………………… 42, 354
医薬品・医療機器等の品質、有効性及び安全
　　性の確保等に関する法律（旧薬事法）
　　　……………………………… 36, 145
医療安全 ………………………… 65, 67, 96
医療関係職種 …………………………… 143
医療監視員 ……………………………… 142
医療契約 ………………………… 23, 71, 354
医療行為に関する業務関係図 ………… 57
医療事故 ………………………… 43, 47, 58, 70

医療提供施設 …………………………… 141, 260
医療提供の理念 ………………………… 141
医療ネグレクト ………………………… 205
医療扶助 ………………… 167, 169, 189, 190, 258
医療法 ………… 14, 35, 141, 144, 254, 255, 260
医療保険給付率 …………………… 169, 175, 176
医療保険窓口負担割合 ………………… 8
医療保護施設 …………………………… 190, 258
医療保護入院 …………………………… 131
インフォームドコンセント ……… 21, 23, 355
インフルエンザ ………………… 136, 137, 139

【え】

衛生上危険な行為 ……………………… 99
エックス線写真 ………………………… 144
エンゼルプラン ………………………… 199
エンバーミング ………………………… 67

【お】

応急入院 ………………………………… 131
応招義務 ………………………………… 101, 112

【か】

解雇制限 ………………………………… 155
解雇の予告義務 ………………………… 155
戒告 ………………… 10, 53, 73, 78, 80, 83, 113
介護給付 ………………… 182, 183, 220, 254, 255
介護認定審査会 ………………………… 184
介護扶助 ………………………………… 167, 189
介護放棄 ………………………………… 240
介護保険審査会 ………………………… 184
介護保険の申請手続き ……………… 184, 187
介護保険法 ………… 7, 33, 36, 63, 168, 175, 183,
　　　　　　　187, 199, 228, 254-257, 260
介護医療院 …………… 142, 197, 229, 254, 260
介護療養型医療施設 …………………… 254
介護老人福祉施設 ………………… 229, 254, 256

介護老人保健施設 ………… 142, 229, 254, 260
各科診療日誌 …………………………… 144
学習障碍 …………………………………… 224
学校教育法 ………… 7, 33, 37, 49, 88, 133, 161
学校保健安全法 ……… 7, 33, 34, 126, 133, 162
環境衛生法規 ……………………………… 148
環境基本法 …………………… 37, 39, 134, 151
監護教育権 ………………………………… 202
看護業務 ………………… 96, 99, 115, 116
看護記録 …………………………………… 144
看護行為の意義 …………………………… 54
看護行為の社会的適合性 ………………… 59
看護行為の法的性格に関する考察 ………… 54
看護行為の法的適合性 …………………… 59
看護行為の倫理的適合性 ………………… 59
看護師等確保推進者 …………… 117-119, 259
看護師等就業協力員 ……………………… 117
看護師等の人材確保の促進に関する法律
………… 4, 12, 34, 74, 94, 114, 149, 259
看護師の業務独占 ………………………… 77
看護師の定義 ……………………… 56, 75
間接的安楽死 ……………………………… 28
感染症指定医療機関 ……………………… 137
感染症の種類 ……………………………… 139
感染症の予防及び感染症の患者に対する医療
に関する法律 ………………… 35, 136
感染性廃棄物 ……………………… 15, 149

【き】

企業年金 …………………………………… 180
基本的人権の尊重 ………………… 38, 355
救急救命処置録 …………………………… 144
救命救急センター ………………………… 261
救急病院／救急診療所 …………………… 261
救護施設 ………………… 190, 197, 258
休日等歯科診療所 ………………………… 261
休日夜間急患センター …………………… 261

教育職員免許法 …………………… 37, 162
教育扶助 …………………………………… 189
協会けんぽ〔全国健康保険協会〕………… 175
行政上の責任 …………………… 70, 71, 73
行政処分 ……… 10, 53, 77, 81, 83, 102, 112, 113
行政処分後の業務再開に関する事項
………………………… 10, 80, 81, 113
行政処分前の意見聴取 …………………… 79
行政罰 ……………………………………… 48
業務災害 …………………………………… 182
業務従事者届 …………… 76, 78, 79, 97, 104
業務上過失致死（傷）罪 ………… 48, 52
業務独占 ………… 10, 47, 95, 96, 111
居所指定権 ………………………………… 202
緊急措置入院 ……………………………… 131

【く】

熊本水俣病事件 …………………… 52, 152
組合管掌保険 …………… 167, 168, 175
グループホーム ………… 220, 229, 256
グリーフケア ……………………………… 67

【け】

経済的虐待 ………………………… 229, 240
刑事責任 ………… 70, 71, 73, 81, 102, 224, 355
刑事責任年齢 ……………………………… 50
刑事罰 ………………………… 101, 104
軽費老人ホーム（A型）………………… 257
軽費老人ホーム（B型）………………… 257
軽費老人ホーム（ケアハウス）………… 257
結核患児 …………………………………… 210
結核登録票 ………………………………… 144
検疫法 ………………………… 35, 140
健康管理手帳 ………………… 35, 144
健康増進法 ……… 35, 39, 98, 126, 127, 144
健康手帳 ………………………… 127, 144
健康で文化的な最低限度の生活 ……… 41, 188

健康保険法 ……………… 36, 168, 175, 187
検査所見記録 ………………………… 144
権利能力の始期 ………………… 6, 16, 43
権利擁護（アドボカシー）……… 54, 219, 256
権利濫用の禁止 ……………………… 43

【こ】

公害医療手帳 …………………… 144, 152
公害関係法規 ………………………… 151
公害健康被害の補償等に関する法律 …… 36, 152
高額療養費 …………………… 176-178
後期高齢者医療制度
　………… 5, 7, 130, 168, 174, 178, 200
公共職業安定所〔ハローワーク〕
　………………… 12, 117, 119, 180
合計特殊出生率 ……………………… 200
後見人 ………………… 131, 204, 209
高次脳機能障害 ……………………… 217
公序良俗 ……………………………… 38
更生医療の給付 ……………………… 220
更生施設 ………………… 190, 197, 258
厚生年金（保険）法 ………… 36, 167, 179
公的扶助 ………………… 165, 167, 188
高度救命救急センター ………………… 261
広汎性発達障害 ……………………… 224
公費負担 ……………………………… 131
幸福追求権 ……………… 18, 21, 23, 38, 39
高齢社会対策基本法 ………………… 35, 130
高齢者虐待防止法 ………… 200, 229, 240
高齢者の医療の確保に関する法律
　………… 35, 130, 144, 168, 178
ゴールドプラン ……………………… 199
ゴールドプラン21 …………………… 199
国民皆保険・皆年金制度 ……………… 199
国民健康保険法 ………… 36, 168, 176, 187
国民年金 ………………… 7, 167, 179
国民年金法 ………………… 36, 167, 179

個人情報保護法 ……………………… 39
国家公務員共済組合 …………… 167, 168
国家試験受験資格 ………………… 11, 89
後法優越の原理 ………………… 19, 33
雇用保険の給付の種類 ………… 167, 181
雇用保険法 ………………… 36, 167, 180

【さ】

再教育研修
　…… 10, 71, 78, 79, 81, 84, 85, 94, 107, 113
再教育研修命令 ………………… 84, 112, 113
罪刑法定主義 ………………… 47, 48
財産管理権 …………………………… 202
在宅介護支援センター ………………… 256
裁判例（帝王切開術説明義務違反）……… 22
裁判例（乳房温存療法）………………… 22
債務不履行責任 ………… 42, 43, 70, 71
再免許申請 ………… 10, 77, 80, 81, 113
裁量権 ………………………………… 21
産前産後の休業 ………………… 76, 155
3年以内の業務停止
　………… 10, 53, 71, 73, 78, 83, 113

【し】

資格喪失証明書 ……………… 176, 180
子宮頸がん予防接種 ………………… 139
自己決定権（L.M.D）……… 21-23, 38, 39, 355
自己負担割合 …………………… 5, 228
時差出勤制 …………………………… 158
自殺対策基本法 ………………… 36, 135
死産の届出に関する規程 ……… 6, 16, 31, 35
資質の向上 ……………… 12, 74, 94, 114-116
自傷他害の虞 ………………………… 131
事情変更の原則 ……………………… 43
次世代育成支援対策推進法 ………… 36, 158
自然の摂理 ………………… 18, 21, 38
市町村給付 ………… 168, 183, 219, 220

市町村健康センター ……………………… 260
失業等給付 …………………………………… 167
執行猶予 ……………………… 49, 70, 71, 78
失踪の宣告 …………………………………… 44
指定感染症 …………………………………… 136
指定訪問看護ステーション ……………… 130
私的自治の原則 ……………………………… 42
児童委員 ……………………………… 197, 202
児童家庭支援センター …………… 203, 258
指導監督 ……………………………………… 42
児童（乳幼児）虐待 ……… 4, 26, 206, 207, 240
児童虐待防止法 …………………… 104, 204, 240
児童厚生施設 ………………………… 203, 258
児童自立支援施設 …………………… 203, 258
児童相談所 …………… 202-204, 206, 210, 258
児童手当 ………………………………… 36, 168
児童福祉施設 ……………………… 202-204, 258
児童福祉法 …… 6, 36, 143, 198, 201-203, 217, 258
児童扶養手当 ………………………… 36, 167, 238
児童養護施設 …………… 50, 203, 204, 258
社会生活上の事故 ……………… 165, 174, 195
社会手当 ……………………………… 165, 167
社会的弱者 …………………… 165, 235, 239
社会的制裁 …………………………………… 71
社会福祉協議会 ………… 196, 197, 237, 258
社会福祉事業 ………………………………… 197
社会福祉主事 ………………………… 196, 258
社会福祉の歴史 ……………………………… 195
社会福祉法 ………………… 37, 38, 196, 197, 258
社会保険 …………………… 3, 34, 165, 174, 175
社会保障（制度）…… 3, 38, 41, 54, 55, 165, 166,
　　　　　　　　　　　　174, 200, 232, 235
宗教的輸血拒否 ………………………… 23, 24
住宅扶助 ……………………………………… 190
宿所提供施設 ………………………… 189, 258
受験資格（国家試験・知事試験）
　　　　　　　………… 11, 86-88, 142, 162

授産施設 ……………………………… 190, 258
主治医 ………… 63, 71, 72, 98, 99, 112, 184, 187
手術記録 ……………………………………… 144
受胎調節の実地指導 ……………… 127, 209
恤救規則 ……………………………………… 198
出産育児一時金（家族出産育児一時金）
　　　　　　　………………………… 176, 177
出産扶助 ……………………………………… 189
出生前診断 ………………… 19, 47, 48, 102
受動喫煙防止義務 ………………………… 127
守秘義務 ………………… 12, 51, 103, 107, 112
准看護師の定義 ……………………………… 76
障がい・障碍 ……… 19, 139, 217, 233, 237, 240
障害基礎年金 ………………………………… 179
障害厚生年金 ………………………………… 180
障害児福祉手当 ……………………………… 167
障害者基本法 ………………… 37, 199, 218
障害者虐待防止センター …………… 221, 259
障害者虐待防止法 ……… 104, 218, 221, 240, 259
障害者週間 …………………………………… 218
障害者総合支援法
　　　　　………… 5, 37, 131, 197, 200, 217-219
紹介状 ………………………………………… 144
障害手当金 …………………………………… 180
少子化社会対策基本法 ………………… 35, 129
使用者責任 ………………………… 42, 43, 71
照射録 ………………………………………… 144
情状酌量 ……………………………………… 71
小児慢性特定疾病 ………………………… 170
傷病手当金 ………………………… 176-178
静脈注射 ……………… 33, 54, 55, 60, 65, 72
ショートステイ ……………………………… 255
職域保険 ……………………………… 167, 168
職業許可権 …………………………………… 202
助産施設 ………………………… 202, 203, 258
助産師の定義 …………………………… 75, 96
助産所 ………………… 103, 114, 129, 260

助産録 ···················· 103, 112, 144

処方箋 ···················· 144, 147

私立学校教職員共済組合 ············· 167, 168

知る権利・知りたくない権利 ···· 19, 22, 39, 355

新エンゼルプラン ···················· 199

新型インフルエンザ等感染症 ····· 136, 137, 140

新感染症 ···················· 136

信義誠実の原則 ···················· 42

親権 ···················· 46, 203, 204

親権者 ···················· 46, 49, 131, 209, 240

親権停止 ···················· 23

人工授精（AID AIH） ···················· 18

人工妊娠中絶 ····· 6, 14, 15, 19, 49, 102, 127, 208

身上監護権 ···················· 202

心神耗弱者 ···················· 50, 225

心神喪失者 ···················· 50, 224, 225

心神喪失者等医療観察法 ···················· 224

新生児（新産児） ··········· 64, 75, 101, 110, 209

身体障害者 ···················· 144, 217-219

身体障害者手帳 ···················· 144, 217

身体障害者福祉法 ········· 37, 144, 198, 217, 222

診療所 ···················· 103, 114, 142, 260

診療の補助 ··········· 11, 56, 57, 60, 61, 65, 75, 99, 110, 111, 187

診療の補助の法的性格 ····· 49, 60, 61, 65, 75, 99

診療録〔カルテ〕 ···················· 62-64, 144

【す】

水痘予防接種 ···················· 139

スキルミクス ···················· 54

【せ】

生活扶助 ···················· 189, 258

生活扶助の加算 ···················· 189

生活保護の4原則 ···················· 189

生活保護の4原理 ···················· 188

生活保護の種類 ···················· 167

生活保護法
···················· 34, 37, 41, 188, 197-199, 258

生業扶助 ···················· 189, 258

生殖補助医療 ···················· 4, 18, 19, 102

精神科病院 ···················· 131, 229, 260, 261

精神障害者社会復帰促進センター ····· 131, 260

精神障害者保健福祉手帳 ···················· 132, 217

精神保健及び精神障害者の福祉に関する法律
（精神保健福祉法）········· 35, 131, 144, 217, 218, 224, 260, 261

精神保健福祉センター ············· 131, 132, 260

生存権 ···················· 38, 39, 41, 188

性同一性障害 ···················· 20

正当業務行為 ···················· 48, 104

生命の尊厳 ···················· 17, 33, 55

生命の萌芽 ···················· 13, 15

生命倫理観 ···················· 21, 59, 356-359

政令指定都市 ···················· 124, 258

籍の登録事項 ···················· 78, 79

積極的安楽死 ···················· 28, 48

接近禁止命令 ···················· 215

絶対的医行為 ···················· 57, 75, 99

説明義務 ···················· 21, 22

善良なる管理者としての注意義務
···················· 43, 353, 354, 358

【そ】

臓器移植記録 ···················· 27, 144

臓器提供拒否権 ···················· 25

臓器摘出条件 ···················· 26

臓器の移植に関する法律 ···················· 26, 35

葬祭扶助 ···················· 167, 189

相対的医行為 ···················· 57, 58, 99

相対的欠格事由 ···················· 77, 79

措置入院 ···················· 131

損害賠償責任 ···················· 23, 102

尊厳死 ···················· 28, 227, 355

【た】

退院患者の診療経過要約 ……………… 144
体外受精 …………………………………… 19
待機児童 ……………………………… 202
胎児の権利能力 ………………… 16, 47
胎児の認知 ……………………………… 16
堕胎罪 …………………… 19, 33, 48, 51
男女雇用機会均等法 ………………… 157

【ち】

地域医療支援病院 ………………… 260
地域支援事業 ……………………… 256
地域生活定着支援センター ……… 259
地域福祉の担い手 ………………… 197
地域包括支援センター
…………………… 184, 229, 230, 256
地域保険 ………………… 167, 168
地域保健法 ………………… 35, 124, 260
地域密着型サービス ……… 114, 183, 255
知的障害 ……………………… 217
知的障害者 ………… 33, 144, 217-219
知的障害者福祉法 ………………… 37, 217
地方公務員共済組合 ……… 167, 168
着床前診断（出生前診断の適法性）…… 19, 48
注意義務違反 ……………………… 71, 73
中核市 ………… 125, 237, 258, 260
中絶胎児 ……………………… 14, 15
懲戒権 ……………… 49, 202, 204
調剤済処方箋 ……………………… 144

【つ】

通勤災害 ……………………… 182
通達 …………………… 33, 60, 144

【て】

定期予防接種対象疾病 ……………… 139
デイサービスセンター ……… 255, 257

手帳 ……………… 144, 217, 222

【と】

問い合わせ義務 ……………… 147
道義的責任 …………… 70, 71, 355
統合失調症 …………………… 131
特定感染症指定医療機関 ……… 137
特定機能病院 ………………… 260
特定健康診査 ………… 98, 127, 130
特定行為の制限 ………… 56, 99, 112
特定疾病 …………… 9, 183, 186, 187
特定非営利活動促進法（NPO 法人）……… 37
特定保健指導 ………… 98, 127, 130
特別児童扶養手当 …………… 37, 167
特別障害者手当 …………………… 167
特別法優先の原理 …………… 33, 95
特別養護老人ホーム …… 197, 228, 254, 256

【な】

ナースセンター ………… 118, 121, 259
内診（行為）………… 47, 54, 55, 61, 95
難病患者 ……………………… 5, 217

【に】

入院勧告 ……………………… 137
入院時食事療養費、入院時生活療養費
…………………………… 175, 177
乳児 ………… 126, 155, 202, 203, 209, 259, 357
乳児院 ……………………… 203, 258
乳幼児（児童）虐待
…………………… 4, 26, 204-207, 240
任意入院 ……………………… 131
妊産婦 ………… 101, 154, 189, 201, 202, 209
妊娠満 22 週未満 ………… 13, 127, 209
認知症高齢者 …………………… 4, 229
認知症疾患医療センター ……… 229, 261

【ね】

ネウボラ ……………………………… 211
ネグレクト ……………………… 205, 221, 240

【の】

脳死判定拒否権 ……………………… 25
ノーマライゼーション ……………………… 218

【は】

肺炎球菌予防接種 ……………………… 139
廃棄物処理法 ………………………… 14, 148
配偶者からの暴力及び被害者の保護に関する
法律（DV防止法）………………………… 214
配偶者暴力相談支援センター ………… 215, 259
パターナリズム ……………………… 58, 59
発達障害者支援法 ………………… 200, 217
バリアフリー ……………………… 218
ハンセン病訴訟 ……………………… 40

【ひ】

B型肝炎訴訟 ……………………… 146
被災者支援 ……………………… 232
被爆者健康手帳 ……………………… 144
秘密漏示 ……………………… 51
病院 ………………… 12, 142, 154, 259
病院日誌 ……………………… 144
品位損失行為 ………… 10, 53, 81, 102, 113
貧困者支援 ……………………… 235

【ふ】

福祉三法 ……………………… 198
福祉六法 ……………………… 199
福祉八法 ……………………… 199
福祉事務所 ……197, 202, 204, 215, 236, 257-259
福祉事務所の査察指導員 ……………………… 258
婦人相談所 ……………………… 214, 259
婦人保護施設 ……………………… 197, 259

不妊手術 ………………… 49, 127, 208
不法行為責任 ……………… 23, 70, 71, 43
扶養義務 ………………… 46, 131, 189

【ほ】

保育所 ……………… 159, 202, 203, 258
訪問看護ステーション ……………… 130, 187
訪問看護療養費 ……………… 176, 177, 187
保険外併用療養費 ……………… 175, 177, 178
保健師助産師看護師法上の行政処分
………………… 10, 77-81, 83, 113
保健師助産師看護師法上の刑事処分 ……… 112
保健指導 ……………… 64, 75, 98, 101, 110, 124,
133, 143, 156, 158, 209
保健師の定義 ……………… 75, 95
保健所 ……………… 98, 124, 202, 211, 213, 258
保護施設 ……………………… 190
保護者 ……………… 50, 137, 201, 204, 240
保護責任者遺棄罪 ……………… 47, 48, 50
保護の補足性 ……………………… 189
保護命令制度 ……………………… 214
母子加算 ……………… 189, 190, 200
母子休養ホーム ……………………… 259
母子健康センター ……………………… 259
母子健康手帳 ……………… 6, 129, 144, 209
母子生活支援施設 ……………… 203, 258
母子福祉センター ……………………… 259
母子保健法
…… 6, 35, 126, 129, 144, 158, 208, 209, 259
母体保護法 …… 6, 14, 20, 33, 35, 49, 103, 127, 208
墓地埋葬等に関する法律 ……………………… 38

【ま】

マターナリズム ……………………… 58, 60

【み】

民事責任 ………… 43, 70, 71, 73, 81, 102, 355

民生委員（児童委員） ························· 197, 202
民生委員法 ····································· 37, 197

【む】

無症状病原体保有者 ······························· 137

【め】

名称使用違反 ······························· 95, 105, 112
名称独占 ··························· 10, 75, 95, 104, 111
免許申請条件 ··································· 113
免許の効力発生時期 ······························· 76
免許の取消し ·········· 10, 53, 71, 80, 81, 83, 113

【や】

薬害肝炎救済法 ······························· 36, 146
薬剤師法 ······························· 34, 36, 144, 147
薬事関係法規 ··································· 145

【ゆ】

輸血拒否事件 ··································· 23, 24

【よ】

要介護認定 ································· 9, 43, 167
養護教諭 ······························· 111, 133, 162
養護老人ホーム ······························· 197, 257
幼児 ································· 202, 209, 259
要支援認定 ····································· 9, 63
要保護児童 ··································· 167, 205
予防給付 ······································· 183
予防接種法 ··················· 6, 7, 35, 138, 146

【り】

履行補助者 ································· 42, 71, 354
離職票 ··· 181
療育手帳 ······························· 33, 144, 217
臨床研修の努力義務 ··················· 11, 74, 94
倫理的責任 ··································· 71, 355

【ろ】

老人介護支援センター ······················· 256, 257
老人短期入所施設 ······························· 257
老人デイサービスセンター ·············· 255, 257
老人福祉センター ······························· 257
労働安全衛生法 ··················· 37, 144, 154, 156
労働衛生の3管理 ······························· 156
労働基準法 ··················· 6, 7, 37, 154, 182
労働契約 ······································· 155
労働時間 ······················· 154, 155, 356
労働者災害補償保険法 ·············· 36, 154, 181
労働条件の原則 ······························· 154
老齢加算 ······································· 189
老齢基礎年金 ··································· 7, 179
老齢厚生年金 ··································· 180
老齢福祉年金 ··································· 167

参考文献

・石原　明『法と生命倫理20講　第２版』日本評論社，2000年.

・『社会保障の手引　施策の概要と基礎資料　平成26年２月改訂』中央法規出版，2014年.

・菅野　耕毅『看護事故判例の理論—医事法の研究Ⅳ』信山社，1997年.

・見藤　隆子『シリーズ　看護の原点　人を育てる看護教育』医学書院，1987年.

著者略歴

　前　島　良　弘　（看護教育研究家）
　　兵庫県宝塚市に生まれる
　　1980年中央大学法学部法律学科卒業
　　現在、看護師養成校非常勤講師（担当：関係法規、社会保障制度論）

主な論文・著作
〔論文〕
　　「医療行為の果たす社会的役割と医療従事者の教育養成制度の法社会学的一考察」
　　　　　　　　　　　　　　　　　　　　　　（JANSP Vol. 2 No. 1 p.85〜p.90）

　　「看護大学の入試にセンター試験採用は妥当か−潜在する有為な看護職予備軍を適正
　　に選抜するために」　　　　　　　　　（看護教育2001 Vol. 42 No. 1 p.54〜p.56）

　　「国試対策ゼミナール　社会保障制度と生活者の健康」
　　　　　　　　　　　　　　　　　　　　　　（Nursing College 2008. 3 p.80〜p.89）

〔著書〕
　　『看護学生必携　看護学生のための法規と社会保障制度』（単著、ふくろう出版、
　　2014（第３版））
　　『看護学生・看護職必携　看護のための法と社会保障制度』（単著、ふくろう出版、
　　2020）

実践版　国家試験対策版　看護学生・看護職必携

第3版 看護を学ぶための法と社会保障制度
－生活者の健康を主体的に支援するために－

2019 年 3 月 25 日　初版発行
2021 年 3 月 25 日　新版発行
2023 年 3 月 25 日　第 3 版発行

著　　者　　前島　良弘

発　　行　　ふくろう出版
　　　　　　〒700-0035　岡山市北区高柳西町 1-23
　　　　　　　　　　　　友野印刷ビル
　　　　　　TEL：086-255-2181
　　　　　　FAX：086-255-6324
　　　　　　http://www.296.jp
　　　　　　e-mail：info@296.jp
　　　　　　振替　01310-8-95147

印刷・製本　　友野印刷株式会社
ISBN978-4-86186-878-8 C3032　ⒸMAEJIMA Yoshihiro 2023

定価はカバーに表示してあります。乱丁・落丁はお取り替えいたします。